전셋값으로 도심 속 내 집 짓기

한 그루의 나무가 모여 푸른 숲을 이루듯이
청림의 책들은 삶을 풍요롭게 합니다.

전셋값으로 도심 속 내 집 짓기

SBS 〈좋은아침 '하우스'〉 제작팀 지음

협소주택, 상가주택, 노후주택 테마 하우스의 모든 것

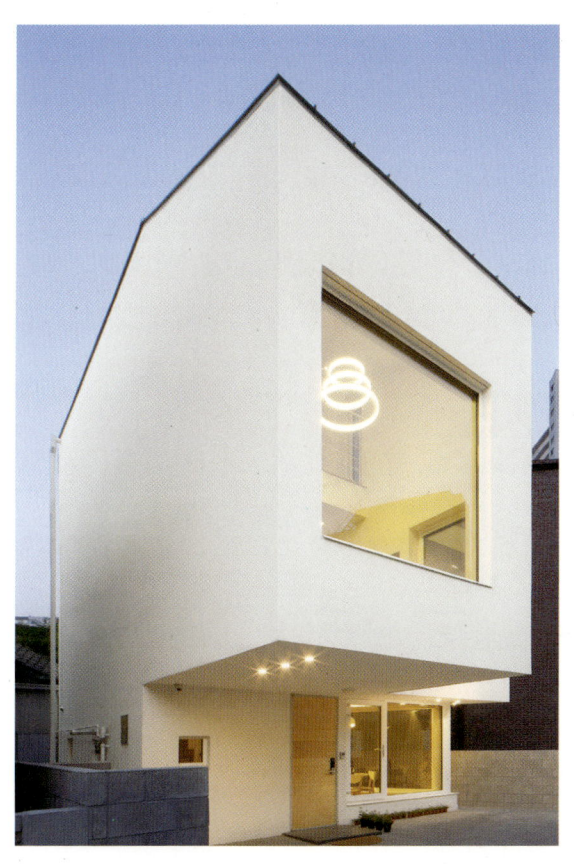

청림Life

PROLOGUE

　길가에 늘어선 집들을 감상해본 적이 있나요? 사각형 모양의 집이 다닥다닥 붙어 있는 평범한 골목, 어느 날 이곳에 박공지붕을 가진 주택이 들어섰습니다.
　이 집은 왜 박공지붕을 선택했을까요? 단순히 뾰족한 지붕을 좋아해서 박공지붕을 선택했을 수도 있고, 옆집과의 거리를 유지하기 위해 사각형 대신 삼각형 지붕을 선택했을 수도 있습니다. 같은 모양의 집이라도 사는 사람에 따라 집에 담긴 스토리는 달라집니다. 그럼, 우리 옆집에는 어떤 이야기가 담겨 있을까요?

　〈하.우.스(하나뿐인 우리 집 스토리)〉의 시작은 도심 속 자투리땅에 협소주택을 짓고 사는 사람들의 이야기를 소개하기 위해서였습니다. 10평 남짓한 면적의 공간을 어떻게 구획하는지, 가구 배치나 인테리어와 같은 실용적인 정보들을 통해 '넓은 집만이 좋은 집'이라는 인식을 변화시키고 싶었습니다.
　하지만 서울 땅에서 협소주택을 찾는 건 결코 쉽지 않았습니다. 작고 모난 땅에 집을 짓는 사례가 아직 많지 않은 것은 물론, 행여 있다 하더라도 집 공개를 쉽게 허락해주지 않는 경우가 많았습니다.
　다행인 건 협소주택을 찾으며 다양한 주거 방법을 접할 수 있었습니다. 내 집 마련의 목적으로 집을 짓는 사람도 있고, 전셋집을 꾸미며 사는 사람도 있으며, 낡은 아파트와 빌라를 리모델링해 사는 사람들도 있었죠. 서로 다른 방식으로 꾸민 주거 공간 속에는 저마다의 이야기가 담겨 있었습니다. 그건 조명 디자인과 소파 색깔을 고를 때 다퉜던 부부의 에피소드일 수도 있고, 집을 지을 때 이웃의 끊임없는 민원으로 마음 고생했던 아버지의 속상함일 수도 있습니다. 집집마다 담긴 스토리를 보여주기 위해 〈하.우.스〉는 협소주택에서 범위를 넓혀 보다 다양한 주거 방법을 제안하기로 했습니다. 집 주인들이 선택한 주거 방식, 라이프스타일, 그 속에 담긴 특별한 스토리까지…. 집을 통해 삶의 한 부분을 그려내고 싶었습니다.

1년 7개월이 넘는 시간 동안 〈하.우.스〉에서는 100여 채가 넘는 집들이 소개됐습니다. 단독주택, 빌라, 아파트, 상가주택 등 주거 방법도 각양각색! 집을 짓기 위해 〈하.우.스〉를 챙겨 본다는 이야기를 접할 때면 새삼 출발선에 섰을 때의 우리를 떠올리게 됩니다. 굴곡진 그래프를 따라 쉴 새 없이 달리다보니, 어느새 소중한 사람들의 이야기가 담긴 집들이 기록돼 있더 군요. 이제는 그 기록을 모은 책 《전셋값으로 도심 속 내 집 짓기》를 통해 내 집 마련의 꿈을 꾸고 있는 사람들에게 용기를 주고 싶습니다. 또한 여러분이 책 속에서 새로운 주거 방법을 간접적으로 경험할 수 있기를 바랍니다.

-SBS 〈좋은아침 '하.우.스'〉 제작팀

CONTENTS

PROLOGUE 4

Part 01 도심 속 협소주택 : 자투리땅에 지은 작은 집

12평 대흥동의 하정가 _ 정든 동네에 지은 모자(母子)의 화이트 하우스 12

5평 사당동의 The GRIGO 하우스 _ 서울에서 가장 작은 집 24

19평 상도동의 반달집 _ 비정형 땅에 지은 반달 모양의 집 34

12평 분당의 '그리고꿈꾸다' 하우스 _ 3남매를 위한 즐거운 플레이하우스 44

9평 후암동의 협소주택 _ 14평 자투리땅에 지은 틈새주택 56

9평 이태원의 나인 하우스 _ 개그맨 김윤희 씨의 작지만 실속 있는 집 66

상도동의 보운소당 _ 모퉁이 땅에 지은 쿼터(quarter) 모양의 집 76

15평 봉천동의 DIY 주택 _ 사다리꼴 대지에 DIY로 지은 집 86

9평 신공덕동의 별하랑 하우스 _ 별과 하늘을 사랑하는 다섯 식구의 협소주택 96

Part 02 노후주택의 변신 : 낡고 오래된 공간의 개조

14평 북아현동의 주택 _ 똑 소리 나는 젊은 부부의 획기적인 한 뼘 수납이 있는 집 **108**
12평 답십리의 화이트 주택 _ 풍요로운 삶이 담긴 수익형 작은 집 **118**
15평 하월곡동의 썬디 하우스 _ 47년 고택 살리기 프로젝트 **128**
12평 합정동의 잭슨 빌딩 _ 삼각형 땅에 삶을 쌓아올린 워너비 하우스 **140**
22평 신교동의 피아트 룩스 하우스 _ 빛과 풍경을 누리는 집 **152**
12평 용산의 블랙 하우스 _ 90년 적산가옥의 개성 있는 부활 **160**
18평 성산동의 주택 _ 도전정신으로 완성한 미로 같은 집 **168**
13평 성북동 연우네 집 _ 3대가 따로 또 함께 사는 협소주택 **180**
27평 신사동의 더 쉼 하우스 _ 이국적인 휴양지 리조트 같은 집 **190**
23평 쌍문동의 알리샤 하우스 _ 복원과 재생 그리고 맞춤형 거주공간 **202**
17평 홍은동의 주택 _ 동네 풍경을 바꾸는 집 **212**
23평 연남동 주택 _ 40년 구옥의 정취를 품은 모던 하우스 **222**
18평 이화동의 누마루 주택 _ 60년의 시간을 잇는 집 **230**

Part 03 수익형 상가주택 : 집을 짓는 다양한 방법

18평 망원동의 메종K _ 개성과 실용을 겸비한 수익형 상가주택 **240**

24평 목동의 모퉁이 세모 집 _ 건축가 부부가 삼각형 땅에 지은 개성만점 수익형 주택 **250**

25평 대학로의 b2project _ 낡은 건물에 감각적인 스타일을 입힌 상가주택 **262**

21평 후암동의 모던 로프트하우스 _ 47년 해방촌 상가주택의 반전 리모델링 **274**

21평 망원동의 817 하우스 _ 가족의 니즈를 모두 담은 올인원 하우스 **284**

13평 명륜동의 철민이네 전원주택 _ 서울에서 전원의 삶을 살다 **294**

Part 04 아파트와 빌라 : 반전 리모델링 노하우

23평 낙원동의 낙원아파트 _ 47년 아파트의 놀라운 인더스트리얼 리모델링 **304**

24평 현저동 아파트 _ 가구남 건축녀 부부의 틀을 깬 아파트 **312**

35평 방학동의 규정되지 않은 아파트 _ 국민평수 아파트의 반전 리모델링 **320**

26평 평창동의 The Diagonal Line 빌라 _ 심플한 취향을 담은 24년 빌라의 변신 **330**

15평 역삼동의 바비케이스 하우스 _ 오피스를 겸용하는 로프트 하우스 **340**

16평 방배동 은우네 빌라 _ 인테리어 디자이너 부부의 신혼집 **350**

17평 성산동 인서네 집 _ 17평 면적을 쪼개 13개의 공간을 만들다 **360**

Part 05 특별한 테마 하우스 Ⅰ

60~70대 부모님을 위한 맞춤 하우스

평창동의 듀플렉스 하우스 _ 도심 속 진정한 힐링 **373**
동교동의 UFO 하우스 _ 툇마루와 빨래터가 있는 집 **378**
서촌의 누하동 한옥 _ 100년 한옥과 양옥의 공존 **384**

지하에 특별한 공간을 만든 집

언덕배기 작은 집 부암동 주택 _ 지하에 만든 가족 전용 레스토랑 **391**
증산동의 방공호 하우스 _ 신혼을 위한 로맨틱한 지하 침실 **398**

Part 06 특별한 테마 하우스 Ⅱ

28평 운서동의 pd 하우스 _ 상상력 가득한 커브 모양의 집 **406**
25평 양평의 오솔집 _ 아이들이 길 따라 마음껏 뛰어노는 집 **416**
31평 파주의 용감한 주택 _ 용기로 완성된 대가족의 집 **428**
38평 운서동의 무한궤도 하우스 _ 소방관 아빠의 드림 하우스 **440**
15평 운서동의 북하우스 _ 건축상 우수상을 수상한 집 **452**
세 가족이 모여 사는 행고재 _ 행복을 고하는 집 **462**
이케아 디자이너 안톤의 집 _ 북유럽 스타일 인테리어 **472**

〈하.우.스〉 MC들이 뽑은 가장 기억에 남는 집 **484**

Part 01

도심 속 협소주택
자투리땅에 지은 작은 집

12평 대흥동의 하정가

정든 동네에 지은
모자(母子)의
화이트 하우스

하우스 스토리

어머니를 위해 지은 하얗고 정감 있는 집

어머니와 두 아들은 38년 동안 한 집에 살았다. 맏이인 김광태(43) 씨는 세 살 때부터, 남동생은 이 집에서 태어났으니 형제에게 이곳은 고향인 셈이다. 횟수로 무려 38년, 얼마나 추억이 깃든 집인가! 신나게 골목을 뛰어다니던 어린 시절, 감수성 가득했던 학창 시절, 치열하게 취직을 준비하던 그 순간도 모두 이 집에서 보냈다. 무엇보다 늘 우직하게 살아오셨던 부모님과의 추억이 가득한 집이다.

하지만 형제가 훌쩍 자라 어느새 어른이 되는 동안 집도 나이가 들었다. 단열이 제대로 되지 않아 겨울이면 혹독한 추위와 싸워야 했고, 눈이 올 때면 혹여 엉성하게 얹혀진 기와지붕이 내려앉지는 않을까 어머니는 잠 못 이루셨다. 아쉽지만 이제 정든 집과 작별을 해야 할 때가 온 것이다.

Before

After

마침 집을 새로 짓기로 결심했을 때 동네는 오랜 기간 묶여 있던 재건축 예정지에서 해제됐다. 광태 씨는 무려 세 번이나 마포구청을 찾아가 '정말 집을 지어도 되는 것이냐' 물었다고 한다. 재차 '문제없다'는 확답을 듣고 나서야 본격적으로 집을 지을 준비를 시작했는데, 당시 동생이 결혼을 앞두고 분가를 계획하고 있었기에 광태 씨와 어머니 둘이 오순도순 살아갈 작은 집을 짓기로 했다.

대지는 30평이 채 되지 않은 협소한 면적에, 반듯하지 않은 사다리꼴 모양이었다. 난제가 틀림없을 땅에 어떻게 집을 지을지 건축가와 함께 오랫동안 고민했다.

"현장에서 받은 첫 느낌은 거대한 골리앗 아파트에 맞선 다윗의 이미지였습니다. 저는 부동산적 가치나 환금성은 운운하기 싫은 소박하고 예쁜 집, 담장을 허물어 동네의 골목길을 넓혀주고 밝은 빛도 내줄 수 있는 그런 아담하고 착한 집을 떠올렸습니다."(건축가)

이웃들의 응원 속에 1년 후, 드디어 집이 완공됐다. 집을 처음 본 어머니는 자연스럽게 하얗고 정감 있는 집이라는 뜻의 '하정가'라는 이름을 떠올리셨다. 앞으로 이 작고 아름다운 새 집 하정가에서 모자(母子)가 더욱더 멋진 추억을 쌓아갈 수 있기를!

하우스 구조와 특징

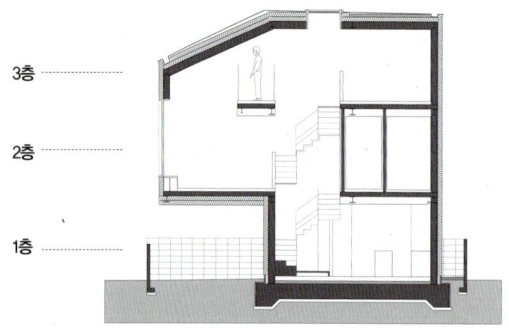 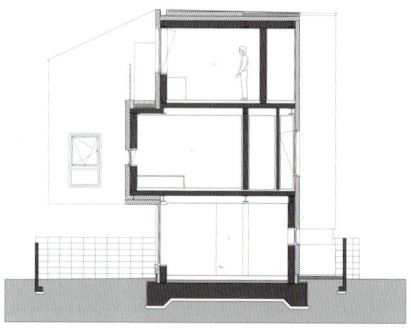

1층 25.48㎡(7.71평)
좁고 비정형인 땅에 집을 짓다 보니 다소 독특한 외관이 완성됐다. 마당과 주차공간을 마련하기 위한 건축가의 아이디어가 빛난다.

2층 38.93㎡(11.78평)
하정가의 주 생활공간. 복층구조의 거실과 함께 어머니 방, 욕실, 드레스룸, 세탁실이 있다.

3층 27.69㎡(8.38평)
아들만의 공간으로 취미를 마음껏 즐길 수 있는 장소다.

캔틸레버 구조로 만든 마당이 있는 집

하정가는 폭이 좁은 골목길에 위치한 집이라 작은 대지 안에서 주차까지 해결해야 하는 상황이었다. 이에 건축가는 캔틸레버(Cantilever) 구조를 적용해 2층을 들어 올림으로써 마당의 면적을 최대로 확보할 것을 제안했다. 즉, 1층의 실내면적을 25.48㎡(7.71평)로 최소화하고 나머지 면적을 기둥 없이 만들어 야외공간을 넓게 사용할 수 있도록 한 것이다. 덕분에 하정가는 두 대의 차를 댈 수 있는 주차공간과 어머니가 좋아하시는 꽃과 나무를 키울 수 있는 아담한 안마당을 갖게 되었다.

> **하.우.스 애청자의 Q&A**
> **Q. 캔틸레버 구조가 뭐죠?**
> 캔틸레버란 건물의 한쪽만 고정돼 있고, 나머지 부분은 지지대 없이 돌출된 형태를 말한다. 마치 한쪽 부분이 공중에 떠 있는 듯한 모양새로, 디자인적인 아름다움뿐 아니라 돌출된 아래면적을 넓게 활용할 수 있다는 장점이 있다. 다만 돌출된 부분의 두 배만 한 길이가 그 후면에 있어야 안정적인 구조물이 된다. 하지만 하정가는 그럴 만한 공간이 없어서 지중이라도 줄이기 위해 철골구조로 계획했다. 또한 더욱 안정적인 구조를 위해 돌출부분의 끝으로 갈수록 줄어드는 형태로 디자인됐다.

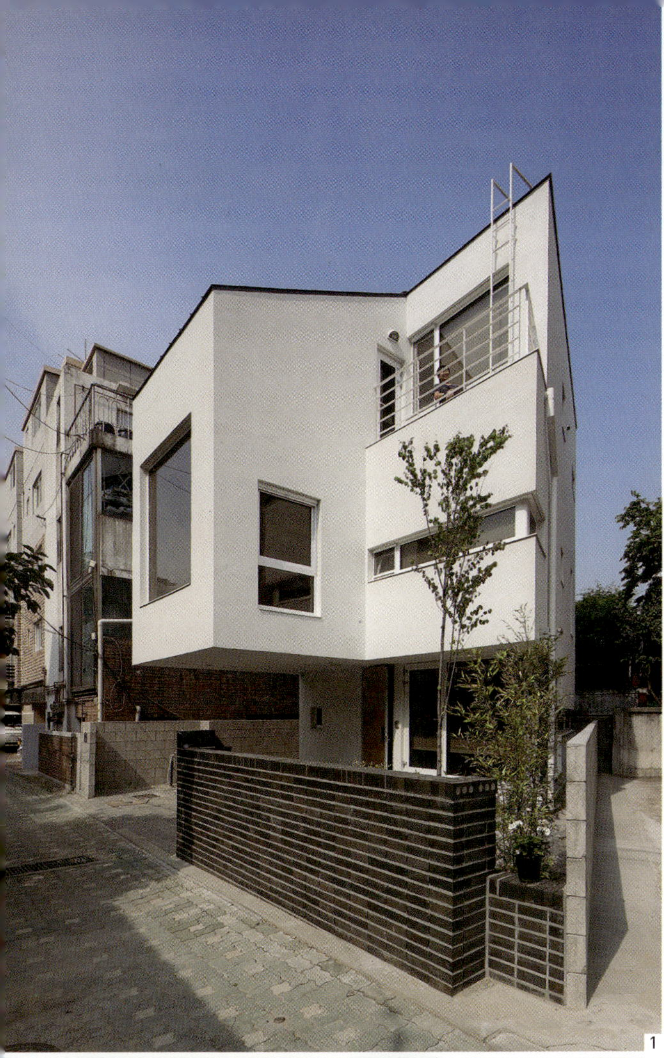

1 하정가의 외관. 비정형의 대지에서 최대로 면적을 만들다 보니 사다리꼴 평면의 집이 지어졌다. 외부는 스타코플렉스, 지붕은 컬러강판으로 마감했다. 2 모퉁이 공간을 활용한 어머니의 정원. 3 1층 다이닝룸의 큰 창을 통해 내부와 외부가 연결된다. 4 캔틸레버 구조로 지은 하정가.

1 모던하고 세련된 화이트 주방. 어머니의 취향이 가장 많이 반영된 곳으로 상부장을 없애는 대신 주방 곳곳을 수납공간으로 만들었다. 2 주방 벽에는 가운데가 불룩한 디자인의 타일을 시공했다. 조명 빛에 음영이 져 공간이 한결 입체감 있어 보인다. 3 주방 맞은편의 마당과 면한 모서리 부분에 다이닝룸을 만들었다. 각진 모양이지만 큰 창이 있어 답답해 보이지 않는다. 천장에는 펜던트조명과 함께 간접조명을 시공했다. 4 다이닝룸의 중앙에 원형 테이블을 두고, 둘레로 35cm 높이의 낮은 단을 제작했다. 손님이 왔을 때 벤치처럼 사용할 수 있다.

1층_ 어머니를 위한 주방과 다이닝룸의 남다른 공간배치

1층에는 현관을 포함해 주방과 다이닝룸만 있다. 즉, 현관을 들어서자마자 처음 만나게 되는 곳이 주방인 셈이다. 일반적인 경우라면 이 자리에 거실이 위치할 터! 광태 씨가 이런 독특한 공간배치를 선택한 이유는 무엇일까?

하정가는 총 세 개의 층을 가진 집으로, 땅이 협소하여 층을 올려 생활면적을 확보했다(건축면적은 38.93㎡, 11.78평이지만, 세 개 층의 바닥면적을 합한 연면적은 103.44㎡, 31.29평에 이른다). 이런 수직구조의 집은 좁은 대지에 비해 넓은 연면적을 가질 수 있다는 점에서 매우 훌륭하나 계단이 많아진다

> **하.우.스 인테리어 레시피**
> **좁은 공간일수록 유용한 원형 테이블**
> 원형 테이블은 의자 배치를 어떻게 하느냐에 따라 사각형 테이블보다 훨씬 많은 인원이 앉을 수 있다. 하정가처럼 좁은 집이라면 사각 프레임의 테이블보다 원형 테이블을 두는 것이 더 효율적이다.

는 단점이 있다. 자칫 잘못하면 일흔에 가까운 노모가 생활하기 불편한 집이 될 수도 있는 것이다.

때문에 광태 씨는 어머니가 최대한 계단을 덜 오르내리실 수 있도록 공간을 계획했다. 그래서 어머니의 주 생활공간인 주방과 다이닝룸은 계단을 이용하지 않아도 되는 1층에, 안방은 집에서 계단을 가장 적게 사용하는 2층 입구에 배치했다. 그 결과 어머니의 동선은 주로 1층과 2층 초입까지만 닿게 돼 계단에 대한 부담이 현저히 줄어들었다.

하.우.스 인테리어 레시피
작은 집에서 효과적인 계단 수납
작은 집일수록 그냥 버려두기 아까운 공간이 바로 계단 밑이다. 어떻게 활용하느냐에 따라 유용한 알파공간이 될 수 있기 때문이다. 계단 밑을 가장 기본적이면서도 효과적으로 사용하는 방법은 수납이다. 하정가 또한 2층으로 올라가는 계단 밑을 신발장과 창고로 만듦으로써 수납에 적극적으로 활용했다. 덕분에 협소한 현관이 한결 여유 있어 보인다.

1, 2 계단 밑을 적극 활용해 만든 넉넉한 현관의 신발장(오른쪽)과 창고(왼쪽). 신발장 위의 자투리공간을 놓치지 않고 작은 수납장으로 만들었다.

1,2 복층구조의 거실. 남쪽에는 작은 창이, 서쪽에는 2.5m x 2.5m 크기의 큰 창이 있어 종일 해가 든다. 난방 없이 햇살만으로도 따뜻한 집이다. **3** 창문 아래로 낮은 수납장을 제작해 벤치의자 겸 수납공간으로 활용한다. **4** 거실 인테리어의 마침표 역할을 하는 펜던트조명. 필요에 따라 빛의 세기를 여러 단계로 조절할 수 있다.

2층_ 기본에 충실한 거실과 수납을 최대화한 어머니의 안방

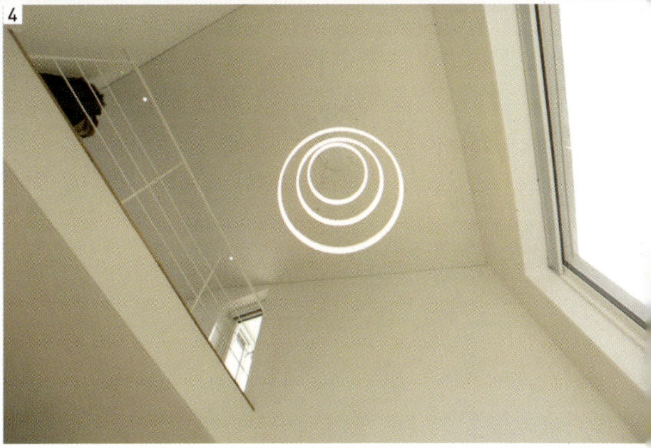

"다른 건 바라는 것 없어요. 그저 튼튼하고 살기 좋은, 기본에 충실한 집을 지어주세요."

광태 씨의 어머니가 건축가와의 첫 미팅에서 건넨 말이다. 제대로 지어지지 않은 집에서 산다는 것이 얼마나 힘든 일인지를 몸소 경험해온 그녀의 고충이 느껴지는 바람이었다. 때문에 하정가는 무엇보다도 건축의 '기본'을 지키려 노력한 집이 되었다. 빛이 풍부하고 바람이 잘 통하며 튼튼하고 따뜻한 집. 특히 2층 거실은 그런 내실 있는 건축물의 완성도를 만끽할 수 있는 장소다.

대부분의 협소주택은 모든 공간이 좁고 오밀조밀하다. 때문에 집이 너무 답답해 보이지 않으려

하.우.스 인테리어 레시피
단열기능이 뛰어난 허니콤 블라인드
창마다 허니콤 블라인드를 설치했다. 벌집 모양으로 디자인된 허니콤 블라인드는 공기를 보존하는 기능이 있어, 일반 블라인드보다 단열과 방음효과가 뛰어나다. 또한 특유의 얇은 원단을 통해 빛이 투과되기 때문에 외부의 시선을 차단해 프라이버시를 지킴과 동시에 은은한 실내 분위기를 조성할 수 있다.

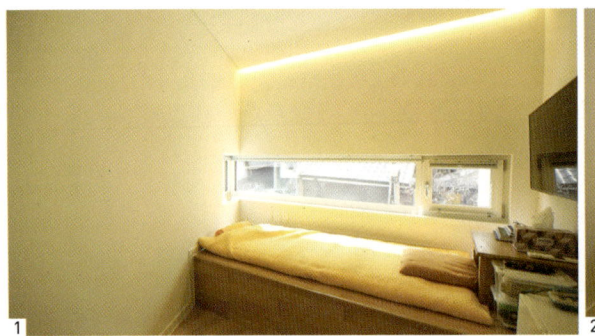 

1 8.93㎡(2.70평) 크기의 어머니 방. 긴 가로 창으로 채광을 확보하되 밖에서 안이 보이지 않도록 창의 높이를 낮췄다.
2 이부자리 겸 넉넉한 수납장으로 활용되는 평상형 침대. 문이 위쪽에 있어 이불을 깔면 감쪽같이 가려진다.

면 한 곳 정도는 넓고 탁 트인 장소가 필요하다. 하정가에서는 2층 거실이 그 역할을 한다. 하정가의 거실은 개방감에 초점을 맞춰 디자인됐다. 할 수 있는 한 최대 크기의 창문을 만들고, 3층까지 연결된 복층구조로 천장고를 4m가량 높인 것이다.

침대와 작은 수납장만 놓여 있는 어머니의 안방은 소박하지만 단아하다. 어머니의 방은 대지 모양을 고스란히 축소해놓은 듯 작은 사다리꼴 모양이라 이리저리 각이 많다. 그래서 기성가구를 다양하게 배치할 수 없었다. 이에 광태 씨는 채광이 좋은 창가 쪽으로 평상형 침대를 제작했다.

"저희 어머니는 허리가 안 좋으셔서 푹신한 침대 대신 입식생활을 하고 싶어 하셨어요. 그래서 높이가 있는 평상 침대를 제작해 그 위에 이불을 깔고 주무실 수 있도록 했죠."

이 침대는 커다란 수납장 역할도 한다. 광태 씨는 침대 하부를 활용해 총 네 개의 수납칸을 만들었는데 부피가 큰 이불 및 어머니의 짐들을 대부분 수납할 수 있을 정도로 넉넉하다. 이처럼 면적이 좁고 각이 많은 방에는 멀티용 가구를 제작하는 것이 효율적이다. 수납이 가능하면서 가구 수를 최소화할 수 있어 공간을 깔끔하게 연출할 수 있기 때문이다. 안방 앞으로는 드레스룸, 욕실, 세탁실을 나란히 위치시켰다. 욕실에서 씻은 뒤 드레스룸에서 옷을 갈아입고, 벗은 옷을 바로 세탁할 수 있어 동선이 편리하다.

하.우.스 인테리어 레시피

작은 집의 똑똑한 동선 계획

작은 집은 면적의 한계로 인해 어쩔 수 없이 공간들의 간격이 좁아진다. 그러나 이를 잘 활용하면 넓은 집보다 한결 능률적인 생활동선을 구성할 수 있다. 예를 들어 주방 옆으로 다이닝룸을 두어 가족이 함께할 수 있는 식사공간을 만들거나, 하정가처럼 드레스룸과 욕실 그리고 세탁실을 가까이 배치해 편리한 동선을 만드는 것이다.

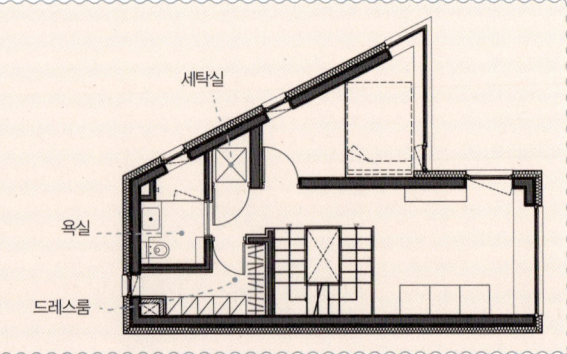

복도 끝에 욕실, 드레스룸, 세탁실이 모두 모여 있다.

3층_ 광태 씨의 지극히 개인적인 맨케이브, 그러나 경계 없이 열린 모든 공간들

1층과 2층이 어머니와 함께하기 위한 배려의 장소였다면, 3층은 아들 광태 씨만의 취향이 고스란히 드러나는 공간이다. 홀로 편히 쉴 수 있는 독립적인 휴식공간이자, 취미를 즐기는 '맨케이브(mancave)' 같은 곳인 셈이다. 광태 씨는 3층을 자신이 좋아하는 가전과 음향기기들로 채웠는데 이를 위해 특별히 건축가에게 지저분한 선들이 안 보이게 해달라고 부탁했다고 한다. 그래서 전선이 밖으로 드러나지 않는 코드리스(cordless) 작업을 진행했다. 가전제품 전선들이 잘 정리되지 않

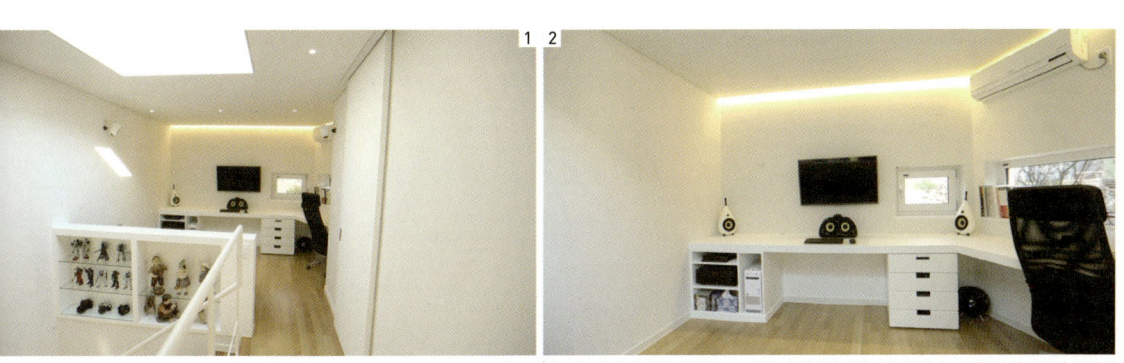

1 작업실만 슬라이딩도어로 구획돼 있고 모든 공간이 서로 이어진다. 계단 난간은 장식장으로 만들어 인테리어 효과를 주었다. 2 깔끔하게 코드리스 작업이 진행된 3층.

3.05㎡(0.92평)의 테라스가 있는 3층. 동네 풍경을 한눈에 감상할 수 있다.

으면 지저분해 보일 수 있으므로 설계 때부터 미리 배선을 고려한 뒤 콘센트와 전선을 원하는 위치에 시공하면 된다. 사전에 계획만 잘한다면 비용적으로 큰 차이가 없어 유용하다.

이외에도 3층은 집중이 필요한 작업실을 제외하고 모든 공간이 경계 없이 열려 있다. 실내뿐 아니라 외부 테라스와도 이어지는데, 광태 씨는 이곳에서 동네를 내려다보는 새로운 취미가 생겼다고 한다.

"예전에는 주위가 다 낮은 집들이었어요. 그런데 점점 주변 건물들이 높아지기 시작했죠. 집을 짓고 나서야 오랜만에 동네를 제대로 보게 됐는데(옛 집은 단층집이었다) 평생을 살아온 곳인데도 위에서 내려다보니 새삼 다르게 느껴지더라고요."

김광태 씨의 화이트 인테리어에 대한 조언

같은 화이트라도 소재에 변화 주기

개방감을 위해 화이트 인테리어를 진행할 경우 소재나 질감을 달리해 공간에 변화를 줘보자. 예를 들어 하정가의 주방처럼 타일을 입체감 있는 디자인으로 선택하거나, 같은 화이트라도 텍스처가 다른 벽지를 선택하는 것이다.

간접조명 활용하기

군더더기 없는 심플한 공간일수록 조명이 중요하다. 예를 들어 천장 둘레에 간접조명을 시공하면 화이트 벽면에 자연스러운 음영이 생겨 공간이 아늑하고 고급스러워 보인다. 특히 노출천장에 간접조명이 더해지면 천장이 한결 높아 보이는 효과가 있다.

하우스 정보

대지 위치 : 서울시 마포구 대흥동
건물 규모 : 지상 3층
대지 면적 : 99㎡(29.95평)
건축 면적 : 38.93㎡(11.78평)
연면적 : 103.44㎡(31.29평)
용적률 : 104.49%
건폐율 : 39.32%
설계 및 시공 : 설계 – 조성욱건축사사무소 / 시공 – 꼬뮤에이아이(commu a.i.)
사진 제공 : 진효숙

• 비용

건축비	3억 원
외부 마감	스타코플렉스 외단열시스템 그래뉼, 컬러강판
창호	엔섬 PVC 창호, 39mm 삼중유리
현관문	단열문 제작, 내·외부 자작합판 마감
내부 마감	실크벽지, 친환경 수성페인트
바닥재	강마루
수전 및 욕실기기	아메리칸 스탠다드
조명	을지로조명거리(건축주 구매)
방문	영림도어

5평 사당동의 The GRIGO 하우스

서울에서 가장 작은 집

 하우스 스토리

11평 대지에 지은 최소의 집

몇 년 전부터 작은 집에 대한 관심이 뜨겁다. 특히 일본의 협소주택이 유명해지면서 우리나라에도 좁은 땅을 활용해 수직으로 층을 올려 집을 짓는 사례가 많이 등장하고 있다. 땅값 비싼 도심에서 대지 구입비를 최소화하면서 넉넉한 연면적을 소유할 수 있다는 협소주택의 개념은 가히 혁신적이다. 하지만 이러한 낯선 주거방식에 이런 의문이 든다. '정말 10평도 안 되는 좁은 면적이 살기에 괜찮을까? 답답하지는 않을까?'

윤정상(53) 씨 부부의 보금자리인 사당동 'The GRIGO' 하우스는 이런 의문들에 답할 수 있는 좋은 사례다. The GRIGO 하우스는 대지 37.10㎡(11.22평), 층당 면적은 고작 17.33㎡(5.24평)에 불과한 최소의 집이다. 부부는 이 집을 짓는 데 대지 구입비와 건축비 모두 포함해 총 2억 7천만 원이 들었다. 서울의 아파트 전세금으로 충분히 시도해볼 수 있는 금액이다.

부부가 땅을 구입했을 당시에는 지금보다 약 2평이 큰 43㎡(13평)의 면적이었다. 하지만 지적측량을 한 뒤 10%가 줄었고 여기에 4m 도로 확보를 위해 1m 후퇴, 일조권 확보를 위해 다시 1.5m를 후퇴하니 건축 가능한 부분은 마름모꼴의 턱없이 작은 땅이 되었다. 가로 5m, 세로 3.8m 크기로 성인 남성이 크게 네 걸음 정도 걸으면 집을 지나칠 수 있을 정도였다. 심지어 여기에 1층 현관문이 건축 한계선을 넘지 않게 하기 위해 면적이 또다시 줄어들었다. 사정이 이렇다 보니 처음에 부부의 지인들 모두 이토록 작은 땅에 과연 집을 지을 수 있을지 걱정이 많았다고 한다. 그러나 부부는 이미 작은 집에서 한 번 살아본 준비된 건축주였다.

"일본에서 2년 반 정도 살았어요. 당시 머물던 집이 건축 면적 19.5㎡(5.90평)의 집이었지만 굉장히 편하게 살았거든요. 그때부터 작더라도 저희가 필요로 하는 공간을 충실히 갖춘 집에 살고 싶다는 열망을 가지게 된 것 같아요."

이렇게 완성된 The GRIGO 하우스는 작지만 풍요로운 공간들을 담고 있다. 다락을 포함 네 개의 층을 활용해 필요한 요소들을 충실히 채운 것은 물론, 부부가 평소 갖고 싶어 했던 카페와 반신욕조가 있는 욕실, 아늑한 다락침실까지 마련했다. 특히 모든 공간이 부부의 생활동선에 맞춰 편리하게 움직일 수 있도록 짜여져 있다. 맞춤옷처럼 부부에게 꼭 맞는 집이 지어진 것이다.

Before

After

하우스 구조와 특징

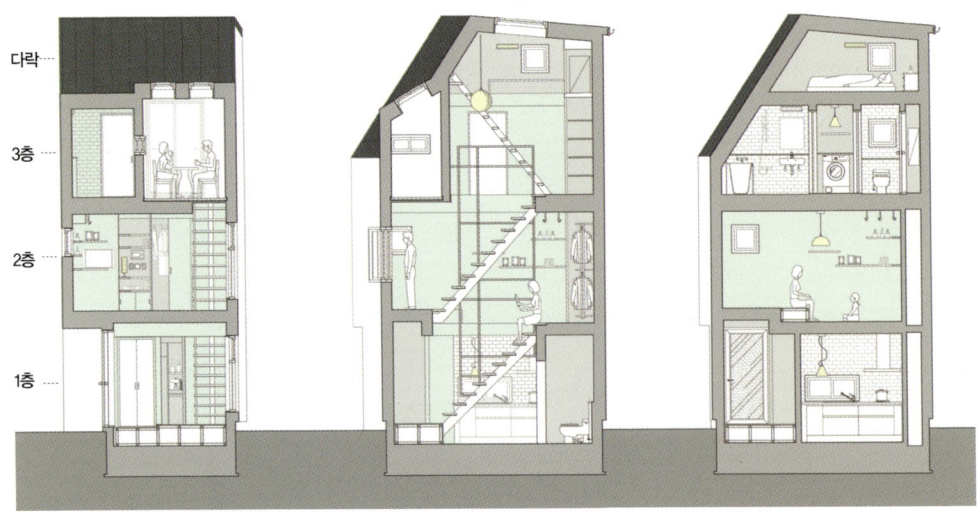

1층 15.70㎡(4.75평)
가장 아래층에 주방 및 다이닝룸을 두었고 편의성을 위해 미니 화장실을 배치했다.

2층 16.96㎡(5.13평)
한 층이 모두 거실로, 가족의 주 생활공간이다.

3층 17.18㎡(5.20평)
욕실과 화장실, 세탁실 그리고 매일 아침 여유를 즐기는 발코니 카페가 있다.

다락 5.99㎡(1.81평, 연면적에서 제외)
부부의 다락방 침실이 있다.

1 The GRIGO 하우스의 외관. 외부는 스타코, 지붕은 리얼징크로 마감했다. 연면적이 50㎡ 이하여서 주차장은 만들지 않았다. **2** 1층 현관문을 안쪽 깊숙이 들였다. 문이 측면에 위치해 있어 프라이버시를 확보할 수 있을 뿐 아니라 위층의 바닥을 처마처럼 활용할 수 있다.

하.우.스 인테리어 레시피

주차장을 만들지 않을 수 있었던 이유
다음과 같은 주차장법에 의거, 시설면적이 50㎡ 이하이기 때문에 주차장을 생략할 수 있었다.

〈부설주차장의 설치대상 시설물 종류 및 설치 기준(주차장법 제6조 제1항 관련)〉
단독주택(다가구주택 제외)
- 시설면적 50㎡ 초과 150㎡ 이하: 1대
- 시설면적 150㎡ 초과: 1대에 150㎡를 초과하는 100㎡당 1대를 더한 대수 [1+{(시설면적-150㎡)/100㎡}]

건축 한계선 때문에 안쪽에 만든 현관문
주택법에 의하면 건축물 지상부의 외벽 면이 건축 한계선으로 지정된 위치의 수직면을 넘어 건축될 수 없도록 규정돼 있다. 즉, 현관문을 열었을 때의 끝선도 건축선상의 연장이기 때문에 문을 열었을 때 건축 한계선을 넘지 않도록 안쪽으로 위치시킨 것이다.

1층_ 수납효율이 높은 현관과 주방 만들기

The GRIGO 하우스는 한 층이 하나의 방처럼 느껴질 정도로 작은 집이다. 1층은 주방 위주로 공간이 구성돼 있는데 8.39㎡(2.54평)의 면적이 최대한 넓어 보이도록 벽면과 바닥에 밝은 계열의 타일을 시공했다.

주방에서 가장 신경을 많이 쓴 것은 역시 수납이다. 하부장은 양문형 형태에서 벗어나 효율적인 서랍형태를 선택하고 하부장 끝 코너 쪽으로는 회전선반을 시공했다. 선반이 회전판으로 되어 있어서 손이 잘 닿지 않는 깊숙한 곳까지 물건을 수납하거나 손쉽게 꺼낼 수 있는 장점이 있다. 또한 냉장고 주변으로 붙박이장을 제작해 수납력을 높였다.

하.우.스 인테리어 레시피

면적이 좁은 공간에는 모자이크 타일을 추천!
협소한 공간에 큰 타일을 사용하면 오히려 면적이 더 좁아 보일 수 있다. 이때는 컬러풀한 소형 모자이크 타일로 공간에 통일감을 주자. 인테리어 포인트도 되면서 면적이 넓어 보이는 효과를 낼 수 있다.

1,2 1.70㎡(0.51평)의 현관에는 노란 원형 모자이크 타일로 공간에 경쾌함을 더했고, 실내에는 스프러스(가문비나무)를 시공해 따뜻한 느낌이 들게 했다. 또한 현관에 간단한 소지품을 올려놓을 수 있는 선반을 만들었다.

1, 2 현관에서 두 계단만 내려오면 주방이 위치한다. 같은 1층임에도 45cm의 단차가 나는 이유는 일조권 사선제한의 영향으로 건물의 최고 높이가 9m로 규정됐기 때문이다. 9m 안에 다락까지 총 네 개의 레벨을 만들어야 해 1층을 살짝 파서 바닥을 낮추는 방법을 선택했다. 3, 4 하부장과 2.36m 높이의 붙박이장을 활용한 주방 수납. 5 회전판으로 되어 있는 코너장의 내부.

5평 작은 집의 유용한 수납 아이디어

비정형 면적에 수납장 만들기

The GRIGO 하우스는 형태가 살짝 틀어진 마름모꼴 모양인데 마름모의 가운데 부분에 생활공간을 네모반듯하게 배치해 안정감을 주었다. 그리고 끝의 비정형의 공간에는 붙박이장 형태의 옷장을 제작했다. 옷장은 각각 2층과 3층에 만들고 내부에 찬넬선반을 설치해 부부가 개별적으로 활용할 수 있도록 했다.

벽 선반 달기

벽 선반은 부피를 크게 차지하지 않을 뿐 아니라 설치가 용이하고, 애매하게 남는 빈 벽을 알뜰히 활용할 수 있어 바닥 면적이 작은 집에서도 효율적으로 활용할 수 있는 수납법이다.

단차 활용하기

벽면 및 바닥에 높이별로 차이를 두어 선반을 달거나 서랍을 만들면 수납에 유용하다.

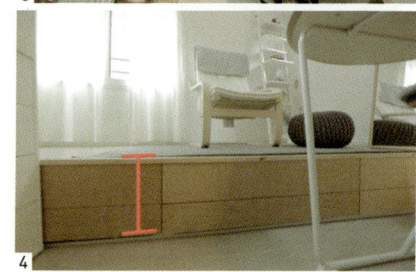

1 벽면 곳곳에 다양한 디자인의 선반을 설치해 TV 및 소품들을 진열하는 용도로 활용한다. 2 비정형 면적에 수납장 만들기. 3 벽 선반 달기. 4 바닥 단차가 있는 부분에 서랍장 짜 넣기.

개방감을 위해 오픈형으로 디자인한 계단. 각 파이프로 틀을 만든 뒤 자작나무 합판으로 발판을 덧댔다. 3층으로 올라오는 계단 위에 천창을 제작했다. 이곳에서 비추는 빛이 1층까지 전달된다.

1 13.43㎡(4.06평)의 2층 거실. 중앙에 8인용의 원형 테이블을 두었다. **2** 책을 읽거나 누워 낮잠을 자는 용도로 난간 앞에 긴 벤치를 두었다. **3** 서쪽으로는 이삿짐이 들어올 수 있는 큰 창을, 경치가 좋은 북쪽으로는 작은 창을 두었다. **4** 밖에서 봤을 때 안에 있는 사람의 머리와 다리만 보이도록 창의 위치와 높이를 고려했다. 긴 가로창들은 채광과 환기에 효율적일 뿐 아니라 신체의 주요부분을 가릴 수 있어 프라이버시 확보에도 효과적이다. **5** 빨래 건조대로 사용하는 3층 난간. 난간 앞으로 콘센트가 있어 선풍기를 틀어 빨래를 말리기도 한다.

2층_ 화이트로 통일하고 바닥을 높여 공간을 분리한 거실과 휴식공간

집 안의 중심이 되는 2층은 부부가 대부분의 시간을 보내는 휴식공간으로 천장부터 바닥, 가구까지 화이트로 통일해 밝고 화사한 느낌을 연출했다. 2층의 가장 큰 특징은 1층과 마찬가지로 약 30cm 높이의 단차가 있다는 것이다. 가벽이나 파티션을 세워 공간을 구분하고 싶었지만 자칫 답답해 보일까봐 바닥의 일부를 높이는 방법을 선택했다. 바닥을 높인 부분은 추후 거실과 구분된 다른 용도(예를 들면 침대를 배치해 안방으로 사용)로 활용할 계획이다.

거실의 서쪽 방향으로는 집의 크기에 비해 유독 큰 창이 있다. 이 창을 만든 이유는 부피가 큰 이삿짐을 들여올 수 있는 통로가 필요했기 때문이다. 정상 씨는 이처럼 작은 집을 지을 때 꼭 놓치지 말아야 할 점은 이사라고 강조한다. "협소주택은 현관이 좁기 때문에 자칫 잘못하면 냉장고나 세탁기 등 부피가 큰 짐들이 집 안으로 들어오지 못할 수 있어요. 설계 때부터 제품의 사이즈나 짐을 옮길 계단의 폭을 꼼꼼히 체크해 물건들이 내부로 들어올 수 있는 루트를 염두에 둬야 합니다."

1 17.18㎡(5.20평)의 3층. 발코니 쪽에 테이블과 의자를 두어 카페 같은 공간을 연출했다. 2 세탁기를 중심으로 좌측에 욕실, 우측에 화장실이 위치한다.
3 편백나무 반식욕조를 둔 욕실. 4 화장실. 양변기 앞에 거울을 두었는데 뒤쪽 창밖의 풍경을 거울로 감상하게 하기 위해서다. 화장실 옆에는 보일러실이 있다.

3층_ 부부가 좋아하는 것들로 채운 휴식공간과 다락방 침실

3층 발코니에 테이블과 작은 의자를 두어 카페 같은 공간을 연출했다. 테이블 위로 두 개의 천창이 있는데 옆집 때문에 측면으로 창을 만들 수 없어 천창을 선택한 것이다. 천창은 벽창보다 약 3배의 채광효과가 있다.

"저희 부부는 매일 아침 이곳에서 커피를 마시며 하루를 시작해요. 천창을 열면 인근 산의 청량한 공기가 밀려들어 오고 새소리도 들을 수 있죠."

발코니 옆에는 부부의 또 다른 힐링공간인 욕실이 위치한다. 반신욕을 좋아하는 부부가 향긋한 편백나무(히노끼) 향을 맡으며 반신욕을 즐기기 위해 특별히 신경 쓴 공간이다. 편백나무는 향균·살균 작용이 뛰어나며 물에 강한 목재로 피톤치드 함량이 높아 물에 닿으면 고유의 향이 진하게 퍼진다.

3층을 가로지르는 계단을 오르면 다락 침실이 등장한다. 킹사이즈 매트리스 하나가 꽉 차게 들어가는 협소한 면적에 한쪽 벽면이 도로 사선제한으로 비스듬히 깎였지만 그래서 더욱 아늑하고 정겨운 침실이다.

"저희 부부는 다락방에 대한 향수가 있어요. 어렸을 적 다락방에서 놀다 잠들던 기분 좋은 느낌이 지금도 남아 있죠. 그때의 추억을 떠올리며 다락에 침실을 마련했습니다."

🏠 윤정상 씨의 작은 집 짓기에 대한 조언

작은 집일수록 설계에 투자해야 한다

작은 집일수록 설계에 치밀해야 한다. 면적의 한계 때문에 어떻게 설계하느냐에 따라 활용도가 판이하게 달라질 수 있기 때문이다. 동선과 가족의 라이프스타일을 반영해 디자인하지 않으면 작은 집은 그저 좁고 불편한 공간이 될 수밖에 없다. 윤정상 씨 부부는 누구보다도 이러한 설계의 중요성을 잘 알고 있었기에 예산에서 설계비를 따로 책정해 두었다.

하우스 정보

대지 위치 : 서울시 동작구 사당동
건축 규모 : 지상 3층(다락 별도)
대지 면적 : 37.10㎡(11.22평)
건축 면적 : 17.33㎡(5.24평)
연면적 : 49.84㎡(15.08평)
용적률 : 134.34%
건폐율 : 46.71%
설계 및 시공 : 설계 – ㈜건축사사무소 토맥 / 인테리어 – 디자인 부피 / 시공 – 건축주 직영
사진협조 : 양태영(TTEA)

• 비용

대지 구입비	1억 2천만 원
건축비	1억 5천만 원
〈1층〉	
현관 바닥 타일	19CR Y102 모자이크 타일(영진세라믹)
주방 가구	이케아 제품 제작 설치 / 주방장 제작 설치
미니식탁	이케아
펜던트조명	이케아
주방 타일	화이트 매트 모자이크 타일(60x240, 윤현상재)
바닥 타일	HL 474S7097 타일(300x300, 영진세라믹)
〈2층〉	
계단	T6 철판 + T30 자작합판으로 자체제작
원형 테이블	이케아
펜던트조명	이케아
레일조명	이케아
선반	이케아, T20 자작합판 제작
〈3층〉	
펜던트조명	이케아
테이블 및 의자	이케아
편백나무 욕조	HBH-1900(히노끼 반신욕 욕조, HELOBAUM)
욕조 벽 타일	75700 타일(150x75, 영진세라믹)
욕조 바닥 타일	CL440 모자이크 타일(영진세라믹)
화장실 조명	이케아

19평 상도동의 반달집

비정형 땅에 지은
반달 모양의 집

하우스 스토리

대지의 불리함을 극복한 개성만점 반달 주택

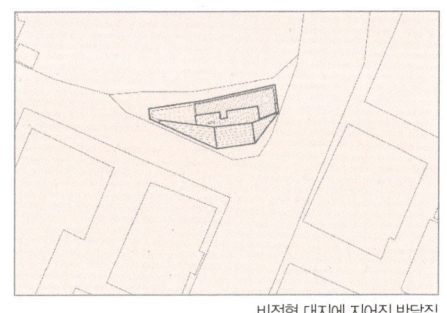

비정형 대지에 지어진 반달집

'반달집'을 본 사람이라면 누구나 첫눈에 이 집이 왜 반달집인지 알게 된다. 앞은 폭이 좁고 뒤로 갈수록 조금씩 넓어지는 평면이 밤하늘에 하얗게 뜬 소담스러운 반달을 꼭 닮았기 때문이다. 이렇게 독특한 집이 지어진 데는 대지 모양의 영향이 크다. 코너에 접한 삼각형 모양에, 긴 변이 안으로 파고드는 작은 각까지 형성하고 있는 필지 위에 지은 집이기 때문이다. 조창윤(46), 곽은실(46) 씨 부부의 말에 의하면 이 때문에 무려 10년 넘게 팔리지 않던 애물단지 땅이었단다.

풋풋한 대학시절에 만나 20여 년을 함께해 온 부부는 현재 제례음식 전문점을 창업해 운영 중이다. 갖은 노력 끝에 일은 순조로웠지만, 점점 늘어나는 사업장 임대료는 큰 부담으로 다가왔다. 게다가 젊은 시절과 달리 아파트와 가게를 오가며 새벽까지 일하는 것도 체력적으로 힘들었고, 설상가상 하나뿐인 아들과 함께할 시간도 적어져 관계도 서먹해지기 일보직전. 이 문제들을 해결할 방법은 주거공간과 일터가 공존하는 집을 짓는 것뿐이었다.

그렇게 결심을 굳히고 서울 곳곳을 돌아다닌 끝에 찾아낸 곳이 이 땅이다. '과연 이렇게 좁은 면적에 집을 지을 수 있을까?'라는 의문이 들 정도로 불리한 조건이었지만, 그 턱에 주변 시세보다 30%나 저렴했다. 건축가는 실내면적을 최대로 확보하기 위해 법이 허용하는 범위 내에서 대지를 가득 채워 집을 디자인했고, 그렇게 반달 모양의 모습을 고스란히 닮은 독특한 반달집이 완성됐다.

"서울 곳곳을 잘 찾아보면 이런 소규모 필지들이 의외로 많아요. 대부분 수지타산이 맞지 않아 남게 된 자투리땅들이죠. 이런 땅을 잘 활용하면 작지만 개성 있고 알찬 집을 지을 수 있어요."

Before

After

하우스 구조와 특징

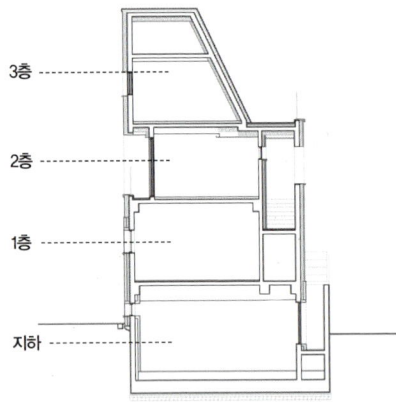

3층
2층
1층
지하

1층 & 반지하(면적)
부부의 일터인 제례음식 전문점. 지하에는 조리시설이, 1층에는 사무실 겸 포장실이 있다.

2층 90.08㎡(27.24평)
가족의 주 생활공간으로 부부의 공간인 안방과 치료실, 공용공간인 주방과 거실이 위치한다.

3층 27.10㎡(8.19평)
일조권 사선제한으로 다른 층보다 면적이 작다. 실내에는 작은 방과 욕실만 두어 아들이 독립적으로 쓸 수 있도록 했으며, 문을 통해 외부 테라스와 연결된다.

정형화된 주변 집들과 달리 동네에 개성을 불어넣는 반달집.

일터와 주거공간을 따로 또 함께

반달집은 크게 지하와 1층의 제례음식 전문점 그리고 2, 3층의 살림집으로 나뉜다. 이렇듯 일터와 살림집이 공존하는 반달집이지만 부부는 두 영역을 철저히 분리하기를 원했다. 그래서 택한 방법이 계단을 따로 만드는 것이었다. 지하 조리실로 내려가는 계단, 1층 사무실로 향하는 계단, 2층 주거공간으로 가는 계단을 각각 만들어 출입의 구분을 준 것이다.

"일을 할 때는 확실히 일에 전념하고, 퇴근 후에는 일을 잊고 편안히 쉴 수 있기를 바랐어요. 집

1 전벽돌과 스타코로 마감한 외관. 정면 계단으로는 1층 사무실로, 좌측 입구로는 지하 작업실로 내려갈 수 있다. **2** 필로티 구조의 1층은 짙은 전벽돌로 마감해 인근 주택이나 아파트 담장 등 주변과 어우러지도록 했고, 주거공간은 흰색 스타코로 청아한 반달의 이미지를 표현했다. 지붕은 솟아오르는 매스의 느낌을 강조하기 위해 징크 소재를 선택했다.

과 일터가 같은 곳이라는 생각이 들지 않도록 하고 싶었습니다."

2층_ 방과 거실, 주방을 일자 구조로 연결한 햇살 가득한 집

반달집의 내부는 끝과 끝이 약 18m로 길기 때문에 모든 공간이 일렬로 배치된다. 공용공간과 부부의 방이 있는 2층 역시 거실과 주방, 두 개의 방이 나란히 위치해 있다.

부부가 반달집을 통해 꿈꿨던 공간은 밝고 따뜻한 집이었다. 때문에 벽면과 바닥은 확장색인 화이트로, 바닥은 폴리싱 타일을 선택해 군더더기 없이 깔끔하게 만들고, 동남향으로 큰 창을 내어 하루 종일 따스한 햇살이 집 안을 비추게끔 했다.

또한 거실과 이어진 주방은 자칫 데드스페이스가 될 수 있는 계단 하부를 알차게 활용했다. 비스

1 모든 공간이 일렬로 위치한 2층. 햇살이 가장 잘 드는 창가 쪽에 거실을 배치했다. **2** 개방감을 위해 주방과 거실을 하나로 연결한 대신 소파를 이용해 공간을 구획한 후 깔끔한 무지주선반과 컬러풀한 화분, 카펫으로 포인트를 주었다.

1 아내가 심사숙고해 선택한 오렌지색의 주방가구를 배치했다. 주방에 빨간색이나 오렌지색을 사용하면 식욕을 돋워주는 효과가 있다. 2 계단 밑, 각이 좁아지는 구석자리까지 짜임새 있게 수납공간을 짜 넣었다.

하.우.스 애청자의 Q&A

Q. 반달집처럼 공간을 하나로 연결해 개방감을 주는 것도 좋지만, 서로 다른 성격의 장소인 만큼 살짝 구분을 주고 싶어요. 벽이나 파티션 외에 간단하게 구획할 수 있는 방법이 없을까요?

하나의 공간을 가장 손쉽게 나누는 방법은 가구배치의 기술을 활용하는 것이다. 낮은 수납장이나 책장을 가벽처럼 활용하거나, 부피 있는 소파를 돌려 배치하는 것만으로도 공간이 분리된 느낌을 줄 수 있다. 혹은 색깔로 공간을 구분해주는 방법도 있다. 반달집처럼 거실의 메인 색을 화이트로, 주방은 오렌지색으로 인테리어하면 공간의 나뉨이 명확해진다. 이는 방에도 적용할 수 있다. 예를 들어 하나의 방에 두 아이의 공간을 만들 경우, 한쪽 벽은 노란색으로 반대편 벽은 녹색으로 시공하는 등 벽의 색을 달리해 구분을 주면 된다.

듬한 벽면을 따라 오렌지 빛의 싱크대를 설치하고, 계단 때문에 급격히 좁아지는 구석자리까지 하부장과 선반을 맞춘 것. 덕분에 데드스페이스 제로의 효율성 높은 수납공간이 만들어졌다.

하.우.스 인테리어 레시피

화이트는 그만! 자신이 좋아하는 색으로 주방 하부장 연출하기

컬러풀한 하부장은 유명 주방가구 브랜드를 통해 주문제작할 수도 있지만, 조금 더 저렴하게 하고 싶다면 중소 가구업체에 맡기는 것도 좋은 방법이다. 인터넷에 주방가구 제작업체를 검색하면 여러 곳들이 나오는데 설치 후기를 꼼꼼히 확인한 후 업체를 선정하는 것이 좋다. 그리고 실제 제작 가능한 색상 또한 샘플을 직접 보고 충분한 상담을 통해 결정하자. 또한 업체에 방문을 요청하면 실측비용을 요구할 수도 있으니, 비용절감을 위해서는 상담 시 간략한 주방 실측도면과 염두에 둔 주방의 샘플 사진을 가지고 방문하는 것이 좋다. 이렇게 대략의 콘셉트만 미리 생각해 가도 상담이 보다 구체적이고 효율적으로 진행된다.

각진 면적을 활용한 부부의 공간들

2층의 양 끝에는 부부만의 공간이 위치한다. 두 방 모두 벽지를 활용해 공간에 포인트를 주었다. 안방은 화사한 겨자색 벽지를, '치료방'이라 불리는 곳은 차분한 무채색의 벽지를 선택했다. '치료방'은 아내를 위해 남편이 마련한 휴식공간이다. 사실 은실 씨는 꽃다운 20대에 청천벽력 같은 일을 겪었다. 과로로 인해 얼굴에 안면마비 증세가 왔던 것. 꾸준한 치료 끝에 현재는 거의 완치됐지만, 늘 주기적으로 몸을 따뜻하게 관리해줘야 한다. 이런 아내를 위해 남편은 편히 누워 뜸을 뜨거나 조용히 쉴 수 있는 치료방을 마련했다. 아내를 향한 애정이 고스란히 느껴지는 공간이다.

컬러로 하부장에 포인트를 준 주방.

1, 2 치료방은 면적이 좁고 각이 많기 때문에 전면에 큰 창을 만들어 개방감을 확보했다. 손님이 오면 게스트룸으로도 활용된다. 3 사다리꼴 모양의 공간을 둘로 나눠 안방과 드레스룸을 만들었다. 안방은 안정감이 느껴지도록 최대한 네모반듯하게 만들고, 겨자색 벽지로 포인트를 주었다. 4 슬라이딩도어로 분리한 드레스룸. 안쪽 깊숙이 수납칸을 마련해 많은 옷을 보관할 수 있다. 반달집은 대부분의 문을 슬라이딩도어로 제작해 공간 활용도를 높였다.

3층_ 아들을 위한 독립 공간

2층보다 작은 27㎡(8.17평)의 3층은 아들 상엽(18)이만을 위한 곳이다. 10대 아들에게 독립된 공간을 마련해주기 위해 3층에는 아들의 방과 작은 욕실만 배치했다. 아들 방은 집의 모양에 맞춰

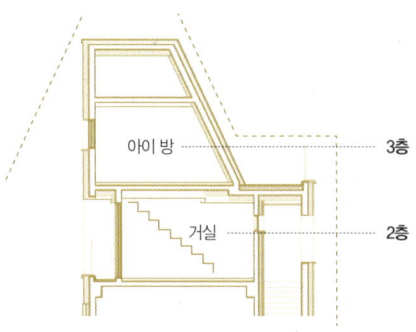

1 녹색을 모티브로 한 아들 방. 2 우측 경사면에 맞춰 옷장을 일렬로 배치했으며, 방 맞은편에는 작은 욕실이 있다. 3 아들 방에는 숨은 공간이 하나 있다. 바로 접이식 사다리를 내리면 등장하는 다락방이다. 다락방은 용도를 별도로 정해놓지 않아서 더욱 다양한 활용도를 지닌 멀티공간이다. 4 고정계단을 만들면 공간을 많이 차지하기에 필요할 때마다 위에서 내려 사용할 수 있는 접이식 사다리를 설치했다.

이리저리 각진 부분이 많은데, 특히 한쪽 벽면이 일조권 사선제한으로 크게 깎인 지붕면과 맞닿아 있는 것이 특징이다. 부부는 이 사선면의 앞을 막아 옷장을 제작했다. 겉으로 보기에는 평평해 보이지만 문을 열면 깊이가 제각각으로, 아래로 갈수록 면적이 넓어져 넉넉한 수납이 가능하다.

옥상_ 테라스에서 즐기는 도심 속 반달집 캠핑장

3층 밖으로 나서는 순간 생각지도 못한 광경이 펼쳐진다. 타닥타닥 타오르는 모닥불을 중심으로 캠핑 의자가 쪼르륵 놓여 있는 '반달집 캠핑장'이다. 부부는 전국을 누비며 캠핑 명소를 찾아다닐 만큼 캠핑 마니아다. 그래서 언젠가는 집 안에 캠핑장을 만드는 것이 이들 부부의 오랜 꿈이었다. 그동안 아파트에 살았기에 불가능했던 일이 반달집을 지으며 현실이 된 것이다.

부부는 바쁜 일상 속에서도 꼭 짬을 내 캠핑을 즐긴다. 멀리 갈 필요 없이 3층으로 올라가기만 하면 되니 참으로 좋다고. 특히 조용한 밤에 즐기는 옥상 캠핑은 참으로 로맨틱하다. 빌딩숲을 배경삼아 영롱한 달빛과 시원한 바람을 즐기며, 때로는 모닥불에 고구마 몇 개를 던져놓고 도란도란 속 깊은 이야기를 나누는 일상… 캠핑 의자에 앉기만 하면 늘 보아오던 평범한 풍경도 이국적으

1 옥상 한쪽에 자리한 캠핑장. 바닥에 데크를 설치하고 캠핑 의자를 두었다. 화로를 마련해 모닥불을 피울 수도 있다. 2 아내의 보물 1호인 장독대들. 제사 음식 조리에 필요한 장류와 효소 등을 직접 담가 보관한다.

로 바뀐다는 부부다.

"반달집은 진짜 우리 집이구나 하는 생각이 들어요. 작은 면적이지만 저희가 필요로 하는 용도로 차근차근 나누고, 서로의 취향을 녹여낸 맞춤식 주택이기 때문이죠. 이 집에 와서야 '진짜' 우리 집에 사는 행복을 알게 된 것 같습니다."

조창윤, 곽은실 씨 부부의 작은 집 짓기에 대한 조언

설계 시 건축가에게 적극적으로 자신의 의견 제시하기

작은 집의 경우 면적이 한정돼 있기 때문에, 집 안을 자신의 기호대로 채우기 위해서는 설계 시부터 의견을 적극적이고 구체적으로 제시해야 한다. 반달집 가족은 무려 A4용지 네 장을 채워 건축가에게 건넸다. 집에 대한 자신들의 꿈, 희망, 이제까지 실현하고 싶었던 공간들이 빼곡히 적혀 있는 일종의 위시리스트였다. 덕분에 일터, 캠핑장, 다락 등 가족이 원하는 공간들을 충실히 담아낸 집이 완성됐다.

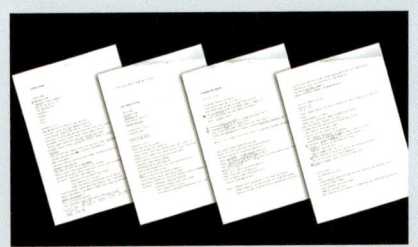

집이 작다고 건축비도 저렴한 것은 아니다

집이 작다고 큰 집보다 저렴하게 지을 수 있다고 생각하는 것은 금물이다. 경우에 따라 차이는 있지만 기본적인 인건비와 자재비가 들기 때문에 일정 수준 이상의 비용이 소요된다. 특히 작은 집이라도 집의 구조가 복잡해지거나 곡선 면이 많아지면 건축비가 증가되니 이를 고려해 자금계획을 꼼꼼히 세우는 것이 중요하다.

하우스 정보

- **대지 위치** : 서울시 동작구 상도동
- **건물 규모** : 지상 3층(지하 별도)
- **대지 면적** : 175㎡(52.93평)
- **건축 면적** : 97.97㎡(29.63평)
- **연면적** : 290.64㎡
- **용적률** : 107.17%
- **건폐율** : 55.98%
- **설계 및 시공** : 설계-리슈건축 / 시공-바른건축 이우건설

• 비용

건축비	3억 8천만 원

12평 분당의 '그리고꿈꾸다' 하우스

3남매를 위한
즐거운 플레이하우스

하우스 스토리

1년 동안 손수 지은 집

아파트에서 아이를 키우는 부모라면 주택에서의 삶을 한 번쯤은 생각해보았을 것이다. '뛰지 마!', '큰소리치지 마!' 하고 다그치지 않아도 되는, 아이들이 아이답게 자랄 수 있는 그런 집말이다. 어린 3남매 가온(7), 한유(4), 이새(2)를 둔 최영진(36), 최지수(34) 씨 부부도 비슷한 이유로 주택 라이프를 꿈꿔왔다. 그러던 중 우연히 삼각형 모양의 땅을 하나 발견하게 되었다. 원래는 정상적인 부지였으나 가운데에 하천이 생기며 반 토막이 나버린 32평 부지의 자투리땅이었다. 워낙 작고 비정형인 탓에 구입하려는 이가 없어 주변 시세보다 15~20%가량 저렴하게 구입할 수 있었다.

그러나 이 땅을 구입하기까지 주변의 만류도 많았다. 특히 양쪽 부모님은 이런 땅에 어떻게 집을 지을 수 있을지 염려가 크셨다고 한다. 하지만 평소 일본의 협소주택에 관심이 많았던 영진 씨는 3남매를 위해 용기를 내보기로 했고, 그렇게 가족을 위한 집짓기 프로젝트가 시작되었다.

'그리고꿈꾸다' 하우스는 부부가 손수 기획하고 제작해 만든 일명 'DIY 집'이다. 특정 시공사를 선정하지 않고 전문가들을 불러 직접 공사를 진행했기 때문이다. 영진 씨가 운영하는 '그리고꿈꾸다' 사진 스튜디오도 직접 기획하고 건축했던 경험이 있었고, 왕년에 건축업계에서 일했던 아버지라는 든든한 조력자가 있었기에 가능했다. 아들 부부가 기획한 구상을 영진 씨의 아버지가 실현 가능하도록 조언해주며 공사 전반을 감독해주셨기 때문이다. 여기에는 아이들에게 할아버지와의 소중한 추억을 함께 선물해주고 싶은 영진 씨의 의도가 숨어 있었다.

덕분에 부부는 서울에서 작은 아파트 한 채를 살 수 있는 돈으로 분당 한복판에 땅을 구입하고 옥상을 포함해 총 5층, 무려 연면적(바닥 면적의 합계) 55평의 집을 지을 수 있었다. 영진 씨는 집을 짓는 1년이 참으로 값진 시간이었다고 말한다. 비록 몸은 고되고 의견 다툼이 많았지만 그 힘든 과정 속에서 인생의 잊지 못할 추억이 됐다는 것이다. 무엇보다 보람된 것은 3남매의 변화였다. 아파트를 떠나 눈치 보지 않고 신나게 소리치고 웃으며 뛰어놀 수 있는 집으로 이사를 오고 난 뒤 아이들은 눈에 띄게 밝고 명랑해졌다. 집이 아이들을 바꾼 것이다.

하천이 생기며 대지가 작은 삼각형 모양으로 나뉘었다.

하우스 구조와 특징

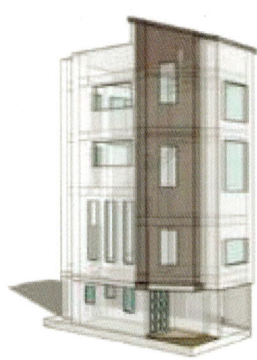

1층
엘리베이터가 설치된 현관과 실내 주차장이 위치한다.

2층 38.01㎡(11.5평)
공용공간인 거실과 주방이 하나로 연결돼 있고 높은 층고를 활용해 재미있는 공간을 연출했다.

2.5층 19.83㎡(6평) & 3층 13.22㎡(4평)
스킵플로어 구조를 적용해 하나의 층을 2.5층과 3층으로 나누었다. 공간 전체가 3남매의 신나는 놀이공간이다.

4층 38.01㎡(11.5평)
다섯 식구가 함께 자는 침실과 파격적인 아이디어의 욕실이 위치한다.

옥상 26.44㎡(8평)
실내다락 및 옥상정원이 있다.

1 그리고꿈꾸다 하우스의 외관. 외부 마감을 최소화해 비용을 줄인 대신(드라이비트 시공), 철근 콘크리트로 구조를 만들고 내부시설에 투자했다. 건물 정면은 짙은 컬러의 징크로 포인트를 주었다. 2 1층 폴딩도어가 설치된 주차장 겸 창고다.

비나 눈이 올 때, 아이들이 젖지 않고 차에서 내릴 수 있도록 실내 주차장을 만들었다.

1층_ 아이들과 부모님을 위해 집 안에 설치한 홈 엘리베이터

그리고꿈꾸다 하우스에서 가장 두드러지는 특징은 집 안에 '홈 엘리베이터'를 설치했다는 점이다. 협소주택이 발달한 일본에서는 종종 찾아볼 수 있지만 한국에서는 대저택이 아닌 이상 집 내부에 엘리베이터를 설치한 사례가 흔치 않다. 부부는 다른 곳에 들어갈 지출을 최대한 줄여 엘리베이터에 투자했는데, 이들에게 엘리베이터는 선택이 아닌 필수였기 때문이다.

"건축 면적이 40.95㎡(12.42평)으로 좁다 보니 생활공간의 확보를 위해 수직으로 층을 올릴 수밖에 없었어요. 옥상까지 합하면 총 다섯 개 층인데 그만큼 집 안에 계단이 많다는 뜻이죠. 아직 어린 아이들과 연로하신 부모님께는 부담스러울 수 있는 부분이에요. 또 점점 나이 들어갈 저희 부부가 앞으로 이 집에서 편하게 생활하기 위해서는 집 안에 엘리베이터가 꼭 필요하다고 판단했습니다."

1, 2 현관에 들어서면 정면에 보이는 홈 엘리베이터. 약 3명의 성인이 200kg까지 탑승 가능한 소형으로 1층부터 4층까지 운행된다.

하.우.스 인테리어 레시피
건축주 최영진 씨의 홈 엘리베이터에 대한 조언

Q. 선택한 엘리베이터의 종류는 무엇인가요?
'오티스(otis)'에서 수입하는 일본산 엘리베이터입니다. 제가 알아볼 당시에는 국산제품 중 소형주택에 적합한 제품이 없었어요. 그래서 오티스에서 수입하고 추후 AS 가능한 제품을 찾게 되었죠.(금액은 부가세 포함해서 총 3,200만 원)

Q. 집에 엘리베이터를 설치하려는 분들께 조언을 한다면요?
설계 시 엘리베이터가 차지하는 면적을 미리 할당해 놓아야 해요. 업체에 전화를 하면 모델별로 필요한 공간의 크기를 알려줍니다. 또한 최대 몇 m 높이로 설치할 것인지, 운행 층은 몇 개로 할 건지도 미리 생각해봐야 하죠. 그리고 무엇보다 자신의 집에 엘리베이터가 꼭 필요한지 심사숙고 할 필요가 있습니다. 비용이 많이 드는 부분이니까요.

Q. 유지비용은 얼마나 되나요?
사용량에 따라 차이는 있겠지만 저희 집의 경우는 유지비로 한 달에 1만 원에서 1만 5천 원 정도의 비용이 듭니다.

2층_ 가족을 잇는 소통 지향적 인테리어

그리고꿈꾸다 하우스에서는 한 층이 그 자체로 커다란 방이 된다. 창고나 화장실 등을 제외하고 방마다 문을 두지 않음으로써 모든 공간이 열려 있도록 한 것이다.

"아이들이 모두 성장해 프라이버시가 필요해지기 전까지는 집에 문이 있는 방을 두지 않을 예정이에요. 늘 오가며 마주치고 대화할 수 있는 집이었으면 좋겠어요."

이런 열린 구조는 2층에서도 찾아볼 수 있다. 개방감을 위해 거실 층고의 일부를 4.5m가량 높

그리고꿈꾸다 하우스의 2층. 주방, 다이닝룸, 거실이 위치한다.

1 화이트 컬러와 나무의 조화로 깔끔하고 캐주얼한 인테리어. 아이들이 사용하기 좋은 원목소재의 가구를 두고 벽에 천연페인트를 칠했다. 바닥은 헤링본 패턴으로 포인트를 주었다. **2** 2층의 중심에 있는 다목적 테이블 위로 아이들이 신나게 놀 수 있는 놀이그물을 설치했다. 놀이그물은 3m×4m, 3m×3m 크기로 두 공간을 이어 제작했다.

였는데 그 중간에 놀이그물을 설치했다. 덕분에 아이들은 놀이그물에서 신나게 뛰어놀면서 아래쪽 거실에 있는 부모와 자연스럽게 얼굴을 마주하며 소통할 수 있다. 주방도 거실 방향으로 오픈시켜 아내가 주방에 있을 때 가족들과 이야기를 나눌 수 있도록 했다.

또한 3층으로 오르내리는 계단은 맞은편 벽을 스크린 삼아 상영되는 영화관으로 설계했다. 자주 사용하는 계단을 가족이 함께하는 엔터테인먼트 공간으로 만든 것이다.

하.우.스 애청자의 Q&A

Q. 집에 놀이그물을 안전하게 설치할 수 있는 방법이 궁금해요!

집에 놀이그물을 설치할 때는 설계 시 처음부터 골조에 단단히 부착해야 튼튼하다. 골조가 철근 콘크리트인 그리고꿈꾸다 하우스의 경우 세트앙카(set anchor, 콘크리트 타설 후 구멍을 뚫고 앙카를 고정시킬 때 사용되는 철물)를 사용해 철근 파이프로 가장자리에 프레임을 설치하고 그물을 구입해 걸었다. 이때 세트앙카 한 개당 할당된 무게가 있기 때문에 이를 계산해 고정하는 세트앙카의 수와 간격을 정하면 된다. 그물은 스포츠 그물을 제작하는 곳에서 사이즈에 맞춰 주문하거나, 시중 제품 중 집의 규격에 맞는 사이즈가 있으면 구입해 설치하면 된다.

1 실용적인 소형가구를 선택해 배치한 거실. **2** 소파 뒷벽을 스크린 대용으로 사용하고 있으며, 회전 가능한 브래킷(TV와 벽면을 연결시키는 부속품)을 설치해 소파와 테이블 양쪽에서 TV를 시청할 수 있도록 했다. **3** 테이블이나 계단 아무 데나 걸터앉으면 그곳이 영화관이다.

1 물푸레나무 집성목으로 통일한 주방. 상부장 대신 긴 나무선반을 설치해 아이들의 사진으로 꾸몄다. 사진가인 아빠가 직접 촬영한 것이다. **2** 주방 안쪽과 마주하는 벽 덕분에 거실에서 수납공간이 보이지 않아 깔끔한 공간 연출이 가능하다. **3** 물이 자주 튀는 곳에는 인조대리석을 얇게 덧대 사용한다.

2.5층 & 3층_ 스킵플로어로 공간에 역동성을 더한 3남매의 놀이공간

2층 계단을 오르면 오롯이 아이들을 위한 세상이 펼쳐진다. 미끄럼틀부터 트램펄린(trampoline), 자유롭게 낙서할 수 있는 대형 칠판과 놀이그물까지! 키즈 카페 부럽지 않은 이곳은 3남매를 위해 특별히 심혈을 기울인 공간이다.

"이 집은 오롯이 아이들이 주인공이 되는 곳이죠. 아이들이 신나게 뛰고 놀고 즐기고 스트레스를 푸는 공간이랄까요."

이 공간의 독특한 점은 '스킵플로어(Skip floor) 구조'를 적용한 것이다. 바닥을 반 층씩 높이는 스킵플로어 방법으로 2층과 3층 사이에 2.5층이라는 새로운 공간을 만들었다. 그리고 2.5층과 3층을 잇는 계단 중 일부를 미끄럼틀로, 나머지는 아이들이 앉아 책을 읽을 수 있는 미니 책상으로 만들었다. 이는 4층으로 올라가는 계단 밑의 작은 서재와도 연결된다.

"지금은 아이들이 어려 저희와 함께 자기 때문에 이런 공간을 만들 수 있었어요. 추후 각자의 영역이 필요한 때가 오면 이곳에 벽을 세워 아이들의 방을 만들어줄 계획입니다."

1 2.5층과 3층을 잇는 계단은 미끄럼틀 및 책상 겸 책꽂이로 사용된다. **2** 계단 옆의 2층과 연결된 놀이그물이 있다.

1 2.5층의 놀이공간. 자석칠판을 설치하고 아이들의 장난감을 모아 놓았다. 2 4.5m의 높은 천장고를 활용해 위로 어른들을 위한 책장을 짜 넣었다. 필요할 때만 창고에서 사다리를 꺼내 활용한다. 3 트램펄린을 둔 3층.

1 계단 밑으로 책장을 제작해 미니 서재를 만들었다. 책장 위에 조명이 있어 편하게 책을 읽을 수 있다. 2 미니 세면대와 양변기를 설치한 3층 화장실. 아이들이 스스로 화장실을 사용하며 자립심을 키우도록 의도한 것.

4층_ 깜짝 아이디어가 빛나는 다섯 식구의 침실

다섯 식구가 오붓하게 함께 자는 침실은 보는 이마다 깜짝 놀라는 대범한 공간이다. 바로 안이 훤히 들여다보이는 '투명 욕실'이 있기 때문이다.

"저희 아이들이 가장 좋아하는 게 물놀이예요. 욕조에 따뜻한 물을 받아주기만 하면 1시간이 금세 지나가요. 하지만 1시간 내내 부모가 계속 곁을 지킬 수만은 없잖아요? 아이들이 욕실에 있더라도 부모는 밖에서 일을 볼 수 있도록 투명하게 만들었어요. 반대로 부모가 욕실을 사용할 때도

1 옥상으로 가는 계단. **2** 큰 짐을 보관하는 창고로 활용하는 2층 계단의 틈새공간.

밖에 있는 아이들을 시야에 둘 수 있어 안심이죠."
    계단 밑을 옷장으로 만든 아이디어도 흥미롭다. 사선의 구석진 곳까지 긴 봉을 설치해 옷을 걸어둘 수 있도록 한 것. 이처럼 그리고꿈꾸다 하우스는 계단 밑 틈새공간을 적극적으로 수납에 활용했다. 덕분에 수납을 위해 별도의 면적을 할애하지 않아도 될 뿐 아니라 자칫 버려질 수 있는 데드스페이스를 사용해 효율적이다.

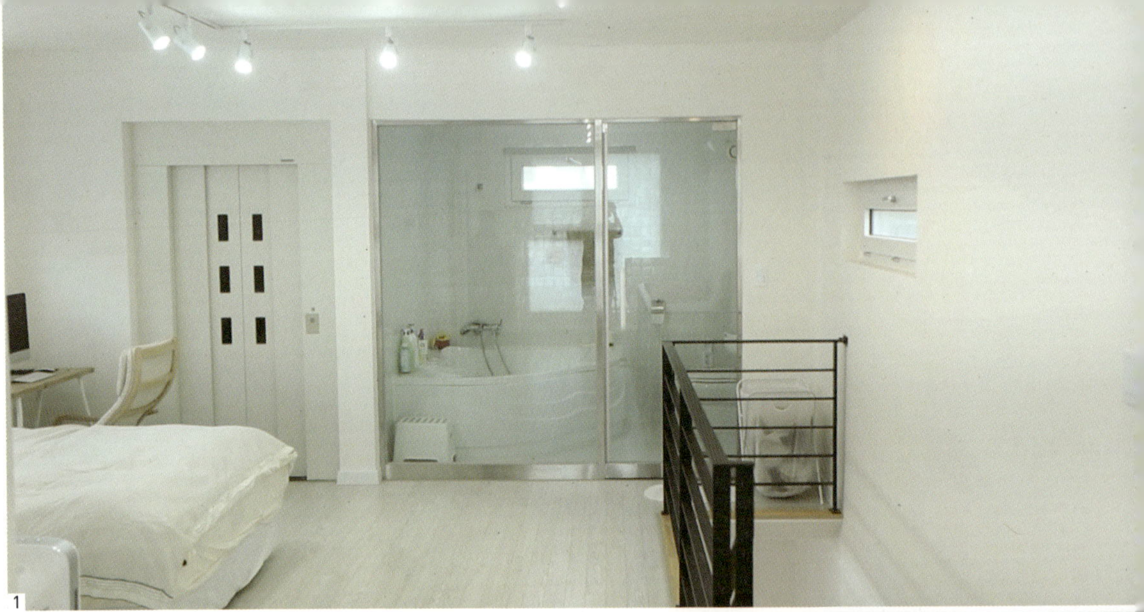

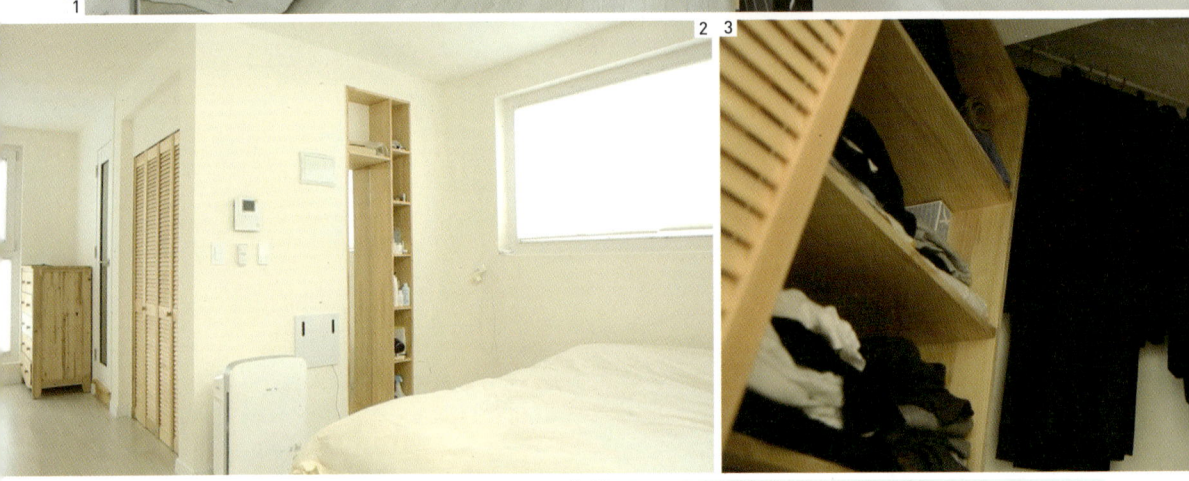

1, 2 욕실 전면을 강화유리로 시공한 4층의 가족 침실. 틈새공간을 활용해 긴 선반 형태의 화장대를 만들었다. 아이들의 안전을 고려해 아크릴 거울(플라스틱의 일종인 아크릴로 만든 거울. 유리처럼 쉽게 깨지지 않으나 다소 왜곡현상이 있다)을 붙였다. **3** 옥상으로 향하는 계단 밑을 활용한 옷장. **4, 5** 관리가 쉬운 인조잔디를 깔고 테이블과 의자를 둔 옥상. 아이들의 안전을 위해 펜스를 설치했다. 산 아래 건물들은 보이지 않고, 펜스 너머의 산등성이만 보이도록 180cm의 높이로 만들었다.

최영진, 최지수 씨 부부의 작은 집짓기에 대한 조언

도면 속 면적을 시뮬레이션해보기
　비전문가인 건축주들은 도면만 보고 실제 면적을 예측하기 어렵다. 그러나 집은 한번 지으면 되돌리기 어렵기 때문에, 도면 속 면적이 적당한지 눈으로 보고 가늠해보는 것이 필요하다. 스케치업(sketchup)을 시뮬레이션해보거나, 큰 스티로폼을 벽이라 가정하고 도면에 맞춰 공간 구획을 해보는 방법도 효과적이다. 비슷한 면적의 카페나 공용시설, 주거공간을 방문해 간접 체험을 해보는 것도 좋다.

가족의 생활패턴을 바탕으로 동선을 철저하게 고려하기
　동선을 고려하지 않으면 살기 불편한 집이 지어질 수밖에 없다. 가족의 생활패턴을 생각해 효율적인 동선을 계획한 뒤 이를 설계에 반영해야 한다.

하우스 정보

대지 위치 : 경기도 성남시 분당구
건물 규모 : 지상 4층
대지 면적 : 32평(약105.79제곱미터)
건축 면적 : 12평
연면적 : 55평
건폐율 : 40%
용적율 : 100%
설계 및 시공 : 건축주 직영

• 비용

대지 구입비	2억 2천만 원
건축비	2억 6천만 원
타일 엘리베이터	3천 2백만 원(설치비, 부가세 포함)
놀이그물	그물 및 자재비용 약 3백만 원(직접 시공)
식탁	까사미아 아울렛 제품, 약 70만 원
헤링본 바닥재	3.3m^2(1평)당 약 15만 원
TV 브래킷	크리스털 실버, 오픈마켓에서 약 5~10만 원에 구입
소파	이케아 KARLSTAD 3인용 소파와 풋스툴, 약 50만 원
주방가구	싱크대 약 3백만 원(상판 및 설치비 포함) 비용 절감을 위해 중소기업 제품 사용 상판은 별도 구입 후 직접 시공
칠판	칠판용 시트지 및 함석판 구입, 7만 원(직접 시공)
장난감 정리함	이케아 TROFAST 정리함, 30만 원
트램펄린	건축주 소장품, 약 20만 원
아이 세면대	VOVO 유아용 세면대, 약 9만 5천 원
아이 양변기	OVO 유아용 양변기, 약 16만 5천 원
아이들 침대	이케아 FLAXA 기본침대와 보조침대, 약 26만 9천 원
인조잔디	인터넷 구매, 약 50만 원

9평 후암동의 협소주택

14평 자투리땅에 지은 틈새주택

 스토리

작은 땅의 가능성을 확인하다

용산구 후암동의 주택 밀집지역. 이곳에 유독 눈에 띄는 집 한 채가 있다. 한눈에 보기에도 폭이 좁고 길쭉한 직사각형 모양의 집이다. 지나는 이들의 눈길을 어김없이 사로잡는 이곳은 김용석(42) 씨의 일터이자 아늑한 보금자리다.

"이전에는 서울역 부근의 오피스텔 두 곳을 임대해 하나는 사무실로, 하나는 집으로 사용했어요. 하지만 매달 지출되는 임대료며 관리비 등 경제적으로 부담이 큰 생활이었죠."

건축 일을 하는 용석 씨는 오래전부터 일본의 협소주택에 관심이 많았다. 도심의 작은 땅을 활용해 자신에게 꼭 맞는 집을 지을 수 있다는 점이 가장 큰 매력이었다. 여기에 한 층을 사무실로 사용하면 장기적인 관점에서 이익이 될 것이 분명했다. 그는 고민을 거듭한 끝에 오랫동안 머릿속으로 구상해왔던 협소주택의 로망을 실현해보기로 결심했다.

발품을 판 끝에 용석 씨는 협소주택의 메카로 알려진 후암동에서 65.30㎡(19.75평)의 필지를 찾아냈다. 낡은 구옥 한 채가 쓰러질 듯 서 있던 곳으로, 주변 도로 사이에 길게 끼어 있는 자투리땅이었다. 그런데 한 가지 문제가 발생했다. 주변 도로의 영향으로 안 그래도 작은 땅이 더 줄어들게 된 것이다. 결과적으로 47.93㎡(14.49평)의 땅에 집을 지어야 했는데 건축 일에 능한 용석 씨조차도 과연 집짓기가 가능할까 의구심이 들었다고 한다. 하지만 그 좁은 땅에서도 집은 멋지게 지어졌다. 자신에게 꼭 필요한 공간들로만 알차게 채웠다. 게다가 지리적 위치도 서울의 중심이다. 용석 씨는 서울에 남은 작은 필지들이 자신만의 주택을 꿈꾸는 이들에게 기회의 땅이 될 수 있다고 믿는다.

"인근에 서울역이 있어 교통이 편해요. 4층 베란다에서는 남산타워가 보여 경치도 좋죠. 매일 아침 아래층 사무실로 출근을 하고, 퇴근 후에는 침대에 누워 영화를 보며 하루를 마무리합니다. 무엇보다 생활권이 서울인 저로서는 서울 한복판에 내 집이 있다는 것이 가장 큰 기쁨이에요."

하우스 구조와 특징

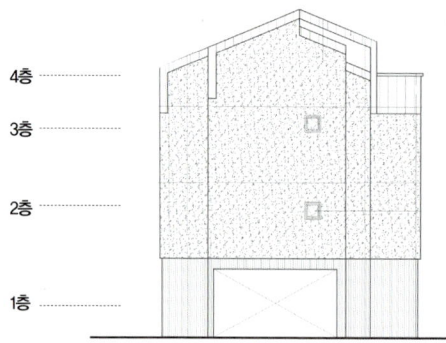

1층 6.24㎡(1.89평)
필로티 구조로 지은 1층은 대부분의 면적을 주차공간으로 활용했다. 양쪽으로 작은 현관과 창고가 있다.

2층 28.67㎡(8.67평)
건축주가 운영하는 건축 사무실이 있다.

3층 28.67㎡(8.67평)
주 생활공간인 거실과 주방이 위치한다.

4층 21.52㎡(6.50평)
박공지붕의 멋을 살려 아늑한 다락처럼 연출한 침실. 사선제한으로 다른 층보다 실내 면적이 줄어들었지만 그 자리에 외부 베란다를 만들었다.

19평의 땅이 14평으로 줄어든 사연

"후암동은 협소주택을 짓고 싶어 하는 이들에게 보석 같은 동네예요. 다른 지역보다 20~30평대의 소규모 필지가 많거든요."

65.3㎡(19.75평), 20평이 채 되지 않는 땅! 용석 씨는 이 땅을 3억 원에 구입하고 집을 지을 준비를 시작했다. 그런데 한 가지 생각지 못한 문제가 일어났다. 집 주변의 도로들 중 하나가 폭이 4m가 안 됐던 것이다(남측 도로 6m, 북서측 도로 2.2~5.8m, 북동측 도로 2~2.2m). 건축법상 2~3m 도로가 막다른 길이 아닌 통과도로(다른 도로와 연결돼 끊이지 않는 도로)일 경우에는 해당 도로의 중심선에서 2m를 후퇴한 선을 건축선으로 정한 후 건축을 해야 하는 규정이 있다. 즉, 부지와 맞닿아 있는 도로가 4m 이하인 경우에는 인접한 집들이 일정 거리를 후퇴해 길의 너비를 만들어주어야 하는 것이다.

결국 실제 집을 지을 수 있는 대지 면적은 47.93㎡(14.49평)에 불과했다. 여기에 건폐율 59.81%를 적용하면 층당 면적은 고작 8평을 겨우 넘는 수준이었다. 그렇다고 포기할 용석 씨가 아니었다. 층당 28.67㎡(8.67평)의 면적을 위로 쌓아 사용할 수 있는 면적을 수직으로 넓힌 것이다. 그렇게 후암동 주택은 14평의 대지에서 연면적 85.10㎡(25.74평)를 가진 넉넉한 집이 되었다.

남측, 북서측, 북동측에 도로가 위치해 있는 후암동 주택. 기존 대지에서 17,37㎡(5.25평)의 면적이 줄어들었다.

1층_ 나무의 멋과 장점을 살린 목조주택

후암동 주택은 1층은 철근 콘크리트조로, 2층부터 4층은 목구조로 지어졌다. 특히 경량목구조 골조를 패널라이징 방식으로 작업해 좁은 골목에서도 비교적 쉽게 공사를 마칠 수 있었다. 패널라이징이란 공장에서 치수에 맞게 사전 제작된 벽체를 현장으로 옮겨 크레인을 이용해 조립하는 방법을 말하는데, 현장제작에 비해 작업속도가 빨라 효율성이 좋다는 장점이 있다.

하.우.스 인테리어 레시피

건축주의 한마디

"좁고 한정된 공간에서의 협소주택 시공에는 경량목구조 골조가 공사기간을 단축할 수 있는 대안이 될 수 있습니다. 공사기간의 단축은 비용절감으로도 연결되죠."

패널라이징 방식으로 작업 중인 후암동 주택. 완성된 건물은 총 11.65m 높이로 좁고 길쭉하다.

1 현관, 주차장, 창고가 위치한 1층. 2 주차장 양옆은 각각 현관과 짐을 보관하는 창고로 활용한다. 강도가 세고 물에 강한 천연데크재인 방킬라이(Bangkirai)를 사용해 목조주택의 고풍스러운 멋을 더했다.

하.우.스 애청자의 Q&A

Q. 목조주택의 장·단점은 무엇인가요?

목조주택은 나무로 짓다 보니 나무 특유의 성질에 영향을 받는다. 습도 조절능력이 좋은 나무로 인해 쾌적한 실내 환경을 유지할 수 있고, 충격 흡수율이 높아 지진에 의한 붕괴위험이 낮다. 이렇듯 내구성과 안정성이 뛰어나다. 또한 콘크리트나 벽돌에 비해 단열기능이 우수해 여름에는 시원하고 겨울에는 따뜻하다. 이는 자연스럽게 냉·난방비 절약으로도 이어진다. 더불어 비교적 공사기간이 짧아 시공비용이 경제적이며, 벽이 얇기 때문에 내부면적을 넓게 활용할 수 있다는 장점도 있다.

반면 물과 불에 취약하다. 제대로 시공하지 않으면 습기나 나무의 변형(틀어짐 등)에 영향을 받아 하자가 발생할 수 있으므로 하자가 자주 발생할 만한 곳은 미리 점검하고, 건축 시 특별히 더 신경 써서 시공해야 한다. 한국의 주거문화는 습식이 익숙하기에 방수처리 또한 꼼꼼해야 한다.

2층_ 안정된 공간을 위한 계단 연출법

현관에 들어서면 2층으로 올라가는 계단이 나온다. 후암동 주택은 건물 끝으로 툭 튀어나온 부분에 계단과 욕실을 배치했는데, 활용이 애매한 면적에 계단실을 둠으로써 주로 사용하는 공간을

1 건축주의 사무실이 위치한 2층. 층계와 화장실을 제외하면 21.53㎡(6.51평)로 출장이 잦은 4명의 직원이 함께 사용하는 데 무리가 없다. 2 천장은 레드파인 목재와 윤곽 있는 화이트 몰딩을 사용해 독특한 포인트를 주었다.

최대한 네모반듯하고 안정감 있는 모양으로 만들었다. 계단의 또 다른 특이점은 난간이 없다는 것이다. 난간을 만들면 계단 면적이 너무 협소해져 오히려 생활이 불편해질 것 같아서라고. 어차피 주로 어른들만 사용하는 계단이기에 과감히 난간을 생략했다.

3층_ 수납, 채광, 환기 등 기본에 충실한 주방과 거실

거실과 주방이 위치한 3층은 따뜻하고 편안한 감성이 배어나오는 공간이다. 화려한 장식이나 튀는 소재를 절제하고 깨끗한 화이트 바탕에 목재, 무채색의 패브릭을 사용해 꾸몄다. 또한 남쪽에는 커다란 창을 만들었는데 덕분에 하루 종일 햇살이 풍부하게 드는 밝고 온화한 집이 되었다.

큼직한 남쪽 창과 마주하도록 북쪽에도 작은 창을 만들어 맞바람을 통해 환기가 잘 되도록 신경 썼다.

후암동 주택에 특별히 신경 쓴 또 한 가지는 수납이다. 특히 냉장고 주변을 둘러싼 목재 수납박스들은 3층 수납의 일등공신인데 깊이가 꽤 깊어 요모조모 쓸모가 많다. 스프러스 목재를 재단해 용석 씨가 손수 제작한 것이다.

1 주방과 거실이 위치한 3층. **2** 남쪽 창은 집에서 가장 큰 가전제품인 냉장고에 맞춰 사이즈를 정했다. 이처럼 작은 집을 지을 때는 이사 시 큰 짐을 옮길 수 있는 통로를 반드시 염두에 둬야 한다. **3** 화이트 가구로 단정하게 꾸민 주방. 도시가스 배관이 외관 디자인을 해치는 것이 싫어 전기 인덕션을 사용한다.

하.우.스 인테리어 레시피

DIY 초보자에게 적합한 목재, 스프러스와 레드파인

스프러스는 소나무과에 속하는 침엽수로 작은 옹이들을 지니고 있으며 색이 밝아 색상 표현에 용이하다. 또한 재질이 연하고 부드러워 가공이 쉽고 가격도 저렴하다. 그러나 추후 변형이 잘 된다는 단점이 있다.
레드파인 역시 소나무과 침엽수로 스프러스처럼 대중적인 DIY용 목재다. 스프러스보다 붉은색을 띠며 옹이가 크지만 단단하고 변형이 적다. 시간이 지나면 붉은색이 조금씩 두드러져 다른 색을 표현하기 어려운 측면이 있다.

 스프러스 목재    레드파인을 활용한 2층 천장

1 냉장고 주변으로 박스 형태의 수납장을 제작했다. 빈 벽에는 심플한 선반을 만들어 자주 읽는 책과 잡지 등을 올려놓는다. **2** 욕실 면적이 좁아 이동이 가능한 독립형 욕조를 두었다. 욕실을 넓게 활용하고 싶다면 욕조를 다른 곳으로 옮기면 된다. **3** 계단 높이에 맞춰 선반을 제작했다. 오픈선반이지만 작은 바구니들을 서랍처럼 사용해 깔끔한 수납이 가능하다. 그리고 계단으로 올라가는 벽면에 TV를 설치했다.

4층_ 천장에 창을 낸 아지트 겸 휴식공간, 침실

침실인 4층은 그 자체로 낭만적인 아지트다. 박공지붕의 형태를 살려 다락방처럼 아늑한 느낌이 들도록 연출했고, 경사지붕을 뚫어 작은 천창을 만들었다. 언뜻 보면 천창의 위치가 조금 애매해 보이지만 아침마다 침대 옆으로 은은한 햇살이 비추도록 의도한 것이다.

침실은 영화를 좋아하는 용석 씨의 취미공간이기도 하다. 소파 대신 사용하는 간이침대 아래로 빔 프로젝터를 설치해 박공지붕 면에 비춰 영화를 감상한다. 그 순간만큼은 작은 침실이 대형 스크린 부럽지 않은 영화관이 된다.

4층 침실엔 다른 층과 달리 외부 베란다가 있다. 일조권 사선제한의 영향으로 지붕을 만들지 못하는 3.76㎡(1.14평)의 면적을 활용해 야외공간을 만든 것이다. 잠시 나와 바람을 쐬기도 하고, 볕 좋은 날에는 햇살에 뽀송하게 빨래를 말리기도 한다. 특히 늦은 저녁, 시원한 맥주를 마시며 도심의 야경을 보는 것 또한 큰 즐거움이라고.

"이곳 베란다에 서면 집을 짓기 전에 임대해 살던 오피스텔 건물이 보여요. 그때와는 집의 의미가 완전히 달라졌죠. 현재 제게 집이란 일터이자 휴식공간이며 취미생활을 즐길 수 있는 곳이에요. 예전보다 집에서 더욱 다양한 활동을 하면서 훨씬 행복해진 기분이 듭니다."

1 박공지붕 라인을 그대로 살린 4층. 천창과 긴 가로 창을 통해 햇살을 즐긴다. 2 한쪽 벽에 붙박이장을 설치하고 중심에는 간이침대를 두었다. 3 하얀색 천장을 스크린 삼아 영화를 본다.

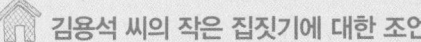 김용석 씨의 작은 집짓기에 대한 조언

토지 매입 시 주변 도로 확인하기

토지 매입 시 주변 도로를 반드시 확인하자. 작은 골목처럼 보여 미처 도로라 생각지 못해 나중에 낭패를 볼 수 있기 때문이다. 특히 서울은 아무리 좁아도 지적도상 도로인 경우가 많으므로 꼼꼼히 확인하고 매입해야 한다.

이삿짐을 염두에 두고 설계하기

협소주택은 워낙 작기 때문에 자칫 잘못하면 냉장고나 세탁기 등 부피가 큰 가전제품, 가구 등이 집 안으로 들어가지 못한다. 그래서 설계 시부터 가구가 들어가고 이동할 수 있는 루트를 염두에 둬야 한다. 후암동 주택의 경우 가장 큰 가전제품인 냉장고 사이즈에 맞춰 창문의 크기를 정했다.

하우스 정보

대지 위치 : 서울시 용산구 후암동
건물 규모 : 지상 4층
대지 면적 : 65.30㎡(19.75평)
건축 면적 : 28.67㎡(8.67평)
연면적 : 85.10㎡(25.74평)
용적률 : 177.55%
건폐율 : 59.81%
설계 및 시공 : 이홍건축

• 비용

대지 구입비	3억 원
건축비	1억 9천 7백만 원

9평 이태원의 나인 하우스

개그맨 김윤희 씨의
작지만 실속 있는 집

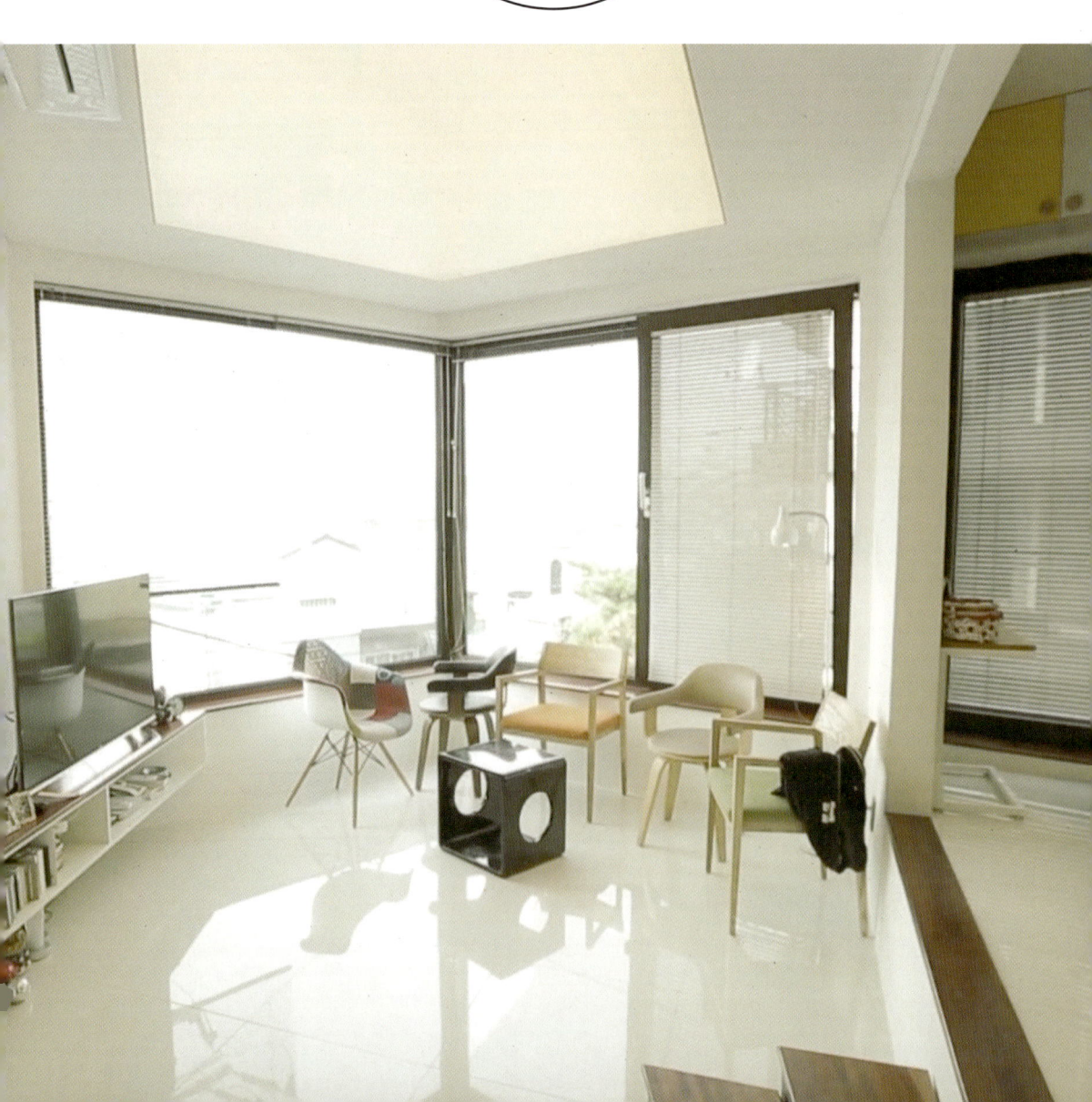

하우스 스토리

오랜 터전인 아파트를 떠나 이태원의 자투리땅에 자신만의 집을 짓다

최근 대한민국 상권의 새 강자로 떠오르는 동네들이 있다. 연남동, 상수동, 경리단길이다. 그중 경리단길은 핫한 이국적인 트렌드가 밀집된 지역으로 젊은이들에게 큰 인기를 끌고 있는 곳이다. SBS 1기 공채 개그맨으로 24년 동안 방송활동을 했던 개그맨 김윤희 씨도 이런 이태원의 성장에 주목했다.

"경리단길 주변으로 작게 창업을 할 수 있는 장소를 찾던 중 오랫동안 팔리지 않던 열 몇 평짜리 대지가 있다는 걸 알게 됐어요. 직접 가보니 경리단길 인근에 자리한 주택가 골목길이더군요. 골목 입구부터 작은 상점들이 생기며 상권이 형성되는 것이 한눈에 보이더라고요."

강남에서 오랫동안 아파트 생활을 했던 그녀로서는 꽤나 급진적인 도전이었다.

"지인들이 모두 저보고 미쳤다고 했어요. 16평도 안 되는 땅에서 건축법에 따라 이것저것 제외하면 얼마나 더 줄어들겠냐고. 그런데 저는 그 작업이 재미있을 것 같더라고요."

꼬박 1년. 윤희 씨는 층당 약 9평씩의 공간을 가진 4층 집 나인 하우스를 완공했다. 1층은 작은 카페나 상점을 창업할 수 있는 공간으로 쓰일 예정이고, 2층부터 옥상까지는 가족의 개성 있는 보금자리가 자리한다. 작지만 실속 있고 비전 있는 집을 원했던 윤희 씨의 바람이 이루어진 것이다.

여담이지만 〈하.우.스〉를 촬영하는 내내 그녀는 목이 쉴 정도로 열심히 자신의 집에 대해 설명했다. 집을 직접 지어보니 아무리 작은 정보라도 '아는 것이 힘'이 되더라면서. 그래서 자신처럼 소형주택을 꿈꾸는 사람들에게 무엇이든 하나라도 더 알려주고 싶다고 했다. 지금부터 멋진 나인 하우스의 모습과 함께 그녀가 풀어놓은 진심어린 조언들을 만나보자.

Before

After

하우스 구조와 특징

1층 28.22㎡(8.54평)
지금은 응접실로 사용 중이지만 언젠가 멋진 카페나 상점을 낼 생각이다.

2층 22.72㎡(6.87평)
아들의 방을 공부공간과 침실로 분리해 학습의 효율성을 높였다.

3층 22.72㎡(6.87평)
가족의 공용공간인 거실과 주방이 위치한다.

4층 21.02㎡(6.36평)
윤희 씨만의 개인공간이 있는 곳으로 좁은 면적을 나눠 서재, 드레스룸, 안방, 화장실을 알차게 배치했다.

옥상 28.84㎡(8.72평)
여의도부터 남산타워까지 서울 일대를 한눈에 조망할 수 있는 옥상.

    그녀가 나인 하우스의 외관에서 가장 중점을 둔 부분은 동네와의 조화로움을 고려한 '친숙한 건물 만들기'였다. 신축건물이지만 동네와 이질감 없이 어우러지는 것이 목표로, 오랫동안 이어져온 골목의 풍경을 훼손하고 싶지 않기 때문이다. 그래서 주변 건물에서 흔히 볼 수 있는 벽돌을 주재료로 곳곳에 철제와 나무를 더해 외관을 디자인했다. 특히 손이 자주 닿는 1층은 적삼목을 길게 세워 포인트를 주었는데 이는 유리벽으로 마감한 1층을 외부의 시선으로부터 적절히 가리는 역할도 겸한다.
    "건물 외벽은 청고벽돌을 선택했어요. 오래된 벽돌을 사용해 시간의 흐름이 단절되지 않은 집을 짓고 싶었거든요. 10년, 20년이 지나도 한결같은 모습이었으면 했죠."
    나인 하우스가 위치한 대지는 가파른 오르막길인 데다가 52㎡(15.73평)의 애매한 마름모꼴 모양이라 집을 짓기에는 도전적인 요소가 많은 땅이었다. 하지만 이곳은 동시에 윤희 씨가 세운 땅의 조건에 꼭 맞는 곳이기도 했다. 우선 집 앞에 6m의 도로가 지나고 있었다.
    "전 땅을 고를 때 우선 도로부터 봐요. 도로가 있어야 공사차가 들어올 수 있어서 집짓기가 수월하거든요. 혹시 모를 응급상황이 발생해도 소방차나 구급차가 집까지 빨리 도착할 수 있고요. 게다가 집 앞으로 공사차량의 진입이 불가할 경우 인건비도 증가하거든요."
    두 번째, 추후 카페나 작은 상점을 운영할 계획이기 때문에 골목에서 쉽게 눈에 띌 수 있는 코너 집을 선택했다. 다행히 집 앞으로 9.92㎡(3평)의 빈 시유지(시가 소유한 토지)가 있어 멀리서도 두드러진다.

1층_ 다양한 컬러로 화사함을 더한 현관과 응접실

    컬러풀한 간이주방 옆에는 지인들이 방문해 차를 마시거나 대화를 나누는 응접실이 있다.

현관 옆에 위치한 간이주방. 노랑, 보라, 핑크 등 다양한 컬러로 화사함을 더했다.

1 에폭시, 레일조명, 파이프선반 등 모던한 카페 콘셉트로 꾸민 응접실.
2 철제계단은 개방감 위주로 디자인했다. 천장에 계단 위치에 맞춰 앵커볼트를 삽입하고 봉을 용접해 매단 뒤 계단 철판을 가공해 한쪽은 벽에, 반대쪽은 봉에 용접해 고정시켰다. 3 대지 중 효율성이 가장 낮은 곳에 나선형 계단을 설치했다. 계단이 많은 집이라 중간에 쉴 수 있도록 미니 벤치도 만들었다.

거실은 전면 유리창으로 개방감을 준 대신 블랙창호를 선택해 포인트를 줬다. 바닥은 대리석과 비슷한 분위기를 연출할 수 있는 폴리싱 타일을 선택했고, 천장에는 비정형의 바닥 모양을 본 따 디자인한 바리솔 조명을 설치했다.

작은 집이기에 가구를 최소화하기 위해 노력했다. 육중한 소파 대신 작은 의자를 두고, 창틀과 연결해 TV를 올려놓을 수 있는 얇은 선반을 제작했다.

3층_ 층마다 단차를 두어 다이내믹한 구조로 만든 거실과 주방

나인 하우스는 경사진 땅이라는 지리적 환경을 활용해 모든 층에 단차를 두었다. 밋밋한 단층을 두 개 이상의 레벨로 나눠 다이내믹한 공간감을 부여한 것이다. 이는 수평면적의 협소함을 해결하기 위한 아이디어이기도 했다. 위에서 아래를 내려다보면 시야가 확장돼 실제 면적보다 넓어 보이는 사실에 착안해 나인 하우스도 바닥에 높이 차를 두고 낮은 쪽으로 창을 배치해 시야가 위에서 아래로, 나아가 창문 너머까지 확장될 수 있도록 한 것이다.

또한 이렇게 단차를 둠으로써 공간별로 다른 높이감을 부여했다. 수평면적은 바꿀 수 없지만 수직 높이는 조절할 수 있기 때문이다. 높이를 조절하여 아늑한 분위기를 원했던 주방은 대중적인 2.4m의 높이로, 탁 트인 개방감을 원했던 거실은 2.67m의 높은 천장고를 확보했다.

하.우.스 인테리어 레시피

폴리싱 타일
타일 표면이 광택이 나도록 만든 유광 타일. 좀 더 저렴한 비용으로 대리석과 비슷하게 연출할 수 있다.

바리솔(BARRISOL) 조명
천장 작업 시 틀을 만들고 안쪽으로 LED 모듈을 설치한 뒤 천장에 맞춰 특수 PVC 시트를 씌운 조명. 빛이 특수시트를 통과하며 골고루 분산되기 때문에 균일한 조도로 은은한 분위기를 연출할 수 있다.

1 주방은 세련된 블랙을 콘셉트로 하되, 애쉬(물푸레나무) 원목테이블과 파스텔 계열의 수납장을 설치해 부드러움을 더했다. **2** 거실보다 약 45cm 높은 곳에 위치한 주방.

2층과 4층_ 좁은 면적을 효율적으로 공간 분할하여 만든 가족의 개인공간

2층과 4층은 가족구성원 개인의 공간으로 각각 22.72㎡(6.87평), 21.02㎡(6.36평)의 협소한 면적을 효율적으로 분할해 설계했다. 보통 작은 집들은 넓어 보이도록 원룸 형태로 짓는 경우가 많다. 하지만 나인 하우스는 반대로 벽을 세우고 문을 만들어 공간을 나눴다. 2층에 있는 아들의 방은 침실과 공부방 겸 거실 그리고 욕실로 나눴다. 4층에 있는 윤희 씨의 공간은 침실과 화장실, 드레스룸, 서재로 분리된다.

이렇게 면적을 구획한 이유는 각 공간의 기능을 극대화하기 위해서다. 한 장소에 여러 기능을 넣으면 자칫 복잡해질 수 있기 때문에 차라리 용도별로 공간을 확실히 나눠 그 목적에 집중할 수 있도록 한 것이다. 이런 구조는 침실 같은 사적인 공간을 프라이빗하게 연출할 수 있다는 장점이 있다.

1 공부방 겸 거실과 침실을 구분하는 문은 철제로 틀을 만들고 창호지를 붙여 한국적인 콘셉트로 디자인했다. 2 침대 헤드보드 위쪽은 청고벽돌을 사용해 가벽을 세웠다. 가벽 위에는 아들의 종이접기 작품을 걸어두었는데 스포트라이트 조명을 비춰 갤러리처럼 연출했다. 3 2층에 있는 아들의 공부방 겸 거실. 책상과 선반을 제작해 수납력을 높였다. 맞은편에는 침실이 위치한다. 4 침대 옆의 빈 벽에 수납장을 만들고 파이프걸이를 설치해 옷을 정리했다. 5 화장실에서 가장 신경 쓴 부분은 바닥 타일이다. 고가의 수입 타일이지만 화장실이 2.03㎡(0.61평)로 1평이 채 안 되는 면적이기에 과감히 투자했다. 6 상단에 설치한 파스텔 톤의 수납장. 모든 층의 컬러를 비슷하게 맞춰 집에 통일감을 주었다. 7 데드스페이스인 계단 밑을 활용해 만든 신발장 겸 수납공간.

하.우.스 애청자의 Q&A

Q. 각 층마다 창이 크게 나 있는데 밖에서 안이 들여다보일까 염려되지는 않나요?

윤희 씨는 각 층의 두 면이 만나 꺾이는 위치에 큰 창을 만들어 개방감을 주었다. 대신 필요할 때마다 '타공 블라인드'를 내려 외부의 시선을 차단해준다. 타공 블라인드란 블라인드 패널에 작은 구멍이 촘촘히 뚫린 것으로, 블라인드를 완전히 내려도 구멍을 통해 빛이 투과되기 때문에 어느 정도 프라이버시를 지키면서도 채광과 전망을 확보할 수 있다는 장점이 있다.

침대 높이를 고려해 4층의 다른 공간보다 바닥 높이를 낮춘 안방. 침대와 화장대, TV 수납장을 두고 천장에는 바리솔 조명을 시공했다.

서울 시내를 마당으로 둔 옥상

지대가 높은 오르막길에 위치한 나인 하우스는 층별로 다양한 도심의 풍경을 품고 있다. 그중에서도 단연 클라이맥스는 옥상이다. 4층에서 이어진 외부 계단을 통해 옥상에 오르면 여의도부터 남산타워까지 탁 트인 절경이 펼쳐진다. 마치 드넓은 서울 시내를 마당 삼고 있는 듯하다.

"멋진 풍경이 펼쳐지는 옥상은 주택에 살면서 누릴 수 있는 가장 특별한 공간이에요. 지난 10월에는 이곳에서 여의도 불꽃축제를 즐기기도 했어요. 앞으로 작은 텃밭도 가꾸고, 지인들과 바비큐 파티도 열고 다양하게 활용해볼 계획이에요."

1 나인 하우스의 마름모꼴 대지 모양이 고스란히 드러나는 옥상. 바닥에는 합성 데크를 시공했다. **2** 옥상에서 바라본 서울의 풍경.

🏠 김윤희 씨의 작은 집짓기에 대한 조언

설계 시 수납공간 계획하기

작은 집은 설계 단계부터 수납공간을 꼼꼼하게 계획하는 것이 좋다. 계단 밑을 막아 창고로 만들거나 빈 벽면에 맞춤가구를 짜 넣는 등 자투리 공간을 적극 활용하면 추후 별도의 가구를 두지 않고도 수납문제를 해결할 수 있다.

하우스 정보

대지 위치 : 서울시 용산구 이태원동
건물 규모 : 지상 4층
대지 면적 : 52㎡(15.73평)
건축 면적 : 28.85㎡(8.73평)
연면적 : 77.27㎡(23.37평)
용적률 : 148.59%
건폐율 : 55.48%
설계 및 시공 : 설계–창조공간건축사사무소(주) / 시공–창조공간건설(주)

• 비용

건축비	2억 5천만 원
계단	자체제작, 약 5백만 원
창호	프레임–KCC 시스템창호, 유리–로이 삼중유리
청고벽돌 가벽	자체제작, 약 60만 원(시공비 포함)
멀티 파이프 걸이	약 8만 5천 원
욕실 타일	㎡ 기준 3만 5천 원(시공비 별도)
바리솔 조명	약 30만 원(시공비 별도)
소나무 수납장	자체제작, 약 120만 원(시공비 포함)
화장실 패턴 타일	스페인 수입 타일, 3.3㎡(1평) 기준 30만 원
강마루	3.3㎡(1평) 기준 12만 5천 원(시공비 포함)

상도동의 보운소당

모퉁이 땅에 지은
쿼터(quarter) 모양의 집

하우스 스토리

가족을 위한 아빠의 도전

네 식구의 가장인 김건(51) 씨에게 '보운소당'을 짓는 일은 그의 인생에서 가장 큰 도전이었다. 평생을 평범한 샐러리맨으로 살아왔기에 건축에 대해 무지했던 그는 지금은 그 어려운 건축법부터 세세한 자재까지 술술 답할 수 있는 경지에 올랐다. 대지를 구입하고 집을 짓기까지 얼마나 고민하고 고생했는지 미루어 알 수 있는 대목이다.

김건 씨가 이런 도전을 택한 이유는 오로지 가족 때문이다. "결혼 후 23년 동안 쭉 아파트에 살았어요. 아이들도 어느덧 자라 20대가 됐죠. 그런데 어느 날 생각해보니 이제 우리 네 식구가 오롯이 함께 할 수 있는 시간이 얼마 남지 않았더라고요. 그 시간 동안만이라도 우리만의 집에서 좋은 추억을 쌓고 싶었습니다."

한정된 예산으로 1년간 발품을 판 끝에 찾아낸 곳은 상도동의 어느 모퉁이 땅이었다. 원래는 반듯한 부지였지만 앞쪽으로 도로가 생기며 잘려나간 비정형의 땅. 이를 본 건축가는 땅의 모양을 그대로 살려 앞이 둥그런 부채꼴 모양의 집을 제안했다. 둥근 원을 네 조각 낸 '쿼터(quarter)' 집인 셈이다.

"정말 좋은 집을 지어줄게!" 건이 씨가 걱정이 많았던 아내 노경희(50) 씨에게 한 약속이다. 그의 다짐대로 보운소당은 단연 눈에 띄는 독특한 외관 안에 네 식구의 공간을 알차게 담아 완성됐다.

집을 짓고 나서 가족의 삶에도 변화가 생겼다. 예전부터 하고 싶었던 소소한 꿈들을 현실에서 이루게 됐기 때문이다. 아이들은 어려서부터 키우고 싶었던 강아지를 새 식구로 맞았고, 전업주부

였던 아내는 평생의 꿈이었던 카페를 1층에서 작게나마 시작했다. 남편 또한 서툴지만 옥상에서 정성껏 텃밭을 가꾸고 있다. 각자 하고 싶었지만 이루지 못했던, 평범하지만 소중한 행복들이 집을 통해 하나둘 실현되고 있는 것이다.

하우스 구조와 특징

1층 43.02㎡(13.01평)
임대수익을 위해 계획한 두 개의 상가가 있으며, 한 곳은 아내가 카페로 운영 중이다.

2층 49.13㎡(14.86평)
주방과 다이닝룸, 부부의 침실이 있다. 계단이 가장 적은 낮은 층에 부부가 주로 사용하는 공간을 배치했다.

3층 47.81㎡(14.46평)
거실과 딸의 방이 있고, 자녀들이 독립적으로 사용할 수 있는 여러 시설들을 계획했다.

4층 48.58㎡(14.70평)
일조권 사선제한으로 실내 면적이 다른 층보다 작다. 아들의 방과 옥상정원이 위치한다.

마시멜로를 형상화한 쿼터집

어떤 집을 짓고 싶냐는 건축가의 질문에 가족은 입을 모아 '스위트홈'이라 답했다. 이러한 추상적인 명제를 고민하던 건축가는 달콤한 마시멜로에 착

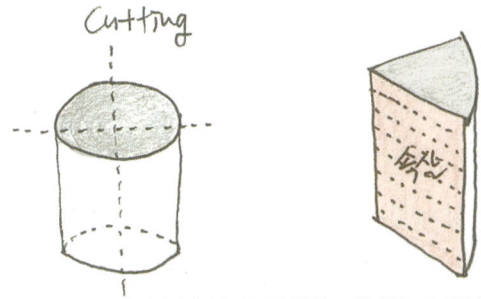
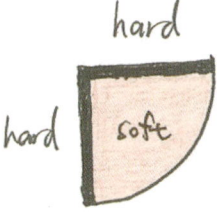

비정형 땅의 대지 조건을 반영해 마시멜로를 4등분한 한 조각을 콘셉트로 정했다.

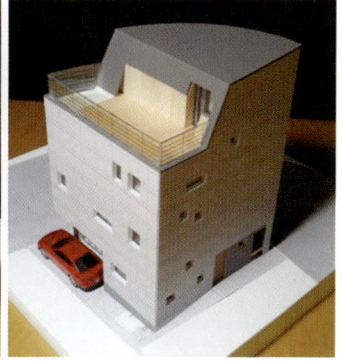

안해 원통형의 둥근 건물을 떠올렸다. 다행히 대지가 남동쪽으로 꽤 넓은 도로에 접하고 있어 채광과 조망이 좋은 편이었다. 마시멜로의 말랑말랑한 속살처럼 따뜻하고 부드러운 실내공간을 연출할 수 있을 것 같았다.

이런 내부와 달리 외관은 광택이 없는 무채색의 재료들을 다채롭게 사용했다. 정면의 둥근 부분은 청고벽돌 타일, 1층 기둥은 세라믹 타일을 선택했고, 측면은 현무암, 현관엔 화강암을 시공했다. 더불어 중앙에 블랙컬러의 징크박스를 배치하고, 일부는 목재로 생기를 더했다. 이런 자재들은 모두 가족이 주말마다 주택단지를 돌아다니며 직접 보고 공부하여 선택했다.

"집을 처음 지어보기 때문에 정보가 턱없이 적었어요. 그래서 단독주택이나 상가건물이 많은 일산, 동탄, 판교 등을 방문해 자재들을 익혔죠. 여러 자재들의 조합으로 다양한 매력을 지닌 집을 짓고 싶었습니다."

청고벽돌 타일, 세라믹 타일, 현무암, 화강암 등 다양한 재료들로 지어진 보운소당 외관.

1 85㎡(25.7평)의 모퉁이 땅에 지은 보운소당. **2** 다양한 자재를 활용하되 비슷한 컬러로 통일감을 주었다. 가장 넓은 면적을 차지하는 정면은 자연스러운 곡선을 만들기 위해 청고벽돌을 선택했다. **3** 미술을 전공하는 딸이 그린 벽화가 있는 주차장 담벼락. **4** 대문 안쪽에 앉아서 쉴 수 있는 벤치를 만들었다. **5** 아내가 운영하는 1층 카페. 메뉴판은 딸이 그려 선물한 것이다.

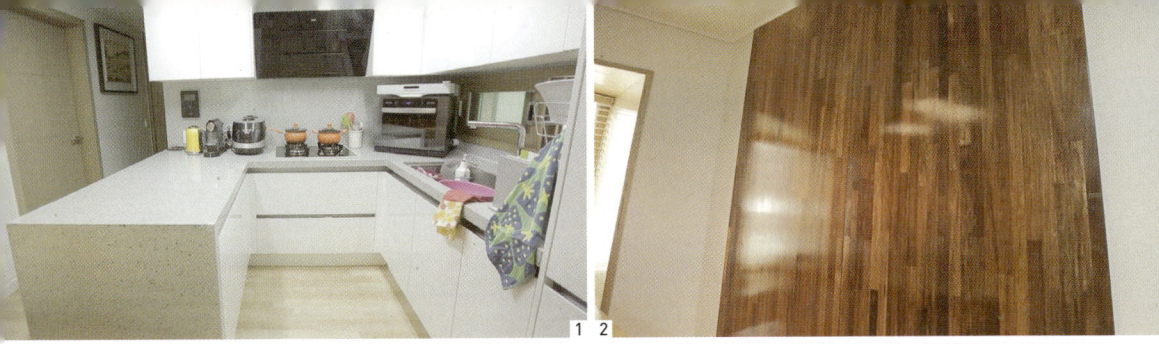

1 2

1 현관에 들어서자마자 만나게 되는 주방. 동선을 고려해 'ㄷ'자 구조로 만들었으며, 싱크대 상판과 벽면을 인조대리석으로 통일했다. 마감재를 통일해 청소가 용이하고 한결 깨끗해 보인다. 2 등을 자주 기대는 곳에 등받이 벽을 제작했다. 멀바우판을 낱개로 구입해 붙인 것으로, 비슷한 디자인의 브랜드 제품보다 약 1/20 저렴한 가격으로 만들었다.

보운소당은 김건 씨 부부의 미래도 담고 있다. 은퇴 후를 고려해 1층에 두 개의 상가를 만들어 꾸준한 임대수익을 낼 수 있도록 한 것. 그중 한 곳은 현재 아내가 카페로 운영 중이다. 작지만 아내의 오랜 소망이 실현된 곳으로, 든든한 지원군인 딸 아나(24) 씨가 돕고 있다.

2층_ 편리한 생활이 가능한 효율적 동선의 안방, 주방, 다이닝룸

주거공간인 2층은 독특하게 주방에서부터 시작된다. 2층에는 주방과 다이닝룸, 부부의 침실이 위치하는데 연장자인 부부가 계단을 최소한으로 딛을 수 있도록 주 사용공간을 2층에 배치했다. 부부가 생각하는 살기 좋은 집이란 편리한 생활이 가능한 집이다. 그래서 49.13㎡(14.86평)의 2층을 화려한 인테리어 대신 효율적으로 사용할 수 있는 실용성에 중점을 뒀다. 주방은 벽면을 싱크

건축주가 기존에 가지고 있던 6인용 식탁을 다이닝룸에 배치하고, 컬러풀한 펜던트조명을 설치했다. 그리고 외관의 휜 면을 활용해 깊이 있는 창을 만들었다. 창의 깊이감 때문에 정면에서 바라보면 공간이 확장돼 보이는 효과가 있다. 손님이 올 경우엔 식탁의자로도 활용된다.

1 14.10㎡(4.27평)의 안방. 부부의 침대 취향이 달라 각자 싱글침대를 두고 사용한다. 2 둥근 곡선 면에 네모난 방을 만들다 보니 끝쪽으로 자투리 공간이 남았다. 이곳에 붙박이장을 제작해 자주 사용하지 않는 물건들을 보관한다. 3 침대 뒤의 슬라이딩도어를 열면 파우더룸과 욕실이 차례로 등장한다. 방과 욕실 사이에 파우더룸을 배치해 욕실 소음이 방까지 들리지 않도록 했다.

대 상판과 연결해 오염도가 낮은 인조대리석으로 통일하고, 상부장과 하부장을 넉넉하게 제작했으며, 손잡이가 없는 디자인으로 통일해 한결 깔끔해 보이도록 했다. 다이닝룸에는 등이 자주 닿는 곳에 멀바우판으로 등받이를 만들어 흰 벽이 오염되지 않도록 아이디어를 냈다.

하.우.스 인테리어 레시피
줄눈 청소가 번거로운 주방의 타일을 대체하는 아이디어

흔히 주방 벽에 사용되는 타일은 줄눈 사이사이 청소하기 번거롭고 오염이 되기 쉬운 단점이 있다. 그래서 일부 건축주들은 주방 벽면을 타일 대신 다른 것으로 대체하기도 한다. 보운소당의 경우, 타일 대신 싱크대 상판에 시공한 인조대리석을 주방 벽면까지 연결했다. 이외에도 백 페인트 글라스(backpaint glass)를 사용하기도 한다. 이런 자재들은 무엇보다 매끈하고 이음새가 적어 오염도가 낮고 관리가 쉬운 장점이 있지만 자칫 벽면이 차가워 보일 수 있다. 컬러 유리인 백 페인트 글라스는 다양한 컬러를 연출할 수 있고 유리 전용 세제로 가볍게 닦아주기만 하면 돼 청소도 수월하다. 또한 타일에 비해 금액이 30~35%가량 저렴하다. 시공이 간단해 인건비가 적게 들기 때문이다. 그래도 타일을 선호한다면 블랙이나 브라운 같은 짙은 계열의 매지를 시공해 오염을 눈에 덜 띄게 하는 방법도 효과적이다.

1 외관에서 튀어나온 부분이 안방 욕실이다. 2 싱크로 넓힌 모서리 부분에는 단을 높여 선반 겸 의자로 활용한다.

3층_ 슬라이딩도어로 층을 나눠 아이들에게 선물한 독립적인 공간

2층이 부부의 공간이라면 3층부터는 20대 자녀들의 영역이다. 부부는 3층으로 올라가는 계단 입구에 슬라이딩도어를 설치해 문을 닫으면 2층과 3층이 분리될 수 있도록 했다. 성인인 자녀들에게도 독립적인 공간이 필요할 것이라 생각했기 때문이다. 이렇게 2층과 3층의 공간을 분리하고 나니 오히려 생활이 편해진 부분도 있다. 이른 오전부터 활동하는 아침형 부부와 달리, 두 아이들은 새벽에 자고 늦게 일어나는 경우가 잦기 때문이다. 예전엔 서로에게 피해가 될까봐 조심스럽게 움직였지만, 지금은 슬라이딩도어를 닫고 층을 단절시키면 각자의 생활 패턴대로 마음껏 행동할 수 있다.

3층에는 딸 아나 씨의 방을 중심으로 간단하게 조리를 할 수 있는 간이주방과 욕실, 세탁실이 위치한다. 또한 밖으로 나가 잠시 휴식을 취할 수 있는 발코니까지 만들어 3, 4층을 활용하는 자녀들에게 완벽한 독립공간을 마련해주었다.

3층 계단 입구에 설치한 슬라이딩도어. 문을 닫으면 2층과 3층이 분리된다.

1 개수대, 전기 쿡탑, 세탁기, 냉장고 등이 갖춰진 3층의 미니 주방. 주방 앞쪽으로는 욕실이 위치한다. **2** 3층에 위치한 미니 거실. **3, 4** 동네가 훤히 내려다 보이는 발코니. 2층 욕실의 윗 공간이 되는 곳으로 바닥과 벽, 천장까지 적삼목을 시공했다. 시야를 가리지 않도록 강화유리 난간을 설치했다. **5** 딸 방은 브라운, 그린, 블루 등 차분하고 편안한 느낌을 주는 컬러로 꾸몄다. **6** 침대 헤드보드 쪽 벽면을 질석벽지(운모계 광물질을 고열로 가열한 뒤 종이에 붙인 벽지로 돌 특유의 질감이 살아있다)로 꾸며 포인트를 주었다. 벽에는 직접 그린 그림, 엽서, 사진 등을 압정으로 고정시켜 자신만의 스토리보드를 연출했다.

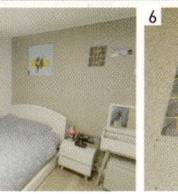

1 수납장 위로 널찍한 가로 창을 만들었다. 옥상 출입문에서 창을 바라보면 멀리 국사봉 자락이 보이고, 창밖으로 시야가 확장돼 개방감을 느낄 수 있다. 2 4층 입구에 모자 사이즈에 맞춰 칸칸이 모자를 정리할 수 있도록 디자인한 선반을 제작했다. 3 11.69㎡(3.54평)의 아들 방. 침대 옆에 미니 욕실이 있다. 4 활용이 애매한 모서리 부분에 맞춰 아카시아 목재로 책상과 미니 선반을 제작했다. 5 옥상 바닥엔 방부목 데크를 시공하고 운동기구와 텃밭상자를 두었으며 포도나무, 상추, 치커리 등 다양한 작물을 심었다. 6 26.22㎡(7.93평)의 옥상 풍경. 7 옥상 중간에 방부목 구조재와 래티스를 사용해 파고라를 만들어 비를 피할 수 있도록 했다. 8, 9 지붕면을 살려 만든 반려견의 집도 인상적이다. 설계 때부터 강아지 집을 염두에 두고 지붕의 일부분을 바닥과 연결해 공간을 만들었다.

4층_ 독립적으로 지어진 아들 방과 옥상정원

4층은 일조권 사선제한의 영향으로 다른 층보다 내부 면적이 작아질 수밖에 없었다. 때문에 실내에 작은 규모의 방 하나를 배치해 아들 김원(21) 군이 단독으로 사용할 수 있도록 했고, 외부에는 마당처럼 사용할 수 있는 '옥상정원'을 만들었다.

"도심에서는 전원주택처럼 넓은 마당과 정원을 갖기 힘들지만 건축규제에 의해 잘려나간 옥상공간을 적극 활용한다면 마치 마당 같은 공간을 연출할 수 있습니다. 전원생활의 여유를 도심의 탑층에서 즐길 수 있는 것이죠.(건축가)"

옥상정원은 가족에게 쉼표와 같은 공간이다. 특히 남편이 퇴근 후 가장 먼저 달려오는 곳으로 이것저것 만들기 좋아하는 그의 작업실 겸 운동공간이다.

김건, 노경희 씨 부부의 상가주택 대지 구입에 대한 조언

상가주택은 대로에서 한 블록 들어간 위치를 추천!

단독주택과 달리 상가주택은 원활한 임대를 위해 유동인구가 확보돼야 한다. 대로에 위치한 땅이 제일 좋지만 너무 비싸다. 그럴 경우에는 안쪽으로 한 블록 들어간 곳을 찾아보자. 일정하게 가격이 형성된 대지들을 만날 수 있다. 이런 곳은 대로에 가까워 어느 정도 상권이 형성돼 있을 뿐 아니라 주거지로서 조용하다는 장점이 있다.

하우스 정보

대지 위치: 서울시 동작구 상도동
건물 규모: 지상 4층
대지 면적: 85㎡(25.71평)
건축 면적: 50.99㎡(15.42평)
연면적: 157.91㎡(47.77평)
용적률: 185.78%
건폐율: 59.99%
설계 및 시공: 설계-수가건축 / 시공-건축주 직영

• 비용

건축비	2억 4천만 원
청고벽돌	㎡당 5만 5천 원(시공비 포함)
화강석	㎡당 9만 원(시공비 포함)
현무암	㎡당 8만 원(시공비 포함)
징크	㎡당 12만 원(시공비 포함)

15평 봉천동의 DIY 주택

사다리꼴 대지에
DIY로 지은 집

하우스 스토리

느리지만 정성껏 천천히 완성해가는 집

2013년 4월, 사용승인을 받았지만 입주 후 3년차인 지금까지도 미완성인 집이 있다.

"3년째 공사 중이에요. 입주 후 그해 가을에 임대공간의 내부를 마감했고요. 그 다음 해에는 흙바닥이었던 외부 마당에 현무암을 깔고 잔디를 식재했죠. 작년에는 옥상 방수를 하고 꿈꿔오던 텃밭을 만들었습니다."

3년째 현재 진행형이라는 집. 부부가 이렇게 오랫동안 집을 짓고 있는 이유는 무엇일까? 과거 층간소음으로 심한 스트레스를 받던 김정근(38), 한수진(36) 씨 부부는 아파트를 떠나 주택생활에 도전하기로 결심했다. 수소문 끝에 봉천동 주택가에서 30년 넘은 오래된 집을 발견했고, 이를 리모델링해 가족의 새로운 보금자리로 꾸미기로 했다. 하지만 문제가 발생했다. 공사 전 상태 점검을 위해 천장을 뜯어보니 언제 무너져도 이상하지 않을 정도로 구조가 노후화되고 불안정했기 때문이다. 부부는 고민 끝에 집을 철거하고 신축을 하기로 했다. 아이들을 안전하고 제대로 된 집에서 키우고 싶었기 때문이다.

건축가인 남편이 설계를 시작하며 가장 중점을 둔 부분은 당연히 경제적인 집이었다. 간단한 수리만 염두에 뒀는데 느닷없이 새로 집을 짓게 된 터라 추가로 드는 금액이 상당했기 때문이다. 그렇다고 가족이 살 집인데 자재를 줄이거나 기준 이하의 것을 사용할 수는 없었다. 좋은 자재를 충분히 활용하되 최대한 경제적인 비용으로 집을 지어야 했다. 그래서 선택한 방법이 초기 시공을 80%만 하는 것이었다. 조경, 담장, 옥상 방수 등 당장

Before

After

사는 데 직접적인 영향을 끼치지 않는 것들은 나중으로 남겨둔 것. 부부는 시간이 다소 걸리더라도 여유자금이 생길 때마다 조금씩 제대로 하기로 했다.

시간의 힘은 크다. 처음에는 주방 선반조차 생략했던 집이 이제는 근사한 옥상텃밭까지 갖춘 곳이 됐다. 필요한 가구 또한 틈틈이 직접 만들어 채워나가는 중이다. 마치 질 좋은 흙을 빚어 오랜 시간 가마에 구워내는 도자기처럼 봉천동 주택은 느리지만 정성껏 매만지는 가족의 손으로 날마다 새롭게 거듭나고 있다. 언젠가 완벽히 완성될 이곳이 기대되는 이유다.

하우스 구조와 특징

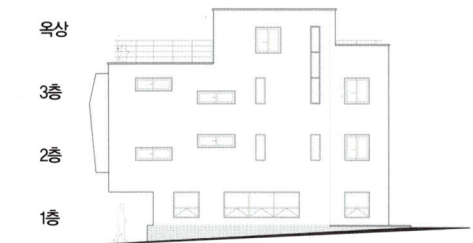

1층 47.90㎡(14.49평)
주차장 및 고정수익을 낼 수 있는 임대공간이 위치한다. 외부 계단을 통해 2층의 주거공간으로 이동할 수 있다.

2층 42.55㎡(12.87평)
공용공간인 거실과 주방, 화장실, 딸 나연이의 방이 있다. 3층으로 올라가는 실내 계단을 활용해 재미있는 공간을 연출했다.

3층 42.28㎡(12.79평)
안방과 아들 건우의 방, 욕실, 세탁실이 위치한다. 옥상에 빨래를 널기 쉽도록 동선을 고려해 세탁실을 배치했고 1층과 달리 욕실에 욕조를 두었다.

옥상
마당처럼 활용되는 옥상. 아이들을 위해 텃밭상자를 두었다.

새하얗게 우뚝 서 있는 집은 정면에서 보면 과연 온 가족이 살 수 있을까 싶은 의문이 들 정도로 굉장히 작다. 손을 양옆으로 활짝 펴면 마치 집의 끝과 끝이 닿을 것만 같은 좁은 폭이다. 그러나 천천히 돌아서면 길쭉하게 펼쳐진 측면이 등장한다. 앞은 좁고 옆은 긴 독특한 모양의 집이다. 이런 남다른 외관이 나올 수밖에 없었던 이유는 역시 대지 모양 때문이다. 동서로 길게 놓인 30평이 채 되지 않는 사다리꼴 모양의 땅. 여기에 일조권 사선제한, 도로 사선제한 등 각종 규정으로 인해 면적은 더욱 협소해졌다. 하지만 이런 단점에도 불구하고 부부가 이곳을 선택한 이유가 있다. 우선 좁고 비정형인 땅 모양으로 인해 주변 시세보다 가격이 저렴했다. 개발업자들에게 수지타산이 맞지 않는다는 이유로 몇 번이나 거래가 어그러진 탓이다. 또한 남편이 꼼꼼히 체크해둔 다음의 네 가지 조건들에도 완벽하게 부합했다.

봉천동 주택의 정면. 블랙 컬러의 알루미늄 창호와 목재로 디자인한 출입문으로 포인트를 주었다. 측면은 스타코와 어울리는 화이트 PVC 창호를 선택해 최대한 깨끗하고 심플하게 표현했다. 창문은 방범 및 단열을 고려해 작게 만들었다.

봉천동 DIY 주택 대지의 장점들

1. 대지가 두 곳의 6m 도로에 접하고 있어 차량 접근이 수월하고 개방성이 좋음.
2. 도로가 남측으로 위치해 집 안으로 들어오는 일조량이 풍부함.
3. 전철역, 대형마트, 구청, 초등학교가 반경 500m 내 위치.
4. 경사로가 아닌 평탄한 길로 접근로가 연결돼 도보생활이 편리.

초기 설계 시에는 지하층도 계획하고 세 개 층을 전부 주택으로 사용하고자 했었다. 하지만 공사금액 대비 생기는 면적이 크지 않아 지하 공간은 생략했고, 장기적인 수익을 위해 1층은 임대를 줄 수 있는 근린생활시설로 변경했다.

1 점점 폭이 좁아지는 곳에 위치한 21.1㎡(6.38평)의 주방 겸 거실. **2** 단열을 위해 현관 입구에 중문을 설치했다. 답답해 보이지 않으면서 아이들이 부딪혀도 안전하도록 문에 플라스틱 골판지인 단프라(DANPLA)를 끼워 넣었다.

1 다른 공간과 달리 딸 나연이의 방은 네모반듯한 모양이다. 2 배관을 위쪽으로 몰고 남은 하부 공간에 가로 60cm×세로 120cm 크기의 책장을 매립했다.

사다리꼴 면적에 효율적으로 공간 배치하기

동서로 길쭉한 사다리꼴 모양의 집이기에 이 안에 공간을 구성하기란 참으로 어려웠다. 김정근 씨는 우선 긴 집을 3등분해 중간에 이동 가능한 복도와 층계를 두고 양쪽으로 생활공간을 위치시켰다. 그 결과 집에서 가장 네모반듯한 동쪽은 아이들의 방이, 점점 폭이 좁아지는 서쪽은 공용공간과 안방이 되었다. 마치 기차처럼 칸칸이 공간들이 연결된 재미있는 구조의 집이 완성된 것이다.

직접 만든 가구로 공간효율을 높이다

거실과 주방가구의 90% 이상이 남편의 솜씨다. 새집에 새 가구를 들여놓으면 좋겠지만 비용 절감을 위해 집 안 대부분의 가구를 재활용해 만들었다. 특히 주방과 거실은 이전에 살던 아파트

1 기존의 TV 선반에 맞춰 서랍을 제작해 수납력을 높였다. 2 11자 형태의 주방. 양쪽 상하부장 모두 남편이 직접 제작한 것이다.

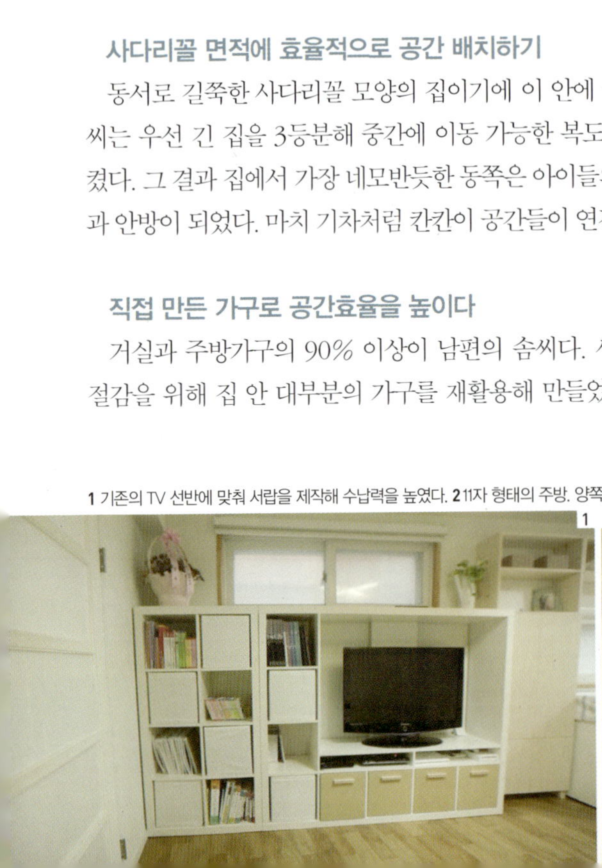

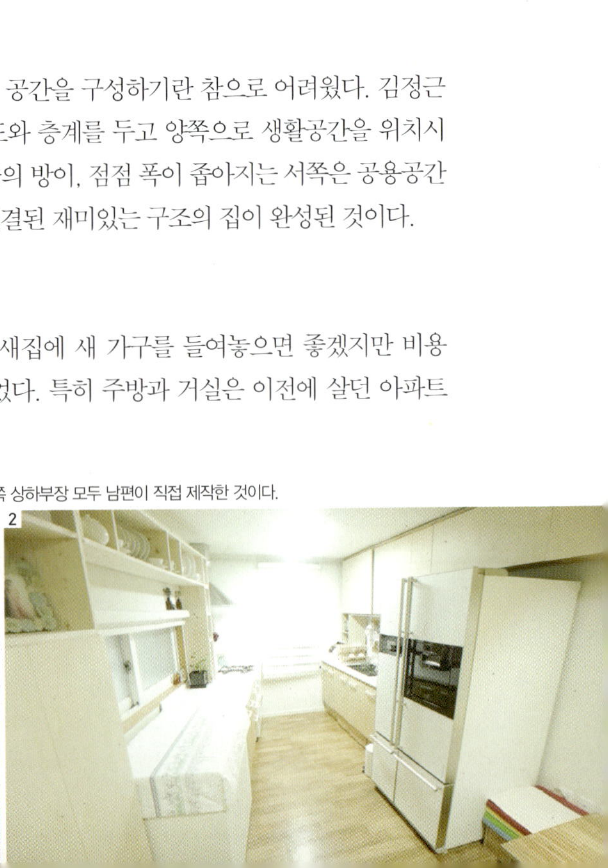

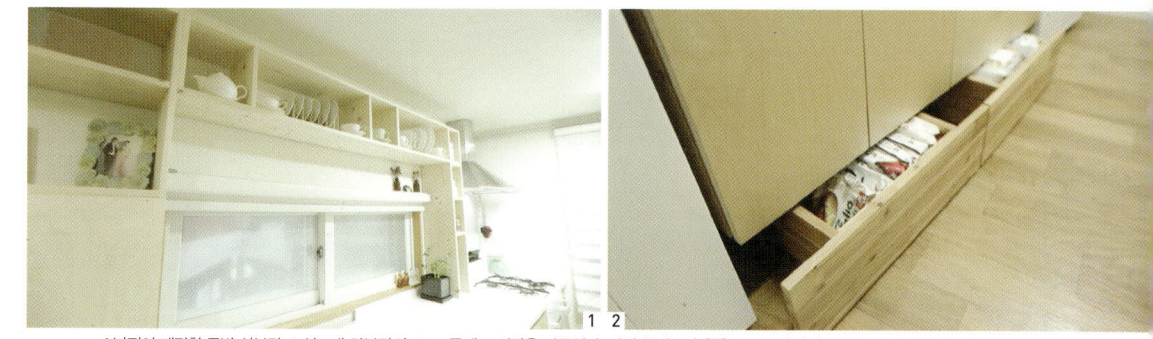

1 남편이 제작한 주방 상부장. **2** 싱크대 하부장의 15cm 틈에도 서랍을 만들었다. 이런 틈새공간 활용으로 주방에만 무려 45곳데의 수납공간이 있다.

구조와 다를뿐더러 싱크대와 찬장 등도 새로 마련해야 하는 상황이었다. 그래서 아예 대부분의 가구들을 직접 만들게 되었다. 손수 가구를 만듦으로써 가장 좋은 점은 기성품에 비해 저렴한 비용으로 공간을 훨씬 더 효율적으로 활용할 수 있다는 것이다. 특히 봉천동 주택은 집의 특성상 비정형의 공간이 많은데 이에 딱 맞는 가구를 직접 만들어 작은 집에 필요한 수납문제를 효율적으로 해결했다.

아이들의 안전을 고려한 2층의 이동식 계단

복도에 위치한 계단은 아이들을 위해 부부가 세심하게 신경 쓴 공간이다. 계단 밑으로 가로 3.7m의 긴 테이블이 위치하는데 독특한 것은 테이블 아래를 연결하는 계단이 이동식이라는 점이다. 아이들의 안전을 위해 일부러 이동 가능하도록 만들었다.

"저희 아이들은 정말 쉴 새 없이 뛰어다녀요. 제가 주변에 있을 때는 괜찮지만 잠시 다른 일을 하고 있을 때 계단 쪽으로 뛰어다니면 위험할 수 있잖아요. 그럴 때는 잠시 계단을 치워 위층으로 올라가지 못하게 하고 있어요."

이동식 계단은 활용도 또한 만점이다. 계단을 뒤로 돌리면 테이블 높이에 딱 맞는 의자가 되고, 뒤쪽은 수납공간으로 사용할 수 있다.

1, 2 긴 테이블 위로 계단이 위치하는 구조. 테이블 아래쪽은 창고처럼 활용한다.

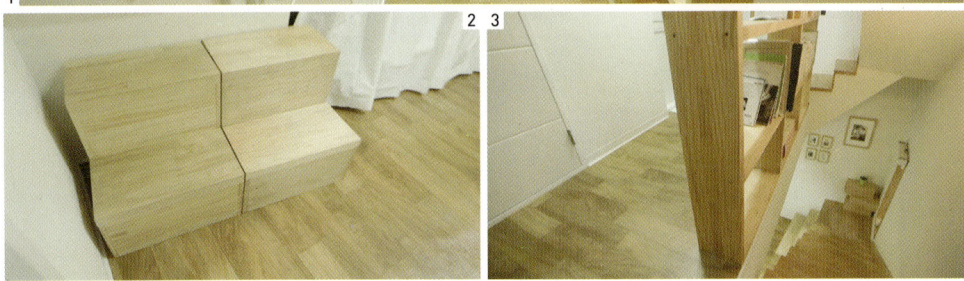

1 3층의 포인트가 되는 1.9m 높이의 책장. 개방감을 위해 벽이나 파티션 대신 책장을 제작했다. 많은 책을 수납할 수 있어 효율적이다. 2 이동식 계단은 아이들용 테이블 의자가 된다. 3 계단에는 난간을 만들지 않았다. 워낙 폭이 좁아 난간이 있으면 큰 짐을 위로 올릴 수 없기 때문이다. 난간 없이 살짝 벌어진 계단 틈으로 위층 창문에서 비추는 빛이 아래층까지 전달된다.

3층_ 창문의 위치를 치밀하게 계산한 안방과 소통을 위한 돌출 창

안방에서 보면 창문의 위치가 위아래로 들쭉날쭉한 모양새다. 안방은 집에서 가장 사적인 공간이기에 창의 위치에 특별히 신경을 쓴 것이다. 침대 쪽 창문은 프라이버시를 위해 천장에 가깝도록 높게, 아내의 작업공간이 있는 쪽은 창밖을 내다볼 수 있도록 낮게 만들었다.

2층의 주방과 3층의 안방을 세로로 연결하는 4.2m 길이의 돌출 창도 재미있다. 건축 면적에 포함되지 않는 1m 이하의 창을 만들어 실용적으로 활용한 것으로, 다용도실이 없는 주방의 서비스 면적이 되면서 위아래층을 연결하는 소통의 창구가 되기도 한다.

"저희 집 건물이 길고 위아래로 나뉘어 있어서 아래층에 있는 사람과 이야기하려면 계단까지 가야 하는 수고스러움이 있어요. 그래서 안방에서 연결된 창을 통해 쉽게 소통할 수 있도록 한 거죠."

1, 2 21.1㎡(6.38평)의 안방. 한쪽에는 만들기가 취미인 아내의 작업공간이 있다. **3** 도로가 있는 남쪽으로 배치한 창문들. 공간의 쓰임에 따라 창문의 높이를 다르게 배치했다. **4** 2층 안방과 3층 안방을 연결하는 소통의 창구로 활용하는 돌출 창. 주방에서 서비스 공간으로도 사용된다. **5** 돌출 창의 윗부분을 비스듬하게 제작해 침대에 누워 창밖의 하늘을 볼 수 있게끔 했다.

하.우.스 애청자의 Q&A

Q. 3층 복도 끝에 설치된 봉의 정체는 무엇인가요?
봉천동 주택은 별도로 발코니가 없어 옥상을 제외하면 마땅히 빨래를 널 수 있는 공간이 없다. 그래서 세탁실 앞의 복도를 활용해 양 끝에 봉을 설치하고 빨랫줄을 걸어 비가 올 때 실내에서 빨래를 말릴 수 있도록 아이디어를 냈다.

복도 천장에 설치된 봉과 빨랫줄. 좌측 하단의 흰색 문이 세탁실이다.

네 식구가 가장 꿈꾸어왔던 주택생활의 로망, 옥상텃밭

가장 최근에 작업한 것은 아이들을 위해 옥상텃밭을 꾸민 것이다. 우레탄 방수공사 후 바닥에 아카시아 목재로 만들어진 기성품을 깔고 텃밭상자들을 올려놓았다. 특히 아카시아 목재 제품은 퍼즐처럼 원하는 모양대로 끼우기만 하면 돼 시공이 간편하다. 옥상은 네 식구가 주택생활에서 가장 꿈꾸어왔던 공간이다. 그래서 앞으로 가족이 하고 싶은 '옥상 위시리스트'가 가득하단다.

"앞으로 텃밭도 잘 가꾸고 닭장에 암탉도 길러 유기농 달걀을 먹고 싶어요. 파라솔과 테이블을 설치해 여유 있게 티타임도 가지고 싶고요. 소소하긴 하지만 이런 것들이 주택에 사는 행복 아닐까요?"

아카시아 목재를 끼워 맞춘 뒤 둘레에 흰 자갈을 깔아 꾸민 자그마한 옥상텃밭.

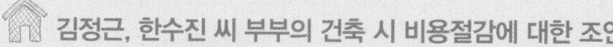 김정근, 한수진 씨 부부의 건축 시 비용절감에 대한 조언

보편화된 자재를 사용한다
수요가 많은 자재는 충분한 기간 동안 기능과 성능이 검증돼 제품을 믿을 수 있고, 다수의 업체에서 대량생산이 되기 때문에 경제적인 가격을 형성하고 있다.

비용절감이 목표라면 주택의 형태는 가능한 심플하고 쉽게 계획한다
집의 형태가 간단해지면 시공이 쉬워져 하자발생도 적고 공사기간도 단축돼 비용이 절감된다. 같은 층인데도 높이에 차이를 두거나 곡선 면을 만드는 등 디자인이 복잡해질수록 시공이 까다로워져 자재비 및 인건비의 상승 요인이 된다.

하우스 정보

대지 위치 : 서울시 관악구 봉천동
건물 규모 : 지상 3층
대지 면적 : 98.10㎡(29.68평)
건축 면적 : 54.80㎡(16.58평)
연면적 : 132.73㎡(40.15평)
용적률 : 135.30%
건폐율 : 55.86%
설계 및 시공 : 건축사 사무소 파인드
사진 제공 : 건축사 사무소 파인드

• 비용

건축비	1억 5천만 원
창호, 방화문	8백만 원(돌출 창 포함)
스타코 마감	1천 5백만 원(50mm 단열재 포함)
단프라시트	4만 원
거실 테이블	5만 원(자체제작)
싱크대, 상부장	50만 원(자체제작)
주방 선반	15만 원(자체제작)
펜던트조명	이케아, 3만 원
옥상 아카시아 목재	이케아, 36만 원(여러 개 구입)
텃밭상자	40만 원
백자갈	3만 5천 원

9평 신공덕동의 별하랑 하우스

별과 하늘을 사랑하는 다섯 식구의 협소주택

하우스 스토리

세 아들이 마음껏 뛰어놀아도 되는 집

세 아들을 키우는 김지훈(46), 윤희순(45) 씨 부부는 무려 10년 동안 아파트 1층에서만 살았다. 이유는 짐작이 된다. 아이 셋, 그것도 혈기왕성한 남자아이들뿐이니 아파트 위층은 엄두도 못 냈을 것이다. 실제로 아파트에 층간소음이 발생하면 지훈 씨 집이겠거니 숱하게 오해도 받았다고 한다. 심지어 가족이 집에 없을 때조차도. 그래서 부부는 집을 짓기로 결심했다. 목표는 뚜렷했다. 더 이상 아이들에게 잔소리하지 않아도 되는 집, 층간소음의 스트레스에서 자유로워질 수 있는 집에 사는 것이다.

뜻이 있는 곳에 길이 있다고, 결심을 하고 나니 땅이 찾아왔다. 우연히 드라이브를 하던 중 입지가 마음에 드는 부지를 발견하게 된 것이다. 이면도로에 접하고 있어 조용한 데다 교통도 편리하고, 무엇보다 전에 살던 곳 인근이어서 아이들의 생활반경을 옮기지 않아도 되었다. 자세히 알아보니 경매 마감 일주일 전이었고, 부부는 바로 경매에 참여해 56.30㎡(17.03평)의 작은 대지를 낙찰 받을 수 있었다.

56.30㎡의 땅이지만 실제 집을 지을 수 있는 면적은 47㎡(14.22평) 남짓이었다. 때문에 건축 면적이 28.90㎡(8.74평)밖에 나오지 않았는데, 이곳에 무려 다섯 식구가 사는 집을 지어야 하니 건축가도 건축주도 고민이 깊어질 수밖에 없었다. 하지만 위기가 기회가 됐다. 한정된 면적과 높이 안에서 여러 공간을 만들기 위해 스킵플로어 구조로 내부를 나누게 됐고, 결과적으로 다이내믹한 공간감을 가진 재미있는 집이 완성된 것이다.

부부가 아이들에게 집을 짓고 나서 가장 달라진 점이 무엇이냐 물으면 '하늘이 성큼 가까워졌다'고 이야기한다. 하늘을 향해 집이 높아졌고, 채광이나 통풍, 조망이 좋지 않았던 아파트 1층과 달리 집 안 곳곳에 만든 창을 통해 이를 누릴 수 있게 되었다는 것이다. 특히 다락에 위치한 쌍둥이의 침실에서는 천창을 통해 매일 하늘과 별을 바라보며 잠들 수 있다. 별과 하늘을 사랑하는 사람들의 집, '별하랑 하우스'라는 이름이 뜻 깊은 이유다.

Before   After

하우스 구조와 특징

1층 22.71㎡(6.87평)
주차장과 현관, 임대공간이 위치한다. 고정 수익을 위해 맨 아래층을 근린생활시설로 계획했다.

2층 25.36㎡(7.67평)
주거공간이 시작되는 2층. 주방, 거실, 가족실이 세 개의 단차로 나뉘어 있다.

2.5층 3.53㎡(1.07평)
별하랑 하우스의 첫 번째 욕실이 위치한다.

3층 10.44㎡(3.16평)
첫째 아들 방. 2층과 소통할 수 있는 특별한 장치가 있다.

3.5층 26.95㎡(8.15평, 다락 포함)
부부의 공간인 안방, 드레스룸 및 두 번째 욕실이 위치한다. 안방 위로 다락이 연결돼 면적을 여유 있게 사용할 수 있다.

4층 12.56㎡(3.80평, 다락 포함)
쌍둥이 아들의 공간. 다락과 연결된 복층형태로 아래층은 공부방, 위층은 침실로 사용된다.

하.우.스 인테리어 레시피

근린생활시설을 염두에 두고 있다면 모퉁이 땅을 고려하자

별하랑 하우스는 북서쪽으로 8m 도로, 남쪽으로 2m 도로가 교차하는 모퉁이 땅에 위치한다. 이런 모퉁이 땅은 집을 지을 때 장점이 많다. 우선 옆집과의 간격이 좁은 주택 밀집지역 내의 집들에 비해 채광 및 통풍이 좋다. 그리고 단독주택 건축 시 도로면에서 이격거리 규정이 인접대지와의 이격거리보다 유리해 최대한 도로에 밀착해 집을 지을 수 있다. 물론 각각의 대지가 가지는 성격이나 상황을 고려해야 하지만. 또한 모퉁이 땅은 별하랑처럼 1층에 근린생활시설을 계획하고 있는 집에 더욱 안성맞춤이다. 도로 쪽으로 개방 면을 확보할 수 있어 시각적으로 더 쉽게 눈에 띌 수 있기 때문이다. 이는 수요자 유입에 유리해 매출 증대의 긍정적인 요소로 작용한다.

9평의 면적을 유용하게 활용하여 가족의 라이프스타일에 최적화시킨 집

별하랑 하우스는 건축 면적이 28.9㎡(8.74평)에 불과한 초소형 주택이다. 때문에 한정된 바닥 면적과 높이 안에 다섯 식구가 사용할 공간들을 만드는 것이 중요 과제였다.

---

1 창을 불규칙적으로 배치해 단조로워 보이지 않는다. 채광창을 많이 배치해 밝은 실내조성 및 동절기 난방에 유리하도록 했다. **2** 외관은 스타코와 징크 패널로 마감했고, 현관에는 근린생활시설과 구분될 수 있도록 'ㄱ'자형 캐노피를 설치했다. 현관 옆은 주차공간이다.

가족은 건축가와 수많은 논의 끝에 내부를 반 층씩 나누는 스킵플로어 구조를 선택했다. 주거공간이 시작되는 2층부터 옥상이 있는 4.5층까지의 공간을 수직적으로 세분화한 것이다. 이런 구조는 협소한 대지에서 넓은 주택 못지않은 연면적을 가질 수 있고, 내부에 여러 개의 공간을 만들 수 있다는 장점이 있다. 밋밋한 평면의 아파트와 달리 오밀조밀하고 역동적인 구조로 집을 계획할 수 있는 것이다. 하지만 내부에 계단이 많아진다는 취약점도 있다.

"별하랑은 집주인의 요구사항과 경제상황, 현재의 가족 구성원을 고려한 맞춤형 주택입니다. 30평대 아파트에 살고 있는 가족이 아파트를 팔고 이사 오는 집이었기 때문에 가능한 범위에서 최대한 다양한 공간을 제공하려 했죠.(건축가)"

별하랑은 현재의 가족 구성원의 라이프스타일에 맞춰 최적화된 집이다. 때문에 추후 아이들이 독립을 하고 부부가 계단 많은 집이 부담스러워질 때쯤에는 임대를 주는 방법도 고민하고 있다.

"나이가 더 들면 계단이 많은 협소주택에서 사는 것이 불편할 수 있잖아요? 그때는 집을 두 가구로 분리해 세를 줄 계획을 세우고 있습니다."

1 별하랑 하우스의 1층 현관. 우측에 붙박이 신발장을 두었고, 계단 발판은 인도네시아 스킨우드(원목을 접합해 만든 집성목)를 사용해 따뜻한 분위기를 연출했다. 2 계단실 끝인 2층 입구에는 단열 효과 및 소음 차단을 위한 중문이 있다. 3 폭이 좁은 계단실이 답답해 보이지 않도록 3m 층고를 확보하고 다양한 크기의 창을 제작했다.

2층_ 블랙과 화이트 콘셉트의 주방과 좌식형 거실

주방, 거실, 가족실이 위치한 2층은 다섯 식구의 주요 활동공간이다. 때문에 평면적으로 가장 넓을 뿐 아니라 집에서 채광과 통풍이 뛰어난 위치를 선정했다. 2층의 흥미로운 점은 바닥레벨이 무려 세 개로 나뉜다는 것이다. 2층 입구에 위치한 주방보다 맞은편의 거실이 40cm가량 높고, 거실

1 주방 건너편에 위치한 거실. 폭이 좁은 대신 가로로 길게 배치했다. 거실 끝에는 좌식형 가족실이 위치한다. 2 1.20㎡(0.36평)의 아담한 가족실. 아이들이 가장 좋아하는 공간으로 책과 TV를 볼 수 있다. 3 창틀을 여유롭게 만들어 선반처럼 활용한다. 4 거실 상부에 1.68㎡(0.51평)의 미니 창고를 만들었다. 그리고 벽면 사다리를 설치해 창고 출입을 용이하게 했다.

블랙과 화이트 콘셉트로 꾸민 주방. 아내의 요청에 따라 동선이 편하고 많은 수납이 가능한 'ㄷ'자 구조를 선택했으며, 테이블을 싱크대와 연결해 조리대 겸 식탁으로 활용한다.

끝자락에 위치한 가족실은 다시 30cm 높아진다. 이는 1층의 현관과 주차장의 높이를 확보하기 위한 선택으로, 한꺼번에 높이가 달라지면 사용자가 불편할 수 있어 두 번에 걸쳐 높이를 나눈 것이다. 또한 답답한 벽이나 파티션 없이도 바닥의 높이 차이로 공간의 용도를 효율적으로 구분할 수 있다.

3층_ 각자 좋아하는 색으로 포인트를 준 가족들의 개인공간

개인공간은 각 방의 주인들의 취향과 의견을 담아 완성됐다. 특히 각자 좋아하는 컬러를 선택한 점이 눈에 띈다. 맑은 하늘빛의 첫째 건이 방은 침대 위쪽으로 선반 겸 수납장을 두어 개인적인 물건들을 보관할 수 있게 했다. 이 방에서 가장 눈에 띄는 점은 침대 옆으로 만든 긴 가로 창이다. 아래층 거실이 한눈에 내려다보이는 창으로,

> **하.우.스 인테리어 레시피**
> 청소년기 아이의 방을 계획할 때는 숨기는 수납공간도 만들어주는 것이 좋다. 오픈형 선반과 달리 개인소품들을 보관하며 프라이버시를 지킬 수 있도록 돕는 것이다.

1 거실에서 보이는 첫째 아들 건이 방의 창문. 2 여러 개의 문을 연결해 하나의 문을 열면 나머지 문들이 따라오는 연동도어를 설치했다(삼중 연동도어 135cm×215cm).

하늘색을 콘셉트로 한 아들 방. 침대 위로 다용도로 활용할 수 있는 수납장을 설치했다.

수직구조의 집에서 소통할 수 있는 방법을 고민한 결과다.

"침대 옆으로 난 창을 통해 아래층에 있는 가족과 이야기를 나눌 수도 있고 함께 TV를 시청할 수도 있어요. 고등학생인 아들과 대화가 단절되지 않도록 이런 소통의 창구들이 필요하다고 생각했죠."

3.5층_ 부부만의 공간을 확보한 안방

3.5층에 위치한 안방은 보랏빛 향기가 물씬 풍기는 곳이다. 부부가 좋아하는 보라색으로 콘셉트를 정하고, 길쭉한 방 모양에 맞춰 가구를 일렬 배치해 공간을 확보했다. 면적이 좁아 방 안으로 들어올 수 없었던 옷방은 안방 바로 앞, 즉 틈새면적을 알차게 찾아 만들었다. 안방 위로는 미니 다락이 있다. 안방을 통해서만 출입할 수 있는 프라이빗한 장소로, 부부만의 공간을 확보하기 위한 노력의 결과다. 다락은 통일감을 주기 위해 안방과 동일한 보라색 계통의 색깔을 선택했고 창

안방 앞으로 양쪽에 붙박이장, 선반, 행거를 설치해 드레스룸을 만들었다.

좁고 긴 구조를 활용해 싱글침대, 거울장, 책상을 나란히 배치한 안방.

을 크게 만들어 빛이 잘 들게 했다.

4층_ 복층구조로 만든 쌍둥이 방

한창 혈기왕성한 쌍둥이 신과 휘의 방은 내부를 녹색 계열로 통일해 활기를 주었다. 또한 부부 방과 비슷한 복층구조로 계획했는데, 첫째 건이의 방과 비슷한 면적이지만 2명이 사용하기에는 비좁을 수 있어 위로 다락을 연결한 것이다. 아래층은 공부공간으로, 위층은 침실 및 자유공간으로 활용된다.

아빠 지훈 씨가 쌍둥이 방에서 가장 신경 쓴 점은 다락으로 올라가는 계단이다. 건축박람회를 통해 직접 구입한 것으로, 얇은 프레임의 계단이 곡선으로 매끈하게 휘어져 면적을 많이 차지하지 않으면서도 동선을 최적화할 수 있다는 장점이 있다.

1 다락으로 향하는 계단. 아래쪽 문은 보일러실이다. **2** 다락은 남편의 작업실 겸 서재로 활용된다.

다락 아래층에 책상과 책장을 배치해 공부방으로 활용한다.
다락을 연결하는 곡선형 계단. 오픈형 디자인이라 좁은 공간임에도 답답하지 않다.

> **건축주의 한마디!**
>
> **별하랑 가족의 컬러 선택법**
> 별하랑 가족은 각자 좋아하는 컬러로 방을 디자인했다. 물론 개인의 취향이 반영된 결과이기도 하지만, 다음과 같은 색의 효능도 고려했다고 한다.
> "파란색 계열은 학생 방에 활용하기 좋은 컬러로 집중력과 창의력을 높여 학습에 도움이 된다고 해요. 보라색은 고급스러운 분위기를 연출할 뿐 아니라 불안감과 우울함을 치유해주는 컬러로 침실에 사용하면 편안한 숙면에 도움이 되죠. 녹색 계열은 심신에 안정을 주는 컬러로 눈의 피로를 풀어주는 데 도움이 되기 때문에 책을 많이 읽는 쌍둥이 방에 선택했습니다."

1 침실로 활용되는 다락. 위에 천창이 있어 하늘을 바라보며 여유를 즐길 수 있다.
2 쌍둥이 방에서 반 층 더 오르면 옥상이 등장한다. 안전을 고려해 난간 간격을 촘촘하게 계획했다. 빈 공간에는 화분을 들여 작은 정원을 만들었다.

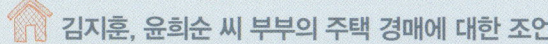
김지훈, 윤희순 씨 부부의 주택 경매에 대한 조언

경매금액의 상한선과 하한선 정하기

경매가를 확정하기 전에 재정상황을 고려해 투자 가능한 최소, 최대범위를 정하는 것이 좋다. 그 안에서 가격을 정하면 무리한 투자를 예방할 수 있다. 이때 주변 부동산을 통해 집의 시세를 파악하거나 주변 주택의 매매가를 알아보는 것도 도움이 된다.

경매금액은 끝자리까지 자세하게 적기

경매가의 뒷자리를 자세하게 적을수록 낙찰 받을 수 있는 확률이 높아진다. 예를 들어 1억 5천 30만 원보다 1억 5천 30만 3천 원이라고 적는 것이 더 효과적이라는 뜻이다. 별하랑 건축주의 경우 2등과 불과 28만 원의 차이로 집을 낙찰 받을 수 있었다. 가능하면 10원 단위까지 적는 것도 전략이다.

하우스 정보

대지 위치 : 서울시 마포구 신공덕동
건물 규모 : 지상 4층(다락 별도)
대지 면적 : 56.30㎡(17.03평)
건축 면적 : 28.90㎡(8.74평)
연면적 : 89.30㎡(27.01평)
용적률 : 158.61%
건폐율 : 51.29%
설계 및 시공 : 설계-조율 건축사사무소 / 시공-투핸드디자인
사진 제공 : 조율 건축사사무소 이웅규, 신슬기

- 비용

대지 구입비	2억 3천 28만 원
건축비	2억 원
세면대	40만 원(시공비 포함)
계단 구입비	160만 원, 시공비 50만 원
공사금액 ㎡당	
	골조공사(㎡) 55만 원
	내장공사(㎡) 35만 원
	설비공사(㎡) 15만 원
	전기공사(㎡) 15만 원
	기타공사(㎡) 10만 원
	창호공사(1식) 180만 원(동양강철)

Part 02

노후주택의 변신
낡고 오래된 공간의 개조

14평 북아현동의 주택

똑 소리 나는 젊은 부부의 획기적인 한 뼘 수납이 있는 집

하우스 스토리

추억이 깃든 고향 땅에 마련한 현실적인 집

아들 윤찬(4)이가 태어나면서 황원호(37) 씨 부부는 가족만의 '진짜' 보금자리를 꿈꾸기 시작했다. 꼭 넓은 집이 아니어도 괜찮았다. 빌라를 떠나 아이에게 '고향'이라는 정서를 느끼게 해줄 수 있는 안정감 있는 집을 선물하고 싶었다.

다방면으로 집을 찾던 이들은 우연히 북아현동의 한적한 동네에서 오래된 주택 한 채를 만나게 되었다. 1982년에 지어진 2층짜리 노후주택으로, 집이 있는 골목을 제외하고 양쪽으로 재개발지역이 위치해 있는 동네였다.

"집 주변이 전부 재개발지역이에요. 조금 불편한 점들도 있지만 추후 재개발이 진행되면 그쪽 인프라를 활용할 수 있겠더라고요. 게다가 집값도 저렴한 편이었죠."

부부에게 북아현동은 특별한 동네다. 바로 아내 소현 씨가 유년 시절을 보낸 고향이기 때문이다. 오랜만에 되돌아온 고향에 사뭇 설렘까지 느꼈다는 그녀. 이제는 자신의 추억이 가득한 동네에서 남편과 아이와 함께 새로운 삶을 시작할 수 있게 된 것이다.

이처럼 낯익은 동네에서 부부는 아담하지만 실속 있는 집을 마련했다. 크기가 커도 비효율적인 집이 있고 작아도 효율이 뛰어난 집이 있는 것처럼, 똑 소리 나는 젊은 부부는 욕심을 부리지 않고 작은 집을 내실 있게 고쳐나갔다.

가장 먼저 한 일은 1층과 2층을 분리하는 일이었다. 이전 집주인은 두 개 층을 모두 주거공간으로 사용했지만, 부부는 세 식구가 살기에 47㎡(14.22평)의 1층만으로도 충분하다고 생각했다. 차라리 세대를 독립시켜 2층을 임대공간으로 전환하는 것이 경제적으로 유리할 것 같았다. 추후 윤찬이가 자라면 분리한 2층을 아

Before

After

이만의 특별한 공간으로 만들어줄 수도 있었다.

다시 돌아온 동네에 예쁘고 소담한 집을 마련한 가족. 이제 이 집이 엄마가 그랬던 것처럼 아이의 고향으로 새롭게 거듭나기를 바라본다. 세 식구의 추억 쌓기는 지금부터 시작이다.

하우스 구조와 특징

1층 47㎡(14.22평)
가족의 주거공간인 1층. 주차장 겸 안마당으로 활용되는 외부공간과 함께 주방 겸 거실, 욕실, 안방, 아이 방이 있는 실내공간으로 이루어져 있다.

2층 47㎡(14.22평)
하나로 연결돼 있던 층을 분리해 2층을 임대공간으로 사용한다. 외부 계단을 통해 별도 출입이 가능하다.

1 외관은 크게 손대지 않고 도장작업만 새로 했다. 화이트와 블랙의 매치가 단정하다. 단독주택을 리모델링할 때 이처럼 도장작업만 새로 해도 분위기를 확 바꿀 수 있다. **2, 3** 차를 주차하지 않을 때는 주차장 셔터를 내려 프라이빗한 안마당으로 활용한다. 위에 어닝을 설치해 햇빛을 가리는 동시에 2층에서 안마당이 보이지 않게 했다.

1,2 탁 트여 개방감 있는 공용공간. 시야를 막지 않도록 신발장을 현관 옆으로 가로 배치했다. 신발장 문 한쪽에는 거울을 시공해 외출 전 매무새를 체크해볼 수 있다. 3 부피를 크게 차지하지 않는 선반을 제작해 TV 수납용도로 활용한다. 선반 앞에 문을 달아 지저분해 보일 수 있는 안쪽을 깔끔하게 가렸다. 4 현관 맞은편에는 붙박이장을 설치해 자주 입는 외투들을 보관한다. 외출 전후 바로 옷을 입고 벗을 수 있어 편리하다.

1층_ 넓어 보이는 화이트 인테리어로 완성한 공용공간

1층의 콘셉트를 한마디로 정의하면 베이직한 화이트 인테리어다. 47㎡(14.22평)의 내부를 넓고 화사하게 보이기 위해 확장색인 화이트 컬러를 선택한 것. 집의 바탕이 되는 벽면과 천장은 물론 가구와 선반까지 화이트로 통일해 효과를 극대화했다. 컬러를 최소화하고 장식적 요소를 절제해 군더더기 없이 정갈한 공간을 완성한 것이다.

하.우.스 애청자의 Q&A

Q. 화이트 인테리어를 밋밋하지 않고 개성 있게 연출할 수 있는 방법이 없을까요?

화이트 인테리어를 남다르게 연출하고 싶다면 컬러는 통일하되 소재나 질감을 달리하면 된다. 패턴이나 텍스처가 다른 벽지를 사용하거나, 벽면 일부에 화이트 타일을 시공하는 것이다. 벽에 목재루버 혹은 벽돌을 시공하고 위로 화이트 페인트를 칠하는 방법도 있다. 또한 바닥소재로 무엇을 선택하느냐에 따라 공간의 분위기가 완전히 달라진다. 차분한 분위기를 원할 때는 짙은 계열의 원목마루를, 깔끔한 공간을 연출하고 싶을 때는 매끈한 폴리싱 타일을, 고풍스러운 멋을 원한다면 헤링본 마루를 시공하는 것도 좋다.

가벽을 이용한 손쉬운 공간의 재구성

하나의 공간을 여러 개로 분할하고 싶을 때 가장 효율적인 방법은 가벽을 세우는 것이다. '가벽'은 건물의 하중을 지탱하지 않는 임시 벽으로, 비교적 자유롭게 만들고 없앨 수 있어 최근 인테리어에 유용하게 활용되고 있다.

북아현동 주택은 기존의 답답한 벽들을 과감히 허물고, 집의 중심에 가로 1m, 세로 2m 크기의 가벽을 세웠다. 이 가벽을 기준으로 주방과 거실이 하나로 연결된 공용공간과 안방, 아이 방이 위치한 개인공간으로 구분된다.

"가벽으로 현재 저희 세 식구에게 딱 맞는 공간을 만들었어요. 후에 아이가 자라 현재의 구조가 불편해질 때쯤, 다시 가벽을 세워 그때의 상황에 맞게 공간을 구획할 예정입니다."

하.우.스 인테리어 레시피

답답하지 않은 가벽 연출법
가벽을 천장 끝까지 꽉 채우면 자칫 공간이 답답해 보일 수 있다. 이럴 때는 북아현동 주택처럼 가벽을 낮게 세우거나, 가벽 중간에 창문을 만들어 개방감을 확보하면 된다. 가벽 중간에 창문을 내고 싶다면 불투명한 패턴 유리를 사용해 보다 세련되게 연출할 수 있다. 창문 안쪽 프레임만 색깔을 달리하는 것도 색다른 느낌을 줄 수 있는 방법이다.

스타일과 실용성을 갖춘 침실

보는 이마다 깜짝 놀란다는 북아현동 주택의 부부침실! 가장 프라이빗해야 할 안방에 벽과 문이 없기 때문이다. 침실에 있을 때도 아직 어린 아들을 시야에 두고 목소리를 들을 수 있도록 다소 과감한 인테리어를 진행한 것인데, 대신 침대 옆으로 개방감 있는 파티션을 세워 옆 공간과 영

1 가벽은 천장에서 60cm 낮은 높이로 제작했다. 천장까지 완전히 닿으면 좁은 공간이 더 답답해 보일 수 있기 때문이다. 공간이 단절되지 않고 연결되는 효과도 있다. **2** 'ㄷ'자 구조의 주방 곳곳에 수납공간을 만들었다. 아일랜드 테이블 아래에 주방가전을 수납하고, 위로는 쿡탑을 설치했다. **3** 개수대보다 세탁기가 설치된 곳이 약 20cm가량 높다. 기존에 사용하던 세탁기 사이즈에 맞춰 싱크대를 맞춤 제작했기 때문이다. 빌트인의 고정관념을 깬 발상이다.

주방 안쪽에 선반을 제작해 수납공간과 미니 책상으로 사용한다.

역을 구분할 수 있게 했다. 침대 헤드보드 쪽 벽면은 진한 청색 컬러의 페인트를 칠해 포인트를 주었다.

"집이 화이트 톤이다 보니 어느 한 곳은 무게를 잡아줄 필요가 있었어요. 그래서 안방에 짙은 블루 컬러를 선택해 톤다운 효과를 연출했습니다."

하.우.스 인테리어 레시피
화이트 침실의 한쪽 벽면에 컬러감 더하기

화이트 침실이 밋밋해 보인다면 한쪽 벽면을 짙은 계열의 컬러로 페인트를 칠해 확실하게 포인트를 준다. 벽지를 시공할 수도 있으나 페인트는 추후 다른 색으로 손쉽게 바꿀 수 있어 더욱 편리하다.

확실하게 포인트를 주고 싶다면 방 안에서 가장 노출이 큰 면적 혹은 가구나 물건에 덜 가려진 부분을 선택하면 된다. 〈하.우.스〉에서 특히 추천하는 위치는 침대 헤드보드 쪽 벽면이다.

침실은 휴식을 취하는 공간이므로 톤다운된 컬러를 선택하는 것이 좋다. 침실의 가구나 바닥 색상 또한 필히 고려해야 한다. 〈하.우.스〉에서 추천하는 색은 푸른색과 회색이 섞인 청회색이다. 안정적이면서도 차분한 분위기를 낼 수 있는 컬러로, 회색이 진한 진회색에 가까울수록 무게감 있고 편안한 느낌을 연출할 수 있다.

1 방문 없이 오픈된 안방. 2 침실과 세면공간을 구분하기 위해 개방감 있는 파티션을 설치했다. 3 침대 위쪽에 긴 선반을 설치해 수납에 활용한다. 천장에는 매립형 조명을 시공했다. 4 2층으로 올라가는 내부 계단을 철거한 뒤 하이그로시 마감의 붙박이장을 슬라이딩도어 형태로 시공했다.

마법 같은 한 뼘 공간 활용법

티끌 모아 태산? NO! 한 뼘 모아 태산이다! 수납공간이 부족한 작은 집이라면 공간에 있어 '스크루지'가 되어야 한다. 고작 한 뼘 남짓한 면적이라도 어떻게 활용하느냐에 따라 유용한 수납공간이 될 수 있기 때문이다. 북아현동 주택의 사례를 보며 집 안 곳곳에 방치돼 있는 한 뼘 공간들에 상상력을 불어넣어 보자.

북아현동 주택의 한 뼘 수납공간에서 가장 흥미로운 것은 거실에 있는 수납공간이다. 내부벽을 철거하던 중 뜻밖의 기둥이 등장했다. 워낙 오래된 주택이다 보니 구조보강을 위해 설치해둔 H빔(단면이 H형인 형강)이 나온 것이다. 북아현동 주택은 이 H빔과 가벽 사이의 20cm 틈을 활용해 선

1, 2 주방 한켠에 설치한 20cm의 틈새 선반. 3 냉장고 옆으로 세운 30cm 두께의 가벽 일부를 활용해 아내를 위한 화장대를 만들었다. 4 욕실 입구의 자투리공간을 활용해 25cm 너비의 수납장을 제작했다. 수건 및 욕실용품을 정리하는 용도로, 수납공간이 천장 끝까지 닿아 있어 꽤 많은 수납이 가능하다. 5 욕실에는 샤워 시 편하게 앉을 수 있는 미니벤치를 만들었다. 원하는 높이만큼 벽돌을 쌓은 뒤 방수작업 및 타일 마감을 한 것으로, 욕실공사 시 함께 제작하면 편하다.

반을 제작했다. 없앨 수 없는 기둥을 수납공간으로 재탄생시킨 것이다. 만약 더욱 효율적으로 활용하고 싶다면 깊이 있는 플라스틱 박스를 서랍처럼 활용하면 된다.

방의 천장을 터서 복층구조로 바꾼 윤찬이의 방

네 살 윤찬이의 방은 아기자기한 복층구조로 되어 있다. 부부가 리모델링 시부터 복층으로 염두에 뒀던 공간으로, 다락방처럼 아늑한 아지트이자 아이의 신나는 놀이방이다.

"어렸을 적 할머니 집에 가면 다락방이 있었어요. 그곳에서 놀던 추억들이 계속 생각나더라고요. 단층집이지만 저희 아이에게도 그런 공간을 만들어주고 싶었습니다."

평범한 방이라도 최소 2.6m 이상의 층고만 확보되면 이런 복층구조의 방을 만들 수 있다. 윤찬이의 방은 천장을 터서 2.8m의 높이를 확보하고, 이를 둘로 분리해 아이용 복층구조를 만들었다. 벽쪽으로 힘을 받을 수 있는 구조체를 설치한 뒤, 구조체를 기준으로 바닥면을 만들고 각 부분에 맞는 마감공사를 한 것이다.

1 천장을 터서 복층구조로 만든 아이 방. 2 복층 아래쪽은 화사한 오렌지색으로 페인트를 칠하고 매립형 조명을 설치했다.

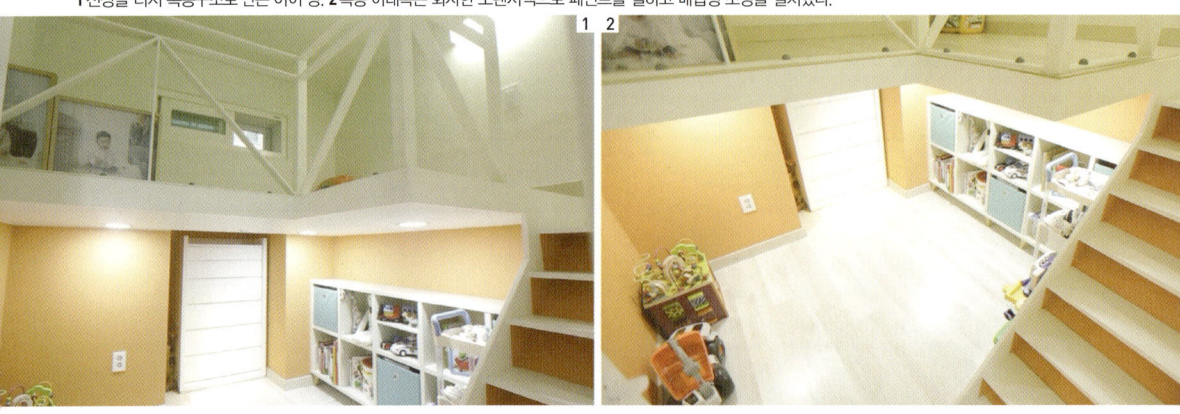

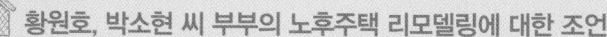 황원호, 박소현 씨 부부의 노후주택 리모델링에 대한 조언

틈새를 활용해 수납공간 만들기

집 안 곳곳에 방치돼 있는 틈새공간을 활용하면 실용적인 수납공간을 만들 수 있다. 두께감 있는 가벽의 일부를 활용하거나 자투리 벽면에 미니선반을 설치하는 것도 방법이다.

개방감 있는 공간을 만들고 싶다면 펜던트조명보다 매립형 조명으로 시공하기

개방감 있는 공간을 만들고 싶다면 펜던트 형식의 조명보다는 매입조명을 선택하는 것이 좋다. 조명기구는 보이지 않으면서 빛이 아래 방향을 비춰, 천장이 낮고 좁은 공간이 넓어 보이는 효과가 있기 때문이다. 하지만 조명을 설치하기 위해 천장공사가 필수이고, 한번 공사를 하면 조명의 위치를 옮기기 어렵기 때문에 신중을 기해야 한다.

하우스 정보

대지 위치 : 서울시 서대문구 북아현동
건물 규모 : 지상 2층
대지 면적 : 83㎡(25.11평)
건축 면적 : 47㎡(14.22평)
설계 및 시공 : 웃음건축

- 비용

리모델링비	5천 6백만 원
TV 선반	15만 원(시공비 포함)
H빔 선반	개당 3만 원(시공비 포함)
가벽 및 화장대	40만 원(시공비 포함)
틈새 수건장	30만 원(시공비 포함)
욕실 타일	㎡당 3만 5천 원(시공비 포함)
어닝	100만 원(시공비 포함)

12평 답십리의 화이트 주택

풍요로운 삶이 담긴 수익형 작은 집

도심 속 노후주택 개조기

정겨운 골목길을 따라 오래된 집들이 옹기종기 모여 있는 답십리의 한 동네. 이웃들에게 '예쁜 흰색 집'이라 불리는 아담한 집 한 채가 있다. 다가구주택을 구입해 리모델링한 김병진(38), 추상화(33) 씨 가족의 보금자리다.

"처음에는 집이 아니라 사무실을 차릴 장소를 알아봤었어요. 그런데 사무실 임대료가 만만치 않더라고요. 또 저희 부부는 함께 일하기 때문에 두 아이의 육아도 큰일이었죠. 그러던 중 문득 아파트 대신 주택을 구입하면 어떨까 하는 생각이 들었어요. 집과 사무실을 하나로 합쳐보자는 계획이었죠."

한참을 발품 판 끝에 찾아낸 곳은 지은 지 약 23년 된 다가구주택! 건축 면적 38.76㎡(11.72평)로 협소하지만 부부가 염두에 뒀던 공간들을 충분히 구현해낼 수 있는 구조였다. 게다가 서울에서 20~30평대 아파트를 매입할 수 있을 정도의 금액이었다. 네 식구의 생활공간뿐 아니라 사무실, 임대공간까지 마련할 수 있다는 점에서 충분히 경제적이라는 생각도 들었다. 그렇게 완성된 답십리 주택은 2층과 옥탑은 주거공간, 1층은 임대공간 그리고 반지하는 면적을 둘로 나눠 각각 사무실과 임대공간을 마련했다. 본래의 목적을 달성했을 뿐 아니라 든든한 임대수익까지 창출할 수 있게 된 것이다.

또 하나 달라진 점은 이웃과의 관계다. 집은 사는 이의 관계를 적립해나가는 곳이기도 하다. 어떤 집에 사느냐에 따라 가족 간 그리고 이웃 간의 관계가 달라지기 때문이다. 부부는 새 집을 통해 이웃 간의 정을 느낄 수 있기를 바랐다. 대문을 없애 집을 골목에 드러내고 외부 계단을 동네 어르신들이 쉬어갈 수 있는 공간으로 만든 것도 그런 이유에서다.

"둘째 딸의 백일 날, 이웃 어른들에게 떡을 돌렸더니 조그마한 답례품을 주셨어요. 주택법에 명시된 공동주택은 아파트지만 진정한 공동주택은 골목을 낀, 이웃 간의 정을 느낄 수 있는 주택이 아닐까 싶습니다."

가족과도 이웃과도 풍요로워지는 집. 김병진, 추상화 씨 부부가 주택을 통해 꿈꾸어왔던 삶이다.

Before

After

하.우.스 구조와 특징

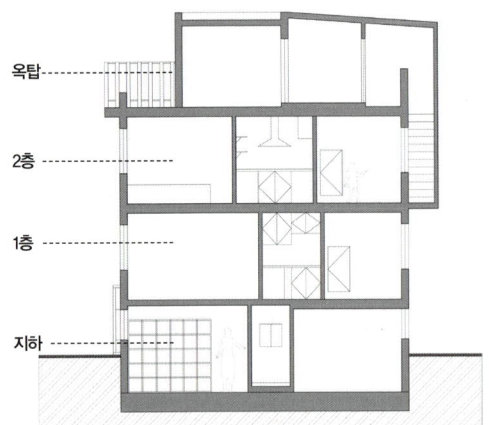

지하 38.86㎡(11.75평)
부부의 건축사무실 및 임대형 원룸이 위치한다.

1층 37.06㎡(11.21평)
한 층을 전부 임대공간으로 활용한다.

2층 38.76㎡(11.72평)
가족의 주 생활공간으로 거실, 주방, 안방, 아이 방, 욕실이 위치한다. 현관 옆의 계단을 통해 옥탑과 연결된다.

옥탑
세탁실 및 다용도실로 활용하는 옥탑이 자리한다. 외부로는 테이블과 의자를 두어 경치를 즐길 수 있도록 했다.

답십리 주택의 외관. 붉은 갈바륨은 이웃집의 적벽돌 벽에서 착안한 것이다.

한 달 반 남짓의 공사는 건물의 뼈대를 살려 노후화된 부분을 고치는 정도로만 진행됐다. 외관은 대문을 없애고 새하얗게 페인트를 칠해 마무리 했는데 주거공간과 사무공간을 구분하기 위해 사무실은 부부가 좋아하는 빨간색으로 포인트를 주었다. 도장된 갈바륨을 일정 간격으로 접어 컨테이너처럼 모양을 낸 것으로 새하얀 건물에 붉은 립스틱을 바른 듯 한결 생동감이 느껴진다.

하.우.스 인테리어 레시피

갈바륨이란?
갈바륨이란 알루미늄 강판과 아연 강판의 장점을 결합시킨 것이다. 알루미늄, 아연, 실리콘으로 구성돼 있는데 알루미늄의 비중이 가장 높기 때문에 열반사성 같은 알루미늄의 장점을 가지고 있으면서도 철 노출부에 녹 발생이 쉬운 약점들을 아연의 성질로 보완한 제품이다. 내구성, 가공성, 도장성 등이 우수해 다방면으로 활용되고 있다.

12.73㎡(3.85평)의 사무실. 천장을 노출해 2.3m의 층고를 확보하고 네이비 계열의 친환경 수성페인트를 칠해 세련되게 연출했다. 바닥도 천장과 비슷한 색의 타일을 시공했다.

1 건축 사무실과 임대형 원룸이 나란히 위치한 지하. **2** 문 가운데에 집 모양의 창을 만들었다. 밖의 대추나무 풍경을 내부로 끌어옴과 동시에 외부 손님들이 쉽게 들어올 수 있도록 개방감을 주었다. **3** 벽면은 벽지 제거 후 시멘트 미장을 한 뒤 수용성 유광 코팅제를 칠해 빈티지하게 마무리했다. 지하의 특성상 곰팡이가 심한 부분은 곰파이 제거제를 도포하고, 며칠 뒤 헤라로 긁어내는 작업을 반복했다.

반지하_ 사무실과 임대공간을 갖춘 알찬 집

반지하의 사무실은 원래 거주공간으로 사용되던 곳이다. 방이었던 곳을 작업실 및 응접실로 용도변경만 했을 뿐 큰 구조는 손대지 않았다. 구조변경을 최소화해 공사비용을 줄이기 위해서다. 대신 인테리어로 승부했는데 주거공간과 차별화된 짙은 색의 계열로 모던한 분위기를 연출했다.

> **하.우.스 인테리어 레시피**
> Q. 노후주택을 구입해 리모델링하는 것에 관심이 많은데요. 어떤 집을 선택해야 하는지 판단이 쉽지 않습니다. 노후주택을 고를 때 알아두면 좋을 점이 있을까요?
> 가족의 생활공간을 어떻게 꾸미느냐가 가장 중요하기 때문에 기본적으로 원하는 공간을 실현할 수 있는 구조인지를 중점적으로 확인해야 한다. 특히 노후주택은 신축처럼 공간을 새로 만들 수 없고, 설계변경을 과하게 하면 구조적인 문제가 발생할 가능성이 높으므로 신중하게 선택해야 한다. 또한 건물을 지탱하는 구조부를 비롯해 단열, 결로, 방수 등 노후주택에서 흔히 발생할 수 있는 문제를 미리 체크하는 것이 좋다.

2층_ 네 식구의 라이프스타일에 맞춘 공간편집

네 식구의 주거공간인 2층은 불과 38.76㎡(11.72평)의 공간이다. 병진 씨 부부는 이 한정된 면적에 어떻게 하면 가족의 동선을 효율적으로 담을 수 있을지 고민했다. 가족의 라이프스타일을 반영하지 않으면 11평이 조금 넘는 공간은 비좁고 답답하기만 한 곳이 될 수 있기 때문이다.

Before

After

리모델링 전 개선이 필요했던 부분들

✓ 현관이 거실에 있어서 내부면적이 줄어든다.
✓ 네 식구가 사용하기에 거실이 너무 좁다.
✓ 주방수납이 절대적으로 부족하다.
✓ 마당이 있었으면 좋겠다.

1 기존에 들어와 있던 현관을 외부로 돌출시켰다. 덕분에 거실을 한결 넓게 활용할 수 있게 되었다. 2 현관과 거실 사이에는 폴딩도어를 설치했는데 공간의 용도를 분리해줄 뿐만 아니라 단열에도 도움이 된다.

부부는 먼저 위의 문제점들을 파악한 뒤 공간을 재배치하는 작업을 했다. 필요한 공간을 늘리고 불필요한 부분을 줄이는 '공간편집'을 한 것이다. 이런 작업을 통해 가족에게 꼭 맞춘 공간들이 완성됐다.

넓고 실용적인 거실과 주방을 위한 묘안

기존의 거실은 7.78㎡(2.35평)로 네 식구가 사용하기에는 너무 협소한 면적이었다. 부부는 거실이 무엇보다 아직 어린 승예와 승유가 집에서 가장 오래 머무는 공간이므로 최대한 넓고 쾌적한 곳이었으면 했다. 그래서 실내에 있던 현관을 외부 계단참으로 옮기고, 작은 방의 벽을 허물어 1m 가량 후퇴시킨 뒤 경량가벽을 새로 세웠다. 방의 크기를 줄여 거실 면적을 확보한 것이다.

거실과 연결된 주방 또한 확장이 필요한 공간이었다. 부부는 주방 옆에 있던 다용도실의 문을 막아 없애고, 그 자리에 상부장과 하부장을 계획해 일자 형태였던 주방을 'ㄷ'자 구조로 바꾸었다. 덕분에 한결 많은 수납이 가능한 실용적인 공간이 되었다.

1 11.83㎡(3.58평)로 확장한 거실. 컬러로 포인트를 준 녹색 슬라이딩도어가 있는 벽이 새로 세운 가벽이다. 2 거실 선반을 천장 쪽으로 높이 달아 개방감을 확보했다. 이 선반들은 손재주 좋은 남편이 직접 제작한 것으로, 공사 후 남은 물푸레나무 집성판을 활용했다.

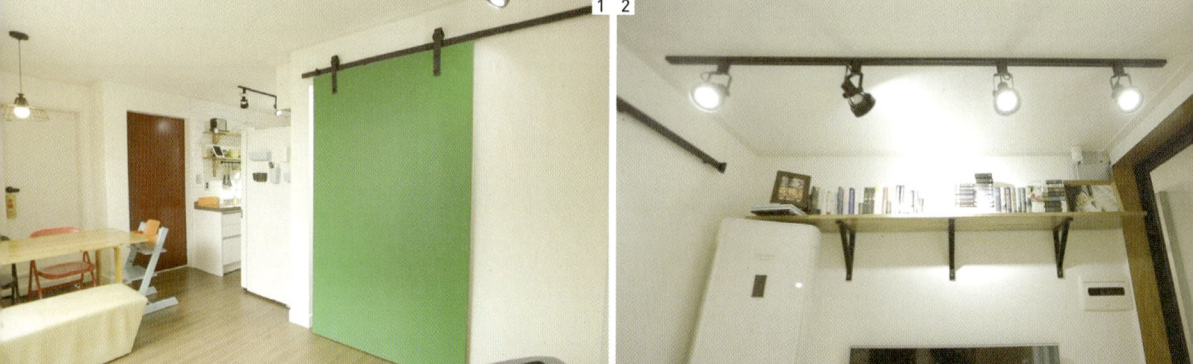

1 거실 한쪽에 삼나무 집성판으로 제작한 테이블을 두고, 위로 수납선반을 설치했다. **2, 3** 일자형 주방을 'ㄷ'자 구조로 바꾸고 다용도실 문을 막아 없앴다. 빈 벽에는 수납공간을 만들었다. **4** 면적이 좁아 모든 벽에 상부장을 제작하면 답답할까봐 개수대 위에 1.9m 길이의 오픈선반을 제작했다. **5, 6** 녹색 슬라이딩도어를 열면 등장하는 아이 방. 주방에서 없앤 다용도실 입구를 이쪽으로 옮겼다. 아이 방이기에 기존 문보다 작은 가로 60cm x 세로 120cm 사이즈로 작게 제작했다.

하.우.스 인테리어 레시피

숨기는 수납 대신 보이는 수납을 지향하는 카페형 주방

최근 카페 콘셉트의 주방이 유행하면서 상부장을 없애고 주방에 개방감을 주는 오픈선반을 시공하는 사례가 늘고 있다. 선반에 예쁜 식기나 주방용품을 디스플레이하면 그 자체로 인테리어 효과를 얻을 수 있다.

상화 씨의 아이디어 템! 주방 선반에 달린 동그란 거울의 정체는?

"회사에서 사용하던 일명 '모니터 거울'이에요. 컴퓨터 모니터에 부착해 뒤쪽에 있는 사람들이 무엇을 하는지 살짝 볼 수 있도록 한 거죠. 회사에서는 재미로 사용했는데 지금은 아이들을 지켜보는 '안전거울'이 되었네요(웃음)."

답십리 주택의 구조상 주방에서 일할 때 거실을 등지게 된다. 그래서 주방에 있을 때 거실에 있는 아이들을 시야에 두지 못할 때가 많다. 때문에 상화 씨는 주방 선반에 모니터 거울을 달아 틈틈이 뒤쪽의 아이들을 살펴볼 수 있도록 아이디어를 냈다.

붙박이장 안에 화장대가 놓인 침실과 세탁실로 사용하는 옥탑

11.43㎡(3.46평)의 침실 한쪽 벽면에는 붙박이장을 설치했다. 과거에는 침실 붙박이장이 옷과 이불을 수납하는 용도로 한정됐었다면, 최근에는 내부 형태를 원하는 대로 자유롭게 구성하는 경우가 많다. 부부는 붙박이장 안에 화장대를 만들었는데 작은 침실에 가구를 최소화하면서, 어질러지기 쉬운 화장대를 손쉽게 정리하기 위해서다. 갑자기 손님이 들이닥칠 경우, 붙박이장 문을 닫기만 하면 화장대를 깔끔하게 감출 수 있다.

1, 2 침실 안은 포인트는 컬러의 소품으로 배치하고, 붙박이장 안에 화장대를 만들어 공간을 활용했다. 3 옥탑에 세탁기를 두어 빨래 후 밖에서 바로 건조할 수 있도록 했다. 4, 5 원래 야외옥상은 오래된 기와가 낮은 높이로 둘러져 있던 위험천만한 장소였다. 그래서 기와를 걷어내고 철제난간을 설치해 휴식공간을 마련했다.

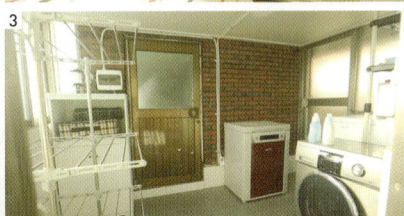

김병진, 추상화 씨 부부의 수익형 주택 리모델링에 대한 조언

주택의 퀄리티를 높이는 디자인과 소재 선택하기
가족의 공간뿐 아니라 임대공간 또한 사용 자재와 디자인에 신경 써야 한다. 초기 자본이 조금 더 들더라도 결과적으로 주택의 가치가 높아져 주변보다 임대시세를 높게 받을 수 있다.

도로와의 접근성이 좋은지 확인하기
주거공간을 겸용한 임대공간이나 사무실을 계획하고 있다면 무엇보다도 입지조건이 중요하다. 도로와 접근성이 좋은지, 외부 손님들이 쉽게 찾을 수 있는지, 대중교통과의 연계는 어떤지, 인근에 주차시설이 있는지 반드시 확인해야 한다.

하우스 정보

대지 위치: 서울시 동대문구 답십리동
건물 규모: 지상 2층(지하 별도)
대지 면적: 79㎡(23.90평)
건축 면적: 38.76㎡(11.72평)
연면적: 114.68㎡(34.69평)
용적률: 96.10%
건폐율: 49.06%
설계 및 시공: 아뜰리에 만들다
사진 제공: 김병진

• 비용

주택 구입비	3억 3천만 원
리모델링비	9천만 원
외부 마감재	삼화 외부용 수성페인트, ㎡당 2만 원(시공비 포함) 갈바륨 공장제작, ㎡당 9만 원(시공비 포함)
사무실 바닥 타일	을지로상가 폴리싱 타일, ㎡당 4만 5천 원
천장 페인트	삼화 친환경 수성페인트 조색(흰색+검정)
테이블	자체제작
의자	이케아 철프레임 의자, 1만 5천 원
펜던트조명	이케아 조명, 2만 5천 원
현관문	방화문 위에 현장 도장마감
내벽 마감재	삼화페인트 친환경 도장, LG Z:IN 벽지
바닥재	동화 강마루
레일조명	PAR30 직부레일등, 2만 5천원
테이블 조명	SP 팬던트, 8만 원
식탁	자체제작
주방가구	UV하이그로시, 한샘 인조대리석 상판 4백만 원(시공비 포함)
타일	빗각타일, ㎡당 3만 6천 원
모니터 거울	인터넷몰 텐바이텐, 9천 5백 원
방문	현장제작 후 도장마감
옥상 테이블	이케아, 아웃도어 테이블 2만 원, 의자 1만 5천 원

15평 하월곡동의 썬디 하우스

47년 고택 살리기 프로젝트

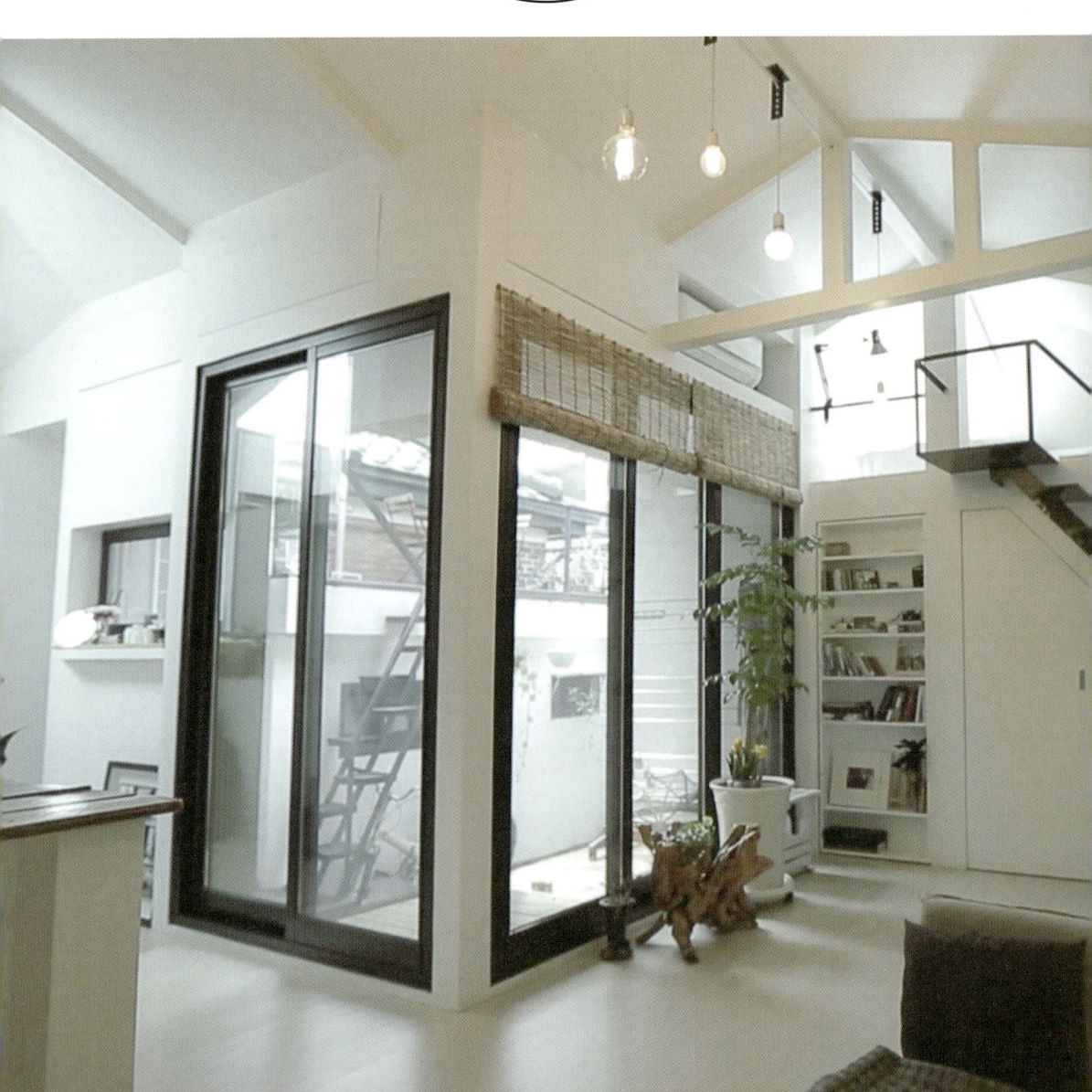

하우스 스토리

손수 고친 47년 옛 가옥

오랜 열애 끝에 결혼한 김도현(36), 이선미(34) 씨의 첫 보금자리는 남편이 총각시절 살던 11평 전세 아파트였다. 5층임에도 엘리베이터가 없어 힘들게 계단을 오르내려야 했는데 선미 씨가 처음 그곳을 방문했을 때 덜컥 울음이 나올 정도로 낡고 협소했다고 한다.

물론 부부만 사는 거라면 그리 큰 문제는 아니었다. 하지만 앞으로 태어날 아이를 위해서 더 좋은 보금자리가 필요했다. 남편 도현 씨는 머지않은 미래에 임신할 아내가 가파른 계단을 오르내릴 것도 가장 큰 걱정이었다. 그렇게 부부는 새로운 보금자리를 찾아 나섰다.

"아파트보다는 작은 주택을 찾아 취향껏 고쳐보자고 이야기했어요. 6개월간 매주 주말이면 함께 집을 보러 다녔는데, 서울의 모든 자치구를 다 돌아다녔을 정도로 안 가본 곳이 없었죠. 저희 부부에게는 집을 고르는 분명한 몇 가지 기준들이 있었어요. 빠듯한 예산 안에서 그 조건들에 맞는 집을 찾다 보니 시간이 오래 걸렸습니다."

건축 일을 하는 도현 씨는 그동안의 경험을 바탕으로 집을 고르는 데 필요한 9가지 기준을 세웠다.

김도현, 이선미 씨 부부의 주택구입 시 체크리스트

✓ 무허가, 불법주택 제외
✓ 도시가스가 없는 집 제외
✓ 접근성이 좋은 집
✓ 대로변에서 1블록 이내
✓ 높은 건물이 인접한 집은 피할 것
✓ 남향인 집
✓ 일조권이 좋은 집
✓ 천장고가 높은 집
✓ 작더라도 마당이 있는 집
✓ 편의 및 치안이 좋을 것

✓ 역세권이 아닐지라도 도보 10분 혹은 버스로 1~2정거장 이내에 지하철역이 위치할 것
✓ 향후 아이의 교육환경을 고려해 반경 2km 이내에 학군이 있을 것
✓ 은행, 동사무소, 경찰서 등 공기관이 인접해 있을 것

꼼꼼한 심사를 거쳐 찾아낸 곳은 하월곡동 조용한 주택가에 자리한 47년 된 노후주택이었다. 한눈에 보기에도 손볼 곳이 많은 집은 워낙 낡아 골조만 남기고 처음부터 다시 공사를 해야 했다. 차라리 신축을 하는 것이 낫지 않겠느냐고 묻는 지인들도 많았다. 하지만 부부는 과거와 현재를 잇는 리노베이션 주택이라는 점이 좋았다. 물론 현실적인 이유도 있었다. 기초공사를 하지 않아도 되기 때문에 신축에 비해 20% 정도 비용을 절감할 수 있었다.

집을 수리하며 평생 잊지 못할 에피소드도 일어났다. 먼저 살던 아파트 계약일이 만료돼 공사가 끝나기도 전 별안간 집에서 나와야 했던 것이다. 어쩔 수 없이 대부분의 살림을 이삿짐 보관소에 맡긴 채 6평짜리 원룸을 빌려 생활했다. 그래도 좋았던 건 원룸 바로 앞에 새집이 위치해 맞은편 창문으로 항상 새로운 보금자리가 될 집이 보인다는 것이었다.

부부는 인테리어도 손수 도맡아 작업했다. 퇴근 후에는 늘 새벽까지 페인트를 칠하고 가구를 만들었다. 남편은 집을 짓는 과정을 〈15평, 47살 고택 살리기 프로젝트〉란 제목으로 블로그에 연재해 많은 관심을 받기도 했다.

1967년에 지어진 고택은 이렇게 2014년에 다시 'SunDy house'로 되살아났다. (SunDy는 아내 이름의 중간 글자인 'Sun'과 남편의 중간 이름 이니셜인 'D'와 접미사 'y'를 붙여 지은 이름이다.) 그리고 현재 썬디 하우스에서 태어난 사랑스러운 아이와 더불어 세 가족의 행복한 보금자리가 되었다.

Before

After

하우스 구조와 특징

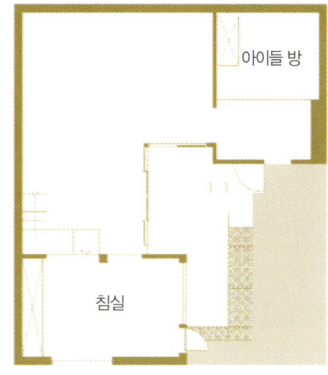

1층

다락방

1층 48.6㎡(14.70평)
가족의 주 생활공간으로, 아늑한 안마당과 함께 각각의 실들이 알차게 구성돼 있다. 기존의 구조를 허물고 어떻게 새롭게 공간을 구획했는지 비교해 보는 것도 이 집을 만나는 재미다.

다락
낮은 천장으로 덮여 있던 곳을 터서 부부와 아이만의 특별한 공간을 만들었다.

썬디 하우스의 테마는 '과거와 현재의 공존'이다. 그래서 도현 씨 부부는 신축이 아닌 리노베이션에 큰 의미를 두었다. 1967년부터 이어져온 47년의 흔적이 현재의 집과 함께한다는 것이 특별

썬디 하우스의 대문.
집의 이름, 완공된 날짜, 재활용에서 착안한 마크가 새겨져 있다.

하게 느껴졌기 때문이다. 이런 의도는 외관에서부터 확인할 수 있다.

대문은 모던한 구로철판으로 제작했지만 그 위로 집의 대들보에서 나온 자재를 'ㄱ'자 모양으로 이어 붙였다. 대문은 집의 얼굴이므로 입구에서부터 공존의 느낌을 강조한 것이다. 또 문에는 집의 이름과 함께 화살표 모양을 커팅했는데, 재활용 마크에서 착안한 것으로 '집을 다시 되살린다'는 의미를 담고 있다. 이름표를 제작해 붙이지 않고 철문을 커팅한 것은 집 안쪽에서 구멍을 통해 누가 방문했는지 쉽게 확인하기 위함이다.

트랜스포머처럼 열리는 대청마루와 옥상정원

대문을 열고 들어서면 아담한 마당이 등장한다. 마당에는 전체 방부목을 깔았는데, 이 방부목을 연결해 안쪽으로 대청마루 같은 공간을 연출했다. 실내와 바닥 높이를 맞춰 창을 열면 거실과 대청마루가 연결된 듯한 효과를 준다. 이 대청마루에는 깜짝 놀랄 만한 공간이 숨어 있는데 바로 썬디 하우스의 또 다른 식구 '까무'의 집이다. 비어 있는 마루 밑을 활용해 반려견에게 멋진 집을 마련해 준 것.

"저희만 좋은 새집에 살 수 있나요. 까무에게도 새집 한 채 마련해주었습니다. 까무에게는 아마 체감 60평쯤 될 걸요?(웃음)"

이것이 끝이 아니다. 까무의 집 옆에 있는 마루가 트랜스포머처럼 열린다. 이곳에 보일러실 겸 창고로 활용되는 지하실이 숨어 있다. 노후된 지하실 입구가 드러나는 것을 원치 않았던 부부는 까무의 집을 만들고 남은 공간을 창고로 쓰기 위해 대청마루로 이를 숨겼다. 즉, 대청마루는 부부의 휴식공간이자 까무의 집이고, 지하실로 들어가는 입구인 셈이다.

사실 협소한 안마당만으로는 꿈꾸던 야외공간을 실현하기 어려웠기에, 도현 씨는 방치돼 있던 이 공간들을 적극적으로 활용하기로 했다. 그래서 대문과 외부 화장실의 위를 연결해 'ㄱ'자 모양

1 마당 끝에 자리한 대청마루. **2, 3** 대청마루 밑을 반려견의 집, 지하실로 향하는 입구 겸 창고로 활용한다.

Before

After

의 옥상정원을 만들었다. 바닥에는 매시철망을 덧대 면적을 넓히면서 구멍을 통해 안마당 깊숙이 채광이 들어올 수 있게 했다.

부부는 후덥지근한 여름밤이면 대청마루에 앉아 시원한 맥주 한 잔을 기울이기도 하고, 쉬는 날엔 옥상에 올라 파라솔 아래서 독서를 하기도 한다. 옥상에선 친구들과 바비큐 파티도 연다.

"마당과 옥상은 저희 부부의 힐링 공간이에요. 이곳이 있어 썬디 하우스에서의 삶이 훨씬 즐거워졌죠."

집이 준 최고의 선물! 3.8m의 천장고를 적극 활용한 공간들

철거를 하던 중 뜻밖의 행운을 만났다. 답답하게 꽉 막혀 있던 천장을 텄는데 생각지도 못했던 넓은 공간이 등장한 것이다. 신이 나 곧바로 측정해보니 가장 높은 곳의 천장고가 무려

하.우.스 인테리어 레시피
협소한 면적에 안전한 계단을 만드는 방법

때에 따라 협소한 공간에 꼭 계단을 만들어야 할 경우가 있다. 이때 잘못 디자인하면 경사가 가파르고 발판의 폭이 좁아져 오르내리기 위험한 계단이 될 수 있다. 썬디 하우스는 1m 남짓한 폭 안에 독특한 디자인의 계단을 제작했다. 이렇게 앞부분이 막혀 있지 않은 발판을 한쪽씩 배치한 계단을 만들어보자. 앞부분이 오픈돼 있어 발을 편하게 뻗을 수 있고, 한 발씩 번갈아 디디며 안전하게 계단을 오르내릴 수 있다.

Before

After

After

아늑한 좌식형으로 꾸민 거실. 좌식형인 집이라
천장이 극적으로 높아 보이는 효과가 있다.

3.8m에 달했다. 이에 도현 씨는 천장을 시원하게 터 작은 면적의 개방감을 확보하고, 비어 있던 천장 아래의 공간을 적극적으로 활용했다. 선물 같은 다락 덕에 썬디 하우스는 좁고 밋밋한 단층 집이 아닌, 다양한 공간을 갖춘 멀티하우스로 재탄생하게 되었다.

다락에 부부 침실과 놀이방 만들기

우선 기존 천장과 지붕 사이의 비어 있던 공간에 두 개의 다락을 만들었다. 그중 거실 위쪽에 자리한 다락은 부부의 침실로 활용된다. 다락 침실은 매트리스 하나만 들어갈 정도로 비좁고 높이도 낮다. 그러나 부부에게 안방은 밤에 잠만 자는 공간이기에 이 정도의 크기면 충분했다. 오히려 천장이 낮아 아늑하고, 위로는 천창이 있어 밤하늘의 별을 보며 잠을 잘 수 있는 로맨틱한 공간이 됐다.

두 번째로 다락은 아이 방 위에 자리한 곳으로, 천장에서 접이식 사다리를 내리면 올라갈 수 있다. 현재는 아이가 어려 아내의 취미공간으로 활용되고 있지만, 아이가 자라면 안전펜스를 설치하고 장난감, 책 등을 두어 즐거운 놀이공간으로 만들어줄 계획이다.

이렇듯 썬디 하우스는 침실, 아이 방, 놀이방 등 집 안의 모든 개인 공간들을 작게 만들거나 다락 위에 올려놓은 반면, 거실과 주방은 하나에 연결해 넓은 공용공간을 만들었다. 즉, 개인공간은

1,2 거실 위 다락을 활용한 침실. 매트리스 옆쪽 문으로 외부 옥상정원과 연결된다. 3 높이가 낮아 가구를 두지 못하는 대신 천장이 낮아지는 방향에 수납장을 짜 넣었다. 데드스페이스를 수납으로 알뜰히 활용한 것이다. 4 아이 방 위에 자리한 다락. 5 접이식 사다리를 내리면 다락으로 올라갈 수 있다. 침실과 마찬가지로 개방감과 채광을 위한 천창을 만들었다. 6 높은 거실 천장에 만든 철제 선반

최소로 공용공간은 최대의 크기로 만든 것이다. 가족이 각자의 방으로 흩어지는 것이 아닌 '광장' 같은 거실에 함께 머무르며 소통하는 집을 만들고 싶었기 때문이다.

창고에 버금가는 넉넉한 수납공간

창고나 다용도실 같은 수납공간은 작은 집에서 가장 필요한 공간이지만, 동시에 면적의 한계로 가장 만들기 어려운 곳이기도 하다. 하지만 썬디 하우스는 영리하게도 높은 천장고를 활용해 바닥이 아닌 천장 쪽에 훌륭한 수납공간들을 만들어냈다.

그 백미는 대청마루와 연결되는 창문 위쪽이다. 이곳에 무려 세 개의 수납 칸을 만들었는데 깊이가 꽤 깊어 창고에 버금갈 정도로 많은 물건들이 수납된다. 수납칸 옆으로는 에어컨 자리까지 야무지게 마련했다. 이밖에도 거실 위로 책을 둘 수 있는 철제 책꽂이를 설치하고, 현관 앞에는 천장까지 닿는 키 큰 붙박이장을 제작해 만능 수납공간으로 활용한다.

> **하.우.스 인테리어 레시피**
> **쾅 소리 나지 않는 수납장 만드는 유압경첩**
> 만약 수납장이나 싱크대 문을 닫을 때 쾅 소리가 나는 것이 싫다면 유압경첩을 사용해보자. 경첩에 유압장치가 돼 있어 닫히기 전부터 문이 느리게 움직인다. 때문에 문틀에 문짝이 부딪히는 소음이 나지 않는다.

책장 뒤의 작은 작업실

썬디 하우스의 거실에는 감쪽같이 숨어 있는 비밀의 공간이 하나 있다. 어디일까? 비밀은 바로 책장 뒤! 다락침실 밑을 활용해 책장과 드레스룸을 만들었는데, 책장 너머로 도현 씨의 작업실이 위치한다.

1 높은 천장고를 활용한 수납공간 **2** 원래는 책장 대신 평범한 문이 있어야 할 자리지만 벽의 두께마저 허투루 쓰고 싶지 않아 이를 활용해 책장 겸 문을 제작했다. 진열된 책이 떨어지지 않도록 앞에 와이어를 길게 설치했다. **3** 책장 문을 열면 나타나는 작업실

거실 맞은편에 위치한 주방. 집의 모양에 맞춰 싱크대를
배치하고 앞에 아일랜드 테이블과 스툴을 두었다.
삼각형 테이블 덕분에 싱크대 쪽에 여유 공간이 생겼다.

동선을 고려해서 디자인한 주방

주방의 포인트인 아일랜드 테이블은 부부가 직접 제작했다. 독특한 점은 상판을 일반적인 사각 프레임이 아닌 삼각형의 모양으로 만든 것인데, 주방에서 편리하게 움직일 수 있도록 동선을 고려해 디자인했다. 식탁 상판 또한 특별하다. 서울풍물시장에서 구입한 오래된 부엌문을 재활용한 것으로, 테이블 바디를 먼저 만든 후 삼각형으로 디자인한 고재를 얹어 완성했다.

썬디 하우스를 지으며 부부는 모던하고 깔끔하면서 그 안에 '따스함'이 녹아 있는 집을 짓기 위해 노력했다. 그래서 곳곳에 식물화분을 두고 세월의 흔적이 담긴 고가구나 건축, 복고풍의 에디슨 전구를 사용해 집에 온기를 더했다.

작은 공간의 특성을 살린 욕실

1 본채와 분리돼 있던 외부 화장실을 연결해 내부로 끌어들였는데, 문을 열면 세탁실과 욕실이 나란히 위치한 독특한 구조로 만들었다.
2 작은 욕실이지만 반신욕을 좋아하는 아내를 위해 욕조를 만들었다. 벽돌을 쌓은 뒤 타일을 붙여 마감했다.

하.우.스 인테리어 레시피
부부가 직접 만든 아이디어 가구, 화장대 좌탁

거실은 소파 대신 쿠션과 라탄 방석을 두어 좌식으로 꾸몄다. 때문에 이에 맞는 낮은 테이블이 필요했는데 도현 씨는 좌탁을 새로 구입하지 않고 아내의 기존 화장대를 리폼해 만들었다. 화장대의 긴 다리를 짧게 잘라내고 바퀴를 달아 이동이 가능하다.

김도현, 이선미 씨 부부의 노후주택 구입에 대한 조언

포털사이트의 로드뷰 적극 활용하기

집을 보러 가기 전에 포털사이트의 로드뷰를 적극 활용해보자. 주소를 검색하면 집의 외형을 확인할 수 있는데 이를 통해 내부의 구조를 어느 정도 예측할 수 있어 유용하다. 또한 지도 검색으로 학군, 교통 등 주변 여건도 쉽게 확인할 수 있다. 다만 로드뷰가 업데이트된 날짜가 오래된 경우에는 주변 여건이 바뀌었을 수도 있으니 유의하자.

허름한 외관에 담대해지기

기대가 큰 만큼 실망도 큰 법. 부푼 마음을 안고 집을 보러 갔다가 너무 허름한 겉모습에 그냥 되돌아왔다간 좋은 집을 놓칠 수 있다. 헌 집을 리모델링할 것임을 염두하고 실망감이 크더라도 꼼꼼히 살피는 열린 자세가 필요하다.

하우스 정보

대지 위치: 서울시 성북구 하월곡동
건물 규모: 지상 1층(다락 별도)
대지 면적: 72.7㎡(21.99평)
건축 면적: 48.6㎡(14.70평)
연면적: 48.6㎡(14.70평)
용적률: 200% 미만
건폐율: 60% 미만
설계 및 시공: 썬디디자인

• 비용

주택 구입비	2억 원
리모델링비	4천 5백만 원
OSB합판	㎡당 약 9천 원(시공비 별도)
매시철망	매시철망에 각파이프 용접시공 ㎡당 3만 원(시공비 별도)
에디슨 전구	개당 약 7천원~1만 5천 원(크기 및 디자인에 따라 다름)
식탁	고재 포함한 재료비 약 25만 원(시공비 별도, 고재는 서울풍물시장에서 16만 원에 구입)
책장 문	자체제작, 재료비 약 35만 원 (전면 와이어, 손잡이, 바퀴 포함. 시공비 별도)
접이식 사다리	약 20만 원
욕조	자체제작, 방수공사 포함 재료비 약 20만 원 (타일 선택에 따라 재료비가 달라질 수 있음)

12평 합정동의 잭슨 빌딩

삼각형 땅에 삶을 쌓아올린 워너비 하우스

스토리

작지만 알찬 집, 잭슨 빌딩을 짓다

서울에서 넓은 대지에 집을 짓는다는 건 지극히 소수에게나 가능한 일이다. 젊은 신혼부부인 심우찬(38), 태윤정(35) 씨에게도 이는 현실 불가능한 신기루와도 같았다. 하지만 이 꿈은 작은 필지에 지어진 삼각형의 구옥을 만나며 성큼 가까워졌다.

부부가 구입한 집은 땅값 비싸기로 유명한 홍대에서 그리 멀지 않은 곳이다. 하지만 주변 시세보다 15%가량 저렴했는데, 41.07㎡(12.42평)밖에 안 되는 조그마한 삼각형의 평면이었기 때문이다.

이는 용감하게 이 집을 선택한 부부에게도 큰 고민거리였다. 어떻게 해도 데드스페이스가 많이 나올 수밖에 없는 애매한 크기와 모양의 부지였기 때문이다. 그렇지만 열정과 패기로 똘똘 뭉친 젊은 부부는 현실에 안주하지 않았다. 설계를 맡은 건축가와 의기투합해 치열하게 고민해나갔고 그렇게 6개월의 시간을 거쳐 옛집은 작지만 늠름한 '잭슨 빌딩(Jackson Building)'으로 거듭났다. 집의 이름은 남편이 어릴 때부터 좋아하던 가수 마이클 잭슨의 이름을 본 땄다.

잭슨 빌딩은 많은 이들이 부러워하는 워너비 하우스다. 총 네 개 층 안에 로맨틱한 신혼집부터 일터, 휴식공간 등 부부가 좋아하는 것과 평소 꿈꿔왔던 공간들을 빠짐없이 채워 넣었기 때문이다. 연면적으로 따지면 무려 201.14㎡(60.84평)! 놀라운 점은 이

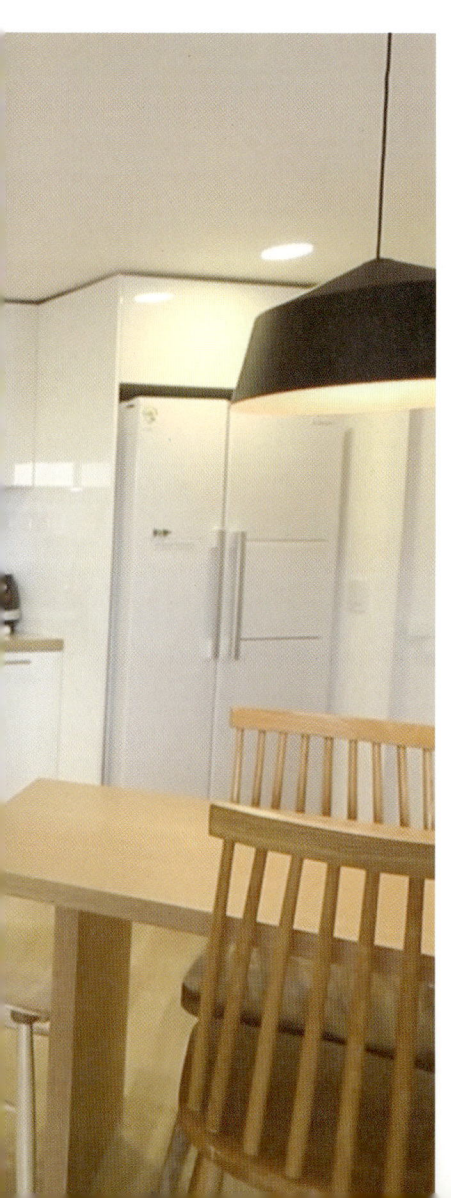

Before

After

모든 것이 불과 58.70㎡(17.76평)의 대지에서 이루어진 점이라는 것이다. 그야말로 '작은 삼각형 땅의 기적'이 아닐 수 없다.

건축가에게 집을 처음 보이던 날, 우찬 씨는 건축가를 옥상으로 데려갔다. 그리고 탁 트인 풍경을 보여주며 이런 말을 했다고 한다.

"이 경치가 이 집을 선택한 가장 중요한 이유입니다. 이 집을 재산이나 부동산 투자의 목적으로 산 것이 아니에요. 그저 앞으로 아내와 함께 행복한 삶을 살기 위해 선택했습니다."

집이라는 것은 누구에게는 단순히 머무는 곳일 수도 있고, 누군가에게는 재산 증식을 위한 투자의 수단일 수도 있다. 하지만 이들 부부에게 집이란 '삶을 담는 공간'이다. 행복해지고자 하는 열정과 그 의지로 완성한 집! 그래서 더욱 찬란히 빛나는 잭슨 빌딩이다.

하우스 구조와 특징

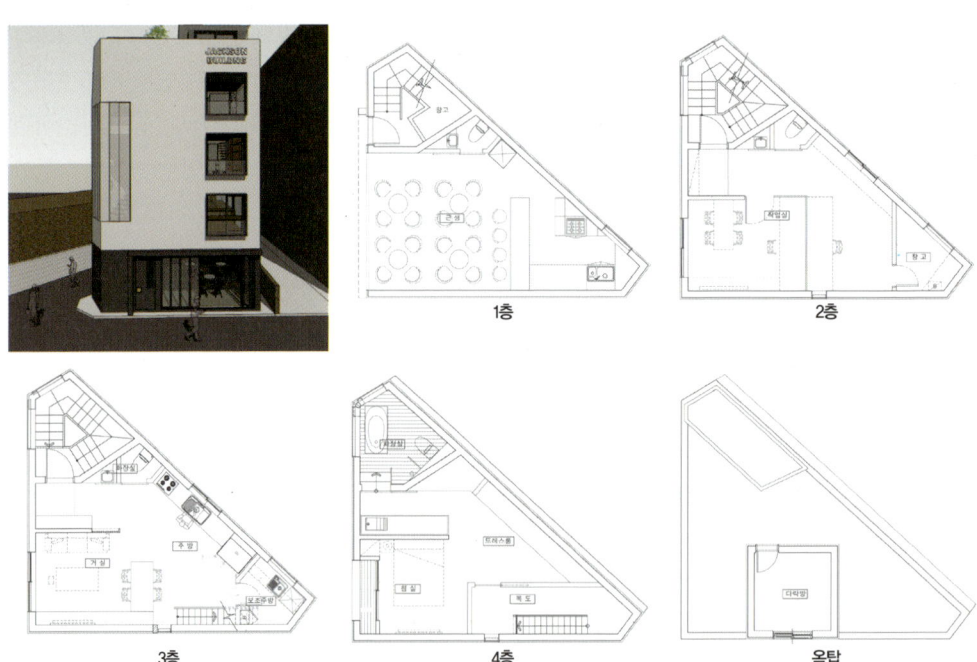

1층
집에 대한 부부의 생각을 확실히 알 수 있는 공간이다. 다른 집에서는 찾아보기 힘든 트렌디한 공간인 빌리진(Billie Jean)이 있다.

2층
남편 심우찬 씨가 운영하는 회사 사무실이 자리한다.

3층
본격적인 거주공간이 시작되는 층. 거실과 주방, 미니 화장실이 위치한다.

4층
한 층이 전부 부부의 침실로, 보는 이마다 깜짝 놀라는 잭슨 빌딩의 비밀병기가 숨어 있다.

옥탑
서울 경치를 조망할 수 있는 탑층. 다목적으로 활용 가능한 마당 역할을 한다.

1 따뜻한 느낌을 위해 적삼목으로 마감한 2층 계단실 천장. 거주공간인 3층부터는 내부 계단으로 연결된다. 2 채광을 위해 계단실 쪽에 큰 창을 만들었다. 빛은 통과하되 불투명해 내부가 보이지 않는 폴리카보네이트를 사용했다. 일반 불투명유리보다 단열성능 및 디자인 측면에서 낫다고 판단했기 때문이다. 3 현관문에 망입유리를 시공해 모던한 느낌을 더했다.

하.우.스 인테리어 레시피

폴리카보네이트(Polycarbonate)
열가소성 플라스틱의 일종으로 유연성과 가공성이 우수한 소재다. 강화유리의 약 150배 되는 충격도를 지니고 있어 잘 깨지고 변형이 쉬운 아크릴이나 일반 판유리의 대용재로 활용된다. 색상이나 두께 등이 다양해 용도에 맞게 선택적 활용이 가능하다.

망입유리
망입유리란 두꺼운 판유리에 철망을 넣은 것으로 깨져도 균열만 생길 뿐 파편이 흩어지지 않는 안전유리의 일종이다. 이전에는 주로 상업적 공간에서 사용됐으나 최근에는 인테리어 요소로서 가정에서도 다양하게 활용되고 있다.

살림집, 일터, 휴식공간, 아지트가 공존하는 워너비 하우스

잭슨 빌딩을 짓고 나서 부부는 웬만하면 집 밖을 잘 나서지 않게 됐다. 집순이 집돌이 커플로 등극한 것인데 그도 그럴 것이 주거공간부터 사무실, 휴식공간, 심지어 데이트 코스까지 모든 것이 집 안에 완비돼 있기 때문이다.

1 2층에 위치한 남편의 사무실. 유리 파티션을 세워 공간을 분리했다. 사무실 내의 우드 블라인드는 블랙 컬러를 선택해 공간에 무게감을 더했죠. 2,3 삼각형으로 틀어진 비정형 공간에 세면대와 미니 화장실을 만들었다. 잭슨 빌딩은 실거주지인 만큼 편리한 생활을 위해서 층별로 작게나마 화장실을 두었다.

집 안의 사무실

"이전에는 집과 별도로 사무실을 운영하고 있었는데 그 임대료가 정말 만만치 않았어요. 그런데 주거용 집을 알아보던 중 매달 지출되는 사무실 임대료보다 대출 이자가 낮다는 걸 알게 됐죠. 매달 나가는 돈은 더 적은데 서울에 우리 소유의 주택과 사무실을 가질 수 있다는 점이 굉장히 매력적이었습니다."

대학시절 영상제작 회사를 창업해 운영해온 우찬 씨는 매달 지출되는 사무실 임대료에 많은 부담을 느끼고 있었다. 게다가 직업상 야근도 잦았는데, 그럴 때면 집에서 홀로 기다리고 있을 아내 걱정에 마음이 편치 않았다고 한다. 이에 대한 해결책을 찾던 중 문득 '사무실이 있는 집을 지어볼까?'라는 생각이 들었단다. 집을 마련해 그 안에 업무공간을 두면 모든 문제가 단번에 해결되기 때문이다.

우찬 씨의 이런 계획은 추후 잭슨 빌딩의 2층에서 실현됐다. 2층 전체에 영상 연출가인 우찬 씨의 개인 사무실을 마련한 것이다(내부 계단으로 연결된 3, 4층과 달리 2층은 외부 계단으로 분리된다. 한 건물이지만 집과 일터를 구분하기 위해서다). 이 공간의 가장 큰 특징은 중앙에 커다란 유리 파티션이 있다는 점이다. 동료와 함께 일하기 때문에 과감히 파티션을 세워 공간을 구획한 대신 좁고 각진 면적이 답답해 보이지 않도록 유리 소재를 선택했다. 개인 업무를 보거나 혼자만의 시간이 필요할 때는 파티션에 설치된 블라인드를 내려 시선을 차단할 수 있다.

> **하.우.스 인테리어 레시피**
> **공간을 선명하게 만드는 Black**
> 많은 건축주들이 블랙 컬러를 쓰면 '어둡다, 좁아 보인다'는 선입견을 가지고 있다. 그러나 블랙은 비유하자면 얼굴에 눈썹을 그리는 것과 같다. 눈썹이 흐리면 얼굴이 밋밋해 보이듯 밝은 공간에 포인트로서 블랙을 적절히 사용하면 한결 세련된 느낌을 연출할 수 있다.

카페 겸 펍인 아지트, Billy Jean

1층에는 부부가 심혈을 기울인 공간이 자리하고 있다. 바로 '빌리진(Billie Jean)'이란 이름의 카페 겸 펍(Pub)이다. 사람 만나는 것을 좋아하는 쾌활한 부부의 개인 커뮤니티 공간으로, '인생을 후회 없이 재미있고 즐겁게 살겠다'는 마인드가 고스란히 드러나는 장소다. 빌리진은 인테리어 하나하나에 정성을 들여 개인공간임이 믿기지 않을 정도로 감각적이고 스타일리시하게 완성됐다. 새로 오픈한 카페인 줄 알고 무심코 들어오는 사람도 있을 정도란다.

이곳에서 부부는 오붓하게 커피를 마시며 데이트를 즐기기도 하고, 때로는 친구들을 불러 시끌

1,2 카페 겸 펍인 빌리진. 밝고 화사한 다른 공간들과 달리 블랙 컬러를 사용해 모던하고 시크한 분위기를 연출했다. 커피는 물론 맥주부터 간단한 안주까지 만들 수 있는 시스템을 갖추었다. 생맥주 기계는 우찬 씨가 주류업 허가 및 교육을 이수하고 정식으로 설치한 것이다. 덕분에 집에서도 시원한 생맥주를 즐길 수 있다.

벅적 맥주파티를 벌이기도 한다. 또한 남편과 아내의 비즈니스 미팅룸 등 다재다능하게 활용되는 멀티공간이다.

3층_ 빛과 풍경을 끌어들인 화이트&우드 인테리어로 꾸민 로맨틱한 거실과 주방

3층부터는 신혼인 부부가 알콩달콩 생활하는 살림집이다. 41.07㎡(12.42평)의 면적으로 거실과 주방이 특별한 공간 나눔 없이 하나의 방처럼 이루어져 있다.

3층은 깨끗하고 넓어 보이는 효과를 위해 전체적으로 화이트 계열을 사용했는데 바닥, 천장, 가구 등 곳곳에 목재를 더해 따뜻하고 안정감 있는 인테리어를 완성했다. 또한 빛과 풍경을 집 안으

1 흔히 찾아볼 수 있는 천장 등 대신 적삼목 둘레로 LED조명을 시공해 간접조명으로 활용한다. 2, 3 빈 공간마다 스탠드조명을 두어 선택적으로 사용할 수 있도록 했다.

로 끌어들였다. 거실에 큰 창을 만들어 풍부한 햇살뿐 아니라 동네 풍경까지 즐길 수 있도록 한 것.

"집에서 가장 중요하게 생각했던 것 중 하나가 채광이에요. 거실과 침실 등 주요 공간마다 햇빛이 가장 잘 드는 곳에 벽창 혹은 천창을 만들었죠."

덕분에 잭슨 빌딩은 하루 종일 기분 좋은 햇살이 집 안 곳곳을 채우는 밝고 따뜻한 집이 됐다.

거실 천장은 적삼목 각재를 이어 붙여 독특하게 연출했다. 이는 거실 조명으로서의 역할을 한다. 이처럼 천장 등을 없애고 간접조명과 플로어스탠드, 테이블스탠드만으로 조명을 계획하면 보다 아늑하고 부드러운 무드 연출이 가능하다.

또한 잭슨 빌딩은 나무소재의 맞춤가구를 적극적으로 활용했다. 워낙 평면의 면적이 적고 각이 많다 보니 기성가구가 맞지 않았기 때문이다. 이처럼 비정형의 공간에 맞춰 가구나 붙박이장을 제작하면 활용이 애매한 자투리 공간을 효율적으로 활용할 수 있다.

주방 역시 화이트와 우드 콘셉트로 꾸몄다. 화이트 주방가구는 대중적이지만 그만큼 협소한 주방을 가장 넓고 깨끗하게 연출할 수 있는 아이템이다. 주방가구 중 한 가지 눈에 띄는 점은 자작나

> **하.우.스 인테리어 레시피**
> **건축주의 한마디**
> "면적이 작은 집이라면 스탠드조명을 모서리 방향에 둘 것을 추천합니다. 모서리 쪽을 밝게 할수록 공간이 넓어 보이는 효과가 있거든요."

무 합판으로 제작한 싱크대 상판이다. 최근 물을 많이 사용하는 주방에도 싱크대 상판을 목재로 제작하는 경우가 늘고 있는데, 잭슨 빌딩은 우레탄 도장을 두껍게 해 물에 강하게 만들고, 뜨거운 조리 기구를 올려놓아도 상판이 손상되지 않도록 스테인리스 받침을 만들었다.

1 화이트 주방가구와 자작나무 상판으로 꾸민 주방. 그리고 다양한 식기들. 2 뜨거운 조리기구를 올려놓을 수 있는 스테인리스 받침 3 빈벽에 선반을 제작해 실용적으로 사용한다.

4층_ 호텔 콘셉트의 침실과 욕실

건축가와 콘셉트 회의를 할 때 침실에 대한 부부의 의견은 확고했다. '호텔 같은 침실'이었으면 좋겠다는 것! 여행을 좋아하는 이들은 여러 호텔에 묵으며 모던하면서도 로맨틱한 호텔 침실 인테리어에 좋은 인상을 받았고 이를 자신들의 집에 실현해보고 싶다는 소망을 가지고 있었다. 잭슨 빌딩의 침실은 그런 부부의 로망이 현실적으로 재해석된 공간이다.

우선 침실 중간에 가벽을 세워 공간을 크게 둘로 나누었다. 하나의 공간을 효율적으로 사용하기 위해 분리한 것이다. 한쪽은 오롯이 휴식을 취할 수 있도록 침대와 리클라이너 체어만 두어 아늑하고 편안한 분위기를 연출했다. 침대 옆에는 집에서 유일한 발코니가 자리하는데 동네 풍경을 바라보며 브런치를 먹을 수 있게 건축가에게 특별히 부탁해 만든 공간이다.

가벽 너머에는 윤정 씨의 예쁜 파우더룸이 자리한다. 작은 집이지만 아내를 위해 남편 우찬 씨가 꼭 만들어주고 싶었던 공간이란다. 조명부터 소품 하나까지 유독 심사숙고해 결정했을 정도로

1 가벽으로 침실과 파우더룸을 구분한 4층. 침대 밑에 간접조명을 설치해 은은한 분위기를 연출했다. 침구와 커튼은 솜씨 좋은 아내가 직접 만든 것이다.
2 TV 아래에 긴 선반을 제작해 액자와 소품 등을 올려놓을 수 있도록 했다. 3 아내의 파우더룸. 짙은 줄눈의 모자이크 타일로 포인트를 주고 벽을 따라 긴 수납장을 만들었다. 수납장 끝에는 세면대가 있다.

부부의 애정이 남다른 곳이다. 파우더룸에는 가벽을 따라 긴 수납장을 제작했는데, 간단히 손을 씻거나 세안을 할 수 있도록 수납장 끝에 상판과 일체형의 세면대를 놓았다. 세면대와 상판의 이음매가 없어 공간이 한결 깔끔하고 세련돼 보인다.

잭슨 빌딩에서 부부가 가장 만들고 싶었던 공간이 바로 4층의 욕실이다. 들어서는 순간 모든 이들의 탄성을 자아내게 하는 욕실은 호텔풍 침실의 절정이라 할 수 있다. 반신욕을 좋아하는 부부가 다른 곳에 드는 비용을 줄여 과감히 욕실에 투자했다. 천장과 바닥에는 적삼목을 사용해 향긋한 향이 풍기게 했고, 욕조는 바닥에 매립해 시공했다. 일반 주택의 경우 바닥을 뚫어 욕조를 넣어야 하기 때문에 매립욕조 공사가 어렵지만, 잭슨 빌딩은 외부 계단을 내부 계단으로 변경하고 그

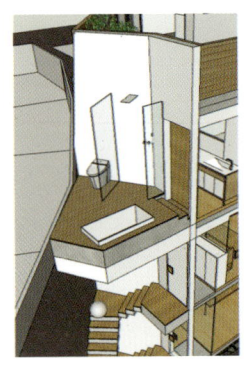

자리에 욕실을 배치했기에 가능했다. 즉, 외부 계단의 천장 위에 욕조가 위치하는 셈이다.

욕실의 하이라이트는 욕조 위에 자리한 천창이다. 천창 덕에 낮에는 푸른 하늘을 보며, 밤에는 흑요석처럼 빛나는 별을 감상하며 반신욕을 즐길 수 있다. 창의 크기 또한 욕조의 모든 방향에서 하늘이 잘 보이도록 치밀하게 계산해 제작했다.

"특히 비 오는 날의 반신욕이 끝내줘요. 천창으로 떨어지는 빗소리를 들으며 느긋하게 책을 읽으면 모든 피로와 스트레스가 단번에 풀리는 기분이죠."

1, 2, 3 매립형 욕조와 천창이 있는 욕실. 천장과 바닥에 적삼목 각재를 시공했는데, 바닥 적삼목 아래에 타일이 시공돼 있다. 4 욕조 위에 만든 천창 5 탑층에 위치한 세탁실. 세탁 후 야외옥상에 바로 빨래를 널 수 있도록 동선을 고려했다. 6 잭슨 빌딩의 옥상

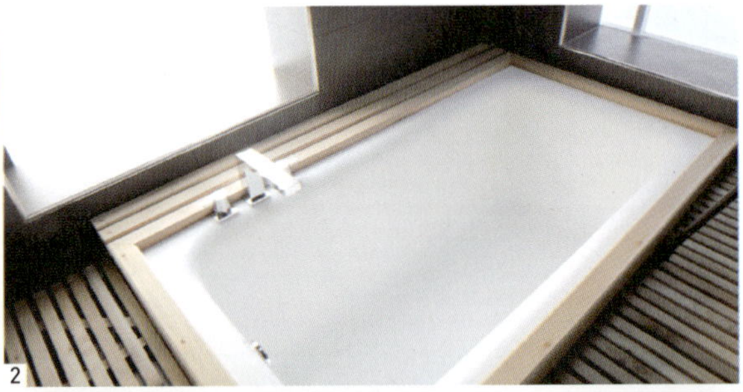

심우찬, 태윤정 씨 부부의 삼각형 대지 집짓기에 대한 조언

모서리 혹은 각이 크게 꺾이는 면에 활용빈도가 낮은 공간 배치하기

잭슨 빌딩은 삼각형의 두 꼭짓점 부분을 각각 계단과 창고 등으로 활용한다. 집에 꼭 필요하지만 활용도가 낮은 공간들, 즉 비정형이어도 크게 상관없는 공간들을 각진 모서리에 배치해 주 생활공간을 최대한 반듯하고 안정감 있는 네모 형태로 만들었다.

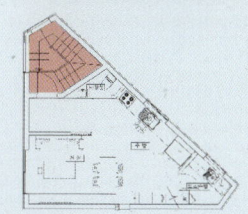

하우스 정보

대지 위치 : 서울시 마포구 합정동
건물 규모 : 지상 4층
대지 면적 : 58.70㎡(17.76평)
건축 면적 : 41.07㎡(12.42평)
연면적 : 201.14㎡(60.84평)
용적률 : 280%
건폐율 : 70%
설계 및 시공 : 조앤파트너스

• 비용

리모델링비	2억 원
외벽 마감재	스타코, 외단열 시스템, 단파론(폴리카보네이트), 창호케이싱(갈바접기)
지붕 마감재	일부 아스팔트싱글
창호	필로브 시스템창호(알루미늄, 삼중유리)
내벽 마감재	삼화 친환경 도장
바닥재	이건합판마루
현관문	방화문+망입유리
방문	ABS도어
조명	모던라이팅
세면대	세턴바스
주방가구	LUBHE(자작상판)
타일	모자이크 수입 타일(45x45), 바스데이
붙박이장	LUBHE(유광도장)
세면대	세턴바스
욕조	세턴바스
욕조 수전	아메리칸 스탠다드
매립 샤워기	크리스탈
양변기	로얄토토
데크	방부목 27mm 위에 오일스테인으로 마감
계단재	실내 – 오크 집성판 30T, 옥외 계단실 – 기존의 화강석 물갈기 위, 시멘트 몰탈 위에 코팅 마감

22평 신교동의 피아트 룩스 하우스

빛과 풍경을 누리는 집

하우스 스토리

60년 노후주택을 개축한 가족의 첫 집

가족은 살아오는 동안 총 25번의 이사를 했다. "남편의 일 때문에 어쩔 수 없이 자주 이사를 다녀야 했어요. 중간에 기러기부부 생활도 15년 정도 했죠. 25번의 이사를 하는 동안 이런저런 집에 살아보는 재미도 있었지만 이제는 저희가 정착할 수 있는 집을 갖고 싶었습니다."

'돈이 조금 더 들더라도 살기 좋은 집을 짓자!' 김준수(60), 원영재(60) 씨 부부가 리모델링을 시작하며 한 다짐이다. 이들은 무려 60년이 넘은 노후주택을 대수선하기로 했는데 그 과정에서 친환경, 단열 등 무엇보다 집의 내실을 강화하기 위해 노력했다. 오랜 전세생활을 통해 집이란 기본에 충실해야 한다는 사실을 절실히 깨달았기 때문이다. 그래서 내부는 친환경자재인 규조토를, 창문마다 고효율의 유리를 시공하는 등 다른 이들이 비용문제로 주저하는 부분에 과감히 투자했다.

또한 외관에도 남다른 자재를 선택했다. 외관 전체를 적삼목 루바로 두른 것이다. 외부 마감재로 나무 특유의 향이 진하게 풍기는 적삼목을 선택한 것인데, 특히 비가 오는 날이면 향이 더욱 진해져 마치 청량한 숲에 들어선 듯하다. 치열하고 각박한 세상에서 단 한 곳, 온전히 모든 걸 내려놓고 마음껏 휴식을 취할 수 있는 보금자리가 완성된 것이다.

사실 이런 부분에 큰 비용을 과감히 들일 수 있었던 이유는 '공

Before

원래 현관문이 있던 자리
After

원 지역에 있는 구옥을 구입한 덕분에 주택 구입비를 줄일 수 있었기 때문이다. 신축을 하지 않고 60년 된 주택을 수리한 것도 이러한 지리적 요인이 컸다.

"공원 지역은 신축이 안 된다는 제약이 있어요. 최대의 용적률로 수익을 내려는 임대사업자들보다 실 거주자 위주로 시장이 형성되어 있죠. 그래서 땅값이 주변 지역에 비해 저렴하고 재산세도 적게 나오더라고요. 이런 비용들을 절약해 리모델링에 투자할 수 있었던 거죠."

30여 년 동안 가족은 집에 대한 위시리스트를 마음속으로 차곡차곡 적어왔고, 지금에서야 비로소 그것을 자신들의 집에 명쾌히 풀어놓을 수 있게 됐다. 오랜 숙제를 끝마친 것처럼 완성된 집, 'Fiat-Luz(피아트 룩스)'는 가족의 오랜 꿈이 이루어진 곳이다.

하우스 구조와 특징

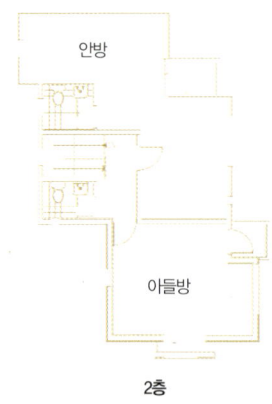

1층
2층

1층 68.53㎡(20.73평)
가족의 공용공간인 거실과 주방이 있다. 거실은 테라스와 이어져 멋진 경치를 감상할 수 있도록 했고, 상담 심리전문가인 아내의 홈 오피스도 두었다.

2층 71.50㎡(21.63평)
부부의 안방과 아들 김탄 군의 독립적인 방이 위치한다.

다락 _ 안방 다락 18㎡(5.45평) & 작은 방 다락 8㎡(2.42평)
바닥 면적이 넓지 않기 때문에 복층공간과 다락으로 공간 활용을 극대화했다. 안방의 다락은 남편의 서재로, 작은 방 다락은 아들의 침실로 활용한다.

피아트 룩스 하우스는 여러 개의 조각으로 분절된 독특한 형태의 외관이 특징이다. 적삼목과 징크 경사지붕으로 마감을 해 주변의 자연환경 및 구옥들이 자리한 동네의 풍경과 조화를 이루도록 디자인됐다. 외관에 사용된 적삼목은 목재 중 특유의 향이 좋을뿐더러 한국의 기후와도 잘 맞아 선택했다.

"작은 대지 안에서 최대한 넓어 보이는 공간을 만들기 위해 집을 세 개의 매스로 나누어 깊이감을 주었고요. 적삼목 무절

적삼목향 가득한 피아트 룩스의 외관. 85mm x 3,600mm 사이즈의 적삼목 무절 루바를 세로로 붙였다. 적삼목과 잘 어우러지도록 창문은 블랙 프레임으로, 지붕은 짙은 회색의 징크를 선택했다.

하.우.스 인테리어 레시피
반영구적으로 사용 가능한 천연 방부목, 적삼목
적삼목은 특유의 자연친화적인 향을 지닌 적갈색의 목재로 주택의 내·외장재 및 인테리어 자재로 널리 활용되고 있다. 특히 물에 강할 뿐 아니라 수분을 머금으면 향이 진해지는 특징이 있어 물을 자주 사용하는 욕실이나 주방에 적합한 목재다. 별도의 화학 방부처리 없이 사용 가능한 천연 방부목으로 표면에 오일스테인만 발라주면 반영구적으로 활용할 수 있다. 옹이가 있는 유절과 옹이가 없는 무절로 나뉘는데 심미성이나 내구성 측면에서 옹이가 없는 무절이 등급이 높고 가격이 비싸다. 적삼목에 오일스테인을 너무 두껍게 바르면 고유의 향이 나지 않게 되니 주의하자. 손쉽게 나무 특유의 향을 느끼고 싶다면 적삼목으로 만든 가구 및 우드블라인드 등의 소품을 활용하면 된다.

루바를 세로로 시공해 집이 웅장해 보이도록 설계했습니다."(건축가)

1층_ 빛과 풍경으로 인테리어한 공동공간과 아내의 상담실
피아트 룩스가 자리한 동네는 서울에서 둘째가라면 서러울 정도로 멋진 경치를 자랑하는 곳이다. 약간 지대가 높은 언덕에 위치하고 있는 덕분에 마치 전망대에 오른 듯 아래로 북악산과 남산, 청와대, 경복궁에 이르는 서울의 풍경이 그림같이 펼쳐진다. 가족은 이러한 혜택을 최대한 누리기

거실과 연결된 테라스 풍경.

1 가로 3.9m x 세로 2.1m의 큰 창을 둔 거실. 창밖은 테라스와 연결시키고, 안쪽에는 소파를 배치해 안팎으로 경치를 감상할 수 있도록 했다. 창은 기밀성이 우수한 시스템창호와 로이 삼중유리를 사용해 단열에 특별히 신경 썼다. 2 68.53㎡(20.73평)의 면적이 넓어 보이도록 각 공간들을 벽으로 막지 않고 친환경 마감재인 규조토를 화이트 계열로 시공했다. 3 14.5㎡(4.39평)의 주방. 주부인 아내의 동선을 고려해 'ㄷ'자 구조로 설계했다. 상부장과 하부장을 제작하고 주방 옆으로 다용도실을 두어 수납에 활용한다. 밖의 풍경을 감상하며 식사할 수 있도록 식탁 앞으로 창을 배치했다. 이 창을 통해서도 외부 테라스로 나갈 수 있다. 4 각 방마다 테라스를 만들어 경치를 즐길 수 있도록 했다. 개인공간을 존중하고자 부부와 아들의 테라스가 서로 보이지 않도록 위치를 조정했다.

1 벽 대신 키가 낮은 책꽂이로 주거공간과 일터를 구분했다. 책꽂이는 이동이 가능해 필요에 따라 공간에 변화를 줄 수 있는 아이템이다. **2** 책꽂이 뒤에는 아늑한 상담공간을 만들었다. 나무와 패브릭을 활용한 가구들을 두고, 아늑한 분위기를 연출할 수 있는 조명을 선택했다. **3** 화장실과 주방 쪽 다용도실의 면적 확보를 위해 활용도가 낮은 계단의 너비를 줄였다. **4** 계단에는 남편의 책, 아내가 그린 그림, 아들이 촬영한 사진을 진열했다. 의미 있는 물건들로 연출한 가족만의 갤러리 공간이다.

위해 집 안의 주요 실마다 커다란 창을 만들고 층별로 테라스를 제작했다. 창과 테라스는 대부분 동쪽과 남쪽에 두어 경치를 감상할 수 있을 뿐 아니라 하루 종일 풍부한 빛이 집 안에 머무를 수 있도록 했다. 'Fiat-Lux' 즉, '빛이 있으라'라는 뜻과 너무나 잘 어울리는 집이다.

1층 한쪽에는 상담심리전문가인 아내의 홈 오피스가 있다. 집에 일터를 둠으로써 매달 나가던 사무실 임대료를 절약할 수 있을 뿐 아니라 '집'이라는 장소가 주는 안정감으로 보다 편안한 상담이 가능해졌다고 한다.

"이전에는 시내 한복판에 사무실이 있었어요. 주변이 막혀 있는 도시적인 공간이라 상담에 참여하는 분들이 마음을 열기 어려워하는 측면이 있었죠. 그래서 집을 지을 때 상담을 할 수 있는 편안한 공간을 만들기로 했습니다."

상담실은 사람들이 모여 이야기하고 소통하는 공간인 만큼 나무 소재와 전구색의 조명을 활용해 따뜻하고 편안한 분위기를 연출했다. 또한 방문객들의 편의를 위해 2층으로 올라가는 계단 밑

1,2 34.8㎡(10.53평)의 2층 공간에 자리한 침실과 서재. 서재의 창 옆에 책장과 리클라이너 체어를 두어 편안히 독서하며 휴식을 취할 수 있도록 연출했다. 3 아들 방. 동쪽과 남쪽에 시원하게 창을 내고 개인 테라스도 만들었다. 4 천장의 독특한 디자인 조명은 아들이 직접 골랐다.

에 작은 화장실을 만들었다. 계단 밑이라는 데드스페이스를 실용적으로 활용하면서도 별도로 화장실 면적을 마련하지 않아도 돼 1층의 나머지 공간을 한결 넓고 쾌적하게 사용할 수 있다.

2층_ 복층구조로 효율성을 높인 개인공간

결혼한 지 30년이 지났지만 여느 신혼부부 못지않게 화사한 침실은 아내에 대한 남편의 고마운 마음이 만들어낸 진솔한 공간이다.

"제 직장 때문에 이사도 잦았고 가족과 떨어져 있던 시간도 길어서 아내에게 미안한 마음이 크죠. 그래서 이번에 집을 지을 때 안방만큼은 아내가 원하는 모든 것을 실현시켜 주고 싶었습니다."

2층에는 이런 부부의 방과 아들 김탄(32) 씨의 공간이 나란히 위치한다. 두 방의 공통적인 특징은 다락과 연결된 복층구조라는 것이다. 각각 34.8㎡(10.53평), 22.5㎡(6.81평)로 바닥 면적이 좁아 위로 다락을 만들어 생활공간을 넓혔다. 이는 경사지붕들이 서로 엇갈린 형태의 독특한 모습이기에 가능했다. 각각의 방에서 사선으로 천장고가 높아지는 곳을 나눠 다락으로 만든 것이다.

안방에 위치한 다락은 남편의 아지트다. 유독 책을 좋아하는 남편을 위해 키가 낮은 책장과 테이블을 두어 마음껏 책을 읽을 수 있도록 했다. 천장이 낮지만 창문을 여러 개 만들어 개방감을 주었고, 특히 정면에 투명한 강화유리 난간을 설치해 아래층 창문 너머 밖의 풍경을 감상할 수 있도록 했다. 아들 방이 있는 다락은 매트리스만 놓아 아늑한 침실로 활용한다.

김준수, 원영재 씨 부부의 공원 지역 내 주택구입에 대한 조언

우선 구청을 통해 대지(주택)에 대해 알아보기
해당 구청을 통해 대수선이 가능한 주택인지, 수년 내에 공원개발이 예정된 지역은 아닌지 확인하는 작업이 반드시 필요하다.

스스로 확인이 어렵다면 구입 전 건축가와 상담하기
간혹 신축부지로 구입했지만 공원녹지여서 신축이 불가능하거나, 문화재발굴조사지역이라는 것을 모른 채 매입하는 사례도 있다. 스스로 확인이 어렵다면 대지구입 전 건축가와의 상담을 통해 땅에 대한 정보를 정확히 파악해두는 것이 좋다.

하우스 정보

대지 위치 : 서울시 종로구 신교동
건물 규모 : 지상 2층(다락 별도)
대지 면적 : 143.10㎡(43.29평)
건축 면적 : 73.46㎡(22.22평)
연면적 : 140.03㎡(42.36평)
용적률 : 97.86%
건폐율 : 51.33%
설계 및 시공 : 설계–신정엽디자인연구소
사진 제공 : 김탄

• 비용

리모델링비	2억 8천만 원
적삼목 무절 루바	85mm x 3600mm(두께8t) 10개/ 1단, 9만 원(시공비 별도)
창호	LG시스템창호
바닥 마감재	LG원목마루
벽면 마감	재규조토
소파	카레클린트
소파 테이블	카레클린트
상담실 책장	카레클린트
상담실 테이블	카레클린트
조명	세운조명상가
주방가구	리바트 리첸
스툴	리바트 리첸
리클라이너 체어	이케아
욕실 타일	국산 자기질 타일
스탠드조명	이케아

12평 용산의 블랙 하우스

90년 적산가옥의 개성 있는 부활

하우스 스토리

경매로 90년 된 주택을 구입하다

웅장한 고층빌딩 사이에 오래되고 낡은 집들이 자리한 용산 재개발지구. 아날로그적 향수를 간직한 이 동네에 양효주(36) 씨 부부의 신혼집이 있다. 이쯤 되면 한 가지 의문이 든다. 새 삶을 시작하는 신혼부부가 노후주택을, 그것도 재개발지구로 확정된 동네에 집을 산 이유는 무엇일까?

"이 집은 경매로 나와 시세보다 훨씬 저렴하게 살 수 있었어요. 저희는 실거주자니 재개발이 당분간 지속돼도 상관이 없었죠. 또 어렸을 때부터 주택에서 살아서 직접 집을 꾸미는 것을 좋아하는 제겐 모든 것이 갖추어진 아파트보다 허름한 곳을 구입해 마음대로 리모델링할 수 있다는 점이 매력적이었습니다."

그렇게 구입한 집은 등기부 등본에도 정확한 건축년도가 기재되지 않았을 정도로 오래된 집이었다. 동네 어르신들께 여쭤보니 해방 전에 지어진 적산가옥(해방 후 일본인들이 물러간 뒤 남겨놓고 간 집이나 건물)으로 무려 90여 년 전쯤 완성된 건물이란다. 얼마나 오래됐던지 철거를 하자 대나무를 쪼개 엮어 진흙을 발라 만든 벽체의 모습이 고스란히 드러날 정도였다.

"경매로 나온 집을 보러 갔을 때 모두들 집의 상태를 보고 깜짝 놀랐어요. 하지만 저는 제 집이 되려고 그랬는지 잘 고칠 수 있겠다는 생각이 먼저 들더라고요."

그렇게 효주 씨의 소유가 된 낡은 집은 '블랙 하우스'로 다시 태어났다. 주위에 흰색 집이 많아 과감히 검은색을 선택했다는 건축주의 말처럼, 새까만 외관은 동네에서 단연 존재감을 드러낸다. 내부도 남다르다. 트렌드를 좇기보다 개성을 살려 자연스러운

Before

빈티지 인테리어를 완성했기 때문이다. 이처럼 블랙 하우스는 구입부터 인테리어까지 남들과는 조금 다른 길을 선택해 완성한 집이다. 비싼 아파트에서 전세로 사는 것보다 좁고 오래되더라도 취향껏 살기를 바랐던 부부의 의지가 담겼기 때문이다. 90년 고택에서 젊은 부부처럼 당차고 자유롭게 거듭난 집, 블랙 하우스를 만나보자.

하우스 구조와 특징

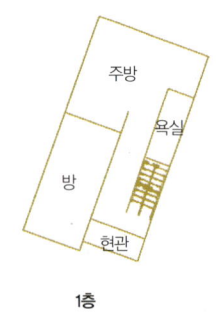
1층

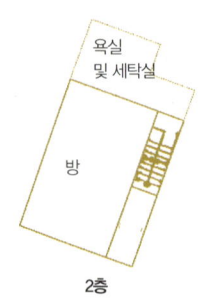
2층

1층 약 39.67㎡(12평)
외관을 블랙 컬러로 바꾸고 내부는 벽을 허물어 개방감 있는 구조로 만들었다. 거실과 주방, 다이닝룸이 위치한다.

2층 약 39.67㎡(12평)
90년 된 주택의 고풍스러움을 고스란히 느낄 수 있는 층으로 원룸 형태의 부부침실이 있다.

낡은 방들을 허물고 탁 트인 구조로 바꾼 거실과 주방

90년 만에 새 옷을 입는 과정이 녹록했던 것은 아니다. 우선 노후된 시설들을 수리하는 것이 급선무였다. 바닥을 뜯어내자 수도 파이프의 연결부분이 삭아서 누수돼 물웅덩이까지 형성돼 있었고 정화조도 없어 새로 설치해야 했다. 단열도 제대로 되지 않아 열손실도 심했다. 그야말로 총체적 난국이었는데 이런 기초 설비들을 모두 꼼꼼히 해결한 뒤에야 내부에도 변화가 시작될 수 있었다.

Before

After

1 긴 선반 위로 좋아하는 그림들을 장식했다. **2** 집이 넓어 보이도록 높이가 낮은 가구들을 배치한 블랙 하우스의 거실. 가운데의 좌식 테이블은 바퀴만 구입해 기존 판재에 붙여 만든 것이다. **3** 벽에 벽난로를 연상케 하는 콘솔을 제작한 뒤 개성 있는 소품들을 배치했다. **4** 펜던트조명은 소쿠리로 갓을 만들어 리폼한 것이다. **5** 기둥과 연결해 'ㄷ'자 구조의 주방을 만들고, 위로 길이 70cm의 긴 선반들을 제작했다. 선반은 공사 중 남는 목재를 활용해 만든 뒤 흰색 페인트를 칠해 만들었다.

리모델링을 하기 전의 1층은 한쪽으로 좁은 복도가 있고 옆으로 세 개의 방이 있어 12평의 면적이 훨씬 좁아 보였다. 그래서 방들을 모두 허물고 하나로 탁 트인 일자형의 구조로 바꾼 뒤, 하중을 지지하고 있어 없앨 수 없는 기둥들을 기준으로 거실과 주방이 자연스럽게 구획될 수 있도록 했다.

구조를 바꾼 다음에는 실내 마감 차례였다. 집의 전체 분위기는 마감재에 의해 좌우되듯이 천장과 바닥, 벽면은 집의 바탕인 동시에 가장 큰 장식요소다. 블랙 하우스는 화이트 페인트와 폴리싱 타일을 활용해 내부를 단정히 정리했다. 인테리어는 야무진 손끝을 지닌 효주 씨의 주도로 진행됐

하.우.스 인테리어 레시피

Q. 타일을 손쉽게 리폼하는 방법이 있을까요?

페인트를 칠할 타일의 표면을 페인트 클리너로 깨끗하게 정리하고, 마스킹테이프로 주위에 페인트가 묻지 않도록 밑작업을 한다. 그리고 붓 혹은 롤러로 프라이머(젯소)를 칠한다. 이때 붓보다 롤러를 사용하면 조금 더 고르게 바를 수 있다. 단, 롤러질이 어려운 곳은 붓으로 한 번 더 작업해주면 좋다. 이후 두세 번에 걸쳐 원하는 컬러의 타일용 페인트를 칠하고 잘 말려주면 완성!

페인트를 칠해 손수 리폼한 주방 타일.

다. 하나둘 모아온 빈티지가구들과 조명, 모던한 오브제들을 감각적으로 배치해 차곡차곡 집을 채워나갔다. 그 결과 블랙 하우스는 90년 세월이 담긴 틀 안에 고가구 특유의 진중함과 온기, 차분한 컬러감, 위트 있는 아이템들이 믹스 매치된 멋진 공간으로 완성됐다.

블랙 하우스의 주방에서 흥미로운 것은 타일이다. 원래는 옥색 컬러의 타일을 선택했지만 실제로 시공하고 나니 생각했던 것과 달라 마음에 들지 않았다. 그래서 직접 타일용 페인트를 구입해 리폼한 것이다. 이처럼 새 타일이 마음에 들지 않거나 오래된 타일을 새로 시공하는 데 비용적 부담이 될 때는 페인트로 리폼하는 것도 좋은 방법이다. 다이닝룸에는 앤티크 숍에서 구입한 중고 빈티지테이블을 두고, 의자 커버를 컬러감 있는 것으로 바꿔 생기 있는 분위기를 연출했다.

"의자는 커버를 컬러풀하게 바꿔주거나, 좋아하는 색의 페인트로 칠하기만 해도 전혀 다른 느

1 빈티지 가구와 어울리는 중후한 멋을 더한 다이닝룸의 조명. 2 거실과 구분하기 위해 기둥 사이에 철제책장을 배치했다. 3 책장 뒤에 천을 걸어 커튼처럼 활용하는데, 직접 철사에 커튼 고리를 달아 간단하게 설치한 것이다. 4 타공판은 긴 고리를 활용해 실패들을 촘촘히 매달아 수납의 효율을 높였다. 5 수납장 문을 열면 미니 책상으로 변신하는 가구. 멀티 기능의 가구를 활용하면 가구가 차지하는 공간을 최소화할 수 있어 실용적이다.

하.우.스 인테리어 레시피
자투리 벽면에 설치해 수납력을 높이는 타공판
작은 구멍들이 무수히 나 있는 타공판을 활용해 원하는 위치에 고리, 선반, 수납박스 등을 꽂아 물건을 수납할 수 있다. 벽면 어디든지 설치할 수 있고 면적 대비 많은 수납이 가능할 뿐 아니라, 구멍의 위치에 따라 물건을 옮길 수 있어 편리하다. 잘만 활용하면 수납력을 높임과 동시에 인테리어 효과를 톡톡히 볼 수 있는 아이템이다. 사이즈 및 컬러가 다양하며 온라인 숍에서 5~10만 원대에 구입 가능하다.

타공판 사용의 예.

낌을 연출할 수 있어요."

테이블 맞은편에는 효주 씨의 작업공간이 마련돼 있다. 손재주가 좋은 그녀가 그림을 그리거나 재봉틀로 이것저것 만드는 공간으로, 문을 열면 미니 책상이 되는 멀티가구를 두고 그 위로 타공판과 선반, 작은 박스들을 매달아 필요한 재료들을 수납했다.

2층_ 일본식 목조주택의 멋을 한껏 살려 고친 집

2층은 일본식 목조주택의 멋을 한껏 느낄 수 있는 공간이다. 90년 된 지붕을 그대로 살려 디자인했기 때문이다. 공사를 위해 낮은 천장을 트니 집의 오래된 속살이 고스란히 드러났는데 세월의 흔적이 남은 그 자연스러운 멋이 좋아 그대로 살리기로 마음먹었다.

"천장을 트고 나니 드러난 모습이 너무 멋있는 거예요. 90년 된 주택이지만 당시 좋은 목재를 써서인지 놀랍게도 튼튼하더라고요. 그렇게 지붕을 유지하는 쪽으로 공사가 진행됐는데 오래된 집이라 먼지 청소만 이틀이 걸렸어요. 일하시는 분들이 엄청 고생하셨죠."

빈티지한 천장 아래에는 신혼부부의 로맨틱한 침실이 자리한다. 오래된 지붕과 어우러지도록 앤티크 디자인의 조명과 거울을 배치하고, 이부자리 옆으로는 채광을 위한 긴 창을 만들었다. 이 창은 동시에 선반으로도 활용되는데 작은 화분들을 나란히 두어 싱그러운 분위기를 연출했다.

이부자리 맞은편은 원래 벽장이 있던 자리로, 낡은 벽장을 없앤 뒤 책상과 선반을 배치해 남편만을 위한 공간을 만들어주었다. 그 위의 지붕 밑 작은 다락은 머지않아 태어날 아이를 위해 준비한 곳이다. 지금은 비워져 있지만 추후 안전하게 리모델링을 해 아이의 놀이방을 만들어줄 계획이다.

1 앤티크한 소품과 로맨틱한 침구를 배치한 침실. 거울은 중고 사이트에서 저렴하게 구입한 것이다. 2 침대 옆의 벽에 선반을 만들어 잠자기 전에 읽을 수 있는 책이나 잡지 등을 진열했다. 3 단열 때문에 두꺼워진 창틀에 목재를 더해 따스한 느낌을 연출했다. 하늘하늘한 커튼은 동대문시장에서 거즈 천을 구입해 직접 만든 것이다. 4 책상과 선반, 취미용품 등을 배치한 남편의 공간. 5 아쿠아 유리를 넣은 파티션을 설치한 2층 입구. 손님이 2층 화장실을 사용할 경우 부부의 사적인 공간을 가리기 위함이다. 6 기존의 문이 있던 자리를 활용해 매립책장을 만들고, 바닥에는 보온효과를 위한 카펫을 깔았다. 7 계단 벽면에 가족사진을 걸어두었다. 8 욕실 및 파우더룸. 인조대리석 상판을 얹은 수납장은 세면대 겸 화장대로 활용되는데, 구분을 주고 싶어 각각 거울과 조명을 설치했다. 9 샤워기가 있는 쪽으로 낮은 가벽을 세워 공간구획 겸 선반으로 활용한다. 윗부분에 강화유리를 시공해 개방감을 확보했다.

양효주 씨의 리모델링 비용 절감에 대한 조언

소재 통일하기
집에 너무 많은 소재가 들어가면 미적으로 어수선해질 뿐 아니라 공사비용과 기간도 늘어나므로 가능한 소재를 통일하는 것이 좋다. 예를 들어 욕실과 주방의 타일을 같은 종류로 선택하거나 책장, 계단, 선반 등 인테리어 시 사용되는 목재를 한두 가지 종류로 통일하면 비용을 절감할 수 있다.

문이나 벽의 개수를 최소화하기
공간을 구획하기 위해 벽이 꼭 필요하다는 생각, 방에는 반드시 문이 있어야 한다는 고정관념을 버리자. 때로는 책장 혹은 커튼만으로도 효과적으로 공간을 구분할 수 있다.

책장으로 구분한 공간(피아트 하우스 거실)

방문 대신 커튼을 사용한 공간(알리샤 하우스)

하우스 정보

대지 위치 : 서울시 용산구 한강로
건물 규모 : 지상 2층
대지 면적 : 약 39.67㎡(12평)
건축 면적 : 약 39.67㎡(12평)
연면적 : 약 79.34㎡(24평)
설계 및 시공 : 시공–이안건축디자인

• 비용

리모델링비	6천만 원
벽난로 콘솔	약 50만 원
빈티지 식탁	중고품 구입, 약 30만 원
도르래조명	터키 앤티크 숍, 약 30만 원
카펫	m당 약 44만 원
침실 거울	중고 사이트 구입, 약 5만 원
침실 선반	개당 5천 9백 원
거즈 천	동대문시장, 1마당 3천 원

18평 성산동의 주택

도전정신으로 완성한
미로 같은 집

하우스 스토리

건축가 부부, 44년 된 난제를 만나다

이철환(47), 박의경(47) 씨 부부는 오랜 건축학개론 커플이다. 부부 건축가로서 가장 신뢰하는 파트너이자 17년의 결혼생활을 함께해온 친구 같고 연인 같은 두 사람! 하지만 중이 제 머리 못 깎는다 했던가. 건축가 부부에게는 오랫동안 소망해오던 꿈이 한 가지 있었다. 자신들과 사랑하는 두 딸을 위한 집을 짓는 일이었다.

그러던 중 발견한 노후주택 한 채는 부부의 오랜 염원을 이뤄줄 것처럼 조건에 딱 맞았지만 한 가지 결정적인 단점이 있었다. 바로 옆집과 한쪽 벽이 붙어 있는 합벽 집이었던 것이다. 벽이 붙어 있으니 집을 허물 수 없어 신축이 불가능했고, 리모델링을 하더라도 문제가 많아 보였다. 그렇게 부부는 아쉬운 발걸음을 돌려야 했다. 하지만 이 집과 인연이었던 걸까? 몇 달 후 부부는 다시 난제를 품은 집으로 되돌아왔다.

"이후로 계속 발품을 팔았지만 적당한 곳을 찾기 어려웠어요. 혹시나 해서 다시 이곳을 찾았는데 아직 팔리지 않았더라고요. 옆집과 간격이 좁고 심지어 붙어 있기까지 하지만 어느 날 이를 극복할 수 있는 좋은 아이디어가 떠올랐습니다."

3개월 후 완성된 집은 동네에서 유명인사가 됐다. 특히 집 앞에

Before

After

탑처럼 우뚝 선 작업실은 그 자체로 지나는 이들의 호기심을 자극한다. 실내 또한 흥미롭다. '집 같지 않은 집'을 목표로 했던 것처럼 60.00㎡(18.15평)의 1층은 미로를 걷는 듯 재미있다. 작지만 지루할 틈 없는 집이다. 쉬운 문제를 풀었을 때보다 어려운 문제를 해결했을 때 성취감이 더 큰 것처럼, 큰 고비를 함께 넘긴 부부는 더욱 성숙해졌다.

"둘 다 건축 전문가이다 보니 집을 지으며 의견 충돌도 많았어요. 그때마다 충분한 대화와 타협 없이는 일이 진행되지 않았죠. 당시엔 힘들었지만 그 과정이 반복되며 서로에 대한 신뢰가 깊어진 것 같아요. 부부로서 건축가로서 많은 것을 배울 수 있었던 좋은 기회였습니다."

하우스 구조와 특징

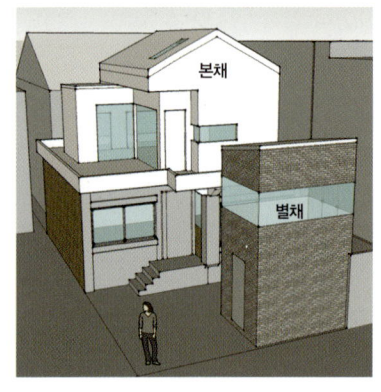

본채
- 지하 18.05㎡(5.46평)
- 1층 60.00㎡(18.15평)
- 2층 34.54㎡(10.45평)
- 다락 16.01㎡(4.84평)

단층집이던 곳을 목구조로 한 층 더 증축해 네 식구의 생활공간으로 만들었다. 오래된 집 위에 증축하는 것이라 무게 부담을 줄이고자 가벼운 목구조를 선택했다.

별채
- 1층 10.04㎡(3.04평)
- 2층 6.09㎡(1.84평)

집과 분리되어 기존 마당에 있던 외부 화장실의 구조를 그대로 살려 2층 규모의 아담한 건물을 지었다. 주로 남편이 이용하는 작업실이다.

모든 공간이 연결되는 미로 같은 구조의 집

성산동 주택에서 가장 먼저 만나게 되는 곳은 작업실이다. 마치 본채를 호위하듯 늠름하게 서 있는(그러나 꼬마병정처럼 작고 앙증맞은) 건물은 1층이 10.04㎡(3.03평)밖에 안 될 정도로 협소한 규모지만 남편 철환 씨가 홀로 일에 집중하기에는 딱 알맞은 크기다. 내부는 거칠지만 순수한 날것의 느낌을 고스란히 담고 있다. 천장과 벽을 합판으로 마감했고 한쪽 벽면에는 폴딩도어를 설치해 필요할 때마다 마당과 연계해 넓게 활용할 수 있도록 했다. 1층보다 더욱 작은 2층은 사방에 큰 창을 만들어 개방감을 확보했고 외부로는 테라스를 만들었다. 고된 작업 중 머리를 식힐 수 있는 오아시스 같은 곳이다.

"일을 하다 보면 한번쯤 숨을 고르고 싶어질 때가 있잖아요? 나만의 공간에서 마음 편히 쉴 수 있는 휴식공간을 만들고 싶었죠."

1 집 앞에 작은 탑처럼 우뚝 서 있는 작업실. 작업실 외부는 숯 성분이 함유된 시멘트 벽돌 타일을 시공했다. 원래 벽돌집이었기에 자연스럽게 어우러질 수 있는 소재를 선택한 것. 대신 단조롭지 않도록 주거공간은 밝은 회색으로, 작업실은 짙은 컬러의 벽돌 타일을 시공해 차별화를 주었다. 2, 3 빈티지한 작업실 내부. 안쪽에 위치한 화장실은 기존의 외부 화장실 자리를 그대로 활용한 것으로, 보일러실을 겸하고 있다. 4 사방으로 창을 만든 2층. 눈높이 위로 선반을 두어 시야에 거슬리는 것이 없도록 했다.

1,2 중앙에 작은 화장실을 배치해 'ㄷ'자 모양의 길을 만들었다. **3** 내부에 복도가 있는 1층. 문을 열면 마주하고 있는 공간들이 하나로 연결된다.

현관에 들어서면 많은 이들이 당황한다. 바로 '갈래길'이 등장하기 때문이다. 성산동 주택은 마치 미로를 걷듯 집 안에 여러 길들이 있는 구조로 각 공간들은 도로가에 위치한 가게들처럼 길의 중간중간 위치해 있다. 아파트에 길들여진 사람들에게는 한없이 낯선 모습이다. 반전은 미로 같은 집임에도 불구하고 산만하거나 답답해 보이지 않는다는 점이다. 장식을 최소화하고 자재를 통일해 간결하게 인테리어한 덕분이기도 하지만 여기에는 부부 건축가의 치밀한 계산이 숨어 있다.

1층에 위치한 각각의 공간들은 서로 연결된다. 창이나 문을 마주보도록 배치해 나란히 열면 공간이 일자로 길게 이어져 시선이 확장돼 보이는 것이다. 예를 들어 안방 문을 열면 복도를 따라 건너편의 파우더룸과 욕실 끝까지 연결되고, 욕실에서는 실내 정원을 가로질러 첫째 딸 나래(15)의 방으로 시선이 닿는다. 나래의 방은 방과 방 사이의 문을 열면 둘째 딸 솔비(11)의 방과 하나가 된다. 즉, 1층 전체가 시선을 따라 하나로 연결되는 것이다. 공용공간이 위치한 2층도 마찬가지다. 주방과 거실은 위로는 다락, 옆으로는 외부 베란다와 하나가 된다. 이런 흐름은 부부가 중요하게 생각하는 가족의 소통과도 맥락을 같이한다. 이 집에서는 각자의 공간에 머무르더라도 결국엔 가족 누군가와 함께하고 있는 것이다.

"재밌잖아요!"

작은 집에 왜 이런 구조를 만들었느냐고 물으니 부부는 개구지게 웃으며 대답한다. 그 유쾌함이 이런 흥미로운 집을 만들게 된 힘이 아닐까?

1층_ 소통을 중시한 가족의 공간

하.우.스 인테리어 레시피

구로철판이란?
금속판을 고온에서 가열한 뒤 늘려 두께를 얇게 만든 것으로, 블랙에 가까우면서도 푸른빛이 감도는 오묘한 컬러감을 가지고 있다. 인더스트리얼 인테리어가 유행하며 카페 같은 상업적 공간 뿐 아니라 최근에는 주거공간에서도 다양하게 활용되고 있다.

1 입구에 구로철판을 덧대 보드를 만들었다. 손이 자주 닿는 현관 벽에 때가 타는 걸 방지할 수 있고, 자석 고리나 바스켓을 활용해 간단한 소지품을 보관할 수 있다. 간단한 메모를 하거나 가족사진을 붙여놓는 등 다용도로 활용 가능하다. **2** 현관 맞은편에 자작나무로 신발장을 제작했다. 가운데를 비워 선반으로 활용한다.

현관 왼편에는 나래와 솔비의 방이 나란히 자리한다. 두 아이 방에서 특별히 신경 쓴 점은 방과 방 사이를 잇는 슬라이딩도어다. 문을 열면 아이들의 방이 하나로 연결되게 만들었는데 4살 터울의 자매가 서로 의지하며 더욱 돈독한 사이가 되기를 바라는 부모의 마음이 담겨 있다. 방과 방 사이의 슬라이딩도어가 아이들끼리의 소통 창구라면, 부모와의 소통은 위에서 이루어진다. 벽을 조금 낮게 세워 천장 사이로 여유 공간을 만든 것. 문을 벌컥 열지 않아도 조명이 켜져 있는 것을 통해 아이들이 방 안에 있는지 확인하고 이야기를 나눌 수 있다. 또한 복도와 방의 천장을 연결해 실내가 넓어 보이는 효과도 있다.

1 5mm 강화유리로 천장과 벽 사이에 긴 창을 만들었다. 벽을 조금 덜어냈을 뿐인데도 공간이 한결 여유 있어 보인다. **2** 두 방을 연결하는 슬라이딩도어와 각각의 방문을 가깝게 배치해, 세 개의 문을 모두 열면 개방감이 느껴지도록 했다.

안방을 중시했던 옛날식 집들이 으레 그렇듯 성산동 주택 또한 원래 넓은 안방을 가지고 있었다. 심지어 주방이나 거실보다 안방이 훨씬 더 넓었다. 하지만 부부에게 안방이란 잠만 자는 용도였기에, 방의 크기를 줄이고 복도와 붙박이장을 새로 만들었다. 하나의 큰 방을 작은 방과 복도, 아이들의 드레스룸으로 세분화해 공간의 능률을 높인 것이다.

이 과정에서 또 하나 주목할 점은 '합벽'을 극복한 방법이다. 성산동 주택의 가장 큰 고민은 옆집과 벽을 공유하는 합벽구조였다. 부부는 합벽으로 인한 소음 전달, 사생활 침해 등을 차단하기 위해 마주한 벽 쪽으로 붙박이장을 나란히 설치했다. 즉, 붙박이장이 집과 집 사이의 완충재 역할

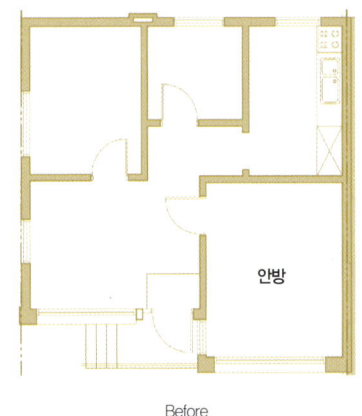

Before

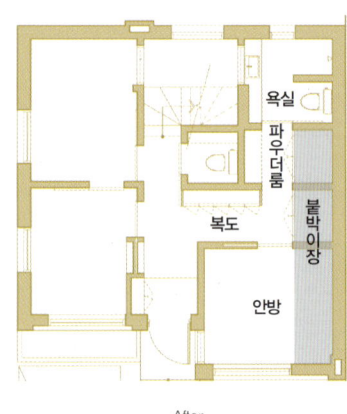

After

옆집과 벽을 공유하고 있는 성산동 주택의 구조.

을 하게 함으로써 옆집과 직접 접촉되지 않도록 한 것이다.

안방에서 나와 복도를 걷다 보면 파우더룸이 등장한다. 부부가 사용하는 붙박이장이 있는 공간이다. 한 가지 재미있는 점은 이 붙박이장 바닥에 작은 비밀통로가 있다는 것이다.

"공사 중 바닥 장판을 들어냈는데 문이 나오더라고요. 호기심에 문을 열고 아래로 내려갔다가 깜짝 놀랐어요. 어찌나 음습한지 벽에는 연탄자국들이 괴이하게 남아 있고, 바닥에는 오래된 할머니 신발 한 짝이 내팽개쳐져 있었죠."

"예전에는 이 집이 아궁이로 난방을 하는 구조였거든요? 리모델링 전에는 이 위치가 주방이 있던 자리라 아궁이실과 연결되게 해놓은 것 같았어요. 하지만 가스보일러로 바꾸면서 필요 없어지자 지하를 막아버린 거죠. 그걸 이번에 저희가 발견한

1 9.90㎡(2.99평)의 안방. 침대는 생략하고 옆집과 마주한 벽 쪽으로 붙박이장을 설치해 소음을 차단했다. 정면 창을 통해서 외부 작업실과 소통할 수 있다. **2** 복도에 나란히 위치한 붙박이장들. 앞쪽은 아이들용, 뒤쪽은 부부용으로 사용한다. **3** 붙박이장과 화장대가 있는 파우더룸. 기존에 사용하던 가구 사이즈에 맞춰서 공간의 크기를 정했다. **4** 붙박이장 바닥의 문. 현재는 지하로 가는 별도의 출입구가 있으나 추억 삼아 그대로 살려두었다. **5** 3.3㎡(1평)의 실내정원. 정원 양쪽에 위치한 욕실과 첫째 아이 방으로 창을 만들었다. **6** 실내정원 위에 가로 2.2m × 세로 0.8m 크기의 천창을 제작해 부족한 채광을 끌어들였다. **7** 욕실과 아이들 방에서도 실내정원을 즐길 수 있다.

거고요. 뭔가 꽁꽁 숨겨 있던 보물을 찾은 것처럼 짜릿한 경험이었습니다."

부부는 행운처럼 찾아낸 조금 무서운(?) 공간을 다시 살려 활용하기로 했다. 현재는 짐들을 보관하는 창고로 활용 중인데 덕분에 작은 집이 번잡하지 않고 깔끔히 정리될 수 있었다.

2층을 올라가는 계단 쪽으로는 집에서 가장 푸르른 공간이 등장한다. 바로 중정 형태의 실내정원이다.

"이 집은 원래 어둡고 답답했어요. 옆집과의 간격이 좁아 창문으로 빛이 들어올 수 없었기 때문이죠. 특히 계단 방향마저 북쪽이기 때문에 낮에도 일조량이 턱없이 부족했습니다."

이에 대해 고심하던 부부는 지붕을 뚫고 그 자리에 커다란 천창을 만들었다. 그리고 천창 아래에 키 큰 화분들을 옹기종기 두어 가족만의 실내정원을 완성했다. 천창을 통해 들어오는 밝고 풍부한 빛, 초록의 나무가 선사하는 싱그러움! 부부는 이런 실내정원을 보다 잘 즐기기 위해 맞닿아 있는 모든 공간을 열어두었다. 딸의 방, 욕실, 복도, 2층까지 집 안 곳곳을 실내정원과 연결한 것이다. 어떻게 보면 실내정원이 이 집의 중심이라 할 수 있겠다.

> **하.우.스 인테리어 레시피**
> **초간단 실내정원 연출법**
> "저희 부부 둘 다 일을 하기 때문에 무엇이든 관리가 쉬운 것이 좋았어요. 정원은 제대로 만들려면 복잡하고 관리도 어렵기 때문에 최대한 손이 덜 가도록 만들었습니다. 바닥에는 타일을 깔아 유지 및 청소가 쉽도록 했고요. 중앙에는 나뭇잎이 풍성한 화분을 두었습니다. 대신 화분이 있는 밑 부분은 보이지 않고, 푸른 잎들만 잘 보이도록 창의 위치를 조정했죠."

2층_ 다이닝룸과 연결해 가족이 함께하는 장소로 만든 주방

2층은 주방, 거실 등 가족의 공용공간과 다락이 복층으로 연결된 구조다. 때문에 바닥 면적은 34.54㎡(10.45평)로 협소하지만 천장고가 약 4.5m로 높아져 탁 트인 개방감을 느낄 수 있다.

2층의 중심은 단연 주방이다. 주방을 단순히 주부의 공간으로 국한시키지 않고 다이닝룸과 연결해 가족이 함께할 수 있는 장소로 만든 것! (참고로 성산동 주택은 주방 겸 다이닝룸(12.32㎡, 3.73평)이 거실(5.28㎡, 1.60평)보다 넓다.) 이처럼 최근에는 주방과 다이닝룸이 요리와 식사뿐 아니라 서재 및 작업실 등 다양한 작업을 하는 멀티태스킹 공간으로 진화되고 있다. 주방은 큰 창을 통해 외부 테라스와도 연결된다. 테라스는 1층 마당과 달리 가족 전용으로 사용되는 공간이다. 부부는 이 테라스를 굉장히 중요시 여겼는데, 2층을 설계할 때 테라스 먼저 계획한 뒤 나머지 실내공간의 위치를 정했을 정도다.

"1층과 2층은 외부공간의 용도가 달라요. 1층은 작업실도 있고 주차도 하는 등 외부인과 만나는 곳이지만 2층은 온전히 저희 가족끼리만 즐길 수 있는 공간입니다."

이처럼 비교적 외부의 시선에서 자유로운 고층 테라스를 활용하면 가족만의 프라이빗한 마당 겸 야외공간을 연출할 수 있다.

> **하.우.스 인테리어 레시피**
> **가족의 키에 맞춰 주방 싱크대 높이 조절하기**
> 성산동 주택의 싱크대 높이는 약 91cm로 일반적인 규격보다 높은 편이다. 편안하게 사용할 수 있도록 가족의 키에 맞췄기 때문이다.
> "일반적인 기성품 식탁의 높이는 75cm, 싱크대는 85cm 정도예요. 하지만 사람마다 신장 차이가 있기 때문에 이 사이즈가 저희 가족에게는 맞지 않을 수도 있어요. 그때는 저희처럼 설계 시에 원하는 높이를 제시해 주방가구를 맞추면 한결 사용하기 편한 주방을 만들 수 있습니다."

1 1층 주방. 세련된 그레이 계열의 주방가구를 선택했다. 한쪽 벽은 상부장을 만들지 않고 비워둬 여유를 느낄 수 있다. **2** 두 면이 맞닿는 씽크대 쪽 모서리에 'ㄱ'자 모양의 창을 만들어 시선을 확장시켰다.

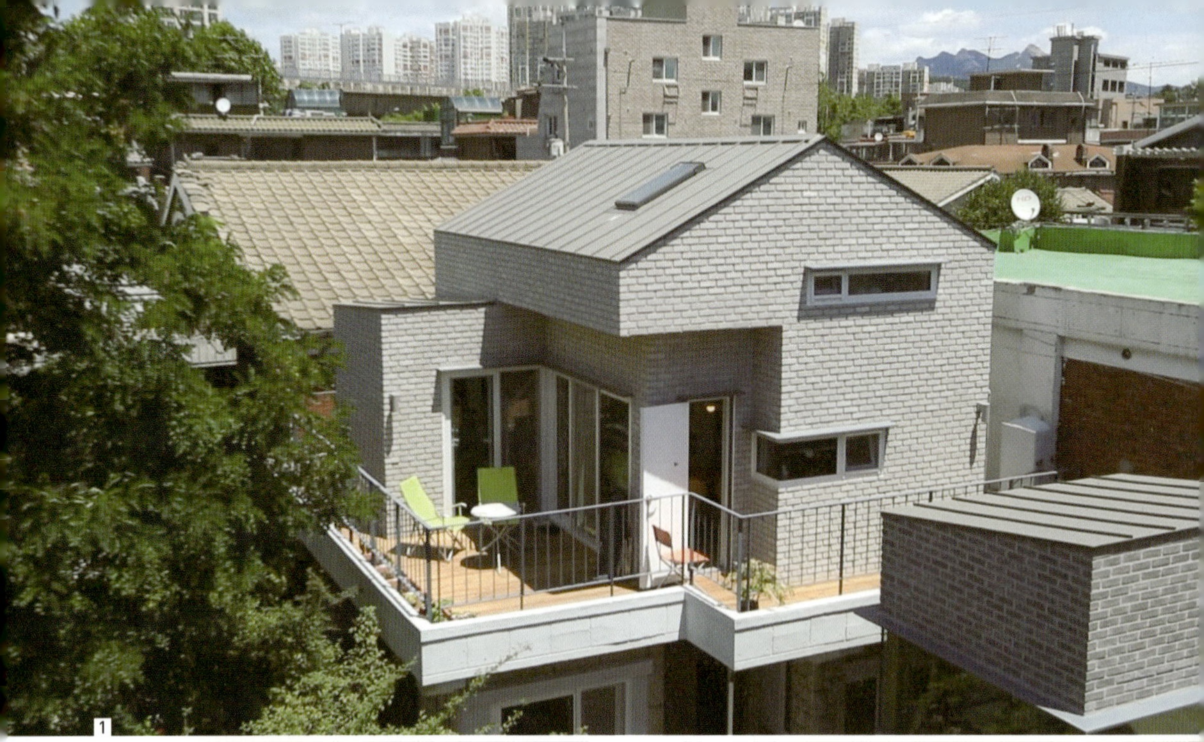

1, 2 2층을 감싸고 있는 11㎡(3.33평)의 테라스. 바닥에는 낙엽송 데크를 시공했고, 햇빛을 가리거나 비를 피할 수 있도록 처마와 차양도 만들었다. **3** 다락으로 올라가는 계단 쪽으로 책장을 제작해 거실 겸 서재로 활용한다. **4** 2층과 복층으로 연결된 다락. **5** 16㎡(4.84평)의 다락은 TV 시청, 음악 감상, 피아노 연주 등 다양한 활동을 할 수 있는 엔터테인먼트 공간이다. 지붕의 경사면을 따라 천창을 만들어, 낮은 천장고임에도 답답하지 않다.

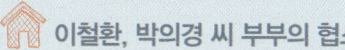 이철환, 박의경 씨 부부의 협소한 면적을 넓게 활용하는 방법

내부공간과 외부공간을 연계해 생각하기

협소한 면적일수록 내부의 시선이 외부까지 확장될 수 있는 방법을 고민해야 한다. 성산동 주택의 경우 창문과 문을 활용해 내부공간을 서로 연결하고, 그 연결이 궁극적으로는 마당과 도로 등 외부공간으로 이어지도록 했다. 즉, 시선을 연장시키는 장치를 곳곳에 두어 복도 형태의 1층이 답답해 보이지 않게 만든 것이다.

의도적으로 비어 있는 공간 만들기

협소한 면적일수록 여백이 필요하다. 한쪽 벽면이나 데드스페이스 등을 채우지 말고 비워보자. 한 곳을 비워두는 것만으로도 심리적 여유가 생긴다. 면적의 여유가 있다면 실내정원을 만드는 것도 좋은 방법이다.

하우스 정보

- **대지 위치** : 서울시 마포구 성산동
- **건물 규모** : 지상 2층(지하, 다락, 별채 별도)
- **대지 면적** : 100.5㎡(30.4평)
- **건축 면적** : 60.00㎡(18.15평)
- **연면적** : 94.54㎡(28.60평)
- **용적률** : 94.07%
- **건폐율** : 59.70%
- **설계 및 시공** : 미루공건축사사무소
- **사진 제공** : 이철환

• 비용

건축비	1억 5천만 원
숯벽돌 타일	제일벽돌, ㎡ 기준 75장 2만 원
시멘트 벽돌타일	제일벽돌, ㎡ 기준 75장 1만 3천 원
폴딩도어	약 160만 원(2.5m x 2.1m, 시공비 포함)
미니 세면대	을지로 구입, 약 9만 원
구로철판	자체제작, 약 30만 원(1.2m x 2.6m, 시공비 포함)
바닥재	동화 자연마루 합판마루, 평당 9만 5천 원(시공비 포함)
내벽 마감재	삼화 수성페인트(아이생각)
아이 방 조명	을지로 조명나라, 약 8만 원
욕실 타일	을지로 한일도기, ㎡ 기준 1만 8천 원
주방 가구	이케아, 약 4백 50만 원(설치비 포함)
식탁	메스티지데코
주방 조명	을지로 조명나라, 개당 5만 원
주방 타일	을지로 한일도기, ㎡ 기준 1만 8천 원
낙엽송 데크	네이버 카페 '러브 히노끼', 장당(20mm×95mm×3600mm) 4천 8백 원
거실 소파	메스티지데코, 약 30~40만 원
펜던트조명	을지로 조명나라, 개당 약 5만 원

13평 성북동 연우네 집

3대가 따로 또 함께 사는 협소주택

 **스토리**

네 개의 층으로 나눈 협소주택

인생은 부모가 되기 전과 후로 나뉜다는 말이 있다. 결혼 후 귀여운 딸 연우(3)의 아빠가 된 서동준(32) 씨도 마찬가지였다. 부모가 되고 나서야 그동안 부모님께 얼마나 많은 사랑과 마음을 받아왔는지 깨닫게 되었다. 그래서 그는 아내와 아이 그리고 어머니와 함께 3대가 행복하게 살아갈 수 있는 가족의 보금자리를 마련하기로 했다.

한 지붕 아래 3대가 가장 잘 살 수 있는 방법은 무엇일까? 가족은 오랜 회의 끝에 '따로 또 함께' 할 수 있는 집을 마련하자고 의견을 모았다. 사실 아무리 가족이라도 서로 다른 라이프스타일을 가진 두 세대가 한 집에 살기란 결코 쉬운 일이 아니다. 때문에 가족은 서로에게 불편한 집이 되지 않도록 각자의 공간을 독립적으로 확보하고 이를 서로 존중하기로 했다. 즉, 한 건물 안에서 함께 소통하되 두 세대의 살림집을 서로 완벽히 분리하기로 한 것이다. 그렇게 성북동 연우네 집은 총 네 개의 층을 위아래로 나뉘었다. 1층은 어머니의 집으로, 2층과 옥탑은 아들 부부의 집으로 정하고, 현관문도 각각 만들어 별도 출입이 가능하도록 했다.

반면 건물의 맨 아래층인 반지하는 가족이 함께하기 위한 고민이 묻어나는 장소다. 어머니의 개인공방 겸 응접실로, 건물을 하나의 집으로 비유하자면 공용공간인 거실과 흡사한 곳이다. 가족은 각자의 층에 머물다가도 자연스럽게 이곳으로 내려와 함께 대화를 나누고 차를 마시며 시간을 보낸다.

하얗고 예쁜 집에서 어머니와 아들 부부는 세상에서 가장 좋은 '이웃'이 됐다.

Before

After

하우스 구조와 특징

아들 부부네 공간
- 2층 42㎡(12.71평)
- 옥탑 15㎡(4.54평)

동준 씨 부부와 아이, 세 식구의 집으로 어머니의 공간과 비슷한 듯 다른 젊은 부부의 취향이 드러나는 곳이다. 2층과 옥탑을 연결해 공간을 활용한다.

어머니의 공간
- 반지하 35㎡
- 1층 38㎡(11.50평)

반지하는 어머니의 작업실이자 천연비누 공방으로, 1층은 살림집으로 활용된다. 1층에 각각의 현관을 만들어 두 세대가 독립될 수 있도록 했다.

이웃과 함께 소통하는 집

성북동 연우네는 가파른 오르막길에 위치해 있어 길가 쪽에서 보면 반지하가 1층처럼 보이는 구조다. 그러나 리모델링 전에는 반지하 앞으로 높은 담장과 대문이 위치하고 있어서 매우 어둡고 폐쇄적이었다. 동준 씨는 이를 모두 허물어 반지하를 길가로 드러냈다. 이웃과 소통하며 함께할 수 있는 집을 짓고 싶었기 때문이다.

반지하는 독립적인 작업공간을 갖고 싶어 하셨던 어머니 이아네스(57) 씨를 위해 천연비누 공방으로 꾸몄다. 그러면서 동시에 가족이 함께 사용하는 '만남의 장소'로도 활용된다. 물론 1층부터 주거공간이 시작되지만 워낙 면적이 좁아 많은 인원이 한자리에 모이기 쉽지 않고, 사적인 공간이다 보니 타인을 거리낌 없이 초대하기도 부담스러운 것이 사실이었다. 그래서 반지하를 어머

1 건물 외관. 새하얀 건물의 전면에는 블랙프레임의 창으로 포인트를 주었고, 현관문이 보이지 않도록 가림막을 제작했다. **2** 건물의 후면은 기존의 적벽돌을 그대로 남겨 과거와 현재가 공존하는 리노베이션의 의미를 표현했다. **3** 현관 앞이 너무 어두워 보이지 않도록 300mm x 2300mm 크기의 긴 세로 창을 만들었다.

길가 쪽으로 2.4m x 2.2m 크기의 폴딩도어를 설치해 필요할 때마다 활짝 열어 개방감을 줄 수 있도록 했다. 원래는 작은 창이 있던 자리다.

공방 및 응접실로 활용되는 35㎡(10.59평)의 반지하.

니의 작업실 겸 응접실로 활용하기로 한 것이다.

　어떤 이들은 안 그래도 작은 집인데 반지하를 주거공간으로 바꾸어 넓게 사용하는 것이 어떠냐고 제안하기도 한다. 하지만 가족은 이 반지하로 인해 집이 기분 좋게 왁자지껄해졌다고 말한다. 새로 사귄 이웃과 오가며 인사도 나누고, 자연스럽게 손님이나 친구를 초대해 즐거운 시간을 보내기도 한다. 물론 가족들도 오붓하게 모여 담소를 나눈다. 때로는 가족끼리, 때로는 여러 인연들과 함께 어울려 사는 즐거움을 알게 해준 공간인 셈이다.

1층_ 수납에 대한 고민이 반영된 주방과 안방
　어머니의 공간에서 가장 큰 미션은 역시나 수납이었다. 아무리 멋진 인테리어도 수납이 제대로 이루어지지 않으면 결국 너저분한 공간이 돼 버리기 때문이다.

　결혼 후 1년만 지나도 기하급수적으로 늘어나는 것이 여자의 살림이다. 하물며 경력 30년이 넘은 베테랑 주부의 살림은 오죽할까. 물론 이사를 오며 가구 등 많은 부분을 처분했지만 그럼에도 남은 짐들을 38㎡(11.50평)의 좁은 면적에 깔끔히 정리하는 건 쉬운 일이 아니었다. 이에 건축가가 발벗고 나섰고, 어머니와 합심해 곳곳을 능률적인 수납공간으로 만들어나갔다.

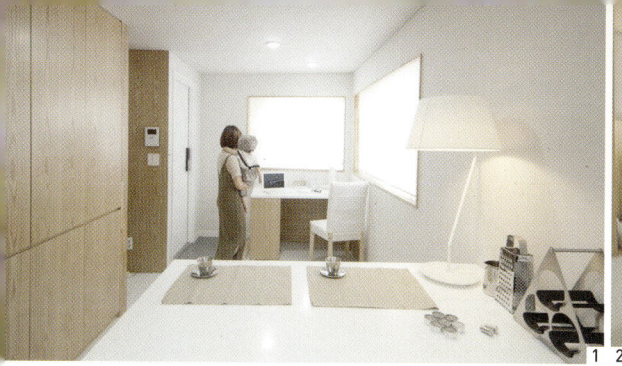

1 거실은 큰 창을 내고 창 앞으로 책상을 두었다. 한쪽 벽에는 애쉬 무늬목으로 커다란 붙박이장(2m x 2.3m)을 제작했다. **2, 3** 이전 집은 바깥창과 안창이 이중으로 돼 있었다. 안창을 없애고 단열공사를 진행하자 벽의 두께가 두꺼워졌는데 이를 그대로 선반처럼 활용한다.

    주방 수납에서 흥미로운 부분은 상부장을 끝까지 채우지 않고 사이즈를 줄여 천장에서 약 40cm 밑으로 배치했다는 점이다. 이는 어머니의 오랜 경험에서 우러나온 의견을 반영한 것이다.
    "상부장의 위쪽은 손이 안 닿아 의외로 잘 활용하지 않게 되더라고요. 그럴 바에야 상부장을 필요한 사이즈만큼으로만 작게 만들고 위의 공간을 비워 개방감을 주는 것이 더 좋겠다는 생각이 들었어요."
    침대와 커다란 붙박이장만 놓인 침실은 1층과 2층이 쌍둥이처럼 닮아 있다. 이렇듯 성북동 주택은 어머니의 공간과 아들 부부의 공간이 일부 똑같거나 유사하게 디자인됐다. 층은 다르지만 같은 집이라는 분위기를 주면서 동일한 재료를 사용해 공사비를 절감하기 위해서다.
    11.80㎡(3.57평)의 안방은 조금이라도 넓어 보이게 만든 건축가의 센스가 엿보이는 공간이다. 침대 위로 긴 조명을 설치한 것! 으레 방 한가운데 떡하니 자리하는 메인조명을 생략하고, 가장자리에 일자형의 조명을 제작했다. 덕분에 시야에 걸리는 것 없이 탁 트인 공간이 연출됐다. 일자형 디자인 덕에 공간이 한결 길어 보이는 착시 효과도 있다.
    침대 옆쪽에는 대형 붙박이장을 두었는데 일종의 멀티가구다. 옷과 이불 수납은 물론, 안에 TV를 두기도 하고, 미니 화장대 역할까지 하는 등 다목적으로 활용되기 때문이다. 가장 좋은 점은 문을 닫으면 이 모든 공간을 감쪽같이 숨길 수 있어서 침실을 늘 깔끔하게 유지할 수 있다는 것이다.

2층_ 최소한의 구조변경으로 개성 있는 공간을 연출한 거실과 주방

    똑같은 재료를 가지고도 쉐프마다 만들어내는 요리가 다르듯, 동준 씨와 아내 김희경(31) 씨, 딸

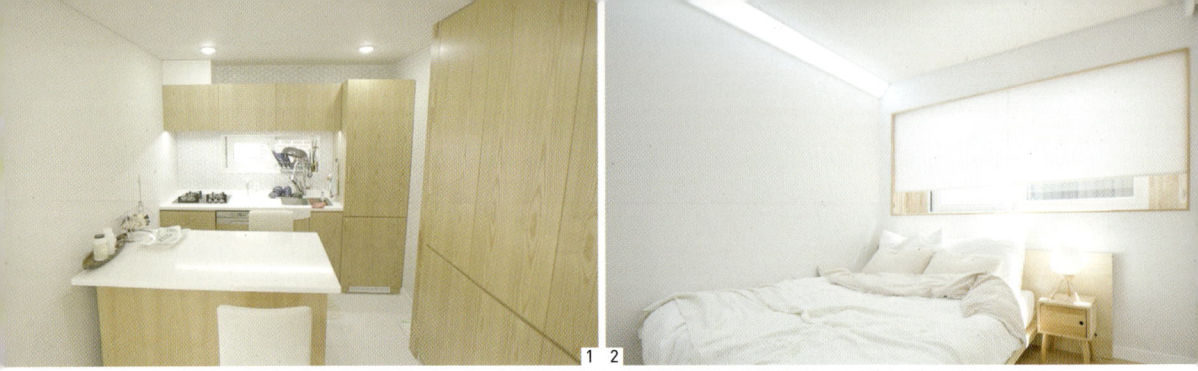

1 애쉬 무늬목과 헥사곤 타일의 조합이 멋스러운 10.8㎡(3.27평) 크기의 주방. 주방 앞에 위치한 아일랜드 테이블은 주방 조리대로도 활용된다. 2 침대 위로 3m 길이의 긴 조명을 제작했다. 덕분에 시야의 걸림없이 탁 트인 공간이 연출됐다.

연우가 함께 생활하는 2층은 1층 어머니의 공간과 소재와 마감이 동일하지만 전혀 다른 느낌을 지녔다. 가장 눈에 띄는 곳은 거실이다. 원래는 작은 주방 겸 거실이 위치하고 둘레에 베란다가 있는 구조였는데, 세 식구가 생활하기에는 거실이 너무 좁아 이를 변경했다.

먼저 폭 70cm의 베란다를 확장하고 그 자리에 평상을 제작했다. 난방공사가 돼 있지 않은 베란다에 추가로 온돌 설치를 하지 않고 바닥을 올려 소파 겸 수납공간으로 만든 것이다. 구조부분은

2층의 거실. 베란다를 확장한 자리에 높이 42cm 평상을 제작했다. 하부는 전부 수납장이다. 독특한 프레임이 연출돼 보이는 곳은 원래 거실과 베란다를 구분하던 벽이 있던 자리다.

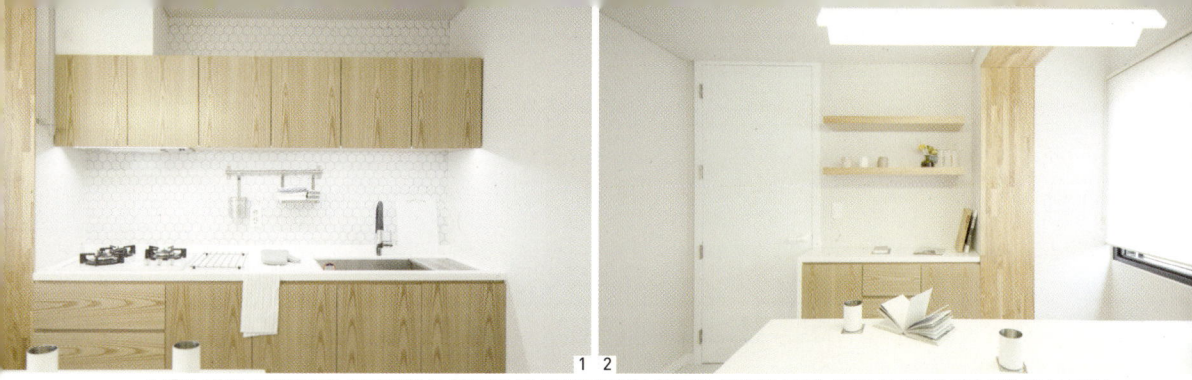

1 2

1 1층과 동일한 디자인의 주방. 헥사곤 타일 벽 위로 애쉬 무늬목의 주방가구를 배치했다. 2 빈벽에 선반을 설치해 수납력을 높였다. 또한 거실과 마찬가지로 베란다를 확장해 개방감을 확보했다.

하.우.스 애청자의 Q&A

Q. 아이를 위해 거실과 주방 사이를 분리하는 건 좋은데, 그러면 공간이 너무 답답해 보이지 않을까요?

베란다를 확장했어도 거실과 주방을 구획하다 보니 각각 14㎡ (4.24평), 10.80㎡(3.27평)의 협소한 면적이 되었다. 하나로 만들었으면 훨씬 개방감 있는 공간이 됐을 터. 하지만 그럴 수 없었기에 동준 씨는 차선으로 방문의 크기를 키우는 방법을 선택했다. 즉, 문 위의 벽을 30cm 정도 잘라내 기존 사이즈보다 큰 문을 제작한 것이다. 이렇게 하면 문을 활짝 열었을 경우 두 공간이 하나로 이어진 듯 보여 훨씬 넓어 보이는 효과를 얻을 수 있다.

금속으로 틀을 잡고 위로 합판을 덧댄 후 위에 애쉬 원목마루를 부착했다.

"면적이 좁다 보니 소파를 들여놓는 것조차 애매한 거예요. 그래서 이렇게 대청마루 같은 재미 있는 구조를 만들어보면 어떨까 싶었습니다."

거실처럼 독특한 곳이 또 한 군데 있는데 바로 맞은편에 위치한 주방이다. 보통은 최근에는 거실과 주방을 하나로 연결한 구조가 대부분인데, 동준 씨는 거실과 주방을 철저히 분리했다. 심지어 방문까지 만들어 이를 열고 주방으로 들어갈 수 있게 만들었다. 다소 의아한 이 구조는 딸 연우를 위한 배려였다.

"주방에는 위험한 주방도구들이 많잖아요. 부딪힐 수 있는 모서리도 많고요. 아이가 넘어지거나 다칠 위험이 있어 방문을 달아 접근을 막고자 했습니다. 원래 작은 방으로 사용됐던 곳이라 기존 구조를 그대로 활용할 수 있었어요."

2층은 내부 계단을 통해 옥탑과 연결된다. 15㎡(4.54평)의 옥탑은 큰 짐을 보관하는 창고 및 세탁실로 활용된다. 옥탑 역시 화이트와 우드 콘셉트로 꾸몄는데 다른 층과 다른 점은 애쉬가 아닌 합판(옹이가 없는 무절합판 5mm)을 사용했다는 점이다. 아무래도 크게 활용되지 않는 곳이라 저렴한 가격의 합판을 마감재로 사용함으로써 공사비를 절감한 것이다.

1 옥탑으로 올라가는 계단 밑에 보일러실을 만들었다. 2 옥탑은 세탁공간으로 활용한다. 세탁 후 바로 야외공간에 빨래를 말릴 수 있어 편하다. 3 옥탑 앞에 방부목 데크를 설치했다. 외부는 차츰 가족을 위한 옥상 마당으로 꾸밀 예정이다.

성북동 협소주택이 실제보다 훨씬 넓어 보이는 3가지 이유

✓ 마감재 통일하기
✓ 가구와 벽의 경계 없애기
✓ 가리는 수납하기

1층과 2층은 모든 마감을 애쉬로 통일했다. 가구는 애쉬 무늬목, 계단은 애쉬 집성목, 마룻바닥은 애쉬 원목마루를 사용하는 등 소재에 통일감을 준 것이다. 이는 벽과도 연결된다. 예를 들어 1층에서 안방으로 들어가는 복도 쪽 벽과 맞은편 붙박이장을 비교해보면 얼마나 흡사한지 알 수 있다. 동일한 마감재를 사용하고 수납장의 손잡이를 없애 가구와 벽의 경계를 없앴기 때문이다. 그리고 모든 수납공간에 문을 만들어 복잡한 내부가 보이지 않도록 했다. 주방가구, 평상, 거실에 설치한 붙박이장 등 모두 마찬가지다.

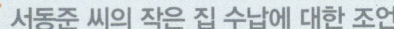 서동준 씨의 작은 집 수납에 대한 조언

작은 집에서 숨은 수납공간 찾기

수납을 위해 별도의 가구나 장소를 마련하기보다 숨은 곳을 공략해 반전의 수납공간을 만들어 보자. 수납공간으로서 잘 인식되지 않기 때문에 인테리어 측면에서 크게 도드라지지 않으면서도 의외로 넉넉한 수납이 가능하다. 예를 들면 평상 밑, 의자 밑, 계단 밑, 벽 속 같은 공간들이다. 효과를 극대화하려면 손잡이를 없애고 마감재를 통일하는 등 주변과 비슷하게 연출하는 것이 좋다.

하우스 정보

대지 위치 : 서울시 성북구 성북동
건물 규모 : 지상 2층(반지하, 옥탑 별도)
대지 면적 : 69㎡(20.87평)
건축 면적 : 42㎡(12.71평)
연면적 : 130㎡(39.33평)
용적률 : 188.4%
건폐율 : 60.9%
설계 및 시공 : 아이디어카우치(IDEACOUCH) 건축가 류태현
사진 제공 : IDEACOUCH 류태현

• 비용	
리모델링비	1억 6천만 원
공방 테이블	상판은 건축주 소장, 하부 받침대만 15만 원에 제작
책상	맞춤 제작, 약 50만 원
헥사곤 타일	㎡당 4만 5천 원(시공비 별도)
붙박이장	맞춤 제작, 약 3백만 원
침실 조명	맞춤 제작, 약 43만 원(시공비 별도)
평상	㎡당 5만 8천 원(시공비 별도)
거실 조명	약 28만 원
무절 합판 5mm	㎡당 3천 5백 원

27평 신사동의 더 쉼 하우스

이국적인 휴양지
리조트 같은 집

하우스 스토리

자연과 함께 쉼을 즐기는 집

창가로 쏟아지는 풍성한 햇살, 우거진 숲의 향기, 해먹에 누워 듣는 새의 지저귐과 풀벌레 소리. 마치 한적한 휴양지에 온 듯 편안한 기분을 느낄 수 있는 집이 있다. 장수범(36), 여현진(36) 씨 부부의 '더 쉼 하우스'다.

인터넷 쇼핑몰을 운영하며 사업가로, 또 두 아이의 육아로 눈코 뜰 새 없이 바쁜 매일을 보내고 있는 부부가, 익숙하고 편한 아파트를 떠나 주택을 선택한 것은 사랑하는 아이들 때문이었다. 한창 뛰어놀기 좋아하는 경엽(8), 누리(5) 남매에게 아파트는 늘 남의 눈치를 봐야 하는 곳이었다. 명절을 맞아 고향에 내려갔을 때 "여기서는 뛰어도 돼?"라고 물어보던 큰아이의 말에 충격을 받은 부부는 그때 처음으로 주택생활을 결심하게 되었다고 한다.

보다 적극적으로 나선 것은 야무진 성격의 현진 씨였다. 일하는 틈틈이 서울은 물론 양평, 화성, 인천 등의 필지를 찾아다녔다. 서울로 일을 다녀야 해 미리 출퇴근 연습까지 해봤을 정도란다. 그렇게 고생 끝에 만나게 된 곳은 당시 재개발 지역 내에 있던 오래된 단층집이었다(지금은 재개발 지역에서 해제됐다). 재개발 지역 내에 자리하고 있어 집도, 동네도 노후화돼 있었지만 그렇기에 집값이 저렴했고 무엇보다 주위로 야트막한 산이 자리하고 있었다. 병풍처럼 집을 둘러싸고 있는 푸른 자연을 본 순간, 부부는 이 집에 반해 버렸다고 한다.

더 쉼 하우스에 살게 되면서 부부는 자신들의 선택이 옳았음을 깨달아가고 있다. 무엇보다 아이들이 신이 났다! 남매는 종종 뒷산으로 숲 탐방을 나서는데 어김없이 흙투성이가 돼 버리긴 해도 얼마나 신나 하는지 웃음이 끊이질 않는다.

집에서도 즐겁다. 거실과 다락을 오르내리며 쿵쾅쿵쾅 뛰어다

Before

After

니고, 볕이 좋은 날에는 테라스에 걸어둔 해먹에 누워 시간을 보낸다. 이런 아이들을 보는 부부 또한 그 어느 때보다 편안하고 행복하단다. 생각해보면 사람들은 휴식을 위해 많은 돈을 들여 여행을 떠난다. 하지만 365일 생활하는 집이 그 자체로 멋진 휴양지가 된다면 삶이 더욱 특별해지지 않을까? 더 쉼 하우스의 가족들은 그런 '쉼'이 있는 매일을 살고 있다.

하.우.스 구조와 특징

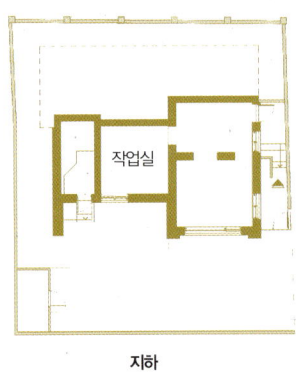
지하

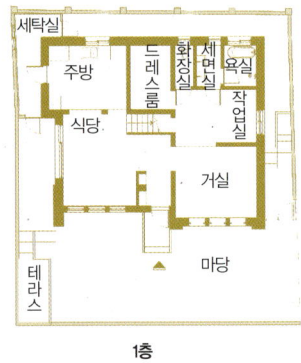
1층

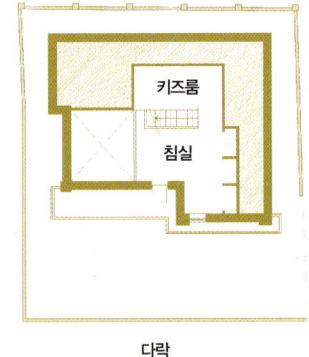
다락

지하 44.94㎡(13.59평)
기존에 창고로 사용되던 칙칙한 지하실을 간단히 리모델링해 예쁜 작업실로 활용 중이다.

1층 88.91㎡(26.90평)
가족의 주 생활공간으로 거실과 주방, 부부의 작업실과 욕실 등이 위치한다. 아내 현진 씨의 남다른 인테리어 감각이 돋보이는 곳이다.

다락 29.54㎡(8.94평)
천장을 트자 높은 천장고가 드러났다. 이를 활용해 아이들을 위한 멋진 공간과 침실을 만들었다.

1층_ 힐링 테라스를 만든 거실과 현관

더 쉼 하우스는 공사 당시 재개발 지역 내에 위치한 집이었기에 신축이 불가능했다. 그래서 부부는 집의 노후화된 부분을 보강하고 단열을 강화한 뒤, 자신들에게 맞게 내부구조를 변경해나갔다. 현관을 기준으로 왼편에는 거실과 주방이 있다. 작은 방이었던 곳을 주방으로 바꾸고, 3.8㎡(1.15평)의 외부 테라스를 실내로 만들어 좁은 거실의 면적을 확장했다. 이렇게 확보된 면적에 현

하.우.스 인테리어 레시피

도심의 주차난을 해결하기 위한 '그린파킹(Green Parking) 사업'
서울시가 주택 밀집지역의 주차난을 완화하기 위해 시행한 사업으로 주택의 담장 또는 대문을 허물어 주차장으로 만들거나 남는 자투리땅을 활용해 주차공간을 만드는 것이다. 담장을 허물으로써 마을의 공동체 의식을 회복하고, 차량 소유자 스스로 주차장을 확보해야 한다는 새로운 주차 문화 형성에 기여하고 있다.

그린파킹 사업으로 대문 대신 포도넝쿨이 있는 집. 외벽은 드라이비트로, 지붕은 컬러강판으로 마감했다.

진 씨의 감각이 더해졌다. 그녀는 특유의 감각으로 빈티지가구와 아기자기한 소품, 이국적인 식물을 두어 보는 것만으로도 즐거워지는 예쁜 공간을 완성했다.

남쪽에는 커다란 창이 있어 집 안으로 빛이 풍성하게 쏟아진다. 이 창을 통해서 외부 테라스로 나갈 수 있는데, 이 외부 테라스가 참으로 흥미롭다. 일부 오래된 주택의 마당에는 집과 분리된 조

21.2㎡(6.41평)의 거실. 천장과 벽에는 실크 도배지를, 바닥에는 헤링본 패턴의 강마루를 시공했다.

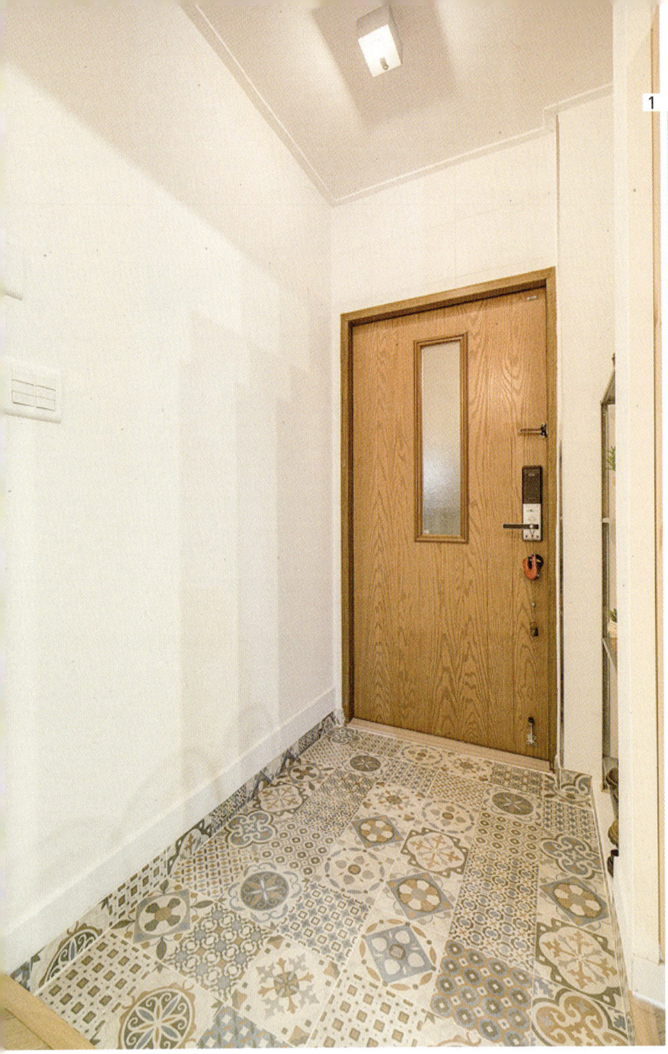

1 이국적인 패턴의 타일로 현관에 포인트를 주었다. **2** 현관이 좁아 신발장 대신 철제 선반을 두어 자주 신는 신발을 보관한다. 신발장은 현관 정면에 별도로 마련했다. **3** 곳곳을 빈티지한 가구, 소품, 패브릭, 화분 등으로 믹스 매치해 감각적으로 인테리어했다. **4, 5** 창고였던 곳을 테라스와 연결해 휴식공간으로 연출했다. 방부목 데크를 깔고 철제난간을 설치했다.

그마한 독립창고가 있다. 기존의 더 쉼 하우스도 마찬가지였다. 다만 다른 집과 차별화되는 점은 이 창고 뒤로 나무가 우거진 숲이 펼쳐진다는 것이다. 야외공간을 온전히 즐기고 싶었던 부부는 고민 끝에 깨진 장독대 몇 개만 덜렁 놓여 있던 창고 위를 집과 연결해 거실 앞부터 마당 창고까지 이어지는 야외공간으로 완성했다. 푸르른 숲을 배경으로 나무 데크가 길게 이어지는 모습이 마치 숲 한가운데 놓인 좁은 오솔길을 보는 듯 경쾌하다. 이곳에서 가족은 청량한 나무 향을 맡으며 흔들흔들 해먹을 탄다. 자연과 더불어 함께할 수 있는 휴식공간이 또 하나 더해진 것이다.

창을 통해 소통하는 주방

햇살이 가장 좋은 거실 한가운데에는 90cm × 90cm의 아담한 식탁이 있다. 맞벌이라 바쁜 부부가 식사시간 동안 아이들 얼굴을 가까이 보기 위해 일부러 작은 크기의 식탁을 둔 것이다.

또한 이 식탁은 주방과 마주하도록 위치시켰다. 주방은 원래 방이 있던 자리기 때문에 기존의 구조를 활용해 자연스럽게 창문과 입구를 만들 수 있었는데 부부는 이를 활용해 식탁과 마주하는 위치에 큰 창을 내고, 그 앞으로 개수대와 조리공간을 배치해 주방에 있을 때도 거실에 있는 아이들과 소통할 수 있도록 했다.

11자형 구조로 양쪽에 개수대와 조리공간을 둔 주방. 부부가 같이 식사준비를 하는 편이라 함께 사용하기 편하도록 만들었다.

1, 2 거실과 마주한 주방. 가로 1.5m x 세로 1.2m 크기의 창을 통해 주방과 마주한 거실, 위쪽 다락과도 소통할 수 있다. **3** 조명과 다용도실 문은 화려한 스테인드글라스로 포인트를 주었다. 조명은 서울풍물시장에서 저렴하게 구입했고, 문은 스테인드글라스를 별도 구입 후 문짝 공장에서 주문 제작한 것이다. **4** 가구 높이에 맞춰 190cm 높이로 벽에 타일을 붙였고, 바닥에는 패턴 타일로 감각을 더했다.

1 가족실 겸 스튜디오로 활용되는 공간. 벽으로 공간을 구획해 한쪽에 PC공간을 만들었다. 2 가족실은 15.5㎡(4.69평)의 좁은 면적이기에 소가구를 두어 면적을 여유롭게 사용한다. 그리고 천장에 다양한 디자인의 펜던트조명을 설치해 인테리어 효과는 물론 필요한 조도까지 확보했다. 3 51.6㎡(15.61평)의 지하실. 기존의 창을 살려 채광을 확보하고 바닥과 천장에 페인트를 칠했다. 4 부부가 수집해온 아기자기한 소품들로 인테리어한 작업실.

일터가 공존하는 집

현관을 기준으로 왼편에 거실과 주방, 테라스가 있다면 오른편에는 가족실과 욕실이 있다. 여기서 한 가지 집고 넘어갈 것은 더 쉼 하우스가 마냥 예쁘고 휴식만 취하는 집은 아니라는 점이다. 살림집인 동시에 쇼핑몰을 운영하는 부부가 집에서 틈틈이 일할 수 있도록 만들어진 능률적인 일터기도 하다. 그 예로 가족실은 사진촬영을 하는 스튜디오로 활용되고, 가족실과 욕실 사이의 공간은 책상과 컴퓨터를 둬 PC공간으로 만들었다. 창고로 쓰이던 지하실 또한 최소의 비용으로 리모델링해 빈티지한 작업실로 바꾸었다.

또한 바쁜 아침에 활용도를 높이기 위해 욕실과 화장실을 분리했다. 재미있는 점은 욕실 문에 유리창을 만들어 내부가 훤히 들여다보이게 한 것이다. 물놀이를 좋아하는 아이들이 욕실에 있을 때 부모가 볼 수 있게끔 만든 것으로, 평소에는 유리창 안쪽에 설치한 커튼으로 내부를 가린다. 욕실과 화장실 옆은 드레스룸이다. 몸을 씻고 바로 옷을 갈아입을 수 있도록 동선을 고려해 위치를 정했다. 드레스룸은 사실 욕실 옆에 위치한 작은 방이었는데, 기존 욕실이 욕조가 들어갈 수 없을 정도로 좁아 나란히 위치한 양옆의 방들을 터서 주방, 드레스룸, 화장실, 욕실로 재구성했다.

1 소나무 원목의 상부장과 하부장, 모퉁이장을 두어 수납에 활용한 욕실. 효율성을 높이기 위해 세면대와 거울도 두 개씩 설치했다. **2** 욕조 앞에 가벽을 세우되 개방감을 위해 가벽 윗부분은 강화유리로 시공했다. **3** 나란히 위치한 화장실과 욕실. 화장실 문은 스테인드글라스로 포인트를 주었고 욕실 문에는 가로 40cm x 세로 80cm의 망입유리를 시공했다. **4** 1.7㎡(0.51평)의 화장실. 양변기가 있는 좁은 벽은 헥사곤 타일로 포인트를 주고 측벽에는 잡지꽂이를 두었다.

하.우.스 인테리어 레시피
공간에 입체감을 더하는 헥사곤 타일
면적이 좁은 화장실(혹은 욕실) 벽에 포인트를 주고 싶다면 비슷한 컬러의 헥사곤 타일을 불규칙적으로 그라데이션하듯 시공해보자. 헥사곤 타일은 육각형 모양으로 서로 맞닿는 면이 많아 좁은 면적을 입체적으로 표현할 수 있다.

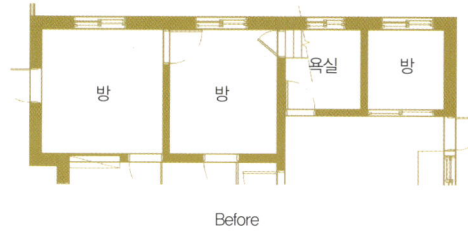
Before

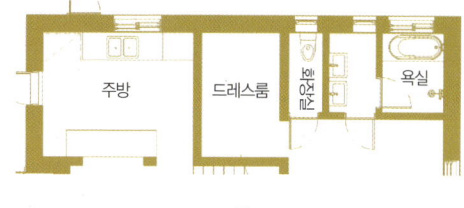
After

아이들의 상상력을 북돋워주는 특별한 다락방

"저희도 처음에는 집 위로 공간이 있는 줄 몰랐어요. 그런데 철거를 하며 천장을 트고 보니까 생각보다 높이가 꽤 높더라고요. 보물을 찾은 기분이었죠."

꽉 막혀 있던 천장을 트니 생각지도 못한 '다락'이 등장했다. 이전에는 왜 활용하지 않았을까 의문이 들 정도로 높고 넓은 공간이었다. 부부는 훌쩍 높아진 천장을 보며 이 공간을 어떻게 활용할지 한껏 설렜다고 한다.

우선 29.54㎡(8.94평)의 다락을 1층과 연결해 복층구조로 만들었다. 모임지붕의 모양을 최대한 살려 마감했기에 거실은 천장고가 무려 5m에 달한다. 다락 또한 최고 높이가 2.8m에 다다를 정도로 여유 있는 공간을 확보할 수 있었다.

다락은 계단을 기준으로 크게 두 공간으로 나뉜다. 한쪽은 네 식구가 오순도순 모여 자는 침실이고 반대쪽은 두 아이를 위한 아담한 아지트다. 아이들의 공간은 마치 『톰 소여의 모험』에 나오는 조그마한 통나무집을 연상케 한다. 아이들이 책이나 장난감을 가지고 마음껏 상상하고 꿈꾸며 놀 수 있는, 또 하나의 신나는 놀이공간인 셈이다.

Before

After

1 계단을 중심으로 가족 침실과 놀이방으로 나뉜다. 2 지붕이 낮아지는 쪽은 어른들은 활용하기 어렵지만 아이들에게는 아늑하고 편안한 아지트가 된다. 3 네 식구가 함께 자는 침실. 아파트에서 살 때도 아이들과 한 방에서 지냈기에 불편함 없이 사용 중이다. 다만 아이들이 성장하면 1층 가족실에 벽을 세워 각자의 방을 만들어줄 예정이다. 4 침실과 이어지는 9.8㎡(2.96평)의 베란다. 이국적인 패턴의 카펫을 깔고 인디언텐트, 라탄방석 등을 두어 내추럴하게 꾸몄다.

장수범, 여현진 씨 부부의 '자연과 함께할 수 있는 노후주택을 고르는 방법'에 대한 조언

항공뷰를 활용해 산 아래에 있는 집 찾기
자연과 함께할 수 있는 집을 찾기 위해 부부는 인터넷 포털사이트의 항공 뷰를 활용했다. 항공 뷰를 통해 산 아래에 있는 동네를 확인하는 것과 더불어 동네의 위치, 교통 등 주변 여건도 정확히 파악할 수 있었다.

옆건물과 간격이 있어 채광확보에 유리한 집 찾기
집을 고를 때는 집 주변 또한 함께 봐야 한다. 직업 특성상 사진촬영이 잦아 자연광에 민감한 부부는 집을 고를 때 집 안 전체에 빛이 골고루 잘 드는지부터 확인했는데, 더 쉼 하우스는 옆집과의 사이가 떨어져 있어 창을 통해 충분한 빛을 받을 수 있었다. 만약 옆집과 가깝게 붙어 있어 측벽 창으로 채광 확보가 어려울 때는 천창을 만들어 위쪽에서 빛을 끌어들이는 것도 좋은 방법이다. 이때는 최대한 많은 면적에 빛이 닿도록 위치를 신중히 정해야 한다.

하우스 정보

대지 위치 : 서울시 은평구 신사동
건물 규모 : 지상 1층(지하 1층, 다락 별도)
대지 면적 : 211㎡(63.83평)
건축 면적 : 88.91㎡(26.90평)
연면적 : 163.39㎡(49.43평)
용적률 : 55.32%
건폐율 : 49.55%
설계 및 시공 : ㈜뉴마이하우스
사진 제공 : ㈜뉴마이하우스

• 비용

리모델링비	1억 8천만 원
현관문	캡스톤 모던도어, 113만 원
현관 선반	이케아 HYLLIS 선반유닛, 1만 5천 원
거실 펜던트조명	로하스 조명, 18만 원
식탁	업소몰, 14만 원
주방 에디슨조명	문고리닷컴, 3만 원대
스테인드글라스조명	서울풍물시장, 10만 원대
도기 펜던트조명	비츠조명, 5만 9천 원
주방 수납장	메스티지데코 레트로 쉘프 캐비닛, 40만 원대
주방 가구	이케아 METOD HAGGEBY
가족실 조명	모두 이케아, 2~4만 원대
가족실 소파	을지로가구거리, 30만 원대
가족실 의자	업소몰, 11만 5천 원
가족실 테이블	업소몰, 10만 원
욕실 가구	이케아 SILVERAN
아이들 침대	이케아 MINNEN 철제침대, 17만 8천 원
침구	데일리라이크, 11만 원

23평 쌍문동의 알리샤 하우스

복원과 재생
그리고
맞춤형 거주공간

 하우스 스토리

노스탤지어를 꿈꾸다

누구나 인생을 살면서 스스로 걸음을 멈추고 뒤를 돌아볼 때가 온다. 강성진(40), 이지현(39) 씨 부부에게는 결혼 10년차가 되는 40이라는 나이가 그랬다. 다시금 인생의 출발선에 서서 부부는 열심히 살아온 삶을 되돌아봤고, 더 늦기 전에 새로운 도전을 해보기로 했다. 아이들에게 영어를 가르치는 아내를 위한 공부방, 반려견 월이 마음껏 뛰어놀 수 있는 마당, 남편을 위한 작업실까지. 자신들이 꿈꾸던 공간을 충실히 갖춘 맞춤형 거주공간을 마련해보기로 한 것이다.

수없이 발품을 판 끝에 찾아낸 곳은 1976년에 준공된 단독주택이었다. 지어진 지 무려 40년이 지난 노후주택이지만 부부는 오히려 오랜 건축물이 가진 세월의 의미를 복원하고 재생시키고 싶었다고 한다. 집이 가진 과거의 향취를 현재와 연결시킬 수 있는 요소를 고민한 것이다. 그 징검다리로 선택한 재료가 바로 나무였다.

부부의 집은 전체가 큰 나무박스 같은 느낌인데 주거공간인 1층 벽면은 미송합판으로 통일했고, 아내를 위한 반지하 공부방은 나무 조각들을 모아 압착한 OSB합판으로 제작했다. 이런 새로운 목재들은 이미 40년의 시간을 거쳐 온 고재들과 어우러져 나무 특유의 투박하지만 따스하고 편안한 감성을 완성시켰다. 여기에 책장을 가득 채운 책들과 무심히 놓인 빈티지 소품들, 비밀스런 아지트처럼 마냥 숨어들어 책을 읽을 수 있는 다락까지. 옛 추억을 떠오르게 하는 집 안 곳곳의 레트로풍 인테리어도 감각적이다.

"거친 바다를 향해하는 선박들은 안전을 기원하며 여자의 이름으로 배를 명명하잖아요. 거기에 착안해 앞으로 무탈하게 지내자는 의미에서 아내의 영어 이름인 '알리샤'를 집 이름으로 정했습니다."

과거의 시간과 현재의 공간이 만난 집 '알리샤 하우스'에서 부부는 인생의 두 번째 전성기를 위한 닻을 올렸다. 앞으로 이들이 항해할 새로운 삶이 지금처럼 언제나 즐겁고 설렘 가득하기를 기원한다.

Before

After

하우스 구조와 특징

반지하 29.75㎡(9평)
아내 지현 씨가 운영하는 영어과외 공부방. OSB합판을 활용해 거주공간과 구별되는 독특한 분위기를 연출했다.

1층 74.51㎡(22.54평)
알리샤 하우스의 주 생활공간으로 거실, 주방, 침실, 욕실, 드레스룸이 위치한다.

다락 13.85㎡(4.19평)
기존의 다락을 허물고 새롭게 재구성한 곳으로 서재, 작업실과 더불어 부부가 즐길 수 있는 엔터테인먼트 요소가 가득한 공간이다.

1 원래는 적벽돌이었던 집인데 그레이, 화이트 컬러로 모던하게 페인트칠했다. 현관문에는 개방감을 위해 가로 80cm x 세로 150cm의 창을 만들었다.
2 집 옆으로 약 9m의 골목이 나 있다. 도로에서 주택으로 들어서는 통로인 동시에 마당 겸 주차장의 역할을 한다. 자연스러운 야외공간 연출을 위해 잔디 위에 디딤돌을 디자인했다.

1 면적이 협소한 현관에는 앤디워홀의 페인팅 포스터와 미니멀한 의자, 웰컴 화분 등 최소한의 기능적 요소만 배치했다. **2** 신발장은 중문 옆으로 매립해 설치했는데, 뒤쪽 욕실 벽을 일부 터서 안으로 밀어 넣은 것이다. **3** 튀어나온 신발장과 자연스럽게 연결해 욕실에 수납공간을 만들었다. **4** 주방과 거실 등 공용공간이 막힘 없이 하나로 연결돼 있는 알리샤 하우스 내부. **5** 현관 맞은편에 위치한 책장. 원래 안방 문이 있던 위치인데 현관에서 안방이 보이지 않도록 벽을 막고 선반을 설치했다. 책장은 전용 사다리를 이용하거나 다락에서 손을 뻗어 활용한다. **6** 벽은 미송합판, 바닥은 짙은 계열의 티크원목을 헤링본 패턴으로 시공했다.

책장 밑으로 빈티지 라디오와 타자기, 부부의 사진을 콜라주한 액자를 두어 인테리어했다.

중층 구조의 열린 집을 만들다

주거공간인 1층은 원래 곳곳이 벽으로 막혀 작은 공간들로 쪼개져 있는 벽식 구조였다. 벽이 내부를 구획하는 역할과 하중을 지지하는 구조체의 역할을 동시에 수행하는 것인데, 그러다 보니 벽으로 나뉜 공간의 크기는 비효율적으로 협소해질 수밖에 없었다. 부부는 이런 벽식 구조를 가구식 구조로 전환해 철골로 구조를 재설치하는 과정에서 벽이나 기둥을 건물의 끝으로 옮겨 하나로 탁 트인 공용공간을 만들었다. 벽으로 인한 경계를 없애 가족이 소통하며 함께할 수 있는 열린 공간으로 만든 것이다. 또한 천장의 구조 프레임을 와플 형태의 격자 모양으로 디자인한 뒤, 화이트 도장으로 마감해 개성 있게 연출했다.

부부가 이런 대대적인 구조변경을 하며 중요하게 생각한 점은 '비움'이었다. 바닥 면적을 욕심내지 않고 다락을 작게 계획한 덕분에 1층의 일부는 바닥부터 천장까지 약 5m에 이르는 높은 천

1층의 포인트가 되는 격자 디자인의 천장이 독특하다.

장고를 갖게 되었다. 이곳에는 긴 선반을 설치해 아내가 십수 년간 모아온 영어소설 책들을 진열했다. 높은 천장고를 드라마틱하게 부각시키면서 아래층과 위층을 자연스럽게 연결하는 통로 역할을 한다.

나무로 따스한 감성을 더한 집

부부는 벽을 마감하는 재료로 미송합판을 선택했다. 기존의 공간을 복원하고 재생하는 프로젝트인 만큼 오래된 것과 새것을 자연스럽게 연결하는 요소로 나무를 선택한 것이다. 때문에 1층은 주방을 제외하고 모든 공간이 미송합판으로 둘러싸여 있는데, 이는 부부가 원하는 분위기를 연출함과 동시에 공사비 절감이라는 효과도 누릴 수 있는 효율적인 방법이었다.

목공사는 일반적으로 자재 반입 후 작업 선반 설치 → 하자작업 → 보강 → 단열시공 → 합판시공 → 석고보드 → 마감재(벽지, 도장)의 순으로 이루어진다. 그러나 알리샤 하우스는 뒷공정을 생략하고 합판시공 후 그대로 오일스테인을 발라 마감했다. 공사과정을 최소화하고 재료를 통일함으로써 일반 벽지마감보다 약 20~30%의 비용을 절감할 수 있었다.

유일하게 페인트 도장을 한 주방 또한 이런 나무의 질감과 자연스럽게 어우러질 수 있는 컬러를 선택했다. 베이스가 되는 화이트를 미세한 노란빛이 감도는 색으로 선택해, 합판과 함께 편안하면서도 포근한 분위기를 연출한 것이다.

다락은 부부가 좋아하는 것들을 잔뜩 모아놓은 아지트다. 남편의 서재 겸 작업실도 있고, TV와 소파를 배치해 세컨드 거실로도 활용한다. 그러나 무엇보다 부부가 가장 좋아하는 장소는 맨 구석자리인 독서공간이다. 마치 오래된 골목에 숨어 있는 정겨운 책방을 연상케 하는 곳으로, 따뜻한 담요 위로 푹신한 쿠션을 두고 주변에 좋아하는 장르의 책들을 둘러 놓았다. 휴일이면 향긋한 커피와 함께 뒹굴뒹굴 누워 책을 읽는 부부만의 달콤한 휴식공간이다.

---

1 주방은 화이트 도장으로 다른 공간들과 차별화를 두었다. 냉장고 앞쪽에 오픈 장을 두어 주방의 경계를 표시하는 것은 물론 수납과 진열을 동시에 해결했다. 이처럼 오픈 장으로 유연한 공간구성이 가능하다. 2 기존의 주방과 다용도실을 하나로 터 5m 길이의 주방을 만들었다. 기둥처럼 보이는 곳은 수납장으로 전자레인지, 밥솥 등을 보이지 않게 숨기는 역할도 한다.

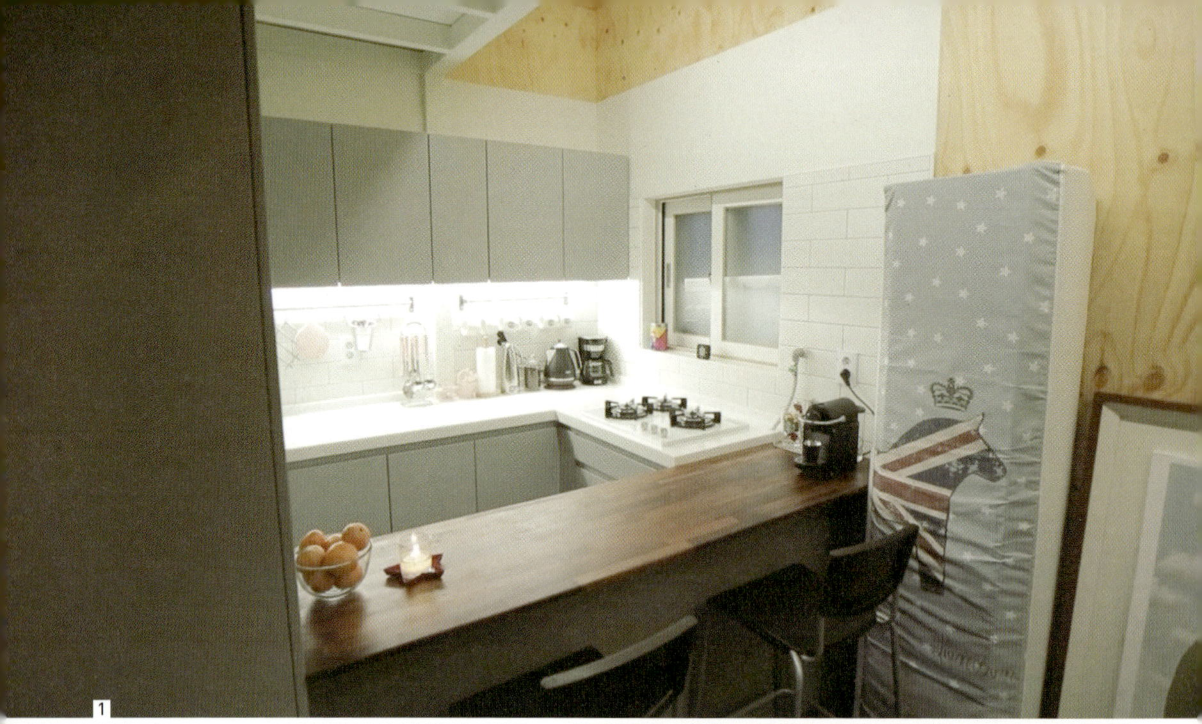

1 후드 시스템을 생략하고 창문 아래에 쿡탑을 배치했다. 아일랜드 식탁은 주방가구와 연결해 동선이 편리하도록 만들었다. **2** 숙면을 위해 최소한의 가구만 배치한 안방. **3** 방문 대신 리넨커튼으로 공간을 구분한 드레스룸. **4** 효율성을 높이기 위해 장롱, 오픈 장, 행잉 옷걸이 등 옷에 따라 수납방식을 달리했다. **5** 계단 하부에 작은 책상과 함께 반려견의 집을 두었고, 위에는 아내의 텀블러 컬렉션을 진열할 수 있는 선반을 제작했다.

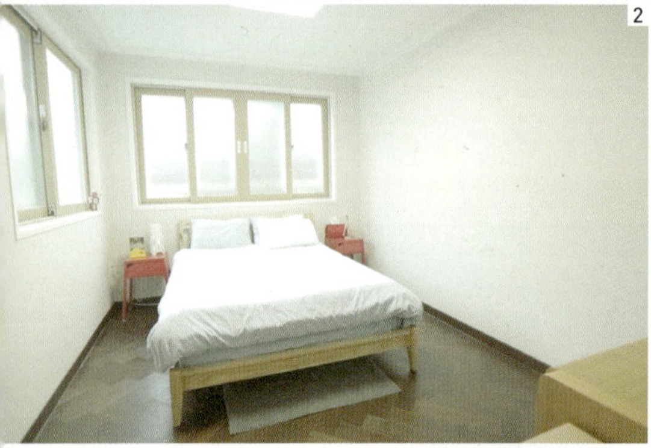

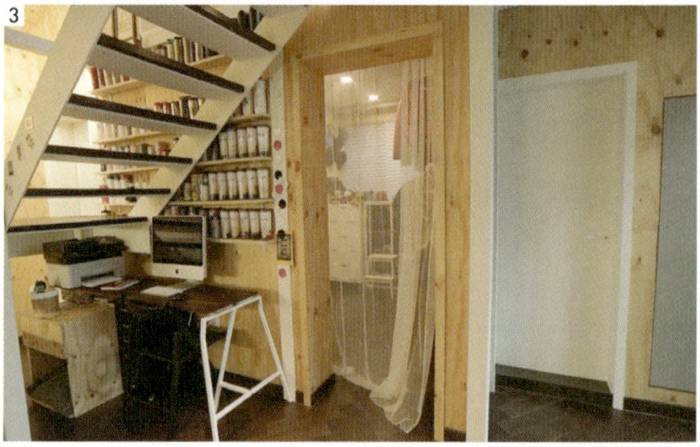

1 | 2
3 | 4

5

1 다락으로 올라가는 계단은 의자처럼 걸터앉아 이야기를 나눌 수 있는 장소다. **2** 일반 바닥재가 아닌 내구성이 좋은 구조목을 깔고 브라운 컬러의 수성스테인을 칠해 바닥을 제작했다. 지붕 밑으로 오래된 대들보가 노출돼 있는데 대들보와 미송합판 벽, 구조목 바닥이 하나로 어우러진다. **3** 작업실 및 세컨드 거실로 활용하는 다락. 소파, TV 등 부피가 큰 가구를 다락에 두어 1층 거실을 넓게 활용한다. **4, 5** 다락 구석에 자리한 책방. 공사 후 남은 콘크리트 블록과 구조목을 활용해 책장 선반을 만들고, 편하게 기댈 수 있는 쿠션과 플로어 스탠드를 두었다.

아내를 위한 반지하 공부방

남편 성진 씨가 단독주택을 구입하기로 결심한 계기 중 하나는 영어교육 일을 하는 아내에게 독립적인 공간을 마련해주고 싶어서다.

"개인적으로 학창시절 영어를 재미있게 배우지 못했던 것이 늘 아쉬웠어요. 그래서 아이들이 호기심을 가질 수 있는 공부공간을 만들어보자 생각했죠."

기존에 세를 주던 반지하를 영어도서관으로 운영되는 전실과 수업을 위한 스터디룸, 세면실, 게스트룸으로 바꾸었다. 내부는 천장부터 바닥, 벽, 벤치의자와 선반까지 모두 OSB합판으로 통일했다. 나뭇조각을 모아 압축해 만든 OSB합판은 저렴하면서도 내구성이 좋은 자재로, 특유의 거

1 외부 현관을 통해서만 반지하로 이동할 수 있다. 2, 3, 4 영어도서관으로 운영되는 전실에는 OSB합판으로 공간과 일체화된 가구를 제작했다. 스터디룸은 전면에 설치된 화이트보드와 블랙 타일 바닥의 대비로 정제되고 집중력 높은 교육환경을 유도한다.

칠거칠한 느낌과 자유분방한 결이 나무 본연의 안정감과 어우러져 공간에 독특한 활기를 부여해준다.

   반지하이기 때문에 또 하나 특별히 신경 쓴 점은 습기다. 부부는 습기를 최소화하기 위해 기존의 벽체 위에 별도의 액체방수 처리를 했다. 덕분에 반지하지만 눅눅하지 않고 쾌적한 공간을 완성할 수 있었다. 만약 습기가 훨씬 많은 곳이라면 공간벽 띄우기로 벽체를 쌓아 물이 밖으로 흐를 수 있는 길을 만들어주는 것이 좋다.

강성진, 이지현 씨 부부의 깔끔한 작은 집 디자인을 위한 조언

마감재 통일하기
마감재를 통일하면 단순함에서 전달되는 심미적 만족감 외에 기능성, 쾌적성의 효과를 얻을 수 있다. 비용적인 측면에서도 효율적이고 집 안 전체를 통일감 있게 디자인해 작은 공간에서 확장감을 느낄 수 있다.

하우스 정보

대지 위치 : 서울시 도봉구 쌍문동
건물 규모 : 지상 1층(지하, 다락 별도)
대지 면적 : 121.70㎡(36.81평)
건축 면적 : 74.51㎡(22.54평)
연면적 : 74.51㎡(22.54평)
설계 및 시공 : 설계-오사(5osa), 잉글랜드버틀러 / 시공-잉글랜드버틀러

• 비용

리모델링비	9천 8백만 원
신발 선반	주문제작, 30만 원
거실 책장	이케아 알고트 선반 시스템, 20만 원 (레일, 브래킷, 선반 등 세 개 부품으로 구성 / 원하는 개수만큼 장착 가능)
빈티지 소니 라디오	해외 구매, 20만 원
빈티지 타자기	해외 구매, 15만 원
욕실 타일	포세린 타일 60cm*60cm, ㎡당 3만 원(시공비 별도)
드레스룸	이케아 리넨 커튼, 5천 원
미송합판	㎡당 1만 8천 원(시공비 별도)
바닥재	헤링본 티크우드 바닥재, 구정마루 프라하
식탁 의자	이케아 아일랜드 스툴, 개당 3만 원
다락 바닥	S.P.F 구조재 위에 본덱스 수용성 스테인 시공, ㎡당 2만 2천 원(시공비 별도)
OSB합판	㎡당 1만 7천 원(시공비 별도)

17평 홍은동의 주택

동네 풍경을 바꾸는 집

 스토리

나무로 지은 세로 집

건축가인 박희령(46) 씨는 10년 전, 가족을 위해 집 한 채를 짓기로 결심했다. 70년대에 지어진 양옥집을 허물고 그 자리에 주거공간과 임대공간을 충실히 갖춘 보금자리를 마련하기로 한 것이다. 그런 그녀가 집을 지으며 목표로 세운 한 가지가 있었는데 바로 '동네의 풍경'을 바꾸겠다는 것!

홍은동은 희령 씨가 어릴 때부터 터전으로 삼아온 고향 같은 곳이다. 그녀는 그런 자신의 동네가 서울의 다른 주택 밀집 지역들처럼 오래된 주택과 비슷하게 생긴 다세대 건물들로 점점 특색을 잃어가는 것이 안타까웠다고 한다. 건축가로서 집이란 사는 사람의 개성을 표현할 수 있어야 하고, 그렇게 지어진 집들이 모여 동네가 무지개처럼 다채로워진다고 믿기 때문이다. 그래서 그녀는 자신의 집을 출발점으로 삼기로 했다. 외부를 노출 콘크리트와 방킬라이 방부목으로 마감하고, 중간중간에는 컬러를 넣은 강화유리를 시공해 특별함을 더했다.

내부도 흥미롭다. 일반주택들이 시루떡처럼 똑같은 구조를 층층이 쌓는 형태라면, 홍은동 주택은 중간에 있는 계단을 기점으로 세로로 나뉜다. 즉, 면적이 옆으로 펼쳐지는 것이 아니라 폭이 좁은 두 개의 매스가 계단을 기준으로 나란히 위치하는 형태다. 때문에 가족이 거주하는 집도 20평 내외인 3, 4층이 하나로 연결된 중층 구조로 설계할 수 있었다.

홍은동 주택은 2006년에 완공됐으니 올해로 벌써 10년차인 집이다. 강산도 바뀐다는 10년이지만 홍은동 주택은 여전히 동네 한가운데서 그 빛을 잃지 않고 서 있다. 주변에서도 '나무로 지은 집'이 어디냐 물으면 희령 씨네를 가리키니 이만하면 남다른 집을 짓고 살겠다는 10년의 여정이 성공한 것이 아닐까. 그럼 지금부터 건축가로서 그녀의 자부심과 개성이 어우러진 홍은동 주택을 만나보자.

마을 속 홍은동 주택의 모습

하.우.스 구조와 특징

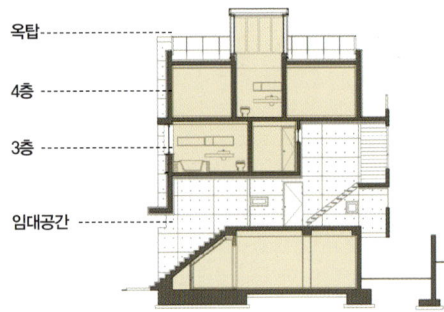

임대공간
모든 층이 계단을 중심으로 세로축으로 나뉜다. 좌측은 1층부터 4층까지 상가 및 주거임대로 우측은 1, 2층은 임대, 3, 4층은 가족의 주거공간으로 사용된다.

3층 56.24㎡(17.01평)
가족의 생활공간이 시작되는 층으로 거실, 주방, 다이닝룸 등 공용공간이 위치한다.

4층 67.96㎡(20.56평)
안방과 두 아이의 방이 위치한 개인공간이다.

옥탑 16.56㎡(5.01평)
가족의 휴식공간인 비밀 옥탑이 위치한다. 옥탑 앞으로 31㎡(9.38평), 뒤로 34㎡(10.29평)의 외부 테라스가 펼쳐진다. 밖으로는 푸릇한 잔디가 깔려 있어 마당처럼 활용된다.

1 콘크리트, 방킬라이, 강화유리를 사용해 디자인한 홍은동 주택 외관. **2** 중앙에 일자형의 계단을 배치해 건축주의 주거공간인 3층으로 바로 이동할 수 있다. **3** 계단 천장은 외부에 사용된 방킬라이, 바닥은 베이스 판넬을 시공했다.

하.우.스 인테리어 레시피

방킬라이

방킬라이는 목재 자체에 방부기능이 있는 천연 방부목으로 병충해나 곰팡이, 물에 강한 특징이 있다. 또한 조직이 단단하고 치밀해 무게감이 있어 수축이나 휘어짐 등의 변형이 적다. 홍은동 주택은 2006년 완공 이후 오랜 시간이 지났음에도 외부에 시공한 방킬라이가 틀어짐 없이 유지되고 있다.

건축주의 한마디!

계단실을 방킬라이와 베이스 판넬로 시공한 이유

"외부와 내부가 자연스럽게 연결되는 느낌을 주고 싶었어요. 그래서 계단실 천장은 외관과 동일한 방킬라이를, 바닥엔 베이스 판넬을 사용했죠. 베이스 판넬은 계단 치수로 적당하게 만들어져 나오고 시공방식도 간단할 뿐 아니라, 외부 마감재인 노출 콘크리트와 비슷한 느낌을 연출하는 데 좋은 재료입니다."

1 벽처럼 보이는 대형 중문이 있는 2.30㎡(0.7평)의 현관. 마치 폐쇄된 공간처럼 보이도록 했다. 중문은 피벗경첩을 설치해 세로축으로 문이 움직인다. 2 복도 한쪽에 강화유리로 약 5m 길이의 붙박이장을 설치했다. 옷, 에어컨 등을 넣어두는 다목적 수납공간으로 활용된다. 3 중문 중간에 불투명한 폴리카보네이트를 넣어 개방감을 확보했다. 4 자작나무를 활용해 가로 150cm x 세로 75cm 크기로 제작한 식탁을 중앙에 배치해 자연스럽게 주방과 복도를 구분했다.

3층_ 벽지와 페인트 대신 자작나무를 두른 집

집을 인테리어 할 때 보통 건축주의 99%가 벽면을 벽지나 페인트로 시공한다. 하지만 홍은동 주택은 역시나 이런 고정관념을 거침없이 벗어던졌다.

주거공간이 시작되는 3층에 들어서면 마치 커다란 통나무집 안에 들어와 있는 듯한 느낌이 든다. 벽부터 가구, 문, 계단, 수납공간까지 집의 대부분을 자작나무로 시공했기 때문이다. 특히 벽은 합판과 각목으로 하지작업을 한 뒤 타카핀 및 본드시공을 했는데, 온장 사이즈 (2,440cm x 1,220cm)의 자작나무판을 통째로 붙여 나뭇결이 살아있는 편안하고 따스한 공간을 연출했다.

"자작나무로 시공하면 오랜 기간이 지나도 질리지 않는 자연스러움을 느낄 수 있을 것 같았어요. 심플하고 모던하면서도 친환경적인 공간을 연출하고 싶었거든요."

일반적으로 자작나무를 시공하면 밝은 크림색을 띤다. 하지만 홍은동 주택은 전체적으로 약간 노르스름한 빛을 띠고 있는데, 이는 목재가 장기적으로 빛에 노출되며 점점 색이 짙어졌기 때문이다. 세월이 흐를수록 집주인의 손때가 묻어 더욱 성숙해지는 것이다.

1 모든 공간을 자작나무로 합판으로 통일했다. 2, 3 19.60㎡(5.93평)의 거실은 창문 앞으로 난간 대신 긴 테이블을 제작했다. 창밖을 바라보며 책을 읽거나 티타임을 즐길 수 있는 장소다. 창문을 열고 싶으면 테이블의 일부를 분리하면 된다.

하.우.스 인테리어 레시피

자작나무의 장점
자작나무는 추운 지역에서 자라는 낙엽활엽수 교목으로 백색을 띠며, 조직이 단단하고 치밀해 내구성이 좋고 휘어짐이 적다. 가공 시 우수한 품질을 나타내기 때문에 건축물의 내·외부 및 가구 등 다목적으로 활용된다.

하.우.스 인테리어 레시피

Q. 자작나무 벽이 빛이 바래거나 오염되었을 경우 어떻게 해야 하나요?
자작나무 벽은 청소 시 마른 걸레로 자주 닦아주기만 하면 유지 및 관리가 쉽다. 새것처럼 보이고 싶다면 가볍게 흠집을 제거하고 표면을 매끄럽게 하는 샌딩작업을 한 뒤 오일스테인을 칠하면 회복이 가능하다. 시공 후 시간이 지나면 손상되는 벽지와 달리 재활용이 가능한 소재다.

1 월풀 욕조를 둔 욕실. 벽면에는 거친 재질의 모자이크 타일을 시공했다. **2** 7㎡(2.12평)의 주방은 면적이 협소해 주방가구를 콤팩트하게 설치했다. **3** 주방 한쪽에 접었다 폈다 할 수 있는 접이식 테이블을 설치했다. 경첩을 벽에 붙인 뒤 상판을 연결하고, 하부로 분리 가능한 다리를 달면 된다.

4층_ 계단을 활용한 독서공간

희령 씨는 책을 좋아하는 두 아이를 위해 꼭 책을 읽을 수 있는 장소를 만들어주고 싶었다고 한다. 사면이 벽으로 둘러싸인 공부방이 아닌, 햇살 아래 자유롭게 책을 읽고 창의적인 사고를 할 수 있는 그런 장소 말이다.

고민 끝에 선택한 위치는 4층으로 이동하는 내부 계단이다. 내부 계단은 위아래가 교차하며 중간에 계단참이 있는 형태로, 이 계단참과 연결해 하부로 자작나무 벽을 세웠다. 그러자 나무로 둘러싸인 약 20㎡(6.05평)의 작은 동굴이 생겼는데, 희령 씨는 이 동굴과 그 윗부분인 계단참을 활용해 아이들의 독서공간을 만들었다. 전면으로 창을 배치해 채광을 확보하고, 책을 올려놓을 수 있는 긴 테이블을 제작한 것이다.

"이 집을 처음 지었을 당시 아이들이 어렸어요. 아이들은 좁고 숨겨진 곳을 좋아하잖아요? 그래

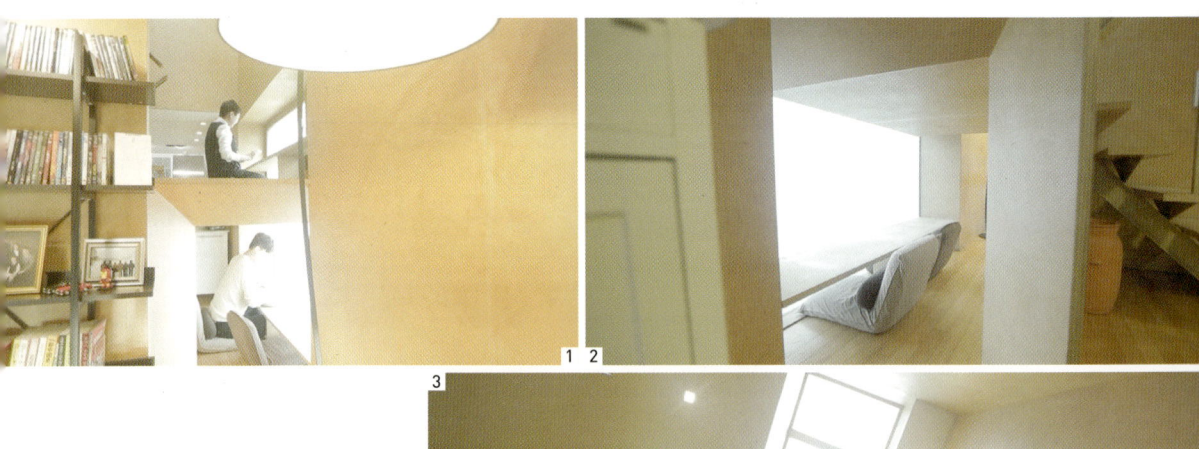

1 계단참의 위아래를 활용해 만든 독서공간. 2 창문 앞에 3cm 두께의 자작나무를 활용해 긴 테이블을 제작했다. 계단 통로를 통해 주방과 거실이 이어진다. 3 위로 가로 2.4m × 세로 1.15m 크기의 대형 천창을 만들어 채광을 확보했다.

서 계단을 활용해 아이들이 흥미를 느낄 만한 독서공간을 만들어보자 생각한 거죠."
 이 공간은 주방과 거실을 이어주는 통로가 되기도 한다. 평범하게 계단을 돌아 거실로 이동하는 방법 외에 통로를 통해 집 안을 가로질러 이동하는 방법을 추가한 것이다. 또한 거실과 주방 사이에 계단실이 위치하다 보니 부모가 양쪽 어디에 있든 아이들과 마주하며 소통할 수 있다.

1 계단을 오르자마자 보이는 4층의 모습. 양쪽에는 방이, 정면에는 화장실이 있다. 2 계단에 올라오자마자 화장실이 보이는 것이 싫어 대형 슬라이딩도어를 제작해 벽처럼 보이도록 했다. 3 남향으로 난 창은 해가 많이 들어 오히려 학업에 방해가 될 수 있기에 아이들 방은 북서향으로, 안방은 남향으로 배치했다.

> **하.우.스 인테리어 레시피**
> **학습능률을 높이기 위한 아이 방 책상 연출법**
> 아이의 책상을 빛이 적당히 들고 채광이 일정히 유지되는 곳에 배치하면 아이들에게 심리적으로 안정감을 줄 수 있다. 남향보다는 북서향의 방을 택하거나, 햇빛이 비스듬히 드는 자리 혹은 창을 등지고 책상을 배치하는 것도 좋다. 더불어 학습능률을 높여줄 인체공학적 디자인의 가구를 사용하고, 조명 또한 방의 밝기나 작업의 종류에 맞춰 자유롭게 조도 및 각도를 조절할 수 있는 제품이 좋다.

쉼이 있는 히든 스페이스, 옥탑

홍은동 주택을 찾는 대부분의 사람들이 4층이 집의 마지막 공간이라고 생각하고 발길을 돌린다. 하지만 여기에는 가족들만 아는 비밀 공간이 하나 더 있다. 바로 천장에 감춰진 접이식 사다리를 내리면 등장하는 옥탑이다.

옥탑은 가족이 좋아하는 것들을 모두 모아놓은 곳이다. 책과 영화를 마음껏 볼 수 있고, 때로는 LP 수집이 취미인 부부의 음악 감상실이 되기도 한다. 푸릇한 잔디가 펼쳐지는 옥탑에서 채소와 꽃을 키우고, 주말이면 종종 바비큐 파티도 연다. 일상에서 받은 스트레스를 해소하고 삶의 활력을 되찾는 작은 휴양지인 셈이다.

"대부분의 사람들이 힐링을 위해 여행에 많은 돈을 쓰잖아요. 그런데 정작 가장 많이 머무르는 집에는 소홀한 것 같아요. 집이 진짜 힐링 공간이 된다면 매일 여행을 온 듯 행복함을 느낄 수 있지 않을까요?"

1, 2 4층 천장에서 내려오는 접이식 사다리. **3** 16.56㎡(5.01평) 크기의 옥탑. 한쪽 벽을 가득 채울 만큼 큰 책장과 테이블을 두었으며, 암막커튼과 빔 프로젝터를 설치해 영화를 볼 수 있도록 했다. **4** 폴딩도어를 열면 옥탑의 내부와 외부를 연결해 사용할 수 있다.

🏠 **박희령 씨의 자작나무 벽 연출에 대한 조언**

합판의 두께는 9mm 이상을 추천
합판의 두께는 상황에 따라 다양하게 사용하는 것이 좋다. 이때 합판이 너무 얇으면 변형이 잘 되므로 적당한 두께감이 있는 것을 선택하자.

합판의 크기나 두께 등에 변화를 주어 다양한 디자인 시도해보기
홍은동 주택은 합판 온장을 벽에 그대로 붙여 깔끔하게 디자인했지만, 합판의 크기나 두께에 조금만 변화를 주면 색다른 느낌을 연출할 수 있다. 예를 들어 합판을 작은 사이즈로 재단해 조각조각 붙이거나 두께를 달리해 변화를 주는 식이다.

하우스 정보

대지 위치 : 서울시 서대문구 홍은동
건물 규모 : 지상 4층(다락 별도)
대지 면적 : 209.68㎡(63.43평)
건축 면적 : 124.98㎡(37.81평, 임대공간 포함)
주거면적 : 3층—56.24㎡(17.01평), 4층—67.96㎡(20.56평)
연면적 : 476.23㎡ (144.06평)
용적률 : 227.12%
건폐율 : 59.4%
설계 및 시공 : 설계—신도 건축 / 시공—신도건설

• 비용

건축비	4억 5천만 원
자작나무 온장	장당 약 4만 원
창호	LG트라움
주방 타일	㎡당 6만 원(시공비 별도)
펜던트조명	라이마스, 6만 원
플로어 조명	라이마스, 20만 원
거실창 테이블	자체제작, 약 10만 원
계단창 테이블	자체제작, 약 7만 원
철제 선반장	인터넷 구입, 60만 원
옥탑 테이블	미송 집성목 합판, 다리 이케아

INTRO

전통의 멋과 온고지신의 지혜를 담은 리모델링 하우스

온고지신(溫故知新)의 정신은 유독 주택에서만큼은 간과되는 듯하다. 우리의 전통가옥인 한옥의 고즈넉함과 품격을 좋아하면서도, 편리함을 이유로 이를 잘 선택하고 있지 않기 때문이다. 그러나 한국 사람이라면 누구나 목재가 주는 편안함, 대들보와 서까래의 조화가 만들어내는 아름다움, 대청마루와 누마루(지면으로부터 높이 띄워 습기를 피하고 통풍이 잘 되도록 만든 원두막 형식의 높은 마루)에 앉아 바람과 경치를 즐기는 정취에 대한 향수를 가지고 있을 것이다.

〈하.우.스〉에서 소개한 '하우스'들 중 양옥의 실용적인 틀은 그대로 유지하되, 내부에 한옥의 아름다움을 더한 집들이 있다. 현재의 시간 위로 옛 시간을 얹어, 세월이 주는 진한 여운과 낭만을 누리는 집들. 우리가 잠시 잊고 있던 전통의 멋을 되살린 집들이다.

지금부터 소개하는 두 집 모두 한옥의 누마루를 자신들만의 방식으로 재해석했다. 어떻게 다른지 비교해보는 것도 이 두 집을 만나는 즐거운 포인트가 될 것이다.

23평 연남동 주택

40년 구옥의 정취를
품은 모던 하우스

하우스 스토리

40년 넘은 구옥에 조화롭게 재현해낸 전통과 현대식 공간

건축가 유진상(49), 황귀용(43) 씨 부부는 연남동에 있는 40년 넘은 구옥을 구입해 리모델링을 진행했다. 그 과정에서 많은 이들의 호기심 어린 시선을 받았는데, 양옥이 분명한데도 한옥을 연상케 하는 모티브들이 군데군데 포착되었기 때문이다. 연남동 주택은 현대식 공간과 전통의 공간을 동시에 누릴 수 있는 의미 있는 곳이다. 한옥을 모던하게 재해석하기 위해 건축가의 창의적인 아이디어와 독창적인 디자인 감각이 총동원됐고, 그렇게 완성된 공간들은 누구나 한번쯤 따라해 보고 싶을 정도로 흥미롭다.

하우스 구조와 특징

방 세 개를 하나로 합친 후 한옥의 실용적인 누마루를 들인 거실

천장과 함께 기존에 있던 작은 방 세 개를 터서 하나의 거실로 만들었다. 그러자 천장에 3.85m의 높이지만 양쪽의 폭이 좁은 공간이 만들어졌다. 유진상 씨는 이를 어떻게 활용할지 고민에 잠겼다. 그때 떠오른 것이 한옥의 누마루다. 창문 쪽으로 평상 형태의 누마루를 제작하면 하부에 수납도 할 수 있고, 창을 통해 바깥 경치도 즐길 수 있는 운치 있는 공간이 완성될 것 같았다.

"창밖을 보며 여유를 즐길 수 있고, 거실 수납까지 해결할 수 있어 편리합니다. 저희처럼 천장고가 높고 폭이 좁은 공간이라면 한번쯤 시도해봐도 좋을 것 같습니다."

먼저 창과 높이를 맞춰 박스 형태의 틀을 만든 뒤 앞쪽은 서랍장으로, 뒤쪽은 넉넉한 수납 칸 형

1 벽과 기와지붕을 하얗게 도장하고, 목재로 곳곳에 포인트를 준 연남동 주택의 외관. 동네와 단절된 느낌이 싫어 대문을 안쪽으로 옮기고 앞마당을 일부 오픈했다. 2 작은 창을 내어 햇빛을 집 안으로 들이면서, 문을 열 때 사람의 얼굴을 마주할 수 있도록 만든 현관문. 옆집과 맞닿은 쪽에는 난간을 설치했는데, 답답하지 않도록 방부목을 격자 모양으로 디자인했다.

1 거실 한쪽에 만든 누마루. 수납을 고려해 높이 65cm, 폭 165cm로 만들었다. 공간을 크게 둘로 나눠 앞쪽은 서랍으로, 뒤쪽은 일체형 수납공간으로 활용한다. 천장은 한옥의 천장구조에서 영감을 받아 디자인했다. 구조재는 더글라스, 장식재는 햄록과 스프러스 그리고 오비스기 목재를 사용했다. **2** 창이 있는 벽에 목재로 프레임을 짜 넣어 책장처럼 만들었다.

태로 제작해 수납의 효율을 최대화했다. 그리고 난간을 설치했는데 이 또한 한옥의 머름(창 아래 설치된 높은 문지방)을 재해석해 디자인한 것이다. 머름 덕에 누마루가 더욱 특별해 보인다. 공간의 완성도를 높이는 것은 역시 이런 디테일의 한 끗 차이다.

'소창다명 사아구좌(小窓多明使我久坐)'라는 추사 김정희의 글귀가 있다. 작은 창이 밝으니 그곳에 오랫동안 앉아 있게 된다는 뜻이다. 부부는 누마루에 앉으면 이런 즐거움을 누릴 수 있다고 말한다. 조금만 생각을 바꾸면 평범한 양옥에서도 이런 멋진 공간을 만들 수 있다.

하.우.스 인테리어 레시피

Q. 연남동 주택처럼 집에 수납형 누마루를 만들고 싶은데요. 미리 알아두면 좋은 점이 있을까요?

"누마루는 밖을 잘 볼 수 있는 큰 창문 밑에 설치하는 것이 가장 좋습니다. 그리고 다리를 걸쳐 올라가기 좋을 만큼 약 25cm~65cm 사이의 높이가 좋고요. 깊이 1.6m, 폭 2.4m 정도만 확보하면 성인 4명이 둘러앉아 차를 마실 수 있는 공간을 만들 수 있습니다. 개인적으로 오염 방지를 위해 마루에 칠을 하지 않을 것을 추천합니다. 칠을 하지 않으면 사용할 때마다 내추럴하고 따뜻한 목재의 느낌을 즐길 수 있거든요. 혹 나무가 더러워졌을 경우엔 그 부분만 간단히 샌드페이퍼로 갈아내면 다시 새것처럼 깨끗해집니다."

세 가지 컬러만 사용한 집

"이 집에는 코발트블루, 그레이, 아이보리 등 세 가지 컬러만 사용했어요. 면적이 크지 않은 75.80㎡(22.93평)의 단층집이라 너무 여러 색을 쓰면 복잡하고 난해해질 것 같았거든요."

코발트블루 컬러의 현관에서 가장 눈에 띄는 곳은 천장이다. 천장에는 다락의 마루를 지지하는 구조 틀이 노출돼 있는데, 일정한 간격으로 배치된 구조목들 사이로 긴 LED조명을 설치해 빛들이 나무에 부딪히며 간접조명처럼 부드러운 빛을 낼 수 있도록 했다.

주방은 진한 그레이톤의 색감과 목재의 자연스러움이 차분하고 모던하게 어우러지는 공간이다. 중앙에는 큰 테이블을 두어 다목적으로 사용할 수 있도록 했고, 주방은 상부장을 생략한 대신 긴 선반을 제작해 자주 쓰는 그릇과 아기자기한 소품들을 오브제처럼 멋스럽게 진열했다.

"주방이 작아 상부장까지 있으면 너무 답답해질 것 같았어요. 선반에 그릇을 올려놓고 사용하니 아끼는 그릇들을 골고루 자주 쓰게 되는 것 같아서 더 좋아요."

선반이 있던 위치는 원래 집 안으로 들어오는 현관문이 있던 자리다(지금의 현관문은 프라이버시를 위해 안쪽으로 옮긴 것이다). 부부는 이곳에 작은 창을 만들었는데, 주 출입구가 있던 곳인 만큼 바깥

1 코발트블루 컬러의 복도. 창가 쪽에 긴 수납장을 제작해 아이들의 책 및 생활용품들을 보관한다. 2 구조목을 활용해 간접조명처럼 연출한 천장.
3 현관의 수납장 끝에 낮은 45cm 높이의 세면대를 설치했다. 아이들이 집에 들어오자마자 손을 씻을 수 있도록 의도한 것으로, 바쁜 아침시간에는 세면 공간으로 유용하게 활용된다.

1 회색톤으로 통일한 주방 및 다이닝룸. 싱크대 상판은 방부성능이 뛰어난 일본산 삼나무 오비스기를, 서랍형의 하부장은 북미산 블랙 월넛(호두나무)으로 제작했다. **2** 그릇의 무게를 안전하게 지탱하기 위해 선반은 단단하고 조직이 치밀한 북미산 홍송을 선택했다. 그리고 선반 중앙에 위치한 창을 통해 대문 쪽 시야를 확보했다.

1 아이보리 컬러의 벽과 패브릭으로 꾸민 안방. 최소한의 가구만을 두어 깔끔하게 연출했다. **2** 현관과 동일한 디자인의 안방 천장. 침대에 누웠을 때 시선이 닿는 곳에는 조명을 두지 않아 불빛의 방해를 받지 않고 숙면을 취할 수 있도록 했다.

풍경이 잘 보인다는 장점이 있다. 아이들이 집 앞에서 놀거나 손님이 방문했을 경우, 주방에서 쉽게 확인할 수 있어 편리하다.

아이들만을 위한 이색공간, 나무향 가득한 다락

부부는 어린 남자아이만 셋을 두고 있다 보니 아이들이 함께 지낼 여유로운 공간이 있었으면 했다. 한 장소에서 서로 어깨를 부대끼며 뒹굴고 장난칠 수 있는 공간 말이다. 그래서 부부는 세 형제가 아웅다웅 함께 사용할 수 있는 38.2㎡(11.56평)의 다락을 만들었다. 이 다락은 주방과 거실 양쪽으로 오픈된 구조인데, 아이들이 다락에 있어도 부모와 떨어져 있지 않다는 느낌을 주고 싶었기 때문이다.

"주방과 거실, 다락이 하나로 이어져 막힌 부분 없이 소통할 수 있도록 만들었어요. 다락에 있는 아이들이 다른 공간에 있는 엄마나 아빠에게 모르는 걸 물어보기도 하고, 자연스럽게 대화를 나눌 수 있는 집을 꿈꿨죠."

다락은 천장부터 바닥까지 모두 나무를 활용했다. 특히 바닥은 편백나무를 사용해 향긋한 향이 물씬 풍긴다. 부부는 이처럼 집 안 곳곳에 수많은 목재를 활용했는데(리모델링 금액 중 목공사 비용이 전체의 3분의 2를 차지할 정도로.) 아이들이 발을 딛고 손을 뻗는 공간이므로 최대한 친환경적인 집을 만들고 싶었기 때문이다. 또한 나무를 자연스럽게 생활 속에서 경험시켜주고 싶은 마음도 있었다. 그래서 공간마다 다른 종류의 목재를 사용함으로써 목재의 다양한 감촉과 분위기를 느낄 수 있게 만들었다.

1 누마루 반대편에 위치한 다락. 다락으로 올라가는 계단은 아이들이 자주 사용하기에 가파르지 않게 제작했다. **2** 세 형제의 공부방이자 서재 겸 놀이공간으로 활용되는 다락. **3** 안전을 고려해 난간 앞에 책상을 배치했다. 책상 너머로 주방과 연결돼 있다. **4** 화장실에 갈 때 아이들이 계단을 급히 내려오다 다치는 아찔한 상황이 벌어질 수 있기 때문에 다락 한쪽에 양변기만 둔 미니 화장실을 만들었다.

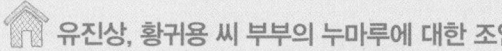 유진상, 황귀용 씨 부부의 누마루에 대한 조언

운치 있게 누마루 즐기기

　누마루를 더욱 운치 있게 즐기기 위해서는 바깥 경치를 내다볼 수 있는 큰 창 밑에 위치시키는 것이 좋다. 또한 한옥처럼 나무 자체의 질감과 향을 즐기기 위해 오염방지를 위한 마감을 하지 않는 것도 방법인데, 만약 이로 인해 나무의 일부분이 오염됐다면 샌드페이퍼로 그 부위만 살짝 갈아내면 된다.

하우스 정보

대지 위치 : 서울시 마포구 연남동
건물 규모 : 지상 1층(다락 별도)
대지 면적 : 145.70㎡(44.07평)
건축 면적 : 75.80㎡(22.93평)
연면적 : 75.80㎡(22.93평)
설계 및 시공 : 설계-건축가 유진상 / 시공-오랑겐바움(orangen baum)

• 비용

대지 구입비	3억 원
건축비	1억 9천 7백만 원

18평 이화동의 누마루 주택

60년의 시간을 잇는 집

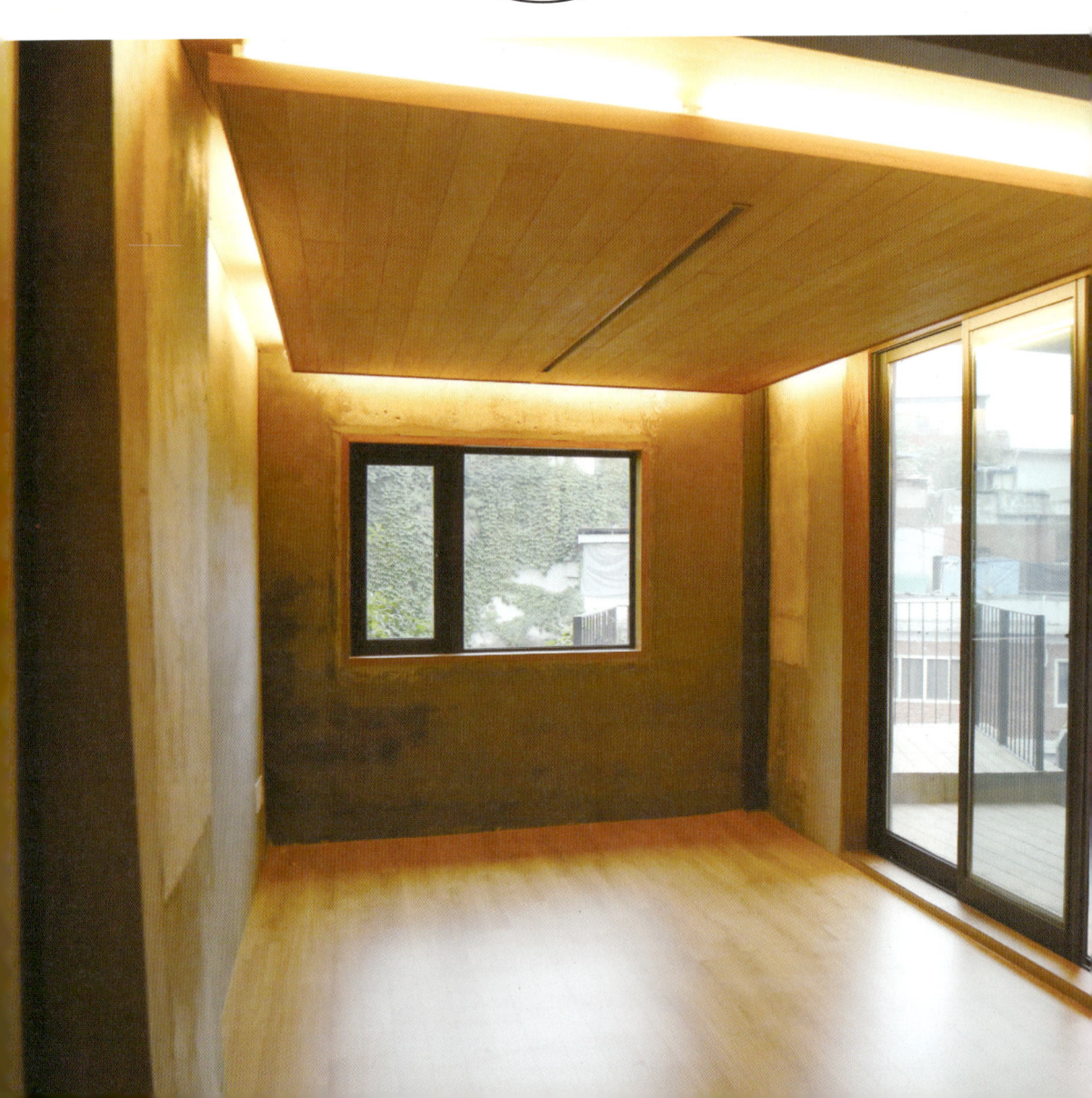

하우스 스토리

옛것을 좋아하는 주인의 취향이 담긴 동네에서 발견한 60년 노후주택

임욱호(48) 씨는 스스로를 '옛것을 좋아하는 사람'이라고 말한다. 그런 그가 우연한 기회에 종로구 이화동에 위치한 한적한 동네를 방문하게 된 것은 어쩌면 운명이었다. 1970년대 혹은 그 이전에 지어졌을 법한 낡은 집들이 모여 있는 동네. 아직도 굽이굽이 이어지는 좁은 골목길을 따라 사람냄새 나는 살가운 풍경이 펼쳐지는 곳. 욱호 씨는 단숨에 동네에 반해버렸고 곧바로 이곳의 주민이 되기 위해 집을 찾아 나섰다. 그리고 1955년에 준공돼 올해로 60년이 넘은 아담한 노후주택 한 채를 만나게 되었다.

Before

After

하우스 구조와 특징

하늘을 열어 바람과 빛을 끌어들이다

1955년에 완공된 전용면적 59.47㎡(17.99평)의 노후주택. 그러나 정작 이 집의 가장 큰 문제는 낡은 집도, 협소한 면적도 아니었다. 옆집과의 간격이 너무 좁아 건물 3면이 모두 꽉 막혀 있었던 것. 무엇보다 환기와 채광을 확보하는 것이 시급했다. 고민하던 욱호 씨 부부에게 건축가는 '하늘을 열 것'을 제안했다. 우선 2층의 바닥 일부를 잘라내 1층과 2층을 유기적으로 연결하고, 지붕 쪽에 큰 천창을 만들기로 했다. 건축가는 여기에 한 가지 아이디어를 더했는데, 기존의 지붕에 있던 널판을 쪼개 천창에 얹어 마치 한옥의 창살처럼 디자인하자는 것이었다.

"기존의 지붕에 있던 널판들을 손으로 일일이 쪼개고 재구성해

1 옆집과 나란히 붙어 있는 집. 벽을 화이트로 칠해 하얀 벽 자체가 빛이 되도록 만들었다. 2 낙엽송 합판으로 만든 대문. 리모델링 전 주택의 주재료가 나무였기에 가능하면 재료의 연속성을 유지하고자 했다. 무쇠 손잡이는 별도 제작 후 달았다.

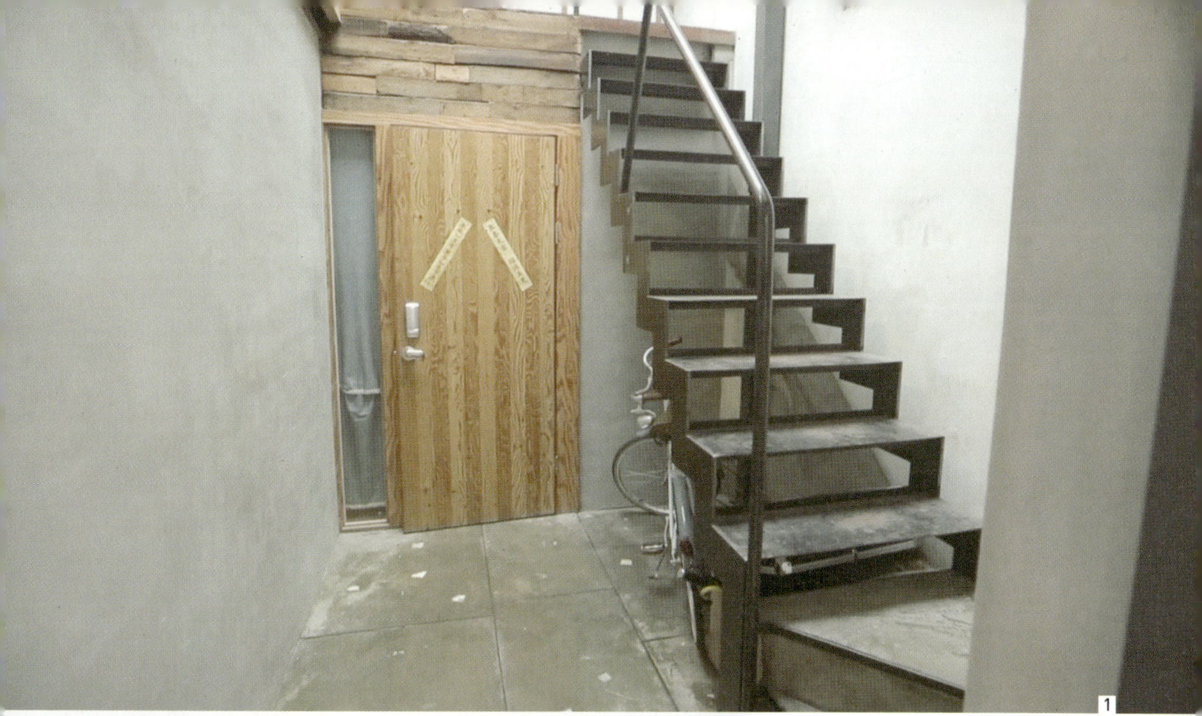

1 대문을 들어서면 제일 먼저 보이는 공간. 2층 바닥의 일부를 잘라내 약 5.5m 높이의 공간을 새로 만들었다. 1층은 임대, 2층은 건축주 부부의 주거 공간이다. **2, 3, 4** 2.4m x 2.1m 크기의 대형 천창. 쪼갠 널판을 올린 뒤 창틀을 만들고, 24mm 복층 로이유리를 시공해 제작했다.

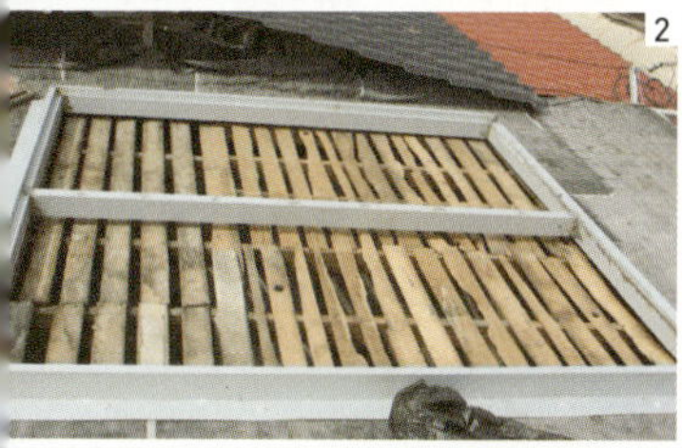

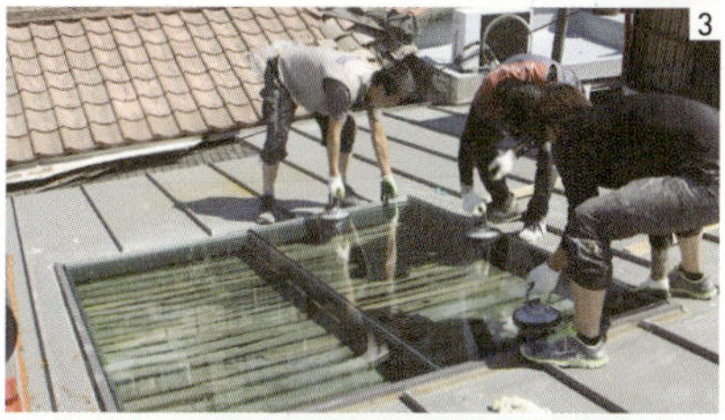

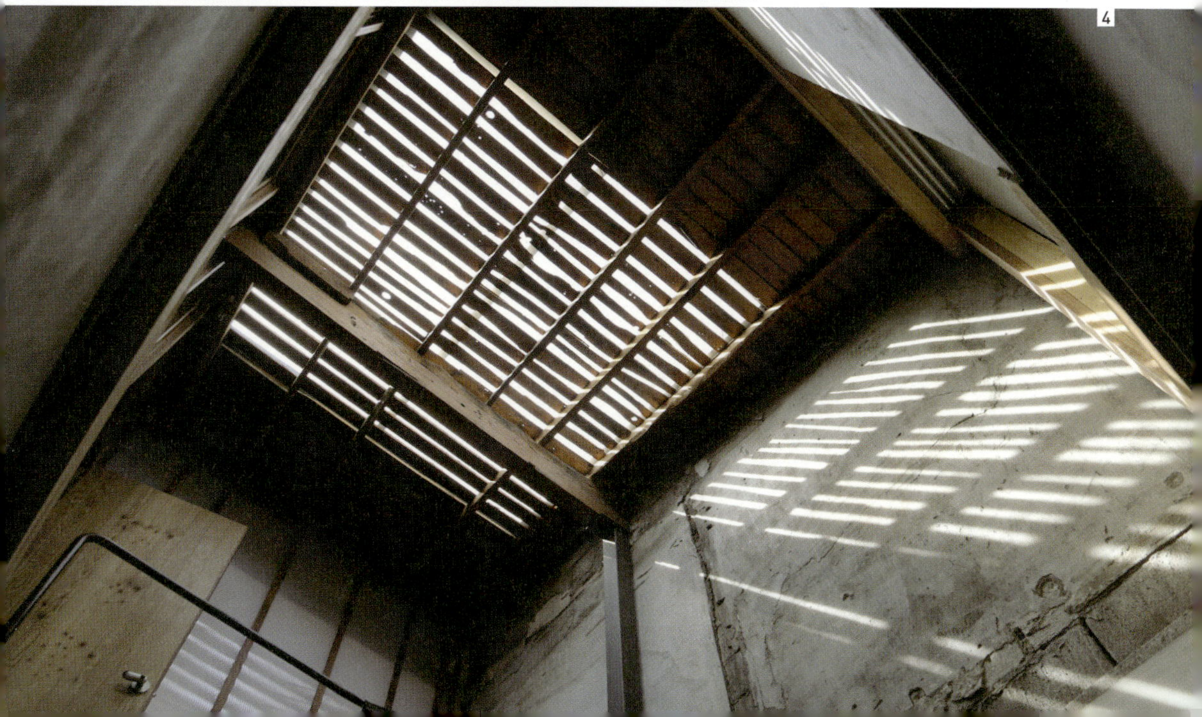

1 천창의 나무 틈 사이로 빛이 쏟아지는 것이 누마루 주택의 특징이다. 2 천창의 빛이 집 안까지 이어지도록 현관 쪽 벽을 유리로 제작했다. 정면으로 보이는 곳은 가벽을 세워 바 형태로 연출한 주방인데, 무늬가 아름다운 낙엽송을 활용해 오래된 집에 활기를 불어넣고자 했다. 3 옛 지붕의 흔적을 그대로 살린 천장. 4 천장과 가구, 바닥을 목재로 구성해 일관된 분위기를 주었고, 햇살과 조명이 함께 어우러지도록 톤을 고려했다.

구조보강을 위해 세운 H빔에 고재를 더해 거실선반을 제작했다.

빛의 창살을 만들었습니다. 그 빛들은 자연스럽게 오래된 벽에 그림자를 만들게 되죠. 그 빛의 창살들은 시간이 달라질 때마다 벽의 3면을 물들이며 그날의 그늘을 기록하게 됩니다.(건축가)"

세월의 중후함을 품은 집
주거공간인 2층에 들어서면 누구나 자연스럽게 고개가 위로 향한다. 천장 때문이다. 오래된 대들보와 고재가 한데 어우러진 천장은 마치 한옥의 그것을 보듯 참으로 고풍스럽다. 이는 공사 중 드러난 옛 지붕을 그대로 남겨둔 것으로, 추후 구조를 보강하는 작업만 했을 뿐 나머지는 그대로 유지했다. 이처럼 이화동 주택은 기존의 구옥이 가지고 있던 흔적들을 최대한 살려 활용했다. 욱호 씨 부부는 아무리 좋은 마감재를 사용하고 숙련된 기술자를 동원해도 세월이 만들어내는 중후한 멋을 인위적으로 연출할 수 없다고 생각한다.

"60년이 넘은 시간의 느낌을 살리고 싶었어요. 지붕은 물론 벽면도 최대한 내추럴하게 마감했고, 곳곳에 사용된 재료들도 가공을 최소화하려고 노력했습니다."

이외에도 철거를 하며 남은 목재조각을 바닥에 장식하거나, H빔 사이에 넣어 선반으로 만드는 등 집안 곳곳에 과거와 현재를 잇는 작업을 진행했다.

1, 2 두 벽을 전면 유리창으로 만든 다실. 기존의 구조를 그대로 살려 독특한 프레임의 입구를 만들었다. 좌측 벽에는 폴딩도어를 설치했는데 창을 열면 햇살이 고스란히 들어오는 외부 발코니와 연결된다. 3 외부 보일러실이었던 곳을 홀로 조용히 시간을 보낼 수 있는 장소로 바꾸었다. 작은 가로 창으로 밖의 풍경을 감상할 수 있다.

누마루에 앉아 종로의 경치를 즐기다

욱호 씨가 집에서 가장 좋아하는 장소는 단연 다실이다. 한옥의 누마루를 그만의 감성대로 재해석한 곳으로, 높은 지대를 활용해 두 면을 전면 유리로 제작해 종로 일대의 풍경을 한눈에 내려다볼 수 있도록 했다. 이곳은 원래 낡은 슬레이트 지붕으로 덮여 있던 곳으로, 지붕을 철거하고 천장과 바닥을 나왕합판으로 마감한 뒤 유리를 시공했다. 한쪽은 폴딩도어로 만들어 외부 발코니와 연결시켰다. 욱호 씨 부부는 종종 이곳에 앉아 따뜻한 차와 함께 경치를 즐긴다. 무릉도원이 별것인가. 멀리 남산타워가 보이고, 밤이면 눈부신 종로의 야경이 펼쳐진다. 서울에서 가장 운치 있는 휴식공간이다.

 임욱호씨의 주택 리모델링에 대한 조언

현재 살고 있는 집을 건축가, 인테리어 디자이너에게 보여주기

설계를 맡은 건축가 혹은 인테리어 디자이너를 초대해 살고 있는 공간을 보여주자. 백문이 불여일견이란 말이 있듯 현재 살고 있는 집을 보여주면 이들에게 자신의 취향이나 성향을 보다 잘 설명할 수 있다. 건축가나 인테리어 디자이너가 건축주에 대한 이해도가 높아질수록 집에 대한 설계나 디자인 면에서 만족스러운 결과를 얻을 수 있다.

하우스 정보

대지 위치 : 서울시 종로구 이화동
건물 규모 : 지상 2층
대지 면적 : 78.20㎡(23.66평)
건축 면적 : 68.75㎡(20.80평)
2층 전용면적 : 59.47㎡ (17.99평)
설계 및 시공 : 이응 건축사사무소 강현석
사진 제공 : 이응 건축사사무소 강현석

Part 03

수익형 상가주택
집을 짓는 다양한 방법

18평 망원동의 메종K

개성과 실용을 겸비한
수익형 상가주택

 ## 스토리

삶의 질을 높이는 수익형 상가주택을 짓다

전승환(50), 임민영(49) 씨 부부는 10년 가까이 살아온 옛집을 허물고 그 자리에 상가주택을 신축했다. 50대를 목전에 둔 부부가 삶의 우선순위를 다시금 생각하며 심사숙고해 내린 결정이었다.

"야근이 잦고 일도 많다 보니 삶의 여유가 없어지더라고요. 아이들과 함께할 수 있는 시간도 점점 줄어들고요. 그래서 저희 식구가 단란하게 살 수 있으면서 임대수익까지 창출할 수 있는 집을 짓기로 했습니다. 그러면 경제적으로도 도움이 되고, 가족과 함께 하는 시간도 많아질 거라 생각했죠."

'메종K(maison K)'가 위치한 망원동 일대는 비슷비슷한 임대형 주택들이 우후죽순 자리하고 있는 동네다. 몇 달 새에도 여러 채의 건물들이 뚝딱 지어지곤 하는데, 외관에 사용된 마감재나 색깔만 조금씩 다를 뿐 내부 면적을 최대로 쪼개 층별로 포화상태의 원룸들을 갖추고 있었다. 그러나 부부는 경제성만 최우선으로 고려한 이런 집들에 대해서는 회의적이다. 임대주택이라도 장기적인 안목을 갖고 퀄리티 있게 지어야 한다고 생각한다.

"건물은 복리와 같아요. 처음에 잘 지어놓으면 몇 십 년은 가기 때문에 분명 수익이 납니다. 경쟁력을 갖추고 싶다면 더더욱 집의 내실을 다지는 것이 중요해요. 우리 가족이 살고 싶어야 다른 이들도 살고 싶다는 생각이 들지 않겠어요?"

이런 남다른 기준으로 지은 '메종K'는 동네에 이색적인 풍경을 불어넣는다. 지하부터 3층까지는 부부의 사무실과 함께 임대수익을 낼 수 있는 공간들이, 4층과 5층은 건축주의 가족이 거주하는

Before

After

살림집이 자리한다. 사선제한을 반영해 지은 입체적인 외관과 다양한 쓰임새까지, 이 모든 것을 설계하는 데만 무려 두 달이 넘게 걸렸다.

'메종K'는 집이라는 뜻의 'maison'과 코리아의 'K'가 합쳐진 말이다. 한국에서 가장 편하고 예쁜 집을 짓겠다는 부부의 의지가 느껴지는 이름이다. 그리고 그 바람처럼 메종K는 개성과 실용성을 고루 겸비한 멋진 집으로 완성됐다.

하우스 구조와 특징

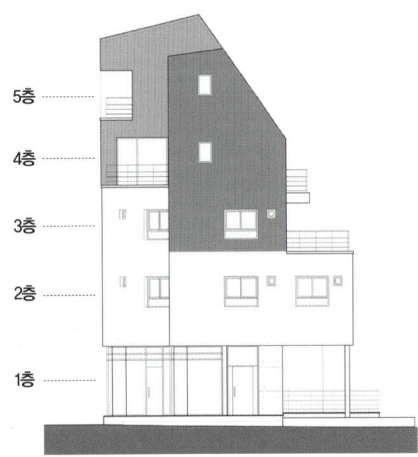

지하 78.86㎡(23.86평)
지하에는 두 개의 공간이 있다. 그중 한 곳은 부부의 일터로, 나머지는 임대 사무실로 운영된다.

1층 48.86㎡(14.78평)
임대수익을 위한 상가 세 곳이 위치한다.

2층 98.54㎡(29.8평) & 3층 66.30㎡(20.05평)
두 개 층에 걸쳐 총 열 개의 원룸을 임대하고 있다. 한쪽에는 거주자들을 위한 테라스도 마련돼 있다.

4층 59.76㎡(18.07평) & 5층 47.85㎡(14.47평)
가족의 주거공간이 위치한다. 4층은 부부 위주, 5층은 두 자녀 위주로 공간이 구성돼 있다. 추후 두 아들이 독립하면 층을 분리해 5층을 임대공간으로 쓸 수 있도록 설계했다.

'메종K'가 지어진 곳은 사거리 도로에 면해 있는 192.50㎡(58.23평) 규모의 모퉁이 땅이다. 부부는 이런 대지가 수익형 주택을 짓는 조건으로서 장점이 많다고 조언한다.

"도로에 접해 있는 모퉁이 땅은 눈에 잘 띄면서 도로에 쉽게 진입할 수 있다는 장점이 있어

1 수익형 주택에 유리한 대지조건을 갖춘 메종K의 외관. 임대공간과 구분하기 위해 4~5층은 징크패널 계열의 알루덱스로 시공했다. **2** 지층에는 사무실, 1층에는 상가, 2층과 3층에는 원룸을 임대 중이다.

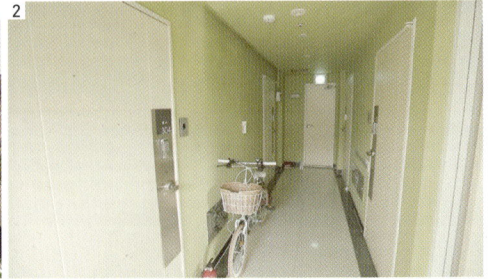

1 주거공간이 시작되는 4층. 화이트 컬러와 원목 포인트, 매립조명으로 단정한 분위기를 연출했다. 2 거실은 외부 테라스와 연결된다.

요. 이런 위치 조건은 추후 상가 등을 임대할 때 많은 영향을 끼치게 되죠. 그리고 수익형 대지는 50~60평 사이의 크기가 가장 적당하다고 생각해요. 땅이 너무 작거나 크면 이익을 내기 힘들 수 있거든요."

4층_ 편안함과 휴식이 가득한 화이트 인테리어로 꾸민 주방과 거실

'메종K'의 건축 면적은 110.14㎡(33.31평)지만 일조권 사선제한의 영향으로 위로 갈수록 면적이 점점 좁아진다. 그래서 네 식구가 거주하는 4층과 5층은 바닥 면적이 약 18평, 15평 정도의 작은 규모다. 4층에는 거실과 주방, 부부의 공간이 위치하는데 최대한 넓고 개방감 있어 보이도록 거실과 주방을 일체형으로 배치하고 천장에는 매립조명을 시공했다. 층고가 높지 않아 일반적인 거실조명이나 펜던트 등은 자칫 거추장스러워 보일 수 있기 때문이다. 모든 조명을 깔끔하게 매립하고 개별적으로 켜고 끌 수 있도록 시공해 분위기에 맞춰 빛의 강약을 조절할 수 있도록 했다.

1 원형 테이블을 둔 거실 테라스 정원.
2 테라스는 거실과 안방 양쪽에서 출입할 수 있다.

거실과 이어지는 테라스는 승환 씨 부부가 집에서 가장 좋아하는 장소다. 항상 싱그러운 풀내음이 가득한 이곳엔 아내가 정성껏 키우는 화분들과 예쁜 꽃, 다양한 채소들이 옹기종기 자리하고 있다. 사실 이 장소는 집을 설계하고 남은 자투리 공간을 활용한 곳이다. 조그마한 삼각형 면적을 내부로 포함시키는 대신 미니 정원으로 만든 것이다.

부부는 이곳에서 푸릇한 자연을 곁에 두고 책을 읽거나 티타임을 갖는다. 때로는 동네 풍경을 감상하며 좋아하는 음악을 듣기도 하고, 직접 기른 채소나 허브를 수확해 음식에 활용하기도 한다. 소박한 삶의 행복을 깨닫게 하는 힐링 공간인 셈이다.

"이곳에서 차를 마시고 있으면 얼마나 큰 위안을 받는지 몰라요. 작은 것에도 감사를 느끼게 된답니다."

거실과 마찬가지로 화사한 화이트 주방에는 인디언핑크 컬러의 타일로 포인트를 주었다. 인디언핑크란 채도가 낮은 핑크 컬러를 일컫는데 화이트나 그레이 계열과 함께 사용하면 차분하면서도 러블리한 공간 연출이 가능하다. 아내가 아닌 남편의 취향이라는 것이 반전! 타일 외에도 곳곳

인디언핑크 타일로 포인트를 준 주방. 원목식탁과 함께 플라스틱 소재의 의자를 배치했다. 부부가 직접 디자인한 맞춤 장을 두어 주방 수납을 해결했다.

하.우.스 인테리어 레시피

아이디얼한 남편표 가구들

① 수저통 달린 식탁

"식사시간만 되면 아내가 꼭 수저를 놓으라고 시켜요. 가능하면 조금 움직일 수 있도록 식탁에 수저통을 달아봤습니다."(웃음)

② 펜던트조명 겸 수납선반

집에 전체적으로 매립조명을 시공한 것과 달리 식탁 위에는 펜던트조명처럼 등을 달았다. 재미있는 점은 조명 윗부분을 넓게 만들어 선반처럼 활용할 수 있도록 한 것이다. 평소에는 와인잔이나 물컵 등을 진열해 실용적으로 사용하고 크리스마스 등의 특별한 날에는 선반 위에 향초나 꽃 등을 장식해 로맨틱한 분위기를 연출한다.

③ 콘센트 덮개로 활용 가능한 갤러리 선반

거실 벽 중간에 가로로 긴 선반을 제작했다. 가운데 움푹 들어간 부분과 그 윗부분을 선반처럼 사용할 수 있는 벽에 못을 박지 않고도 디자인으로, 액자나 그림 등을 장식할 수 있도록 아이디어를 냈다. 10여 년 전 아들이 써준 편지, 가족사진, 귀여운 소품 등 추억이 가득한 물건들을 진열해놓는 가족 갤러리이기도 하다. 이 선반은 또한 콘센트 덮개로도 활용된다. 콘센트 위의 선반을 열고 닫을 수 있는 문 형태로 제작했는데 평소에는 문을 닫아 지저분해 보일 수 있는 콘센트를 가려놓는다.

④ 향도 수납력도 최고! 편백나무 침대

메종K의 안방에서는 365일 향긋한 향이 솔솔 풍긴다. 편백나무로 만든 침대 때문이다. 평상처럼 바닥을 판판하게 제작해 여름이면 이불을 걷어내고 얇은 이불만 편 채 시원하게 잠들 수 있다. 이 침대는 안방 수납장의 역할도 톡톡히 한다. 침대 하부에 네 개의 서랍을 만들어 넉넉한 수납이 가능하도록 만들었다. 침대 헤드보드 쪽도 비워두지 않고 침실 조명으로 사용한다. 헤드보드를 둘로 나눠 메인조명과 미니조명을 각각 설치해, 총 네 개의 조명을 껐다 켰다 할 수 있도록 한 것. 잠들기 전 침대에서 종종 책을 읽거나 노트북 작업을 즐겨 하는 아내가 유용하게 사용한다.

①

②

③

③

④

④

1 파란색 계열을 선택한 첫째아들의 방. 지붕 때문에 한쪽 벽면이 사선 모양이다. 2 비스듬한 벽을 따라 'ㄴ'자 모양의 수납박스를 제작했다. 데드스페이스가 될 뻔한 공간을 수납에 활용한 것이다. 3 역시 사선 벽을 따라 책장을 제작했다. 4 녹색 계열로 꾸민 둘째아들 방. 방이 좁은 대신 한쪽으로 미니 테라스를 만들어 개방감을 주었다.

에서 가정적인 남편의 손길을 찾아볼 수 있다. 손재주가 좋아 일명 '맥가이버'로 통하는 남편은 대부분의 주요 가구들을 직접 제작했는데, 하나같이 감탄을 자아내는 흥미로운 아이디어들로 가득하다.

5층_ 작은 가족실과 두 아들의 방

5층에는 작은 가족실과 더불어 독립공간을 가지고 싶어 했던 두 아들의 방이 있다. 두 아들이

하.우.스 인테리어 레시피

두 아들을 위한 아빠표 맞춤가구들

① 칸막이가 분리되는 독서실 책상
독서실에만 가면 집중이 잘 된다는 아이들의 말을 듣고 제작한 책상이다. 독서실과 비슷하게 양옆으로 칸막이를 설치하고 위에 슬라이딩 램프를 달았다. 양쪽 칸막이는 탈부착이 가능하다.
"지금은 학생이라 칸막이를 붙여 두었지만 나중에 책상과 분리할 수 있도록 디자인했습니다. 대학에 합격하는 날 축하하는 의미로 아들과 함께 칸막이를 떼어내기로 했죠."

② 옷장의 기능을 더한 침대
수납기능에 있어서 아들 방의 침대는 안방보다 한 단계 업그레이드된 버전이다. 침대 하부에 커다란 서랍을 만들고, 헤드보드 쪽을 두껍게 제작해 수납에 활용한 것. 헤드보드 아래는 자주 입는 옷을 걸어두는 행거를, 왼쪽은 양말과 속옷 등을 보관하는 서랍으로 디자인했다. 서랍 옆은 선반처럼 활용한다.

직접 선택한 컬러를 콘셉트로 인테리어하고 역시 아빠가 직접 디자인해 주문제작한 가구들이 더해졌다.

데드스페이스 적극 활용하기

'메종K'는 일조권 사선제한의 영향으로 한쪽 면이 비스듬히 크게 깎여 있다. 당연히 이런 곳에는 데드스페이스가 생길 확률이 높다. 하지만 부부는 여러 아이디어를 동원해 이 공간을 적극적으로 활용했다.

"생활면적은 좁은데 사람은 많고 사용하는 물건도 적지 않다 보니 버릴 공간이 하나도 없었어요. 사선 아랫부분도 포기할 수 없어서 최대한 살려 활용하고자 했죠."

우선 천장이 꺾어지는 쪽으로 층계를 만들고 층계 위쪽으로 액자나 책, 소품 등을 올려놓을 수 있는 선반을 제작했다.

방 중에서 가장 손실이 큰 공간은 첫째아들의 방이다. 하지만 이미 언급했듯 사선면을 따라 수납박스를 만들거나, 책상 쪽으로 맞춤책장을 제작해 버려지는 공간 없이 알차게 활용했다. 이외에도 사선면의 앞부분을 막아 위는 좁지만 아래로 갈수록 면적이 넓어지는 공간을 마련해 세탁기와 개수대를 두는 미니 세탁실로 만들었다.

지붕 밑의 공간도 허투루 버리지 않았다. 접이식 사다리를 타고 올라가면 각종 허드레 짐을 보관하는 미니창고가 나오는데, 생각보다 많은 짐을 보관할 수 있다. 양이 꽤 돼서 어떤 물건을 두었는지 사진촬영 후 컴퓨터에 따로 목록을 정리해놨을 정도다. 만약 이런 자투리공간을 활용하지 않았다면 집 안 어딘가 별도로 공간을 내어 만들어야 했을 것이다.

1 사선으로 깎인 면을 활용한 공간들. 2 층계 위쪽에 소품 등을 올려놓을 수 있는 선반을 만들었다. 3 데드스페이스를 활용한 세탁실. 상업공간에서 쓰는 개수대를 들여 놓았는데 큼직해서 손빨래를 하는 등 대야 대용으로 사용하기 좋다. 4 다락은 천장에 숨어 있는 창고로 활용한다.

전승환, 임민영 씨 부부의 수익형 주택 건축에 대한 조언

장기적 수익을 얻으려면 50~60평 크기의 모퉁이 땅이 좋다

임대를 주는 주택의 성공 여부는 대지에 있다. 대지가 너무 작거나 크면 이익을 내기 어려울 수 있기 때문이다. 장기적으로 수익을 얻기 위해서는 50평 이상 60평 이내의 대지가 적절하다.

위치 선정 또한 고심해야 한다. 보행자나 차량의 접근이 쉬운 곳, 인지성이 좋은지의 여부를 반드시 확인해야 한다. 특히 코너에 위치한 모퉁이 땅은 동일한 면적이라도 도로에 접한 부분이 길어, 여러 면에 걸쳐 접근성이 좋은 상가를 만들 수 있다.

하우스 정보

대지 위치 : 서울시 마포구 망원동
건물 규모 : 지상 5층(지하 별도)
대지 면적 : 192.50㎡(58.23평)
건축 면적 : 110.14㎡(33.31평)
주거면적 : 4층 약 59.50㎡(18평) / 5층 약 49.59평(15평)
건폐율 : 57.22%
용적률 : 195.86%
설계 및 시공 : 설계–리슈건축사사무소, 시공–시온건설, 전승환실내건축

• 비용

건축비	6억 5천만 원
지붕재	알루덱스 ALUDEX
외벽 마감재	알루덱스 ALUDEX, STO 실리콘플라스터
창호재	LG하우시스 시스템창호
내벽 마감재	LG벽지, 페인트
바닥재	강화마루, 우드 데코타일
수전 등 욕실기기	대림바스
타일	상아타일
방문	ABS 도어
현관문	제일방화도어
조명	공간조명
데크재	방부목
거실선반	자체제작, 45만 원
식탁	자체제작, 약 75만 원
침대헤드	자체제작, 약 50만 원(LED 포함)
침대 프레임	자체제작, 약 130만 원(매트리스 별도)
책상	자체제작 약 80만 원(슬라이딩 램프 포함)
침대 헤드 겸 행거	자체제작, 약 65만 원
수납박스	자체제작, 개당 15만 원

24평 목동의 모퉁이 세모 집

건축가 부부가
삼각형 땅에 지은 개성만점
수익형 주택

하우스 스토리

전셋값으로 지은 다가구주택

서울시 양천구 목동. 우후죽순 들어선 빌라들 사이에서 독특한 모양으로 우뚝 솟은 집 한 채가 있다. 일명 '모퉁이 세모 집'이라 불리는 곳으로, 이름 그대로 모퉁이 작은 땅에 지어진 세모 모양의 집이다. 더욱 흥미로운 점은 이렇게 개성 있게 생긴 작은 집이 총 네 개의 층으로 이뤄졌으며 그중 무려 두 개 층을 임대하는 수익형 다가구주택이라는 것이다.

이 집을 지은 김영주(39), 황연화(38) 씨 부부는 함께 건축을 전공하며 오랜 열애 끝에 결혼한 건축가 커플이다. 그러나 정작 자신들이 살 집을 직접 지을 거라곤 꿈에도 생각지 못했다고 한다. 그럼에도 결혼 8년 만에 집짓기에 도전한 이유는 올해 다섯 살이 된 아들 하율이 때문이었다. 아이에게 마음껏 뛰어놀 수 있는 공

Before

After

> **하.우.스 인테리어 레시피**
>
> **Q. 단독주택이 아닌 다가구주택을 선택한 이유는 무엇인가요?**
>
> 김영주 씨 부부도 처음에는 남들처럼 단독주택을 계획했다. 그러나 건축 일에 종사한다지만 평범한 30대 직장인인 이들에게 서울에서 땅을 구입하고 집을 짓는 건 큰 비용이 소요되는 부담스러운 일이었다. 가진 돈으로 조그마한 땅을 어찌저찌 구입한다 해도 정작 집을 짓는 데 드는 건축비가 문제였다. 그래서 부부는 고심 끝에 단독주택이 아닌 임대세대가 포함된 수익형 다가구주택을 짓기로 결정했다.
> "이런 형태의 주택은 비록 저희 가족이 사용할 수 있는 면적은 한 층으로 줄어들지만 임대세대를 통해 수익을 얻을 수 있다는 장점이 있어요. 저희가 가진 돈에 추후 얻게 될 수익을 염두에 두고 초기 예산을 계획한 거죠. 그렇게 4층 집의 건축비를 해결할 수 있었습니다."

간을 주고 싶었고, 전세대란 속에서 전전긍긍하지 않는 안정적인 보금자리를 만들어주고 싶었기 때문이다. 그렇게 이들의 야심찬 집짓기 프로젝트가 시작된 지 1년 만에 목동 주택가 한복판에 모퉁이 세모 집이 완공됐다.

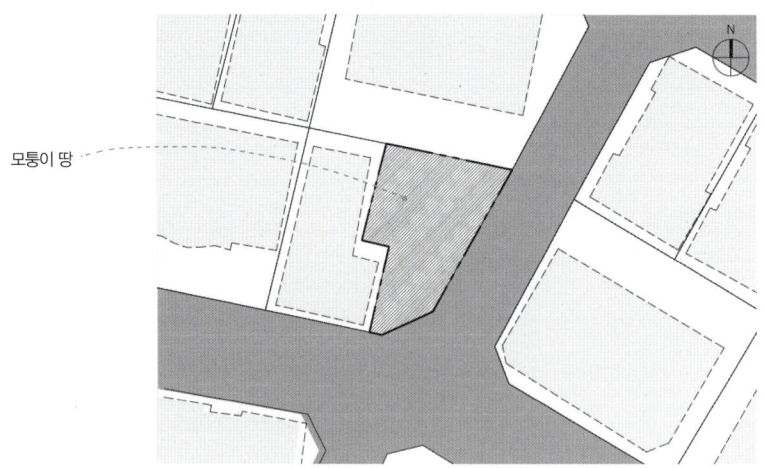

모퉁이 땅

목동 한복판에서 보석 같은 땅을 발견하다

"예산에 맞는 곳을 찾기가 정말 어려웠어요. 부동산에서도 지칠 대로 지쳐 마지막으로 이곳을 권했죠."

무려 1972년에 지어진 주택 한 채가 아슬아슬하게 서 있던 모퉁이 땅. 게다가 땅 모양은 어찌 그리도 이상한지! 부동산에서는 과거에 하나였던 땅을 반으로 쪼개 판매한 것 같다고 했다. 마치 판 초콜릿을 무심히 반으로 뚝 자른 것처럼. 장점이라곤 5년 넘게 팔리지 않아 주변 시세보다 약 30%가량 저렴하다는 것뿐이었다. 그러나 건축가 부부에게는 땅이 가진 다음의 또 다른 장점들이 보였다.

일반적 시선	건축가 부부의 시선
139㎡(42.05평)의 대지 면적	42평 대지에서 건축이 가능한 면적은 불과 79.59㎡(24.08평)지만 위로 층을 올리면 문제가 해결된다. 모퉁이 세모 집은 1층 주차장을 포함해 총 네 개의 층을 지을 수 있으니 적어도 한두 층은 임대공간으로 만들 수 있겠다고 판단했다.
비정형 땅 모양	이 부분이 가장 고민됐지만 남들과 다른 우리만의 독특한 집이 지어질 것 같았다.
길모퉁이에 위치	수익형 주택을 염두에 두고 있다면 모퉁이 땅은 아주 좋은 땅이다. 모퉁이에 위치하기에 눈에 잘 띄고 앞에 도로가 있어 출입이 편리하다. 또 모퉁이 세모 집은 대로변에서 한 블록 들어온 주택가에 위치해 있어서 대로변에 비해 가격이 저렴하고 조용하면서도, 대로변의 장점들(대중교통시설 위치, 상점 및 편의시설 집중 등)을 고스란히 누릴 수 있다.
경사지	모퉁이 세모 집이 위치한 대지는 남측에 도로에 면하고, 북쪽으로 높아지는 경사지이기 때문에 일조권 사선제한에서 평지보다 건물의 평균 높이가 높아진다. 그래서 법적인 9m 안에 총 네 개 층을 지을 수 있다. 이는 일반 평지에서라면 절대 불가능한 조건이다.

하우스 구조와 특징

1층 14.27㎡(4.32평)
주차장으로 활용되는 1층. 총 3대의 차량을 주차할 수 있다.

2층 71.08㎡(21.5평) & 3층 71.08㎡(21.5평)
2층과 3층에 임대세대가 위치한다. 대중적인 선호도를 고려해 평범한 구조와 인테리어를 선택했다.

4층 72.55㎡(21.95평)
세 식구가 거주하는 공간으로 4층과 다락을 연결해 복층구조로 디자인했다. 아래층엔 주방, 거실 및 가족의 개인공간이 있고 위층에는 아들의 놀이방과 연결된 옥상마당이 펼쳐진다.

2층과 3층의 모습

모퉁이 세모 집의 외관. 모퉁이에 위치한 비정형 땅에 인접 집들과의 이격거리를 고려하다 보니, 집이 도로 쪽에 치우치게 돼 세모 모양의 집이 됐다.

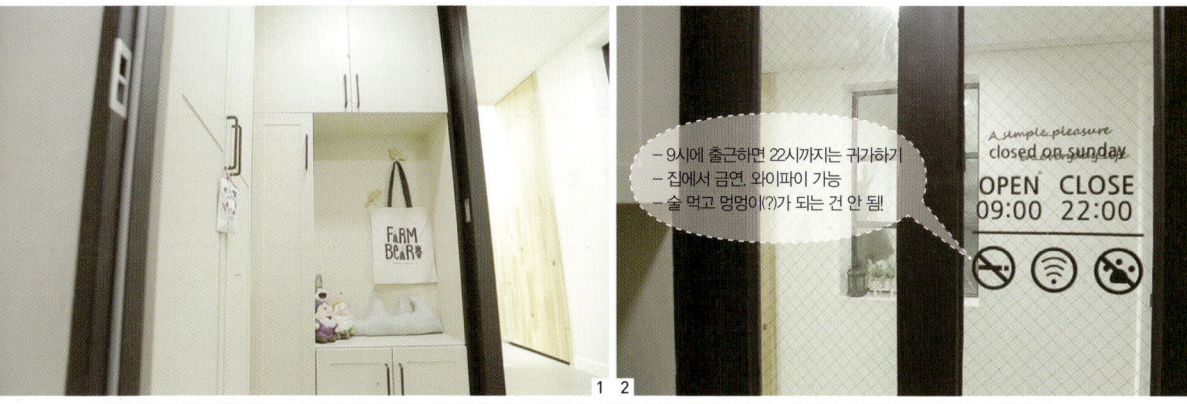

1 좁은 현관에 신발장을 짜 넣어 수납공간을 확보했다. 아이가 앉아서 신발을 신고 벗을 수 있도록 중간에 42cm 높이의 미니벤치를 만들었다. **2** 망입유리를 시공한 현관 중문. 망입유리 위로 아내가 적어놓은 위트 있는 문구들이 재미있다.

4층_ 비정형 내부에 효율적으로 공간을 배치하는 방법

다수의 취향에 맞추기 위해 구조와 자재 등을 일반화한 임대층과 달리 4층은 세 식구에게 꼭 맞춘 개성만점의 공간이다. 건축가인 부부가 설계 및 인테리어에 직접 참여했는데 외관이나 내부구조 같은 굵직한 설계는 남편이, 인테리어와 자재 선정 등 디테일한 부분은 아내가 맡았다.

설계를 맡은 남편 영주 씨에게 가장 어려운 미션이 내려졌다. 전용면적 22평 남짓, 게다가 땅 모양 탓에 애매모호한 평면을 갖게 된 내부에 공용공간과 세 개의 방을 배치해야 했던 것. 고민 끝에 내린 결론은 '방들은 최대한 네모지게, 공용공간은 최대한 높게' 만들자는 것이었다. 방은 잠을 자거나 휴식을 취하는 공간이므로 무엇보다 안정적인 분위기가 중요하다. 또한 침대, 책상, 장롱 등 기성가구를 놓을 일이 잦아 각이 많으면 효율성이 떨어진다. 집의 네모난 부분에 방들을 배치하고 보니 자연스레 공용공간은 집 안의 가장 비정형인 면이 되었다. 대신 천장고를 다른 방들보다 두 배가량(평균 4.2m) 높여 각이 많아도 답답해 보이지 않게 했다.

TV 아트월 대신 청고벽돌로 꾸민 거실

거실은 TV 아트월 대신 한쪽 벽면을 어두운 청고벽돌로 꾸몄다. 청고벽돌이란 고벽돌의 일종으로 회색빛이 도는 벽돌을 말하는데, 세련되면서도 빈티지한 분위기를 연출할 수 있는 아이템이다(요즘에는 청고벽돌, 고벽돌, 적벽돌 등 다양한 종류의 벽돌이 타일처럼 얇은 두께로 나와 저렴한 가격으로 간편하게 시공할 수 있다). 그런데 남편 영주 씨는 청고벽돌 벽에 딱 한 가지 불만(?)이 있다고 한다. 바로 짙은 색의 벽돌 때문에 TV 리모컨이 가끔 작동되지 않기 때문이다.

"기사님께 문의했더니 검은색 벽이 적외선을 흡수해 리모컨이 버벅거릴 수 있다고 하더라고요. 청고벽돌은 멋스럽고 좋지만 혹시 TV 방향으로 시공하려는 분들이 있다면 다시 한 번 신중하게 생각해보세요.(웃음)"

1 무채색 계열을 활용해 세련된 분위기를 연출한 거실. 한쪽 벽면의 청고벽돌이 멋스럽다. 2 일조권 사선제한의 영향으로 한쪽 천장이 다소 낮다. 이곳에 소파를 두고 답답해 보이지 않도록 긴 가로 창을 제작했다. 3 거실 정면에 채광과 개방감을 위해 가로 2.5m x 세로 4.2m의 큰 창문을 배치했다. 남동향 창이라서 채광을 충분히 받을 수 있다. 4 검은색 시트지를 씌워 제작한 PVC창호.

> **하.우.스 인테리어 레시피**
> **블랙 PVC 창호를 제작하는 방법**
> 일반적인 PVC창호는 흰색이다. 그러나 모퉁이 세모 집처럼 다른 색을 입히고 싶다면 창호제작업체에 문의해보자. 제작된 흰색 프레임에 원하는 색의 시트지를 입히는 작업이 가능하다. 단, 업체마다 가능한 색상이 다를 수 있으니 시공 전에 미리 확인하자.

깔끔한 주방의 비밀, 히든 스페이스

주방은 과감하게 블랙을 선택했다. 싱크대 업체에서도 처음 시도한다며 놀랐을 만큼 주방에는 낯선 컬러지만, 단정하고 세련된 분위기를 원했던 부부의 취향이 반영되었다. 대신 곳곳에 따뜻한 느낌을 더할 수 있도록 엘더 원목을 덧대고 앤티크 스타일의 브론즈 손잡이를 붙였다. 상부장 또한 일부를 오픈선반으로 제작해 블랙 컬러의 주방이 너무 어둡거나 답답해 보이지 않게 했다.

부부가 주방을 연출할 때 가장 신경 쓴 점은 안전이다. 올해로 다섯 살이 된 하율이에게 주방은 매우 위험한 공간이 될 수 있기 때문이다. 그래서 주방 곳곳 칼이나 날카로운 주방용품들을 숨길 수 있는 히든 스페이스를 만들었다. 또한 결혼할 때 구입했던 올드한 디자인의 가전제품들도 고민이었다. 이는 층계를 줄여 마련한 1㎡(약 0.3평)의 공간과 다락으로 올라가는 계단 밑을 활용해 감쪽같이 숨겼다.

사선으로 꺾이는 코너에 위치한 주방.

1, 2 선반 뒤에 약 30cm 깊이의 공간을 만들어 위험한 주방용품이나 지저분해 보일 수 있는 물건들을 숨겼다. 앞 선반에는 커피머신, 커피잔 등을 진열해 카페 콘셉트로 연출했다. 3 4층은 다른 층들에 비해 외부 계단의 면적이 작다. 계단을 줄여 주방 옆에 1㎡(약 0.3평)의 공간을 마련, 냉장고를 수납했기 때문이다. 냉장고 옆은 다용도실이 위치한다. 4 계단 밑을 활용한 수납공간. 평소에는 슬라이딩도어를 닫아 가린다.

아이를 위한 친환경 인테리어

아토피가 있는 하율이를 위해 무엇보다 '건강한 집'을 만드는 것이 중요했다. 그래서 부부는 다른 곳에 지출되는 비용을 줄여 생활 시 가장 많이 접하는 바닥, 벽면, 천장에 친환경 인증을 받은 마감재를 사용했다. 부부가 선택한 마감재는 다음과 같다.

리노륨 바닥재

친환경 바닥재로 색상이 다양하고 관리가 쉽다는 장점이 있다. 시공 시 친환경 접착제를 사용해야 한다.

우드칩 벽지, 천연페인트

잘 말려 가공한 나뭇조각들이 벽지와 벽지 사이에 들어 있어 습도조절 및 공기정화에 효과적인 우드칩 벽지를 시공했다. 벽지 자체는 오톨도톨한 질감의 노르스름한 컬러지만 모퉁이 세모 집은 벽지 위에 흰색 천연페인트를 칠했다.

1 하늘색 천연페인트를 시공한 아이 방. 아직은 어려서 놀이방으로 활용 중이다. **2** 복도 양쪽에 방들이 위치한다. 천장에는 규조토, 벽에는 우드칩 벽지, 바닥에는 리노륨을 시공했다. **3** 다른 방들과 달리 아이 방의 문에는 가로 52cm × 세로 52cm 크기의 창문을 만들었다. 아이가 방 안에 있을 때 안전한지 볼 수 있도록 한 것. 아이가 어느 정도 성장하면 창문 안쪽에 커튼이나 블라인드를 설치해 가릴 예정이다.

규조토 천장

규조토(硅藻土)는 플랑크톤이 해저에 가라앉아 만들어진 퇴적물로, 기공이 많아 공기정화와 탈취에 효과적이다. 벽지 위를 제외하고(벽지를 뜯어낸 후에 시공 가능) 석고보드, 콘크리트 벽 등에 시공이 가능하나 가격이 비싸다는 단점이 있다. 모퉁이 세모 집은 비용상 천장에만 규조토를 시공했다.

4층_ 가구를 최소화한 부부의 침실과 아이를 위한 다락 놀이방

1 남편의 작업실. 한쪽 벽을 그레이 계열로 페인팅해 차분한 분위기를 연출했다. 벽에는 타공판을 붙여 물건을 수납한다. 2 세 식구가 함께 사용하는 안방은 잠만 자는 용도이므로 가구를 최소화했다. 3, 4 안방 옆으로 가벽을 세운 후 정면에 문을 달아 만든 붙박이장.

　다른 공용공간과 달리 방들의 천장고가 낮은 이유는 위로 미니다락과 옥상이 위치하기 때문이다. 한정된 바닥면적을 효율적으로 활용하고 싶어서 4층과 다락을 복층으로 연결했다. 10㎡(약 3평)의 다락은 하윤이의 신나는 놀이터다. 아이의 전용공간인 만큼 난간부터 밝은 하늘색으로 포인트를 줬고, 파스텔 계열의 소품들과 나무 소재의 미끄럼틀을 배치했다. 이 다락은 외부의 옥상마

아래층에 방들이 있고, 위층에는 다락이 있는 복층구조의 실내.

1 계단 안쪽에 책장을 짜 넣어 미니 도서관을 만들었다. 키가 작은 아이에게 안성맞춤이다. 2, 3 계단 하부에 바퀴를 달아 이동 가능하도록 만들었다. 칸칸마다 위로 열려 물건을 수납할 수 있고, 다락의 나무 미끄럼틀을 연결할 수도 있다. 4 다락에 위치한 놀이방. 5 옥상 한쪽에 인조잔디를 깔았다. 바닥 모양에 맞춰 자른 뒤 그대로 깔기만 하면 돼 간편하고 가격 또한 저렴하다.

당과도 연결된다. 땅이 좁아 마당을 만들 수 없는 대신 옥상을 그럴싸한 마당처럼 만든 것이다. 옥상은 세 식구에게 전원주택의 마당 같은 곳이다. 상추, 고추, 토마토 등의 채소를 키우기도 하고 더운 여름에는 미니 풀장을 설치해 물놀이를 즐기기도 한다. 9m에 달하는 길쭉한 공간에는 인조잔디를 깔았는데, 종종 하율이가 아빠와 공을 차고 노는 전용 축구장이 된다.

폴딩도어를 열면 다락과 옥상마당이 연결된다. 일반적인 레일방식의 폴딩도어는 사선 면에 시공하기 어려워 위아래로 경첩을 달아 병풍처럼 접을 수 있게 만들었다.

🏠 김영주, 황연화 씨 부부의 수익형 다가구주택 건축에 대한 조언

임대세대의 보증금을 고려해 건축비 책정하기

집을 지을 때는 건축비보다 땅에 투자해야 한다. 자신이 소유한 대지에 건축하는 것이 가장 안전하기 때문이다. 부족한 건축비는 추후 얻게 될 임대세대의 보증금을 염두에 두고 예산을 계획하면 부담을 덜 수 있다.

창문의 방향 염두에 두기

창은 채광이나 환기에 중요한 역할을 하므로 땅을 볼 때나 내부구조를 정할 때 창을 어느 방향으로 만들 수 있는지 미리 체크해보는 것이 좋다. 모퉁이 세모 집은 정면과 측면에 크고 작은 여러 개의 창을 만들었다. 이렇게 많은 창을 낼 수 있었던 이유는 주변에 위치한 건물들이 측벽이거나 다른 집의 주요 공간(안방, 거실 등)을 향하고 있지 않았기 때문이다. 부부가 이 땅을 선택한 이유 중 하나이기도 하다.

정면 창

도로쪽 창

하우스 정보

- **대지 위치**: 서울시 양천구 목동
- **건물 규모**: 지상 4층(다락 별도)
- **대지 면적**: 139㎡(42.05평)
- **건축 면적**: 79.59㎡(24.08평)
- **연면적**: 252.50㎡(76.38평)
- **건폐율**: 57.26%
- **용적률**: 181.65%
- **설계 및 시공**: 설계-units ua

• 비용

건축비	3억 5천만 원
청고벽돌	㎡ 기준 1만 8천원(시공비 별도)
타공판	구매가 9만 2천 6백만 원
폴딩도어	제작 및 설치비 약 2백만 원

25평 대학로의 b2project

낡은 건물에 감각적인
스타일을 입힌
상가주택

하우스 스토리

인생의 터닝포인트가 된 집

'집은 사람을 담는 그릇'이라는 말이 있다. 어떤 집에 사느냐에 따라 살고 있는 사람의 인생이 달라진다는 뜻이다. 무려 10년 전, 아파트를 떠나 상가주택을 구입한 권용식(49), 변재희(49) 씨 부부의 선택도 그랬다.

"아파트와 상가주택을 고민할 때 주변에서 모두들 아파트를 구입해야 한다며 만류했어요. 하지만 저희는 그렇게 큰돈을 들여 집을 구입하는데, 주거가 아닌 다른 용도로 사용할 수 없다는 것이 너무 아쉬웠죠."

10년 전만 해도 주변 사람들 대부분이 만류할 정도로 모험적인 결정이었지만, 이 용기 있는 선택은 부부에게 '제2의 삶'을 선물했다. 상가주택을 구입하고 리모델링을 하면서 오래 전부터 꿈꿔 왔던 빈티지가구 숍을 연 것이다. 부부의 열정도 남다르다. 봄에는 북유럽을, 가을에는 동유럽과 서유럽 인근을 돌아다니며 직접 고른 가구를 바잉해 온다. 유명 디자이너들의 작품이나 역사적으로 가치 있는 가구들이라 마니아들 사이에서는 이미 유명한 숍이 됐다. 뿐만 아니라 1층에서 예쁜 카페도 운영 중이다. 부부는 이렇게 막연히 꿈꿔오던 것들을 현실화시킬 수 있었던 것이 임대공간

부부가 운영하는 2층의 빈티지가구 숍.

이 아닌 자신들의 집이었기에 가능했다고 입을 모은다.

"만약 아파트에 살면서 다른 곳에 사무실을 두어야 하는 상황이었다면 섣불리 시작하지 못했을 거예요. 혹자는 직접 운영하지 말고 편하게 임대를 주면 어떠냐고 하는데 수동적인 임대수익보다는 저희가 하고 싶었던 꿈을 실현하는 것이 더 전망 있는 일이라고 생각했습니다."

이렇게 완성된 하우스는 지하 1층부터 2층까지가 일터공간이고, 3층과 4층은 부부와 어머니 등 세 식구를 위한 살림집이다. 역시 부부가 직접 인테리어에 참여하여 선명한 컬러감과 고급스러운 빈티지가구들, 위트 있는 소품들을 감각적으로 배치해 누구나 감탄할 만큼 멋진 공간을 구현했다. 어디에도 없는 'b2project'만의 스타일이 완성된 것이다.

하우스 구조와 특징

1층 70㎡(21.18평)
부부가 운영하는 노천카페가 위치한다.

2층 66㎡(19.97평) & 지하 86㎡(26.02평)
지하와 2층엔 빈티지가구 숍이 위치한다. 북유럽, 동유럽, 서유럽, 남부 이탈리아, 아프리카 등지에서 직접 바잉한 가구들과 소품들을 전시 및 판매하는 홀이다.

3층 71.2㎡(21.54평)
연세가 많으신 어머니의 주거공간으로, 4층 부부의 집과 분리해 독립적인 공간을 마련했다. 3층과 4층에서 특히 신경 쓴 점은 층마다 자리한 철제 발코니다. 기존의 작은 창이 있던 곳의 바닥을 확장해 만들었다. 발코니에 직접 나가지 않아도 심리적으로 공간이 확보돼 집이 넓어 보인다.

4층 52㎡(15.73평)
4층과 옥상은 부부의 공간으로 남다른 스타일링 감각을 엿볼 수 있다.

3층_ 공간별 컬러 인테리어

색이 가진 힘으로 심리를 진단하고 치료하는 컬러 테라피(Color therapy) 요법이 있을 정도로 색은 사람의 감정에 큰 영향을 미친다. 그렇다면 가족이 가장 많이 머무는 집에 이런 컬러를 한껏 활용하면 어떨까? 인테리어 요소뿐 아니라 그 안에 머무는 사람에게도 좋은 영향을 미칠 수 있지 않을까?

부부는 이런 '색'을 집 안에 자유롭고 과감하게 풀어놓았다. 특히 어머님이 거주하시는 3층은 공간마다 색감을 다르게 부여한 것이 특징이다. 욕실은 선명한 레드 계열, 다이닝룸은 세련된 딥 그린, 서재는 차분한 차콜 그레이, 주방은 청결함을 강조할 수 있는 화이트, 가족이 자주 모여 담소를 나누는 거실은 안정적이면서도 따스한 느낌을 주는 웜그레이를 선택했다.

"저희 어머님이 화사한 색을 좋아하세요. 어머님의 취향을 고려하면서도 어르신들의 집은 점잖고 차분해야 한다는 고정관념을 깨고 싶었죠."

1 레드 계열로 포인트를 준 욕실. 욕조 대신 샤워부스를 두고 벽 일부를 매립시켜 선반을 만들었다. **2** 책상용 스탠드 조명을 욕실 벽에 설치했다. 각도가 자유롭게 조절돼 활용도가 높다. **3** 현관 옆에 위치한 어머니의 침실. 연세를 고려해 연한 노란색으로 단아하게 인테리어하되 나뭇잎 패턴의 커튼으로 화사함을 더했다. **4** 몰딩과 노출천장 사이의 공간을 띄워 간접조명을 시공했으며, 천장에 심플한 디자인의 빈티지 조명을 달았다.

하.우.스 인테리어 레시피

우리 집에 잘 어울리는 페인트 컬러 선택하기

최근 주거공간의 벽을 페인트로 시공하는 사례가 늘고 있다. 페인트는 벽지보다 생생하게 컬러를 구현할 수 있을뿐더러 원하는 색을 자유롭게 만들어낼 수 있다. 게다가 한쪽 벽면만 칠해도 공간의 분위기가 확 달라지고 경제적인 비용으로 손쉽게 공간에 변화를 줄 수 있어 건축주들에게 인기가 높다. 만약 수많은 페인트 컬러 중 어떤 색을 골라야 할지 고민이라면 다음의 팁을 참고해보자.

- ✓ 가구나 벽에 걸린 소품에서 모티브 컬러 찾기
- ✓ 바닥과의 조화 고려하기
- ✓ 페인트 브랜드나 색채연구소에서 제안하는 트렌드 컬러 참고하기
- ✓ 공간을 어떤 느낌으로 표현하고 싶은지 미리 생각하기

페인트 컬러를 선택할 때 가구나 벽에 걸릴 소품을 주목하면 좋다. 비슷한 계열 혹은 동일한 포인트 컬러를 선택하면 실패 없이 벽과 잘 어우러진다. 또한 집에서 가장 면적이 넓은 벽 혹은 바닥재와의 조화를 고려하는 것도 요령이다. 특히 바닥재와 비슷한 색을 선택하면 통일감이 생겨 공간이 넓어 보이는 효과를 얻을 수 있다.

1 안방과 연결된 거실. 공용공간이지만 한쪽 벽을 붙박이장으로 만든 점이 독특하다. **2** 붙박이장은 벽과 동일한 웜그레이 컬러로 통일하고 손잡이를 최소화했다. 붙박이장 내부는 핑크 컬러로 위트 있는 반전을 주었다.

1 다이닝룸에서 바라본 프린팅 도어. **2** 거실쪽에서 바라본 프린팅 도어의 뒷면.

문에 예술을 입힌 프린팅 도어

거실은 주방과 다이닝룸, 서재가 있는 공간과 연결된다. 그런데 이 두 공간을 연결하는 문이 참 예술적이다. 거실에서 마치 벽처럼 위장하고 있는 문을 반대쪽인 다이닝룸에서 바라보면 한 폭의 그림이 된다. 좋아하는 작가의 그림을 프린팅한 뒤 커다란 여닫이문으로 만들었다.

"그림을 꼭 액자에 넣어 벽에 걸 필요는 없잖아요. 이곳은 벽이었다가 문이 되기도 하고 또한 갤러리가 되기도 하는 다양한 기능의 공간이에요."

다이닝룸과 연결된 주방 붙박이장에도 숨어 있는 문이 있다. 붙박이장을 열면 창고가 등장하고, 창고의 문을 열면 4층으로 올라가는 계단이 등장한다. 아래층과

하.우.스 애청자의 Q&A

Q. 저도 좋아하는 그림으로 프린팅 도어를 만들고 싶은데 어떻게 해야 하죠?

b2project의 경우 작가에게 작품 사용 허락을 받은 뒤, 이미지 데이터를 받아 을지로의 출력소에서 출력해 시트지 작업하듯 문을 제작했다(출력은 어느 출력소에서나 할 수 있는 간단한 작업이다). 그런 후 완성된 문을 피봇(Pivot)경첩으로 원하는 위치에 달았다.

피봇경첩이란 문의 위아래를 고정시켜 세로축을 중심으로 문이 움직일 수 있도록 하는 경첩이다. 문 측면에 경첩을 설치하지 않기 때문에 경첩이 겉으로 드러나는 부분이 적어 깔끔한 공간을 연출할 수 있다. 또한 피봇경첩은 회전축의 위치를 자유롭게 정할 수도 있는데 문의 끝부분보다는 약간 앞쪽으로 설치하는 것을 추천한다.

"경첩을 끝에 설치하게 되면 문이 열리는 축이 커져서 못 쓰는 공간이 많아져요. 그래서 저희는 피봇경첩을 문의 4분의 1 지점쯤 되는 위치에 달았습니다."(건축주)

차콜 그레이 컬러를 선택해 차분하면서도 세련된 느낌을 강조한 서재. 밝은 컬러에 비해 집중력 향상에도 도움이 된다.

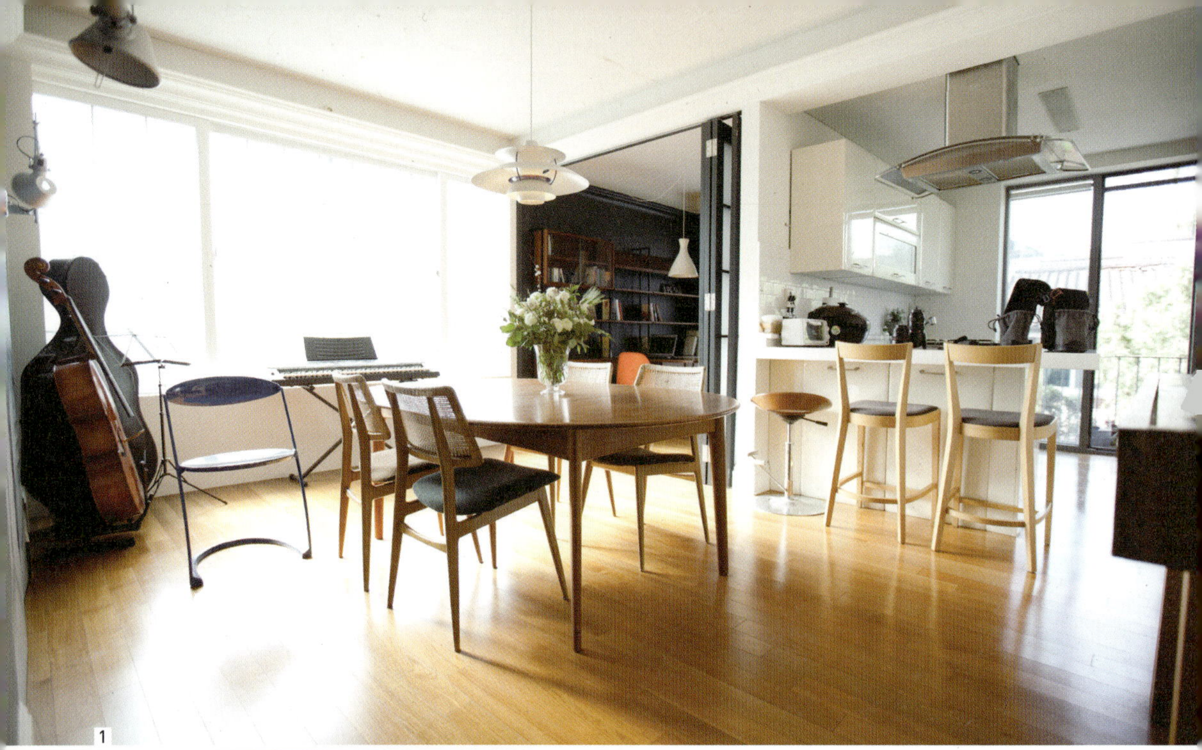

1 빈티지가구와 소품들로 인테리어한 다이닝룸. 2 화이트 톤으로 깔끔하게 연출한 주방. 아일랜드식탁 위로 쿡탑, 후드를 두었다. 3, 4 붙박이장 문을 열면 창고가 등장하고, 창고 문을 열면 4층과 연결되는 계단이 나온다.

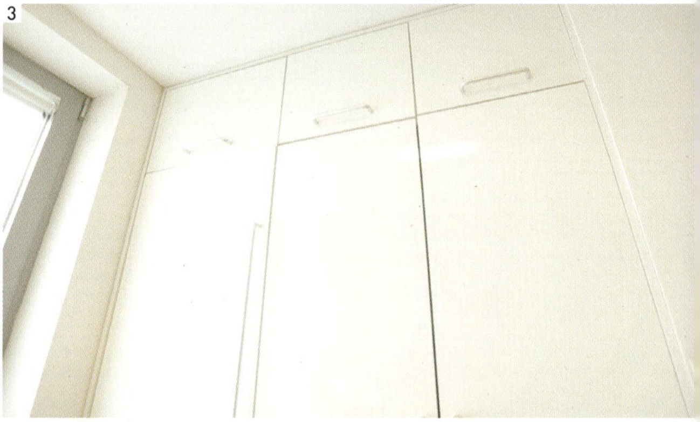

위층을 연결하는 비밀통로인 셈이다.

"어머님과 함께 식사할 때가 많아요. 그러다 보니 밥을 먹고 쉽게 위로 올라갈 수 있도록 이런 문을 만들었죠. 동시에 어머님 집으로 바로 들어올 수 있는 또 다른 현관이 되기도 합니다."

4층_ 끊임없이 이어진 공간의 연속

권용식, 변재희 씨 부부의 집에 있노라면 『이상한 나라의 앨리스』에 나오는 '이상한 나라'에 와 있는 듯한 착각이 든다. 미로를 지나는 듯 끊임없이 연결되는 공간들의 이어짐이 흥미롭기 때문이다. 현관으로 들어오면 왼편으로 들어가는 문이 있다. 이 문은 재미있게도 욕실로 들어가는 입구이자 양변기를 가리는 화장실 문으로 사용된다. 공간이 좁기 때문에 문을 두 개 만들지 않고 하나의 문을 번갈아가며 닫을 수 있도록 한 것이다. 화장실을 지나 안쪽으로 깊숙이 들어가면 욕조가 나온다. 욕조 너머로 유리문이 있는데 이 문을 열면 서재와 연결된다.

"샤워할 때 자연광을 받고 싶었어요. 욕조가 구석진 곳에 있기 때문에 옆을 불투명한 유리문으로 만들어 빛이 들어올 수 있도록 한 거죠. 만약 이렇게 하지 않았다면 어두컴컴하고 답답한 공간이 됐을 거예요."

안방도 들어가는 입구와 나가는 출구가 다르다. 문이 두 개이기 때문인데 그중 하나는 공용공간으로 이어진다. 하나로 탁 트인 곳이지만 다양한 느낌이 공존하는 공용공간은 인테리어 디자이너인 재희 씨의 감각을 엿볼 수 있는 곳이다. 이곳은 4m 길이의 커다란 아일랜드 테이블이 있는 주방과 그 너머의 다이닝룸 그리고 거실로 나뉘어 있다. 특히 거실은 방이었던 곳의 벽을 최대한 덜

1, 2 자작나무 합판으로 만든 문은 욕실로 들어가는 입구이자 양변기를 가리는 두 가지 용도로 활용된다. 3 안쪽에 위치한 욕실. 유리부스 너머가 서재다. 4 서재는 낮은 책장을 'ㄷ'자 모양으로 배치해 많은 수납이 가능하도록 했다.

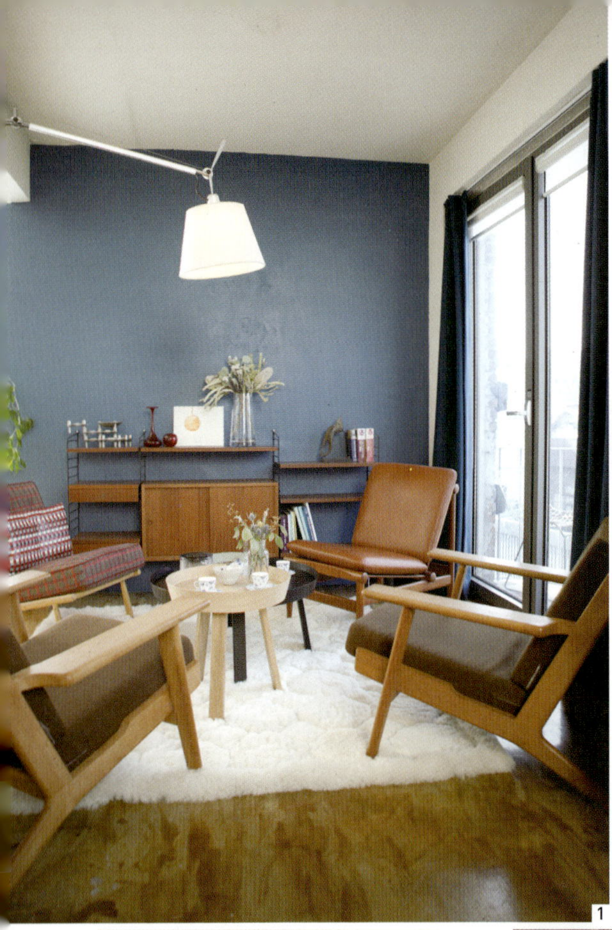

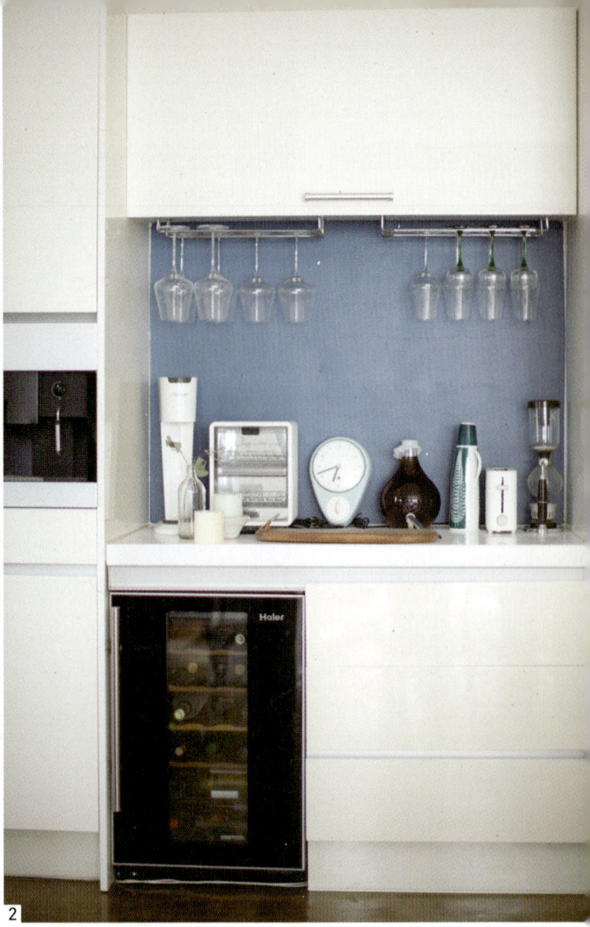

1 미니 테이블과 의자를 두어 많은 사람들이 앉을 수 있도록 한 거실. 커다란 플로어스탠드는 거실과 다이닝룸 양쪽에서 모두 사용 가능하다. 2 수납장 한가운데에 미니 bar를 만들었다. 안쪽 벽을 짙은 색의 페인트로 칠해 깊이감을 주었다. 3, 4 최대 4m까지 늘어나는 익스텐션 테이블. 5 주방, 거실, 다이닝룸이 한데 공존하는 공간.

1 아쿠아블루 컬러의 침구와 의자로 생기를 더한 침실. 헤드보드 대신 벽에 지인의 그림을 걸었다. 바닥에는 타일을 시공했다. 타일바닥은 여름에는 시원하고, 겨울에는 열전도율이 좋아 난방을 켜면 금세 따뜻해진다. 2 옥상으로 향하는 계단. 바닥과 마찬가지로 에폭시를 시공한 후 위에 큰 천창을 설치해 내부로 빛을 끌어들였다. 3 옥상에 파빌리온(pavilion), 바비큐기계 등을 두어 안락한 휴식공간으로 활용한다.

어내 기둥만 남겼는데 한쪽 벽면을 블루 컬러의 페인트로 칠해 세련되면서도 우아한 분위기를 연출했다. 소파 대신 빈티지 의자를 여러 개 두어 실용성을 높인 점도 흥미롭다.

권용식, 변재희 씨 부부의 리모델링 비용 절감에 대한 조언

비싼 마감재 대신 페인트 사용하기
경제적인 가격으로 개성 있는 공간을 연출하고 싶다면 페인트를 추천한다. 페인트 컬러는 개인의 취향에 따라 선택하면 되지만, 어떤 색으로 할지 고민될 때는 색채심리에 맞춰 전략적으로 선택하는 것도 방법이다.

1. 현관
현관은 면적이 좁고 창이 없는 경우가 대부분이므로 어두운 분위기를 없앨 수 있는 밝은 컬러를 사용할 것을 추천한다.

2. 주방
화이트 주방은 깔끔하고 위생적인 느낌을 연출할 수 있다. 여기에 레드나 오렌지 계열을 더하면 식욕을 돋우는 효과가 있다.

3. 욕실
다른 공간에 비해 좁고 습하기 때문에 과감한 컬러로 특별한 분위기를 연출하는 것도 좋다. 대학로 주택은 선명한 레드 계열을 선택했다.

4. 침실
침실은 개인적인 공간이므로 각자 좋아하는 컬러를 자유롭게 선택하면 된다. 단, 편안한 숙면을 위해서는 톤 다운된 안정감 있는 컬러를 선택하는 것이 좋다.

하우스 정보

대지 위치 : 서울시 종로구 동숭동
건물 규모 : 지상 4층(지하 별도)
대지 면적 : 191.74㎡(58평)
건축 면적 : 82.64㎡(25평)
연면적 : 413.22㎡(125평)
용적률 : 200%
건폐율 : 60%
설계 및 시공 : 변재희실내건축
사진 제공 : b2project 권용식

• 비용

리모델링비	1억 5천만 원
페인트	벤자민무어
주방 가구	ENEX(에넥스)
욕실 조명	아르테미데(artemide) 톨로메오 파레테-Tolomeo parete micro, 40만 원
거실 조명	프랑스 빈티지 숍 구입, b2project 판매, 약 80만 원
프린팅 도어	자체제작, 약 32만 원
피벗경첩	개당 2만 원
원형 테이블	덴마크 구입, b2project 판매, 360만 원
펜던트조명	PH5 - 덴마크 구입, b2project 판매, 130만 원
서재 조명	독일 구입, b2project 판매, 65만 원
에폭시 바닥	㎡당 약 5만 원
거실 의자	덴마크 디자이너-Hans J. Wegner
	제품명- GE290, 개당 320만 원
원형 테이블	덴마크 MUUTO, 두 개 150만 원
플로어 조명	아르테미데(artemide)-Tolomeo 메가테라, 160만 원
침실 라운지체어	스웨덴 Folke Ohlsson 라운지체어, 180만 원
다이닝룸 테이블	덴마크 빈티지 숍 구입, b2project 판매, 290만 원
다이닝룸 조명	덴마크 PH5 구입, b2project 판매, 130만 원
옥상계단 조명	체코 브로키스(Brokis) 조명 Balloons,
	대: 320만 원 / 소: 210만 원
파빌리온	코스트코, 2백만 원

21평 후암동의 모던 로프트하우스

47년 해방촌 상가주택의 반전 리모델링

 ## 스토리

좋아하는 동네에 산다는 것

버스에서 내려 골목으로 들어서면 조용한 주택가가 나타난다. 높은 빌딩이나 아파트단지, 빽빽한 다세대주택이 아닌 낮은 지붕들이 정겹게 모여 있는 마을. 1945년 광복 이후 피난민들이 모여들며 형성된 해방촌이라는 동네다. 이 해방촌으로 들어가는 초입에 김남균(38), 남혜영(35) 씨 부부의 신혼집이 있다. 사실 〈하.우.스〉 촬영 전 사전 미팅 차 방문을 약속했을 때, 제작진들은 집을 코앞에 두고도 한참을 헤맸다. 주소는 맞지만 이곳이 설마 집일까 싶었던 것이다. 그도 그럴 것이 한눈에 보기에도 심하게 노후화돼 보이는 건물은 무려 1969년에 완공돼 올해로 47년의 연식을 자랑하는 곳이다.

부부가 선택한 건물은 첫 만남만으로는 그리 좋은 인상을 주진 못하지만, 편견을 깨고 보면 많은 장점을 가진 곳이다. 우선 완공된 지 오래돼 건물 구입비가 저렴하다. 또 내부는 철근콘크리트 구조로 리모델링 시 구조 보강비가 크게 들지 않는다. 총 3층 건물이기 때문에 한두 층을 활용해 쏠쏠한 임대수익도 낼 수 있다. 지리상 교통은 두말할 나위 없다.

그러나 무엇보다 부부의 마음을 끈 것은 동네가 가진 이중적인 매력이었다. 앞으로는 넓은 대로와 현대식 건물들이 펼쳐지고, 위로는 가파른 언덕길과 함께 해방촌 골목이 이어진다. 해방촌은 최근 예술마을로 거듭나고 있는데 마을 곳곳에 자리한 벽화를 따라 걷다 보면 예술가들의 독창적인 작업실들을 만날 수 있다.

해방촌 풍경.

동네만큼이나 부부의 보금자리도 이중적인 매력을 가지고 있다. 집이란 살아 있는 유기체 같아서 같은 장소라도 사는 사람의 취향과 라이프스타일에 따라 천차만별로 달라진다. 부부의 생활공간인 3층도 마찬가지다. 본래 사무실이었던 이곳은 인테리어 디자이너인 부부의 남다른 스타일링으로 빈티지스러운 외관과는 전혀 다른 반전매력을 가진 곳으로 완성됐다.

하우스 구조와 특징

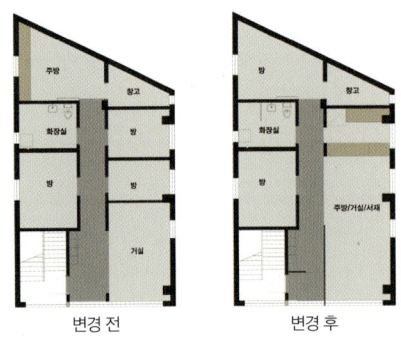

변경 전   변경 후

1층 & 2층 69㎡(20.87평)
1층은 상가임대, 2층은 주거임대로 꾸준한 임대수익을 창출하고 있다.

3층 69㎡(20.87평)
한 층 전체가 부부의 주거공간이다. 허름한 외관과 대비되는 모던한 로프트하우스를 콘셉트로 했다.

뉴욕의 모던 로프트하우스를 재현한 집

허름한 외관과 달리 3층 현관에 들어서면 반전이 시작된다. 마치 뉴욕의 로프트하우스를 방문한 것 같은 세련된 공간이 펼쳐진다.

"해외출장 차 간 뉴욕에서 우연찮게 오래된 건물에 자리한 로프트하우스들을 만났어요. 허름한 내부와 대비되는 멋진 내부가 감각적으로 느껴졌고, 아파트나 단독주택 외에 이렇게 사는 방법도 있구나 하고 깨달았던 순간이었죠."

비용 절감을 위해 외관은 크게 손대지 않았다.

김남균, 남혜영 씨 부부는 모던하고 세련된 인테리어를 위해 세 가지를 기본으로 리모델링을 진행했다. 첫 번째는 노출천장으로 천장을 튼 뒤 시멘트에 투명 코팅제를 덧발라 마무리했다. 원래는 자연스럽게 드러난 노출천장의 민낯을 그대로 즐기려 했으나 천장을 새까맣게 뒤덮은 곰팡이 때문에 뜻을 이룰 수 없었다. 곰팡이를 청소하자 부분부분 얼룩이 남게 되었고, 이를 시멘트로 덮어 노출천장과 비슷한 느낌을 연출했다. 또한 중문, 파티션, 수납장, 선반 등은 철제 소재를 선택했다. 블랙에 가까운 짙은 색의 철제를 활용해 깔끔하고 시크한 분위기를 연출한 것. 다만 주거공간인 만큼 너무 차가워 보이지 않도록 곳곳에 목재를 더해 온기를 주었다.

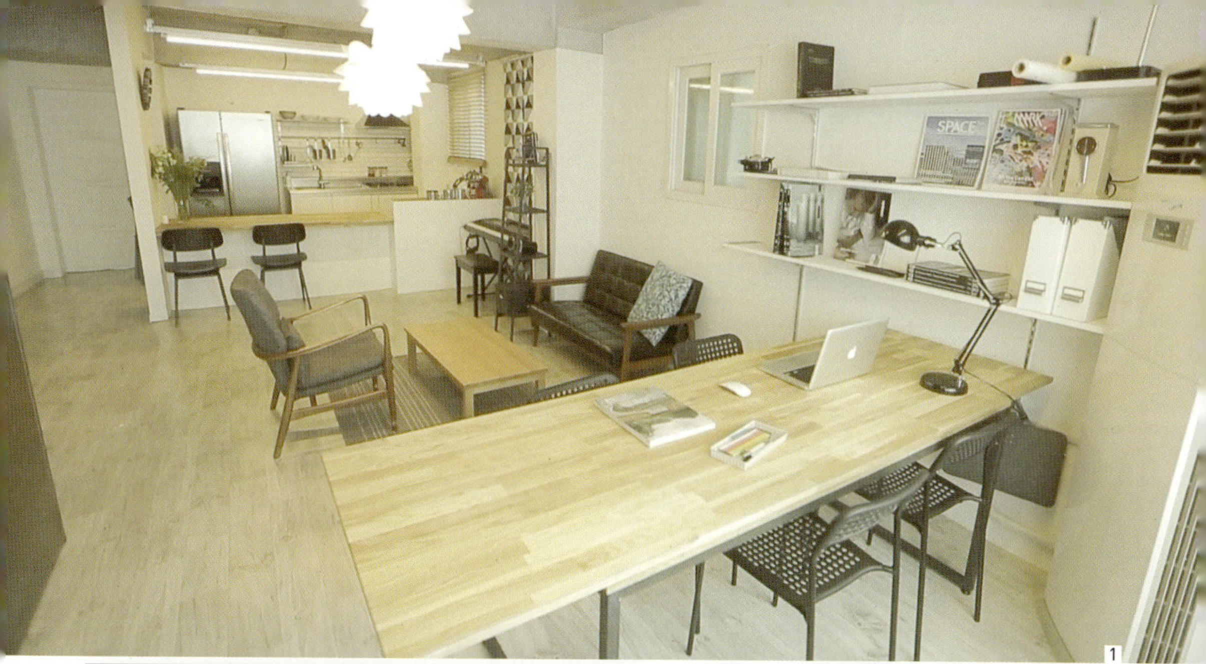

1 허름한 외관과 모던한 내부의 반전 매력을 간직한 3층 주거공간.
2, 3, 4 중문 겸 파티션은 구로철판을 활용했는데, 부부가 직접 디자인한 뒤 제작 업체에 맡겨 완성했다.

> **하.우.스 인테리어 레시피**
> **철제 프레임 중문의 장점**
> 중문은 현관의 첫인상을 결정하는 중요한 디자인 요소다. 대부분 좋아하는 소재로 프레임을 만든 뒤 개방감을 위해 중앙에 유리를 넣는 디자인을 선호하는데, 후암동 주택처럼 철제를 사용하면 목재보다 유리를 고정하는 힘이 강해 프레임의 두께를 얇게 만들 수 있다. 얇은 철제 프레임으로 보다 세련된 분위기를 연출할 수 있다.

> **하.우.스 인테리어 레시피**
> **모던 인테리어의 일등공신! 구로철판**
> 구로철판은 물에 닿거나 공기 중에 노출되면 쉽게 녹이 스는 경향이 있다. 빈티지한 느낌을 위해 일부러 녹이 슬도록 연출하기도 하지만, 후암동 주택은 단정한 분위기를 내고 싶어 코팅제를 발라 녹이 스는 것을 방지했다.

천장을 트고 벽을 허물어 하나로 연결한 거실, 서재, 주방

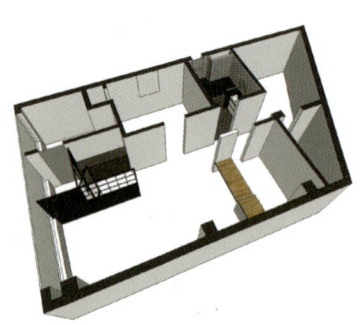

3층은 원래 사무실로 사용되던 곳이었다. 그래서인지 가운데에 긴 복도가 있고 양쪽으로 공간들이 나뉜 독특한 구조였는데, 개방감 있는 거실을 원했던 부부는 방을 모두 터서 서재와 거실, 주방까지 하나로 연결된 넓은 공간을 만들었다. 다행히 구조상 보와 기둥으로 하중을 지탱할 수 있어서 내부 벽을 자유롭게 허물 수 있었다. 40㎡(12.1평)로 넓어진 거실은 부부의 라이프스타일을 반영해 디자인됐다. 여느 집들처럼 TV나 육중한 소파를 놓는 대신, 큰 테이블을 두어 서재 겸 일하는 공간을 만든 것이다.

"저희 부부는 집에서 잔업을 할 때가 많아요. 아파트에 살 때 저는 안방으로, 남편은 서재로 흩어져 일하느라 서로 얼굴 보기도 힘들었죠. 그래서 이번에는 둘이 함께하는 공간을 만드는 데 중점을 뒀습니다."

또한 테이블 앞에 작은 소파와 오디오 기기를 두어 음악을 듣거나 책을 읽을 수 있는 휴식공간을 만들었고, 거실과 연결된 주방은 카페 콘셉트로 디자인했다.

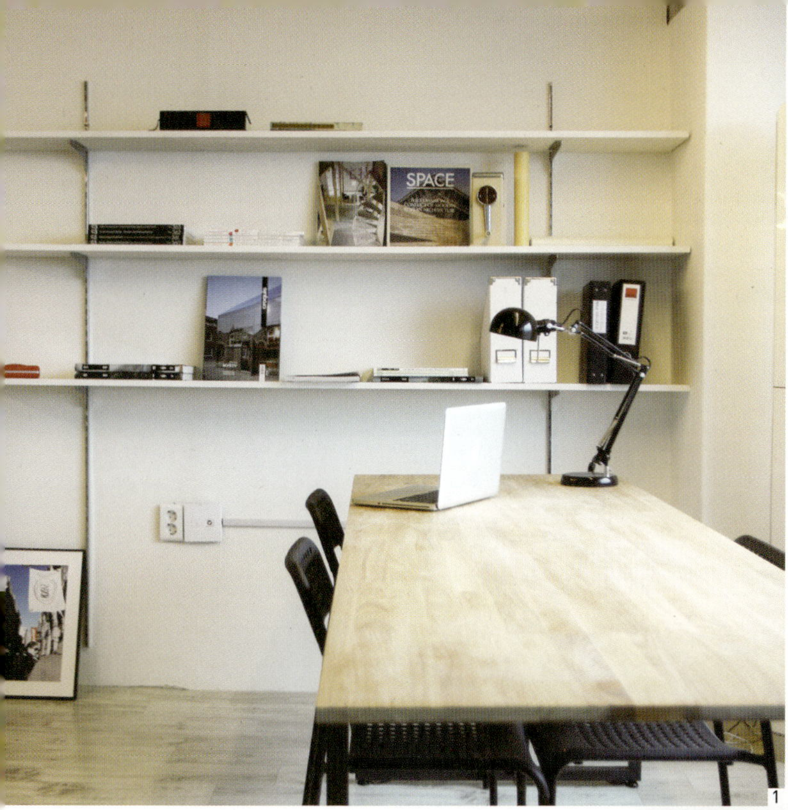

1 부부가 함께 일하는 서재. 대형 테이블을 두고 벽에 찬넬선반을 설치했다. 찬넬선반은 남편이 손수 설치한 것으로, 기존의 갈색을 하얀색으로 페인트칠했다. 2 기존에 사용하던 테이블에 물푸레나무 상판을 붙여 리폼했다. 덕분에 저렴한 금액으로 원하는 사이즈(가로 2.4m × 세로 0.7m)의 테이블을 마련할 수 있었다. 3, 4 거실 천장에 두 가지 버전으로 사용할 수 있는 조명을 제작했다. T5 LED를 레이스웨이(RaceWay)의 위아래에 각각 설치했다. 아래쪽을 켜면 직접조명으로, 위쪽을 켜면 은은한 간접조명의 효과를 누릴 수 있다. 5 활용도가 높은 찬넬선반. 6, 7 구조 벽과 연결해 식탁을 제작했다. 거실 쪽으로 의자를 두어 평범한 식탁처럼 활용하고, 안쪽에 수납 칸을 마련해 그릇 및 주방용품 등을 정리한다.

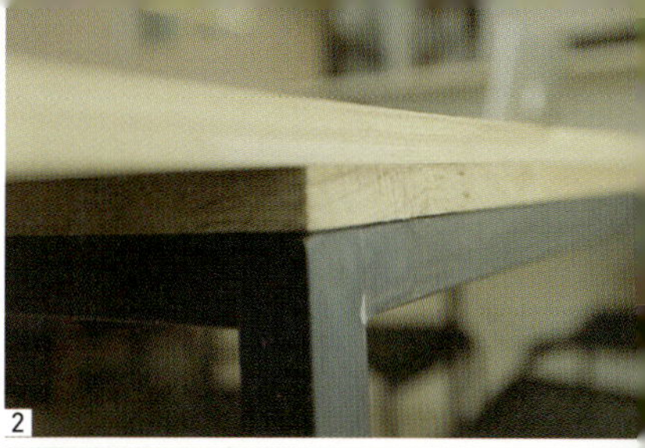

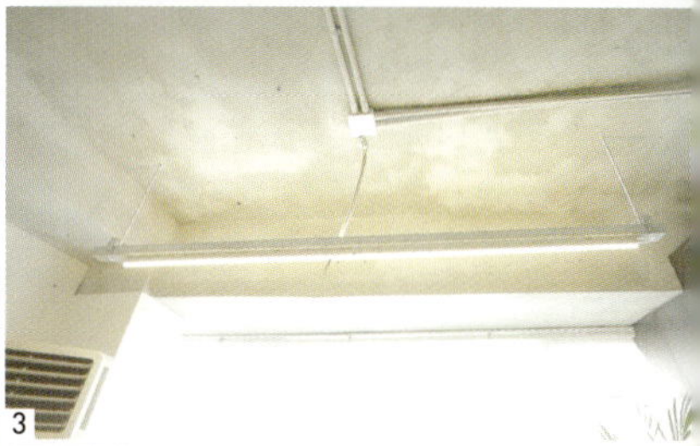

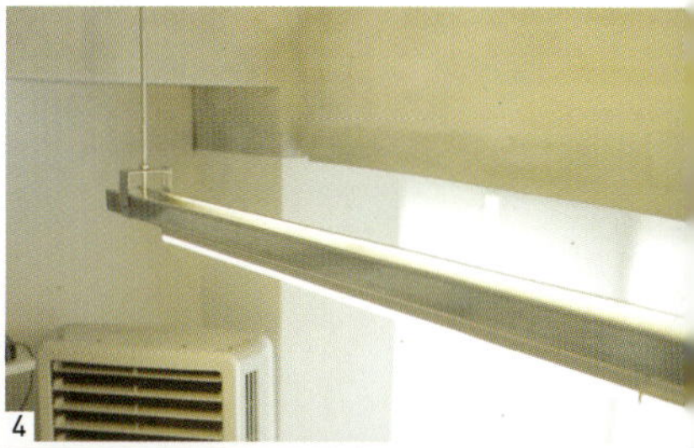

하.우.스 인테리어 레시피
찬넬선반으로 수납은 기본, 인테리어 효과까지!
찬넬선반은 레일 형태의 긴 철물을 벽에 수직으로 나란히 고정시킨 뒤, 철물에 있는 구멍에 받침을 끼워 넣고 위로 상판을 올리는 선반을 말한다. 원하는 개수만큼 여러 개의 선반을 달 수 있고, 구멍의 위치에 따라 높낮이를 조절할 수 있어 활용도가 높다.

하.우.스 인테리어 레시피
얇은 판으로 5cm 두께의 두툼한 원목상판 만들기
식탁 상판은 서재 테이블과 동일한 물푸레나무로 제작했다. 원목 상판은 두께가 두꺼울수록 고가인데 부부는 얇은 두께의 나무판 사이로 받침을 세워 안은 비었지만 시각적으로는 두꺼워 보이는 목재 상판을 제작해 비용을 절감했다.

1 바 형태의 하부장은 기존에 사용하던 것을 재활용해 비용을 절감했다. 2 식탁에는 커피를 좋아하는 부부의 취향에 맞춰 커피머신 등을 진열했다.
3,4 싱크대 상판은 올록볼록 무늬가 있는 스테인리스 스틸을 사용했다. 싱크대 사이즈를 측정해 업체에 제작을 의뢰한 것이다.

편안함과 실용성을 살린 침실, 드레스룸, 욕실

침실은 편안하면서도 로맨틱한 분위기를 연출하기 위해 아이디어를 냈다. 침대 헤드보드 쪽 벽면을 진회색으로 페인트칠하고, 은은한 조명을 선택해 아늑한 분위기를 연출했다. 천장을 터서 개방감을 준 공용공간과 달리 천장을 막은 것도 한몫했다. 천장고가 2.4m로 거실보다 20cm 낮아 한결 안락하다.

한쪽 벽을 진회색으로 페인팅하고, 침구 또한 비슷한 컬러로 통일한 10㎡(3.03평)의 침실.

1 침대 옆의 사이드테이블은 장당 천 원짜리 시멘트블록을 쌓아 남균 씨가 직접 만든 것이다. **2** 시멘트블록 구멍에는 휴대폰을 수납한다. 의도한 것처럼 딱 맞는 사이즈가 재미있다. **3** 공용공간보다 낮은 침실 천장. **4** 기존에 주방으로 사용되던 곳을 드레스룸으로 리모델링했다. **5** 비스듬한 사선면을 따라 계단식으로 옷장을 배치했는데 양쪽 끝에서 바라봤을 때 안쪽이 보이지 않도록 연출한 것이다. **6** 욕조를 없애고 샤워부스를 설치한 욕실. 남는 공간에는 세탁기를 두어 세탁실로도 활용한다. **7** 세면대 맞은편에 원형거울과 선반을 부착했다. 남편이 씻은 뒤 바로 화장품을 바를 수 있도록 아내가 선물한 공간이다.

김남균, 남혜영 씨 부부의 리모델링 비용 절감에 대한 조언

기존의 가구나 방문 리폼하기
기존에 사용하던 것들을 리폼하면 비용을 절감할 수 있다. 후암동 주택은 기존의 방문들을 흰색으로 페인트칠해 재활용했고, 주방 하부장도 상판만 교체해 새로운 느낌으로 연출했다.

기존의 설비를 활용하여 주방 옮기기
주변에 수전과 하수관이 설치돼 있으면 주방의 위치를 옮기는 데 시간과 비용을 줄일 수 있다. 물론 이것들 없이도 주방의 위치변경이 가능하다. 하지만 수도 라인을 다시 만들어야 하기 때문에 공사비가 증가되고, 경우에 따라 하수배관의 구배 때문에 바닥이 더 높아질 수도 있다.

하우스 정보

대지 위치 : 서울시 용산구 후암동
건물 규모 : 지상 3층
대지 면적 : 100㎡(30.25평)
건축 면적 : 69㎡(20.87평)
연면적 : 245㎡(74.11평)
용적률 : 250%
건폐율 : 80%
설계 및 시공 : studio O'BRICK
사진제공 : studio O'BRICK

- 비용

리모델링비	2천만 원
구로철판 중문 겸 파티션	자체제작, 2백만 원대
찬넬선반	철물 : 을지로 구입, 3만 원
	선반 : 목재로 자체제작
	서재 책상다리 : 을지로 금속제작, 약 20만 원
	상판 : 자체제작, 20만 원(운반비 별도)
거실 소파	가리모쿠60, 80만 원대
거실 조명	이케아 KNAPPA, 개당 2만 9천 9백 원
물푸레나무 집성목	1판에 약 10만 원(1판=2.3m x 0.915m)
주방 타일	을지로 한국타일, ㎡당 3만 원대
욕실 거울	이케아, 3만 원대, 선반 3만 원대
욕실 타일	을지로 한국타일, ㎡당 약 3만 원

21평 망원동의 817 하우스

가족의 니즈를 모두 담은 올인원 하우스

하우스 스토리

30년 된 노후주택, 올인원 하우스로 재탄생하다

망원동 일대에 탑처럼 길쭉하게 솟은 집이 등장했다. 짙은 전벽돌로 둘러싸인, 심플하지만 단단한 매스로, 71.02㎡(21.48평)의 실제 건축 면적보다 크고 웅장해 보이도록 디자인됐다. 작지만 있어 보이고 싶다는 '817 하우스'다. 이 집을 지은 임규범(36) 씨는 주목받는 인테리어 디자이너로 실용적이고 감각적인 공간을 연출하기로 유명하다. 그의 신혼집이자 사옥 그리고 부모님의 집이기도 한 817 하우스는 그가 설계부터 시공까지 직접 진두지휘한 첫 번째 건축 프로젝트다.

'집짓기란 스스로에 대한 탐구과정'이라는 말이 있다. 내가 어떤 사람인지, 무엇이 필요한지에 대한 고민과 성찰이 있은 후에야 비로소 나에게 맞는 집을 지을 수 있다는 뜻이다. '817 하우스'의 시작도 그랬다. 가족은 자신들이 필요로 하는 요소들을 하나하나 나열해 보았고, 이를 서울에서 어떻게 하면 가장 효율적이고 경제적으로 현실화시킬 수 있을지에 대해 고민했다.

"집을 지으려고 마음먹었을 당시 여러 가지 일이 한꺼번에 겹쳤어요. 저희 부부는 결혼을 앞두고 있어서 신혼집이 필요했고, 부모님은 옛집이 30년 넘은 노후주택이라 여름이면 물이 새고 겨울이면 배관이 터지는 등 리모델링이 시급했죠. 또한 노후를 위한 임대수익도 필요했고요. 저 역시 회사의 직원이 늘면서 사무실을 옮겨야 하는 상황이었어요. 곰곰이 생각해보니 이 모든 걸 하나로 합쳐 집을 지어보면 어떨까 싶더라고요."

그렇게 완성된 집은 '올인원(all in one) 하우스'라는 애칭이 붙을 정도로 가족 구성원 모두의 요구사항을 충실히 반영하고 있다. 아내가 운영하는 카페, 남편의 사무실, 부모님의 주거지와 신혼부부의 보금자리, 임대공간, 휴식을 위한 옥상까지! 가족의 새로운 시작이 오롯이 담긴 집이 지어진 것이다.

Before

After

하우스 구조와 특징

1층 27.56㎡(8.34평)
아내 호경 씨가 운영하는 카페가 자리한다. 식물을 좋아하는 그녀의 취향에 맞춰 식물 숍을 겸하고 있다.

2층 71.02㎡(21.48평)
남편 규범 씨가 운영하는 인테리어 회사가 위치한다. 집에 사무실을 들여놓음으로써 매달 나가던 사무실 임대료와 관리비 등을 절약할 수 있었다.

3층 55.36㎡(16.75평)
고정수익을 낼 수 있는 임대공간. 현재 한 쌍의 신혼부부가 거주 중이다.

4층 55.36㎡(16.75평)
부모님의 집이 위치한다.

5층 51.94㎡(15.71평)
규범 씨와 호경 씨 부부의 신혼집이 위치한다.

옥탑 8.82㎡(2.67평)
테이블과 의자를 두고 그늘막을 설치해 리조트 같은 휴식공간을 연출했다.

거실, 주방, 다이닝룸 등 모든 공간이 로맨틱한 로프트하우스 신혼집

아들 내외인 임규범(36), 심호경(32) 씨 부부는 '817 하우스'의 맨 위층에 신혼집을 차렸다. 자신들의 첫 집이니만큼 조금 욕심을 부려보았다는 그들의 고백처럼, 5층은 젊은 부부의 개성을 고스란히 담은 감각적이고 세련된 공간으로 완성됐다. 가장 눈에 띄는 점은 한눈에 딱 봐도 특이한 구조다. 집에 들어서는 순간 무려 11m에 이르는 일자형의 공간을 만나게 된다. 다이닝 공간을 중시하는 부부의 라이프스타일에 맞춰 방을 두지 않고 거실부터 주방까지 하나로 연결된 스튜디오형 구조를 계획했다. 여기에 한쪽 벽이 비스듬한 사선으로 이루어져 있어 독특한 분위기를 연출한다.

"5층이다 보니 도로 사선제한의 적용을 받았어요. 일반적인 경우라면 이곳을 후퇴시켜 발코니로 만들겠지만 비스듬한 면의 느낌이 좋아 그대로 살려보면 어떨까 싶었죠."

한쪽 벽을 사선으로 만든 과감한 발상은 신의 한수였다. 경사면 위쪽으로 큰 창들을 나란히 배치했는데, 이 창들 덕분에 채광은 물론 날씨와 계절까지 고스란히 느낄 수 있기 때문이다. 맑은 날이면 청명한 하늘을, 비가 오는 날에는 창을 톡톡 두드리는 빗소리를, 겨울에는 분위기 있는 재즈 음악과 함께 새하얀 눈을 즐길 수 있다. 다양한 표정을 짓는 로맨틱한 신혼집이 된 것이다.

또한 이 긴 사선 벽을 따라 주방과 거실을 아우르는 긴 싱크대와 수납장을 만들었다. 점점 좁아지는 경사면의 데드스페이스를 활용한 것으로, 총 13칸으로 이루어져 있어 대부분의 물건을 수납할 수 있을 정도로 넉넉하다.

"일부러 거실과 주방을 하나로 연결시켰어요. 가구를 각각 두어 단절시키는 것보다 싱크대가

1, 2 규범 씨 부부의 신혼집이 자리한 817 하우스의 5층과 길게 연결된 스튜디오형 내부. 경사면을 따라 창문을 만들고, 하부에는 수납장을 제작했다. **3** 창문 쪽으로 스크린을 내려 영화를 볼 수 있도록 했다. 사운드 바는 겉으로 드러나는 것이 싫어 창 아래로 매입시켰다. 창틀을 50cm 폭으로 계획해 벤치처럼 활용 중이다. 창가에 걸터앉아 책을 읽고 싶은 부부의 로망을 반영한 것이다.

다목적으로 활용되는 월넛 원목테이블. 모던한 콘셉트의 집에 묵직한 중심을 잡아준다.

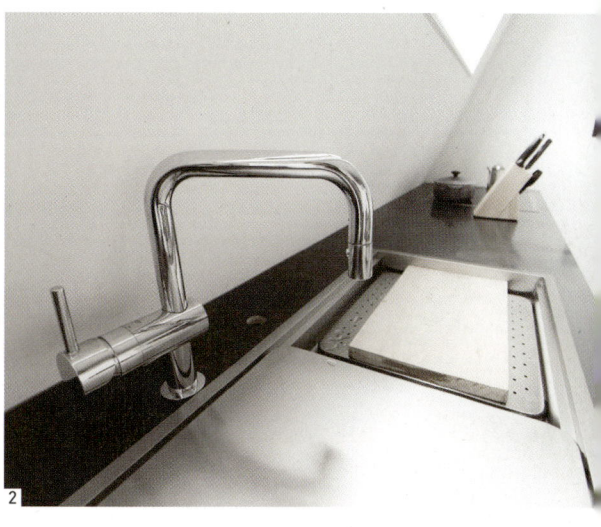

1 거실과 주방을 일체화시킨 수납장. 수납장에는 생활용품부터 주방용품, 식료품까지 굉장히 많은 물건들을 수납할 수 있다. 2 주방쪽 수납장 위로는 주방시설을 설치했다.

수납장으로 길게 연장되면 좋을 것 같았죠."

    수납장의 소재는 구로철판(열연강판)을 선택했다. 화이트 도장으로 깔끔한 공간에 색다른 질감의 블랙 컬러로 포인트를 주고 싶었기 때문이다. 물이 닿으면 쉽게 녹슬어버리는 소재라 아내는 반대했지만, 관리를 책임지겠다는 남편의 약속을 믿고 허락해주었다고 한다. 구로철판은 주방에 사용할 경우 주기적인 손길이 필요한 자재로 규범 씨가 한 달에 한 번 금속 코팅제를 발라 관리하고 있다.

작은 집을 두 배로 넓게 쓰는 수납의 마법
    공용공간 옆으로는 4m의 높은 천장고를 활용한 복층이 있다. 위로는 침실이, 아래쪽에는 현관과 욕실이 위치하는데 규범 씨는 이 구조를 활용해 놀라운 수납공간을 만들어냈다. 먼저 주방 맞은편으로 오븐, 전자레인지, 밥솥 등 생활가전과 청소용품을 수납하는 벽장이 있는데 안쪽 깊숙이까지 이어진다. 부부는 이곳에 옷을 수납해 드레스룸으로 활용한다. 즉, 복층 하부의 안팎을 모두 수납장으로 만든 것이다.
    또한 침실로 올라가는 계단 하부도 수납공간으로 만들었다. 각각의 계단 높이에 맞춰 옷부터 생필품까지 다양한 품목을 수납한다. 이 수납장은 처음부터 어떤 물건을 넣을지 계획하고 사이즈에 맞춰 칸칸이 제작한 것으로, 하얀색의 손잡이 없는 터치도어를 시공해 마치 벽처럼 보이도록 연출했다. 덕분에 집 안 전체가 군더더기 없이 깔끔해 보인다.

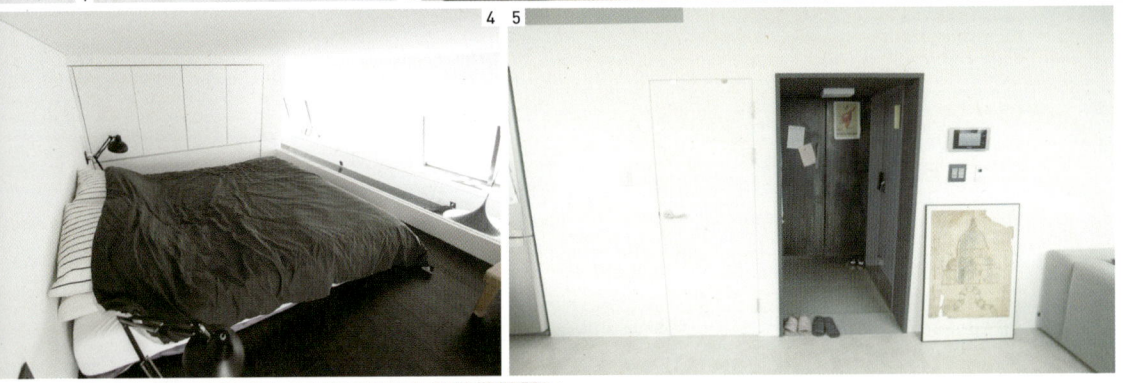

1 주방 맞은편의 수납공간. 주방가전과 청소용품을 보관한다. 2 드레스룸에는 다양한 사이즈의 수납공간을 만들고 안쪽에는 전신거울을 두었다. 매무새를 확인할 수 있어 실용적이고, 좁은 공간을 넓어 보이게 하는 효과도 있다. 3 계단 밑의 수납공간. 길이가 가장 긴 곳은 옷을 걸어두는 용도로 활용한다. 4 복층 위의 침실. 층고가 낮아 다락방처럼 아늑하다. 침실 옆으로도 수납공간을 만들었다. 5 복층 아래쪽에 위치한 욕실과 현관. 현관은 화사한 내부와 대비되도록 어둡게 만들었다. 천장과 벽면은 짙은 그레이 도장으로, 신발장 문은 구로철판으로 제작했다. 6 욕실은 바닥과 벽, 천장까지 모두 모자이크 타일을 시공했다. 1.9m의 천장고로 공간이 낮고 좁아서 좀 더 입체적으로 보이도록 의도한 것이다.

4층_ 부모님의 공간을 위한 맞춤 인테리어

4층에 위치한 부모님 집은 아들 부부의 공간과는 분위기가 전혀 다르다. 바닥 면적은 비슷하지만 층고가 낮고 두 개의 방이 위치하는 등 공간이 정확히 구획돼 있다. 바닥 또한 타일 대신 오크 수종의 원목마루를 시공했다. 60대의 부모님이 편하고 익숙하게 느낄 수 있는 요소들을 선택한 것이다.

4층과 5층이 유일하게 닮은 점은 바로 거실과 주방이 하나로 연결돼 있다는 것이다. 5층 수납장의 미니멀한 버전으로 4층에도 역시 벽면에 긴 수납장을 두었다. 상판은 5층의 구로철판과 달리 볼라카스 천연대리석(흰색 바탕에 연한 회색빛 마블링이 특징인 대리석)을 선택해 고급스러움을 더했다.

"부모님의 연세를 고려해 고급자재인 볼라카스 대리석을 선택했어요. 볼라카스 하면 주로 클래식한 인테리어를 떠올리는 분들이 많은데요. 모던한 분위기에서도 포인트 역할을 할 수 있습니다."

안방은 침대와 붙박이장만 있는 자그마한 방이지만 부모님을 위한 세심한 아이디어들로 가득하다. 먼저 일반적인 침대 대신 월넛 무늬목을 사용해 평상형 침대를 제작했다.

"보통 연세가 있으신 분들은 침대를 불편해하시잖아요. 그렇다고 딱딱한 바닥에서 주무실 수도 없고요. 특히 저희 부모님은 허리가 안 좋으셔서 편하게 앉고 일어날 수 있는 침실이 필요했어요. 그래서 침대와 바닥을 절충해 평상형 침대를 제작했습니다."

1 부모님의 생활공간인 55.36㎡(16.75평)의 4층. 5층과 달리 방이 있다. 2 노출천장으로 높아진 천장에 간접조명을 시공해 공간에 입체감을 더했다. 3 벽 한쪽에 6m 길이의 수납장이 위치한다. 벽 한쪽에 6m 길이의 수납장이 위치한다. 주방 살림이 많은 어머니의 의견을 반영해 상부장을 제작했다. 4 마감재를 통일해 좁은 면적이 넓어 보이게 했다. 수납장 상판은 볼라카스 천연대리석을 벽면은 하얀색의 자기질 타일을 시공했다. 5 깔끔한 주방을 위해 냉장고가 드러나지 않도록 가벽을 설치했다. 6 현관과 마주한 가벽에는 가족사진을 액자에 넣어 갤러리 같은 공간을 연출했다.

1 12.44㎡(3.76평)의 안방. 평상침대는 가로 3m x 세로 2.1m x 높이 0.4m 크기로 제작했다. 2 매트리스가 흔들리지 않도록 사이즈에 맞춰 바닥 일부를 팠다. 3 침대 둘레의 서랍은 다목적으로 활용되는데 0.3m의 넓은 폭으로 많은 수납이 가능하다. 단, 침대가 약해질 것을 우려해 침대 하부는 수납공간으로 만들지 않았다. 4 침대 맞은편의 붙박이장. 문에 일자 형태의 손잡이가 달려 있다. 5, 6 인조잔디와 고급 말라스 데크로 꾸민 옥상. 햇빛을 가릴 수 있도록 테이블 위에 그늘막을 설치했다.

평상형 침대 둘레로는 'ㄱ'자 모양의 서랍을 제작했다. TV장, 화장대, 선반, 수납공간 등 만능으로 활용될 뿐 아니라, 침대에 앉으면 쉽게 손이 닿는 위치에 있어 큰 이동 없이도 편리하게 사용할 수 있다. 이러한 아들의 배려는 침대 맞은편의 붙박이장에서도 확인할 수 있다. 5층 벽장의 매끈한 손잡이와 달리 부모님이 쓰시기 쉽도록 긴 손잡이를 붙인 것이다.

임규범, 심호경 씨 부부의 똑똑한 수납공간 연출에 대한 조언

작은 집의 수납일수록 선택과 집중이 필요하다

작은 집에서는 수납공간을 한 곳에 집중시키는 것이 좋다. 수납공간을 한 장소에 모아두면 나머지 면적을 여유롭게 활용할 수 있기 때문이다. 많은 물건을 보관할 경우, 카테고리별로 품목을 정리할 수 있어 체계적인 수납이 가능하다.

수납공간에 대한 편견 깨기

수납장을 구입하거나 붙박이장을 제작해야만 수납이 가능하다는 편견을 버리자. 계단 밑, 침대 주위, 지붕 밑도 훌륭한 수납공간이 될 수 있다. 집을 짓다 보면 어쩔 수 없이 곳곳에 데드스페이스들이 생기게 되는데 이런 틈새공간을 잘 활용하면 효율적인 수납이 가능하다.

한쪽 벽면으로만 대량 수납이 가능한 긴 수납장을 두니 주방과 거실에 큼직한 여백이 생겼다.

하우스 정보

대지 위치 : 서울시 마포구 망원동
건물 규모 : 지상 5층(옥상 별도)
대지 면적 : 133.2㎡(40.29평)
건축 면적 : 71.02㎡(21.48평)
주거면적 : 4층 : 55.36㎡(16.75평), 5층 : 51.94㎡(15.71평)
연면적 : 261.24㎡(79.03평)
용적률 : 199.72%
건폐율 : 54.30%
설계 및 시공 : 817디자인스페이스

• 비용

건축비	5억 원
전벽돌	장당 450원(시공비 별도)
오크 원목마루	3.3㎡(1평)당 23만 원(시공비 포함)
평상형 침대	월넛 무늬목으로 자체제작, 약 2백만 원
그늘막	썬세이드(Sunshade), 약 19만 원

13평 명륜동의 철민이네 전원주택

서울에서 전원의 삶을 살다

하우스 스토리

다가구주택에서 시작한 전원생활

살다 보면 어느 순간 자연이 그리워질 때가 있다. 콘크리트 바닥이 아닌 흙을 밟고 싶어지고, 빌딩숲을 떠나 생생한 나무들이 내뿜는 청량한 숲내음이 맡고 싶어진다. 〈하.우.스〉를 취재하며 만난 대부분의 건축주들 또한 마당에 대한 로망을 얘기하는데, 이 역시 같은 맥락일 것이다.

그러나 땅값 비싼 서울에서 번듯한 마당까지 갖춘 집을 짓기란 결코 쉬운 일이 아니다. 차선책은 서울을 벗어나 인근에 전원주택을 짓는 것이다. 하지만 서울에 직장을 가지고 있는 이라면 하루에 출퇴근 시간만 3~4시간이 소요되는 삶이 부담스러운 것이 사실이다. 그런 점에서 건축가 김재관(54) 씨와 그의 아내 김지민(49) 씨의 집 '철민이네'는 전원주택에 대한 새로운 패러다임을 보여주는 사례다. 지금부터 어떻게 하면 도심 속에서 자연과 함께하는 삶을 누릴 수 있는지 철민이네 집을 통해 살펴보자.

종로구 명륜동. 언덕길을 따라 오르다 보면 가파른 골목길 끝에 위치한 다가구주택 한 채를 만날 수 있다. 김재관 씨 부부는 작년, 이 다가구주택의 맨 위층을 리모델링해 이사했다. 20대 중반의 두 자녀가 독립한 뒤 아파트를 떠나 부부만의 작은 보금자리를 마련한 것이다.

겉으로 보기에는 평범한 다가구주택 같지만 3층에 들어서는 순간 눈이 시릴 정도로 푸르른 녹음과 만나게 된다. 여기가 서울 한복판의 다가구주택이라는 사실을 잊을 정도로 울창한 자연림과 암벽들에 둘러싸여 있다. 마치 한 폭의 여름 산수화를 보는 듯하다.

"우연히 동네를 지나다가 이 집을 발견했어요. 북악산과 맞닿아 있는 독특한 위치가 인상적이었죠. 게다가 마당 한쪽에 서 있는 커다란 살구나무까지! 무조건 구입해야겠다 마음먹었습니다."

부부는 이 집을 보는 순간 머릿속에 그림이 그려졌다고 한다. 투박하지만 그리운 고향 같은 정겨운 삶, 자연과 벗하며 살아가는 안온한 나날들이 말이다.

Before

After

서울에서 즐기는 전원 라이프

집 앞으로 펼쳐져 있는 50㎡(15.13평)의 마당은 부부가 꿈꾸던 전원의 삶을 실현시켜주는 곳이다. 텃밭을 일궈 상추와 오이, 토마토 등의 채소들을 키우고, 한쪽에는 수도를 연결해 작은 연못까지 만들었다. 그러나 이 마당의 하이라이트는 부부가 첫눈에 반했다는 살구나무다(이 집을 지었을 때 기념으로 식수했다 하니 어림잡아도 30년이 훌쩍 넘은 고목이다). 부부는 이 살구나무 그늘 아래 작은 테이블과 다기를 보관할 수 있는 찻장을 두었는데, 종로 일대가 한눈에 내려다보이는 이곳에서 아침마다 티타임을 갖고 저녁이면 종종 친구들을 불러 와인파티를 벌인다.

미팅 차 철민이네를 처음 방문하던 날, 안주인은 마침 탐스럽게 잘 익은 살구를 따 우리에게 건넸다. 시원한 나무그늘 아래서 새콤달콤한 과육을 베어 물며 이야기를 나누는 기분이란! 이런 것이야말로 바로 자연이 주는 행복이 아닐까.

1 방치돼 있던 산비탈을 그대로 살려 마당으로 활용 중이다. 마당 양쪽에 텃밭을 만들고 살구나무 아래에 테이블을 두었다. **2** 살구나무를 훼손하지 않기 위해 테이블 위로 지붕을 만들지 않았다. **3** 테이블 옆 연못에는 이웃이 된 새들이 종종 찾아와 목을 축인다. **4** 부부가 수확한 탐스런 살구들.

하우스 구조와 특징

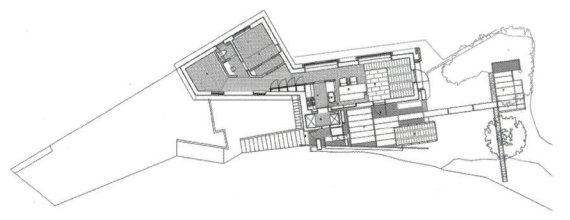

지하 1층~2층
지하부터 2층까지 총 세 개 층을 임대수익을 낼 수 있는 공간으로 활용한다.

3층 41.83㎡(12.65평) & 3층 마당 50㎡(15.13평)
산과 맞닿아 있는 독특한 지형의 3층이 부부의 주거공간이다. 집의 평면은 살짝 비틀린 듯한 모양인데 부부는 이를 '갈매기 두 마리가 날아다니는 것 같다'고 표현한다. 임대층과 구분하기 위해 별도로 설치한 대문 너머 13평 남짓의 작은 집과 마당이 위치한다.

현장 가설재로 지은 집

철민이네는 외벽을 따라 커다란 수납장이 짜여 있는데 여기에 각종 건축자재들과 공구들을 보관한다. 또한 바닥은 나무 데크 대신 건축현장에서 사용하는 안전발판(비계)을 깔았다. 건축 가설재(공사를 위해 임시로 설치한 뒤 공사완료 후 해체하는 자재)를 최종 마감재로 선택한 것이다. 이런 철민이네 집을 본 사람들의 반응은 대개 비슷하다. '개성 있다', '독특하다', '낯설다'. 우리에게 익숙한 집의 모습과는 전혀 다른, 집이란 이러이러해야 한다는 관념의 틀을 벗어던진 자유분방함으로 가득한 집이다.

이는 공사를 맡은 남편의 영향이 크다. 김재관 씨는 스스로를 '집 수리업자'라 자처하는 건축가다. 한국건축문화대상 본상, 경기도 건축상 등 유수의 상을 수상한 그는 신축 대신 낡고 허름한 집을 고치고 보수해 새 생명을 불어넣는 일을 업으로 삼고 있다. 철민이네 또한 그의 손으로 하나하나 수리한 집이다.

1 벽면을 수납공간으로 만들고 바닥에는 안전발판을 깔았다. 천장에는 비가 올 때를 대비해 폴리카보네이트로 지붕을 만들었는데, 위쪽 나무들을 볼 수 있도록 투명 소재를 선택했다. 2 집 앞으로 작은 정자를 만들었다. 천장에 LED조명을 시공해 밤에도 이용할 수 있다.

숲속 오두막을 닮은 친환경 주택

41.83㎡(12.65평) 크기의 내부는 천장과 바닥, 심지어 모든 가구에 소나무 원목을 활용했다. 이 소나무들은 방부처리를 하지 않은 것으로서, 시공할 때도 솜씨 좋은 목수가 일일이 손으로 제작해 만들었다. 이외에도 철민이네는 기성품을 지양하고 화학성분의 접착제는 물론, 그것을 이용해 만든 합판 등의 공장제품을 거의 사용하지 않았다. 몸에 해롭지 않은 친환경 주택을 짓고 싶은 열망이 컸기 때문이다.

"생각보다 힘든 일이었지만 시중에서 화학성분을 사용하지 않은 재료를 구할 수 없었기 때문에 선택의 방향이 명백했죠. 물론 비경제적이고 훨씬 더 많은 시간이 소요됐지만 충분히 의미 있는 작업이었다고 생각합니다. 집 자체보다 삶의 질이 더 중요하니까요."

하.우.스 인테리어 레시피

Q. 현장 가설재를 사용해 집을 지은 이유가 무엇인가요?

"제가 기존에 보관하고 있던 현장 가설재를 많이 사용했습니다. 집이기도 했지만 자재의 보관을 염두에 둔 것인데 사실 다른 현장에 필요하면 다시 뜯어가겠다는 가벼운 생각도 있었습니다. 그런데 일이 조금 커졌네요.(웃음) 가설재 시공의 장점은 자재나 기술 인력을 구하기 쉽고, 공사기간이 빠르며, 일정한 규격으로 인해 균제적인 건축이 가능하다는 것입니다. 무엇보다 오랜 시간 여러 현장에서 사용된 자재이기 때문에 재료 사용에 대한 임상치를 테스트할 필요가 없죠."(건축주)

1 철민이네 내부. 전체 길이 18m, 폭이 제일 좁은 곳은 1.2m밖에 안 되는 길고 좁은 집이다. 2 거실에 소파를 두는 대신 나무평상을 제작했다. 평상 위로 작은 창이 있는데, 네모난 프레임 안으로 살구나무가 보이도록 계획한 것이다. 3 주방과 연결된 다이닝 공간. 집의 폭이 3m 남짓이기에 식탁 겸 테이블은 어쩔 수 없이 54cm의 좁은 폭으로 만들 수밖에 없었다.

1 가벽은 원목과 반투명 플라스틱 골판지를 활용해 만들었다. 플라스틱 골판지를 투과한 빛이 온 집 안에 은은하게 퍼진다. 주방 자체가 집 안의 조명 역할을 하는 것이다. **2** 가벽 안쪽에 제작한 주방 선반.

1 주방 뒤쪽에 만든 옷장. 깊이가 깊어 꽤 많은 옷들을 수납할 수 있다. 2 방문이 있던 자리에 수납장을 만들었다. 필요에 따라 미닫이문을 닫을 수도 있다. 3 안방으로 들어가는 입구에 아내만의 작은 서재가 있다. 정면은 화장실이고 우측이 안방이다. 4 7㎡(2.12평)의 안방. 목재로 바닥 및 침대, TV장 등 가구를 제작했다. 5 안방 한쪽에 위치한 드레스룸은 양쪽에 행거를 설치해 수납효율을 높였다. 정면은 복도와 연결된 수납공간이다. 6 18m 집의 끝에 위치한 작은 방. 게스트룸으로 자녀들이나 손님이 방문할 때 사용한다. 7 안방 앞에 위치한 초미니 화장실.

벽을 없애고 가벽을 세워 만든 주방과 개인공간

집의 벽체를 없앤 대신 가벽을 세워 공간을 구획했다. 1.8m 높이의 가벽은 천장에 닿지 않도록 상부를 40cm 정도 띄워 놓았다. 거실에서 시작된 목재의 흐름이 복도 끝까지 이어지게 해 긴 집의 시각적 효과를 극대화하기 위해서다. 가벽 안쪽 공간은 주방이다. 아내의 의견이 적극 반영된 곳으로 11자 구조다. 동선을 고려하면서도 양쪽으로 선반 및 상부장을 제작해 수납에 신경 썼다. 한 가지 재미있는 점은 식탁이 있는 방향으로 긴 가로 창을 만든 것이다. 주방 안팎에서 소통할 수 있도록 의도한 것으로, 아내가 부담스럽지 않을 정도로만 내부가 보이도록 창의 위치를 낮게 만들었다.

주방에서 시작된 가벽은 옷장으로 이어지는데, 옷장 앞으로는 소지품을 수납할 수 있는 선반을 두었다. 오픈선반 형태로 돼 있어서 복도와 안쪽 방에서 동시에 사용할 수 있다. 이곳은 원래 안방으로 가는 문이 있던 곳인데, 방문을 떼어낸 뒤 그 자리에 수납공간을 만들었다. 프라이버시를 위해 안방 문이 현관에서 바로 보이지 않도록 한 것이다.

안방 앞으로는 1.2㎡(0.36평)의 초미니 화장실이 위치한다. 사실 리모델링 전의 화장실은 4㎡(1.21평)의 크기로 지금보다 약 4배 정도 넓었다. 그럼에도 불편함을 감수하면서까지 화장실 면적을 줄인 이유는 아내 지민 씨만의 공간을 만들기 위해서였다. 넓은 화장실 대신 아내가 조용히 책을 읽거나 일을 할 수 있는 서재를 만들어준 것이다.

김재관, 김지민 씨 부부의 전원주택 같은 집 짓기에 대한 조언

바람길을 고려하자
"저는 집을 설계할 때 바람이 지나는 길과 빛이 들어오는 길을 가장 중요하게 체크해요. 그렇게 집을 지으면 실제 그 길로 바람이 이동하죠."

한쪽에서 들어온 바람이 맞은편으로 나갈 수 있도록 바람길을 만들면 공기순환이 잘 돼 청량한 실내 환경을 유지할 수 있다. 바람길이 잘 조성된 철민이네는 한여름에도 에어컨이 필요 없을 정도로 시원한 집이 되었다.

안방의 오픈선반도 창을 통해 들어온 바람이 지나는 길이다.

바람길을 위해 방문 위를 막지 않고 개방감 있게 만들었다.

하우스 정보
대지 위치 : 서울시 종로구 명륜동
건물 규모 : 지상 3층(지하 별도)
대지 면적 : 145.60㎡(44.04평)
건축 면적 : 41.83㎡(12.65평)
설계 및 시공 : 무회건축연구소

• 비용

리모델링비	6천만 원
시멘트벽돌	장당 60원
소나무 원목	㎡ 기준 약 5만 원
플라스틱 골판지	장당 3천 원

Part 04

아파트와 빌라
반전 리모델링 노하우

23평 낙원동의 낙원아파트

47년 아파트의 놀라운 인더스트리얼 리모델링

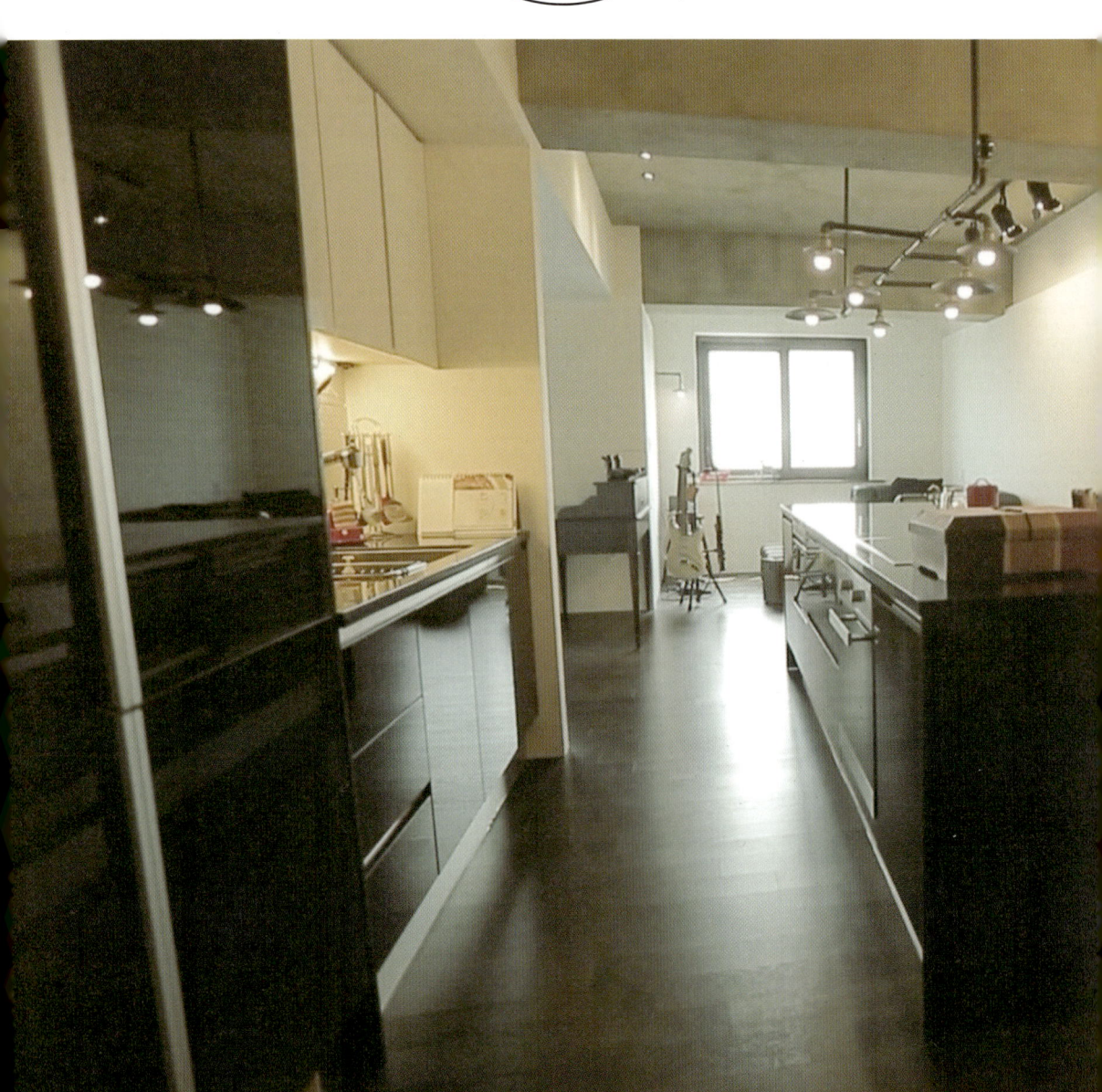

하우스 스토리

47년 된 낙원아파트를 선택한 신혼부부

서울을 빼곡히 채운 수많은 아파트 중에서도 낙원아파트는 그 의미만으로도 특별한 곳이다. 낙원아파트는 1969년에 완공된 대한민국 1세대 주상복합아파트로서 우리나라의 대표적인 현대건축가인 故김수근(1931~1986)의 작품이다.

보통은 아파트 아래쪽에 자리한 인사동의 악기상가로 더 유명한 동네다. 이곳은 오랫동안 명성을 쌓아온 서울의 대표적인 랜드마크지만 완공 후 47년, 무려 반세기 가까이 버텨온 건물이다. 그래서인지 아파트에 들어서면 요즘의 현대식 아파트와는 확연히 다른 구조와 분위기가 사뭇 낯설다. 마치 타임머신을 타고 과거로 시간여행을 온 것 같다. 결혼 2년차인 배은옥(33) 씨 부부는 자신들의 나이보다 더 오래된 이 아파트를 신혼집으로 선택했다. 누구보다도 이곳의 장점을 잘 알고 있었기 때문이다.

"신랑의 조부모님이 오랫동안 이 아파트에 사셨어요. 그래서 예전부터 이곳의 좋은 점들을 알고 있었죠. 무엇보다 벽이 두꺼워서 방음이 잘 되고 층간소음이 없는 게 최고의 장점입니다."

다소 낡고 투박한 외관과 달리 내부는 반전의 연속이다. 최근 주거공간에서 주목받고 있는 인더스트리얼 스타일을 접목했고 거친 노출 콘크리트 천장, 파이프 조명, 침실에 벽돌을 사용하는 등 젊은 부부다운 자유로움을 인테리어에 과감히 풀어놓았다. 이렇게 인테리어에 과감히 투자할 수 있었던 이유는 예상 예산보다 아파트를 저렴하게 구입했기 때문이다.

"워낙 오래된 아파트다 보니 구입 당시 주변 시세보다 금액이 낮았어요. 아파트 구입비를 절약해 노후화된 창호와 배관을 교체하고 집을 조금 더 예쁘게 꾸미는 데 투자한 거죠."

현재의 낙원상가아파트. 'ㅁ'자 구조로 한가운데에 네모난 중정이 위치하고 있다.

하우스 구조와 특징

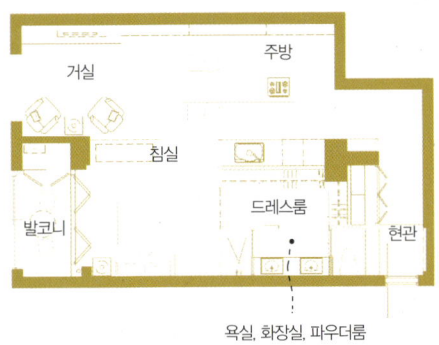

욕실, 화장실, 파우더룸

라이프스타일에 맞게 구조변경한 집

기존의 집은 현관문을 열자마자 내부가 훤히 들여다보이는 평범한 구조였다. 75.20㎡(22.75평)의 면적에 공용공간과 두 개의 방이 있었고, 독특하게도 한쪽 귀퉁이에는 굴뚝이 지나는 벽이 애매하게 튀어나와 있었다(낙원상가에서 사용하는 굴뚝이다). 부부는 이를 자신들의 취향에 맞게 구조변경하기로 했다.

이 과정에서 가장 중요하게 생각한 것은 프라이버시를 위해 현관에서 내부가 들여다보이지 않도록 하는 것이었다. 그래서 오픈돼 있던 현관 옆으로 긴 가벽을 세워 복도구조를 만들었다. 굴뚝이 지나는 벽을 절묘하게 활용해 실내를 완전히 가릴 수 있는 방법을 생각해낸 것이다.

반면 복도를 지나기만 하면 하나로 탁 트인 스튜디오형의 실내를 만날 수 있다. 현관에서 안이 보이지 않도록 하되, 부부가 생활하는 공간은 최대한 넓어 보이도록 의도한 것이다. 좁은 복도를 지나자마자 급작스레 넓어지는 시야는 시각적인 효과마저 탁월하다.

1 가벽을 세워 복도를 만든 현관. 이 가벽을 신발장 및 수납공간으로 활용한다.
2 현관을 돌아 들어가면 탁 트인 스튜디오형의 집이 등장한다.

하.우.스 인테리어 레시피
작은 집에 유용한 대형 테이블

집이 좁아 보일까봐 대형 테이블을 집 안에 들이는 게 망설여질 것이다. 그러나 작은 가구들을 여러 개 배치하는 것보다 식탁, 수납, 작업공간 등 다목적으로 활용할 수 있는 큼직한 테이블을 하나만 두어 가구를 최소화하는 것도 집을 넓어 보이게 하는 좋은 방법이다. 만약 홈 오피스를 계획 중이라면 대형 테이블에 벤치의자를 매치해 많은 인원이 앉을 수 있도록 하는 것도 좋다.

1 가로 313cm x 세로 85cm x 높이 90cm의 대형 테이블. 그 위로 쿡탑을 설치하고 아래로 주방가전을 매립해 제작했다. 반대쪽에는 스툴을 여러 개 두었다. 2 테이블 위에 설치한 파이프 조명. 파이프 개수로 길이 조절이 가능한 제품이다. 3 싱크대 위에 헥사곤 타일을 시공했다. 상부장 밑에 달린 조명에 의해 타일이 음영지며 그윽한 분위기를 연출한다.

카페 콘셉트의 주방과 거실

주방과 거실이 위치한 공용공간에서 가장 눈에 띄는 것은 한가운데 위치한 대형 테이블이다. 집의 규모에 비해 유독 큰 테이블은 부부가 신혼집에 꼭 마련하고 싶었던 아이템이라고.

"프랜차이즈 카페에 가면 원목으로 돼 있는 테이블을 많이 볼 수 있잖아요. 연애시절 남편과 그곳에서 책도 읽고 공부도 하던 추억이 있어서 저희 집에도 비슷하게 만들어보고 싶었어요. 하지만 식탁을 두고 별도로 테이블을 마련하자니 공간이 마땅치 않더라고요. 차라리 대형 테이블 하나만 두고 다목적으로 활용하자 생각했죠."

이 테이블은 식탁이자 음식을 만드는 조리대이면서 일하는 작업공간이 된다. 테이블 하부에는 오븐, 김치냉장고 등 부피 있는 가전제품을 매립해 주방과 연계해 사용할 수 있도록 했다.

1 주방 맞은편 벽은 화이트 도장으로 깨끗이 마감한 뒤 스포트라이트 조명을 설치했다. 추후 그림 작품들을 걸어 갤러리처럼 연출할 계획이다. 2 공용공간을 구분하는 벽을 없앴기 때문에 천장에서 살짝 내려온 보를 활용해 공간을 구분했다. 3 거실 곳곳을 부부가 좋아하는 빈티지 소품들로 장식했다. 4 창가 쪽에 위치한 거실. 한쪽에 남편의 취미인 기타를 진열해두었으며, 철제트렁크를 소파 테이블로 활용하고 있다. 5 침실 쪽으로 놓인 책상을 파티션처럼 배치했다. 소파에 앉았을 때의 시선 높이를 고려한 것으로, 침실이 너무 개방돼 보이지 않도록 의도했다.

소형 아파트에 연출한 인더스트리얼 스타일

'인더스트리얼(Industrial) 인테리어'란 산업이 부흥하고 기계화되기 시작한 18세기 산업혁명 이후를 모티브로 한 것으로, 마치 공장을 연상시키듯 투박하고 남성적이며 빈티지한 느낌을 주는 스타일을 말한다. 은옥 씨 부부는 이런 인더스트리얼 인테리어에 매료됐지만 살림집임을 감안해 조금의 부드러움을 더하기로 했다. 부부만의 감성으로 재해석된 인더스트리얼 스타일을 시도한 것이다.

인더스트리얼 인테리어는 마감재의 노출에서부터 시작된다. 부부도 원래는 천장을 트고 본연의 시멘트 질감을 그대로 노출하려 했지만 면이 너무 고르지 않아 생활에 불편함을 줄 것 같았다. 그래서 목공으로 한 번 정리를 한 뒤 분말로 된 노출콘크리트 소재를 미장하듯 발라 비슷한 느낌을 연출했다. 대신 벽면 상부의 벽돌을 그대로 노출하고 침실에도 벽돌을 쌓듯이 시공해 인더스트리얼 무드를 한껏 강조했다.

조명과 소품 또한 소홀히 하지 않았다. 현관부터 주방, 거실까지 파이프 조명을 감각적으로 설치하고 곳곳에 철제트렁크, 타자기, 라디오 등 빈티지 콘셉트의 소품을 배치했다. 일부 공간에는 실제 사용하는 가스배관을 옐로우 컬러의 스프레이 페인트로 칠만 해서 그대로 노출시키

1 침대 헤드보드 뒤쪽을 적벽돌로 장식하고, 침대 양쪽에 브래킷 조명을 설치했다. 벽에 장식적인 효과를 주면서도 은은한 분위기를 연출한다. 침대 옆의 작은 책상은 아내의 것이다. 벽면을 향하게 해 집중이 잘 되도록 했다. **2, 3** 리모델링 전부터 확장이 돼 있던 곳에 폴딩도어를 설치해 발코니 공간을 만들었다. 폴딩도어는 기성품이 아닌 갈바륨으로 제작 후 도장한 것으로, 시선을 차단하기 위해 불투명한 모루유리를 사용했다. 폴딩도어를 열면 넓은 실내로, 닫으면 프라이빗한 발코니로 활용할 수 있는 가변적인 공간이다. **4** 벽에 찬넬선반을 설치해 남편이 수집한 피규어를 진열했다. 추후에 테이블과 의자를 마련하고, 선반에 책을 두어 북카페 콘셉트로 꾸밀 예정이다.

하.우.스 인테리어 레시피

Q. 인더스트리얼 인테리어는 철제가구, 파이프, 금속, 벽돌 등 자칫 딱딱하고 차가워 보일 수 있는 소재가 많아 살림집에는 주저하게 되는데요. 이를 완화할 수 있는 방법이 없을까요?

따뜻한 조도의 조명이나 패브릭을 활용하면 한결 온기 있는 인더스트리얼 스타일을 연출할 수 있다. 또한 부드러운 느낌을 더하는 목재를 사용하는 것도 방법이다. 예를 들어 가구를 고를 때 원목이 섞인 디자인을 선택하거나 곳곳에 작은 화분을 두는 것도 차가운 분위기를 상쇄할 수 있는 좋은 방법이다. 만약 인더스트리얼 스타일을 전체적으로 적용하는 것이 부담스럽다면 철제가구나 파이프 조명 등 가구와 소품을 배치하는 것부터 시작해보자. 시중에 판매하는 부식페인트를 사용하면 새로 소품을 구입하지 않고도 기존의 것을 녹슨 느낌으로 리폼할 수 있다.

기도 했다.

침대 옆에는 커다란 노출형 레일도어가 있다. 재미있는 점은 대부분의 사람들이 이것이 문인 줄 눈치 채지 못한다는 것이다. 문을 높게 제작하고 손잡이를 없애 벽처럼 보이도록 연출했기 때문이다. 이 문을 열면 꽤 넓은 공간이 등장한다. 이곳은 부부가 집에서 가장 신경 쓴 공간 중 하나로 복도에 붙박이장을 제작해 드레스룸을 만들고 안쪽으로 호텔 콘셉트의 파우더룸, 세면 공간, 욕실, 화장실을 배치했다. 한 장소에서 씻고 바로 옷을 갈아입을 수 있도록 동선을 고려한 것이다.

1 가로 2.45m × 세로 2.3m 크기의 노출형 레일도어. 일부를 칠판으로 만들어 사진을 붙이거나 메모를 남기는 용도로 활용한다. 2 칠판문 뒤로 에어컨이 숨어 있다. 3 부부가 각자 사용할 수 있도록 세면대를 두 개 설치하고, 거울장 아래로 간접조명을 넣어 은은한 분위기를 연출했다. 4 복도 안쪽에 붙박이장을 설치해 드레스룸으로 활용한다. 5 화장실은 아내의 요청대로 건식으로 시공한 뒤, 짙은 컬러의 바닥 타일로 포인트를 주었다. 6 노출형 레일도어 뒷면에는 거울을 붙여 옷을 입고 매무새를 정리할 수 있도록 했다. 7 욕실 전체에 하얀색 모자이크 타일을 시공해 좁은 공간이 넓어 보이도록 연출했다. 샤워기 아래로는 낮은 단을 제작해 앉아서 샤워를 하거나 욕실용품을 올려놓을 수 있도록 했다.

배은옥 씨의 오래된 아파트 구입에 대한 조언

지피지기면 백전백승!
오래된 아파트는 변수가 많기 때문에 가능하면 구입 전에 실제 거주하는 사람들이나 아파트 주변 사람들의 이야기를 듣고 장단점을 파악하는 것이 좋다.

구조변경 시 공사 가능한 범위 파악하기
아파트마다 구조변경이 가능한 범위가 다르기 때문에 설계 전 이를 파악해두는 것이 좋다. 낙원 아파트는 두 개의 기둥을 제외하고 모든 벽을 허물 수 있어 내부를 스튜디오형 구조로 바꿀 수 있었다.

하우스 정보

대지 위치 : 서울시 종로구 낙원동
건물 종류 : 아파트
전용면적 : 75.20㎡(22.75평)
설계 및 시공 : 디자인 휴플랜(design hueplan)
사진 제공 : 디자인 휴플랜(design hueplan)

• 비용

리모델링비	6천만 원
현관 방범 디자인 주물도어	120만 원
파이프 조명	을지로조명상가 구입, 45만 원
	(가격은 파이프 길이와 개수에 따라 달라짐)
주방가구	자체제작 디자인 주방가구, 5백만 원(시공비 포함)
테이블	(상판) 엘지 하이막스 MARMO 시리즈 VB01 메라피
	(바디) 자체제작 디자인 가구
헥사곤 타일	수입 타일
소파	건축주 소장품
트렁크 테이블	건축주 소장품
빈티지 라디오	일산 로드숍 구입
빈티지 타자기	일산 로드숍 구입
고벽돌	㎡ 기준 15만 원(인건비, 부자재, 시공비 포함)
찬넬선반	애쉬 천연스테인, 휴플랜 제작
	찬넬 개당 약 1~2만 원
	선반 브래킷, 약 5천~1만 원
폴딩도어	갈바 제작 후 도장, 휴플랜 제작
	도어 한 개당 약 60만 원
노출형 레일도어	도어 한 개당 약 50만 원, 레일 약 30만 원
붙박이장	현장제작, 30cm당 약 20만 원
수전 및 세면대	아메리칸 스탠다드

24평 현저동 아파트

가구남 건축녀 부부의
틀을 깬 아파트

스토리

가남건녀의 틀을 깬 아파트 인테리어

정재엽(32), 심지영(31) 씨 부부는 스스로를 '가남건녀'라고 부른다. 가구남 건축녀라는 뜻으로 주목받는 디자이너 가구 브랜드를 창업한 남편과 인테리어 디자이너인 아내에게 딱 맞는 애칭이다. 4년이 넘은 열애 끝에 결혼한 부부는 아내가 학생시절부터 살았던 작은 아파트에 신혼집을 차렸다. 1996년도에 완공돼 올해로 20년을 맞은 아파트로, 부부의 말에 따르면 리모델링 전의 집은 어딘가 아파 보이는 곳이었다고 한다.

"예전에는 천장고도 낮고 어두컴컴한 집이었어요. 촌스러운 몰딩과 꽃무늬의 벽지는 말할 필요도 없죠. 특히 주방이 너무 좁아서 냉장고 자리도 마련하기 어려웠습니다."

늘 무언가를 창조하고 디자인하는 부부가 이를 가만히 내버려두었을 리 없다. 우선 머리를 맞대고 함께 공간을 설계해나갔다. 다행히 오랜 연애기간 동안 서로의 성격과 생활패턴을 충분히 파악했기에 자신들에게 가장 잘 맞는 공간을 그려낼 수 있었다. 그 후부터는 각자의 분야였다. 아내는 전반적인 인테리어 시공을 맡고, 남편은 그 안을 멋진 디자인 가구들로 채웠다. 동반자인 두 전문가가 합심한 즐거운 프로젝트였다.

이렇게 완성된 집은 79㎡(23.90평)의 작고 평범한 아파트가 어디까지 흥미로워질 수 있는지를 보여주는 좋은 사례가 된다. 비효율적인 구조를 재편집한 것은 물론, 집이 생기면 부부가 꼭 만들어보고 싶었다던 꿈의 공간들도 실현했다. 특히 이 공간들은 부부의 자유로운 사고방식을 과감히 반영한 장소로, 특별한 휴식공간

이자 취미생활을 즐길 수 있는 취향 저격의 공간들로 거듭났다. 그야말로 '다르게 생각하면 다른 공간이 실현된다'는 말을 그대로 보여주는 집이다.

하.우.스 구조와 특징

부부의 로망을 실현한 신혼집

"일이 바쁘다 보니 잠깐의 휴식도 소중해요. 휴식시간을 잘 보낼 수 있는 진짜 우리만의 공간을 갖고 싶었어요."

부부는 집을 인테리어하며 각자 꿈꿔왔던 공간들을 실현시켰다. 지친 몸을 여유롭게 쉴 수 있는 쉼터, 즐거운 취미생활을 만끽할 수 있는 홈 엔터테인먼트 공간들이다. 먼저 아내 지영 씨를 위한 공간을 침실 안에 있다. 바로 침실 발코니를 활용한 욕실이다. 기존의 발코니에 있던 수전을 활용해 욕조를 설치한 뒤 주변에 키 큰 화분들을 놓은 것으로, 하루의 피로를 반신욕으로 풀어내는 그녀만의 힐링공간이다.

남편 재엽 씨를 위한 공간도 있다. 신혼집에서 0순위로 만들고 싶었다던 홈시어터 룸이다. 한때 '1일 1 영화감상'을 목표로 했을 정도로 영화를 좋아하는 그가, 집에서 마음껏 영화를 볼 수 있도록 만든 곳이다. 흡음재를 시공해 방음에 신경 쓰고 암막커튼을 설치한 뒤, 극장의자를 모티브로 제작한 2인용 의자를 두었다. 의자에 팝콘이나 음료를 놓을 수 있는 받침대를 설치하는 등 디테일한 부분까지 놓치지 않았다. 집 속의 작은 영화관이 개장된 것이다.

> **하.우.스 인테리어 레시피**
> **밝은 공간의 윤곽을 잡아주는 창문 프레임**
> 화이트, 아이보리 등 전체적으로 밝게 꾸민 공간이 다소 허전해 보일 때는, 창문이나 중문의 프레임을 얇게 디자인한 뒤 짙은 컬러를 시공하면 된다. 공간의 윤곽을 잡아줄 뿐 아니라 유리의 개방감이 주는 허전함을 보완할 수 있다.

1 철제 파티션을 설치해 공간을 구분한 현관. 망입유리와 고방유리 두 가지 타입의 패턴유리를 사용했다. 2 파티션에는 작은 선반을 만들어 깜빡 잊기 쉬운 소지품들을 올려놓는 용도로 활용한다. 자주 신는 하이힐도 걸어둘 수 있다. 3 침대 옆으로 수납장 및 긴 선반을 설치해 부부의 결혼사진과 개성 있는 소품들을 진열했다. 4 욕실 발코니가 있는 안방. 연한 베이지 컬러의 페인트와 은은한 간접조명, 오크(oak) 목재로 동일한 가구들은 부부가 그렸었던 아늑하고 편안한 침실의 모습 그대로다. 5 발코니에 욕조와 화분을 두고 블라인드를 설치했다. 블라인드는 솔리드원단과 망사원단이 번갈아 디자인된 제품이다.

1 영화관 콘셉트로 연출한 홈시어터룸. 차분한 와인색의 2인용 극장의자를 설치했다. 2 의자에는 음료를 둘 수 있는 컵홀더와 팝콘 등을 꽂아둘 수 있는 선반까지 재현했다. 3 벽에 흡음재를 시공하고 벨벳 느낌의 암막커튼을 달아 빛을 차단했다.

발코니를 확장해 공간 활용도를 높인 거실과 주방

기존 구조에서 가장 비효율적인 공간이 바로 발코니였다. 발코니를 유독 넓게 설치하던 옛 아파트의 전형적인 구조였던 것이다. 부부는 거실과 주방 쪽의 발코니를 확장해 내부의 면적을 넓히고 이를 꼭 필요한 공간들로 바꾸었다. 우선 거실은 발코니를 확장한 곳에 소파를 두고 중심에 커다란 원목테이블을 두었다. 일이 많은 맞벌이부부의 라이프스타일을 고려해 거실을 작업실로 활용하기 위해서다.

"거실은 저희의 생활방식을 최대한 적용한 공간이에요. 둘 다 TV를 잘 안 보고, 퇴근 후에도 일이 집으로 연결되는 경우가 많아요. 그래서 함께 밥을 먹고 일할 수 있는 널찍한 테이블을 둔 거죠. 친구들과 함께 홈 파티를 하거나 둘러앉아 이야기를 나누기에도 유용합니다."

하.우.스 인테리어 레시피

Q.침실 옆의 발코니 욕실은 어떻게 만들 수 있는 건가요?
각 발코니의 조건에 따라 다를 수 있지만, 현저동 아파트는 다음과 같은 방식으로 평범한 발코니에 욕조를 설치했다.
1. 바닥에 방수 가능한 데크를 시공하고, 물이 튈 수 있는 벽면은 타일로 마감한다.
2. 원하는 디자인으로 수전 및 샤워기를 교체한 뒤, 이동이 가능한 독립형 욕조를 설치한다.
3. 주변에 좋아하는 식물 화분이나 목재소품, 향초 등을 두어 편안한 분위기를 연출한다.
— 총 시공비: 약 180만 원(욕조 별도)

Q.평범한 방을 어떻게 하면 영화관처럼 바꿀 수 있나요?
1. 방음 스펀지 및 흡음재를 벽에 붙여 소음을 방지한다. 셀프 시공 시 계란판을 활용해도 좋다.
2. 빛 차단을 위해 암막커튼을 설치한다. 부부는 암막기능과 방염기능을 갖춘 원단을 선택했다.
3. 홈시어터 장비와 스크린을 설치하고 옆쪽에 선반을 두어 플레이어들을 위치시킨다.
4. 편안히 기대 영화를 볼 수 있는 의자를 배치한다.
— 총 시공비: 약 300만 원(의자 제작비 포함)

기존의 주방은 좁은 면적 때문에 냉장고가 들어갈 수 없고 수납공간이 턱없이 부족했다. 그래서 부부는 공간 확보를 위해 거실처럼 주방 발코니를 확장했다. 이때 발코니의 일부만 넓혀 냉장고 자리를 확보한 뒤 나머지는 창고와 세탁실로 만들었다.

1 거실에 대형 테이블을 두고 펜던트조명을 설치했다. 아크릴 케이스를 통해 빛이 은은하게 발산되는 조명 덕에 눈의 피로감이 덜하다. **2** TV 둘레에 수납장을 제작했다. TV 및 여러 소품들을 디스플레이하는 용도로, 인터폰이나 스위치의 위치까지 꼼꼼히 계산해 디자인한 것이다.

하.우.스 인테리어 레시피
건축주의 한마디

"대개 거실에서 가장 넓은 벽을 차지하는 것이 TV거든요. 그 공간이 아까워 다양하게 활용할 수 있도록 TV 주위에 만능 수납장을 제작했습니다. 수납장의 일부는 오픈선반으로, 일부는 문을 달아 가리는 형태로 디자인했어요. 이렇게 하면 자잘한 물건은 문이 있는 쪽에, 책이나 소품 등은 선반에 둘 수 있어 수납과 인테리어 효과를 동시에 얻을 수 있습니다."

주방에서 흥미로운 것은 한쪽 벽으로 길게 자리한 아일랜드 식탁이다. 부부가 '시크한 식탁'이라 표현할 정도로 작은 테이블이지만, 간단히 식사를 할 수 있는 미니 식탁 겸 보조 작업대로 사용할 수 있어 효율성이 높다. 처음부터 작업대로 쓸 것을 염두하고 싱크대와 동일한 900mm 높이로 제작했다. 하부에는 밥솥을 보관할 수 있는 수납공간을 두었다.

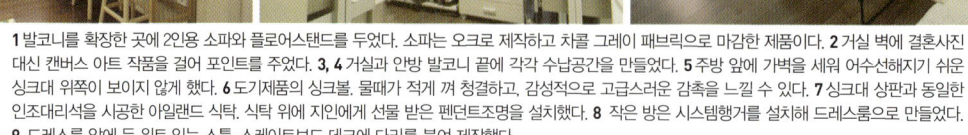

1 발코니를 확장한 곳에 2인용 소파와 플로어스탠드를 두었다. 소파는 오크로 제작하고 차콜 그레이 패브릭으로 마감한 제품이다. 2 거실 벽에 결혼사진 대신 캔버스 아트 작품을 걸어 포인트를 주었다. 3, 4 거실과 안방 발코니 끝에 각각 수납공간을 만들었다. 5 주방 앞에 가벽을 세워 어수선해지기 쉬운 싱크대 위쪽이 보이지 않게 했다. 6 도기제품의 싱크볼. 물때가 적게 껴 청결하고, 감성적으로 고급스러운 감촉을 느낄 수 있다. 7 싱크대 상판과 동일한 인조대리석을 시공한 아일랜드 식탁. 식탁 위에 지인에게 선물 받은 펜던트조명을 설치했다. 8 작은 방은 시스템행거를 설치해 드레스룸으로 만들었다. 9 드레스룸 앞에 둔 위트 있는 스툴. 스케이트보드 데크에 다리를 붙여 제작했다.

하.우.스 인테리어 레시피

발코니 확장으로 생긴 자투리 면적에 수납창고 만들기

발코니를 확장하면 끝쪽으로 애매하게 공간이 남는 경우가 많다. 이때 그 자리에 선반 혹은 맞춤 장을 짜 넣으면 자투리 면적을 유용한 수납공간으로 바꿀 수 있다. 현저동 아파트의 경우 철거가 불가능한 내력벽(기둥과 함께 건물의 무게를 지탱하도록 설계된 벽)을 그대로 두고, 그 라인에 맞춰 발코니 끝 벽장을 제작했다. 내력벽의 구조를 활용하는 동시에 수납문제를 해결한 것이다.

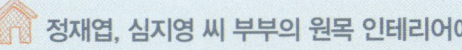 정재엽, 심지영 씨 부부의 원목 인테리어에 대한 조언

원목과 화이트는 환상의 커플!
원목과 화이트의 조합은 절대 실패하지 않는다. 이때 천장과 벽면 등의 큰 바탕을 화이트 컬러로 마감하고 가구는 원목 계열로 선택한 후 소품으로 컬러 포인트를 주는 것이 좋다.

동일한 원목가구로 통일하기
목재의 종류에 따라 결이나 컬러가 제각각이기 때문에 공간의 통일감을 위해서는 동일한 원목으로 제작된 가구를 배치하는 것이 좋다. 이때 바닥 컬러를 가구보다 짙은 계열로 선택해야 안정감 있는 공간을 연출할 수 있다.

하우스 정보

대지 위치 : 서울시 서대문구 현저동
건물 종류 : 아파트
분양면적 : 79㎡(23.90평)
설계 및 시공 : 판다스튜디오(PANDA STUDIO)

• 비용

리모델링비	3천만 원
현관 파티션	직접 제작, 약 80만 원
침대 선반	약 38만 원
극장 의자	직접 제작, 개당 25만 원

35평 방학동의 규정되지 않은 아파트

국민평수 아파트의 반전 리모델링

하우스 스토리

팔색조의 매력을 지닌 아파트

이미 만들어진 아파트에 입주할 경우 아무래도 거주자가 수동적이 될 수밖에 없다. 공간을 새로 설계하는 주택에 비해 간단한 구조변경도 어려운 것이 아파트이기 때문이다. 장영은(38) 씨 부부의 집도 이른바 '국민평수'라 불리는 30평대 초중반의 아파트다. 주방과 거실, 세 개의 방과 두 개의 욕실, 발코니가 딸린 내부 구조는 비슷한 규모의 아파트들과 크게 다르지 않다. 하지만 이 집에 들어서는 순간 색다른 세계를 만나게 된다. 한마디로 규정할 수 없는 독특한 콘셉트로 꾸며진 집으로 각 공간마다 색색의 물감을 풀어놓은 듯 생생한 컬러감으로 가득하다. 그야말로 방문객들로 하여금 호기심과 모험심을 자극하는 집이다.

방학동 아파트의 가장 독특한 점은 일반 살림집에서는 찾아보기 힘든 과감한 컬러와 자재의 선택이다. 최근 북유럽풍 인테리어가 유행하면서 화이트 벽면과 나무 소재의 가구들이 하나의 인테리어 공식처럼 받아들여지고 있는데, 방학동 아파트는 이를 웃어넘기듯 샛노랑, 파랑, 초록 등 총천연색의 컬러들과 점토타일, OSB합판, 콘플로아(Confloor) 등의 소재들이 사용됐다.

"요즘 북유럽, 인더스트리얼 등의 인테리어 스타일이 굉장히 유행하잖아요? 그런데 저희 집을 방문하는 지인들마다 모두 '이 집은 딱 너의 스타일이다' 이렇게 이야기하세요. 물론 이 집에 대해 호불호가 갈리기도 하지만 저희로서는 전형적인 아파트의 모습에서 벗어나 마음껏 개성을 표현했다는 점에 만족하고 있습니다."

자, 지금부터 세상에서 단 하나의 스타일을 가진 집, 방학동 아파트를 만나보자.

방학동 아파트의 외관.

하우스 구조와 특징

가벽으로 만든 복도형 현관

집의 내부가 보이지 않도록 거실 쪽에 가로 2.9m x 세로 2.3m 크기의 가벽을 세웠다. 길게 세운 가벽 덕에 복도형의 현관 연출이 가능해졌다.

> **건축주의 한마디!**
> **현관 수납장에 숫자를 적은 이유**
> "1, 2번은 신발장이고 3, 4번은 창고예요. 이렇게 숫자를 적어두면 밋밋함이 덜할 뿐 아니라 남편과의 의사소통 또한 수월하죠. 물건을 찾을 때 '1번에 뭐가 있어! 그 물건은 3번에 있어!' 이렇게 이야기해줄 수 있거든요. 숫자 이외에도 특별한 단어나 문구를 레터링하는 것도 재미있을 것 같아요."

가벽은 40cm 두께로 깊이를 주어 신발장 및 수납용도로 활용한다. 문에는 숫자를 레터링했다.

하.우.스 인테리어 레시피

Q. 일반 벽돌이 아닌 점토 타일을 시공한 이유는 무엇인가요?

일반 적벽돌의 경우 빈티지하고 러프한 느낌이 강한데 방학동 아파트는 빈티지한 콘셉트가 아니기 때문에 소재와 디자인을 고려해 적벽색의 점토 타일과 짙은 매지를 선택했다. 또한 주방에서 점토 타일이 시공된 벽은 목재 마감에 슬라이딩도어가 매립된 벽이다. 그 위로 무거운 소재를 시공할 경우 추후 충격에 의해 하자가 생길 수 있기 때문에, 벽돌을 커팅해 타일처럼 만들어 무게감이 적은 점토 타일을 선택한 것이다.

다양한 소재와 컬러로 믹스매치한 공용 공간

"저희 부부 둘 다 맞벌이다 보니 관리가 힘든 단독주택을 선뜻 선택하기가 어렵더라고요. 그래서 주택에 대한 꿈은 추후로 미루고 아파트를 구입했습니다. 대신 이곳을 저희의 방식대로 마음껏 스타일링하기로 했어요. 평소 낯선 것을 잘 받아들이는 성격이거든요."

남들과 다른 집을 꿈꿨지만 아파트의 한계상 마음대로 구조변경을 할 순 없었다. 대신 다양한 컬러와 마감재에 주목해 공간에 입체감을 불어넣는 영리한 변화를 선택했다.

이런 특징이 가장 잘 드러나는 곳이 바로 다이닝룸이다. 다이닝룸은 빈티지한 콘플로아 바닥과 불그스름한 점토 타일, 선명한 옐로우 컬러의 파티션이 화려하게 어우러지는 공간이다. 식탁의자 하나까지도 디자인과 컬러를 각기 다르게 해 위트를 더했다.

하.우.스 인테리어 레시피
콘플로아

콘플로아는 시공시간이 짧고, 유독성 원료를 포함하지 않은 친환경 수성 마감재다. 방수에 효과적이고 타일이나 목재, 콘크리트 등의 바탕에도 시공할 수 있으며, 원하는 색상이나 무늬를 연출할 수 있다는 장점이 있다. 하지만 부분보수가 어려울 수 있다는 단점이 있다.

1 커피를 좋아하는 집주인의 취향에 맞춰 카페 콘셉트로 연출한 다이닝 공간. 2 벽은 적벽색의 점토 타일을 시공하고 매지를 흑색으로 작업했다. 3 주방과 식탁의 공간분할을 위해 철제 파티션을 설치했다. 금속각재 프레임과 갈바륨으로 틀을 만든 뒤 고방유리를 끼우고 유성 락카 도장으로 마무리했다. 이는 신혼가구였던 서랍장 사이즈에 맞춰 제작한 것으로 서랍장 위쪽은 다목적 테이블로 활용한다.

1 주방 바닥은 300mm x 300mm 유광 도기타일을 체크패턴으로 시공하고, 하부장은 무광 베이스에 손잡이가 없는 깔끔한 형태로 제작했다. 2 상부장 대신 긴 선반을 두어 수납은 물론 인테리어 효과까지 높였다. 선반에는 아기자기한 그릇과 소품들을 진열한다. 3 우드소재의 가구를 배치한 16.77㎡(5.07평)의 거실. 거실 바닥은 헤링본 패턴을 시공했다. 헤링본 전용 접착식 원목마루로 오크 수종이다. 4 거실 천장에 레일조명, 간접조명, 실링라이트 등 세 종류의 조명을 시공했다. 조명을 많이 켜지 않는 건축주의 습관 때문에 다른 공간들은 레일조명과 간접조명만 설치했지만, 거실은 손님들이 오는 공간이므로 실링라이트를 추가 시공한 것. 5 '오늘 먹을 치킨을 내일로 미루지 말자.' 소품 하나에도 위트가 넘친다.

1 실사 패턴의 쿠션과 겨자색 소파로 포인트를 주었다. **2, 3** 10.92㎡(3.3평)의 발코니. 테라스 끝의 빨간 문은 창고다. 기존 문에 페인트를 칠한 뒤 손잡이만 교체한 것이다. 발코니 창은 콘플로아와의 조화를 위해 블랙 컬러의 섀시를 선택했다. 섀시는 발주 시 색을 결정해 제작한 것이다.

이와 달리 다이닝 공간과 나란히 위치한 주방은 차분한 무채색 위주의 공간이다. 대신 동일한 사이즈의 화이트, 블랙 타일을 번갈아 시공해 세련된 체크 패턴으로 바닥에 남다른 포인트를 주었다. 이밖에도 거실은 고풍스러운 헤링본 원목마루와 녹색의 조합으로 이국적인 인테리

하.우.스 인테리어 레시피

할로겐 조명을 시공하고 싶다면 할로겐 LED램프를 선택하자

보통 할로겐 제품은 LED등기구보다 2~4배가량 저렴하다. 하지만 전력 소모량이 높고 발열량이 많은 편이라 일반 가정집 층고(약 2.3m)에 사용할 경우 생활에 불편함을 줄 수도 있다. 대신 할로겐 LED램프로 대체하면 평균 소비전력 40~60w의 할로겐과 비교해 3~5w의 전력으로 동일한 빛을 구현할 수 있다.

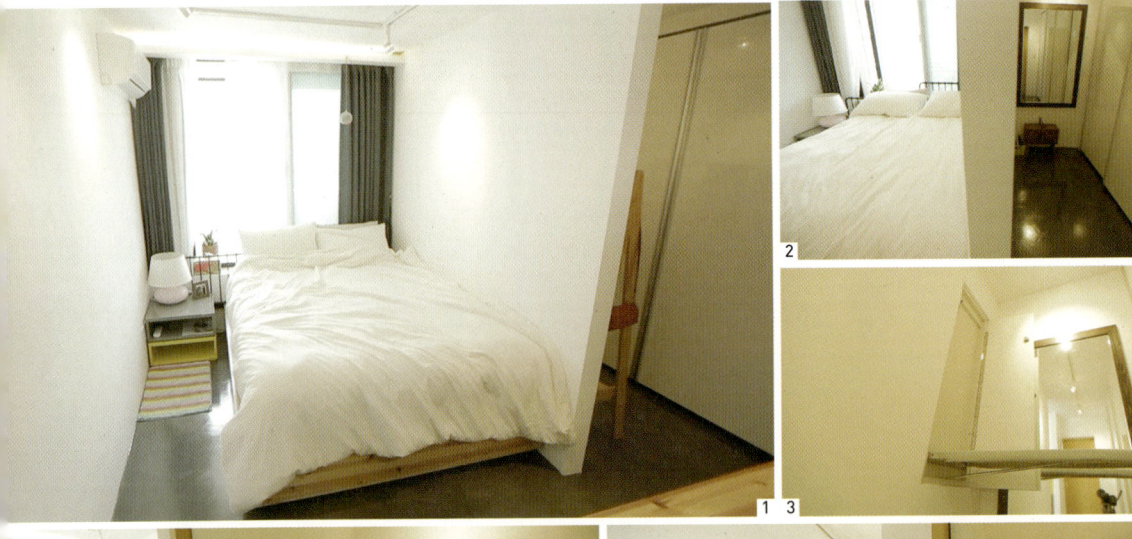

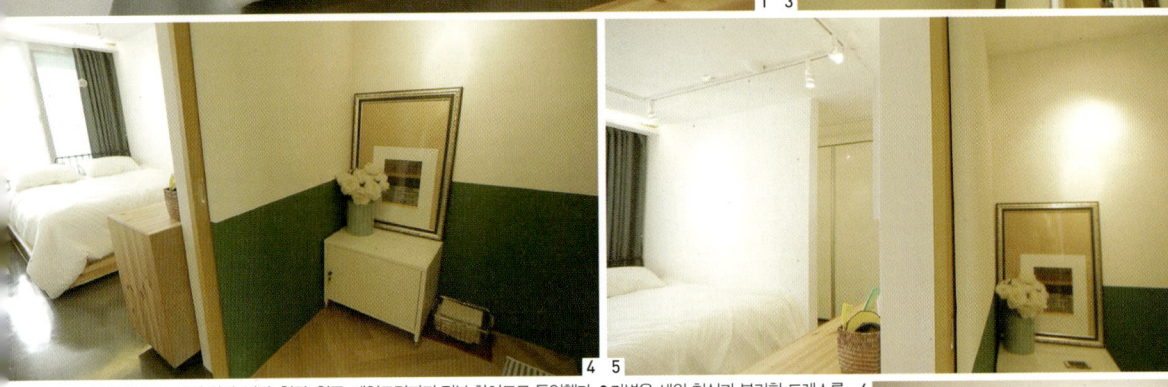

1 16.38㎡(4.95평)의 안방. 벽면, 천장, 침구, 레일조명까지 전부 화이트로 통일했다. 2 가벽을 세워 침실과 분리한 드레스룸. 한쪽 벽면에 붙박이장을 만들어 수납에 활용한다. 3 가벽에 접이식 다리미판을 매립했다. 평소에는 벽 안쪽에 보관하고 필요할 때만 내려 사용한다. 4, 5 방문을 모두 슬라이딩도어로 교체했다. 기존 벽 위에 5cm 두께의 새 벽체를 세우고 그 사이에 슬라이딩도어를 시공한 것. 6 브라운 컬러의 벽과 화이트 타일의 조합으로 꾸민 욕실. 바닥에는 헥사곤 타일을, 벽면에는 복고풍의 정사각형 타일을 시공했다.

어를, 작업실은 파란색 페인트로 기하학적인 패턴을 그려 넣었다. 게스트룸은 OSB합판으로 특별한 휴식공간을 연출했다.

가벽으로 공간을 분리한 안방

안방은 다른 공간과 달리 순백의 화이트 컬러를 입혔다.

"침실은 잠자는 공간이라 다른 곳처럼 알록달록하면 안 될 것 같아 최대한 깔끔하게 인테리어 했습니다."

안방의 가장 큰 특징은 가벽을 세워 침실과 복도형 드레스룸으로 나눈

8.25㎡(2.5평)의 작업실. 벽과 천장을 연결한 과감한 패턴이 눈에 띈다.

것이다. 이처럼 방의 수가 제한된 작은 집에서는 가벽을 활용해 하나의 공간을 멀티용도로 활용할 수 있다. 만약 벽체 때문에 답답할까 염려된다면 가벽의 높이를 낮추거나 유리를 넣어 시공하는 방법도 있다.

더불어 최근에는 가벽 자체에 기능을 추가해 일석이조로 사용하는 방법이 각광 받고 있다. 방학동 아파트의 경우 현관 쪽으로 폭이 깊은 가벽을 세워 수납 기능을 겸하도록 안방에는 가벽에 접이식 다리미판을 매립해 필요할 때마다 판을 내려 다림질을 할 수 있도록 아이디어를 냈다.

활용도에 맞춰 콘셉트를 정한 작업실과 게스트룸

안방을 제외하고 남은 두 개의 방은 작업실과 게스트룸으로 꾸몄다. 작업실은 노출천장과 회색의 벽으로 업무공간의 느낌을 연출했다. 다소 딱딱해 보일 수 있는 공간이지만 청량한 파란색으로 기하학적인 패턴을 그려 넣어 재미를 더했다.

OSB합판을 사용해 평상처럼 바닥을 높여 좌식공간을 연출한 게스트룸은 집에서 가장 흥미로운 공간 중 하나이다. 이곳은 본래 주방에서 연결되는 보일러실이 있던 장소인데, 보일러실

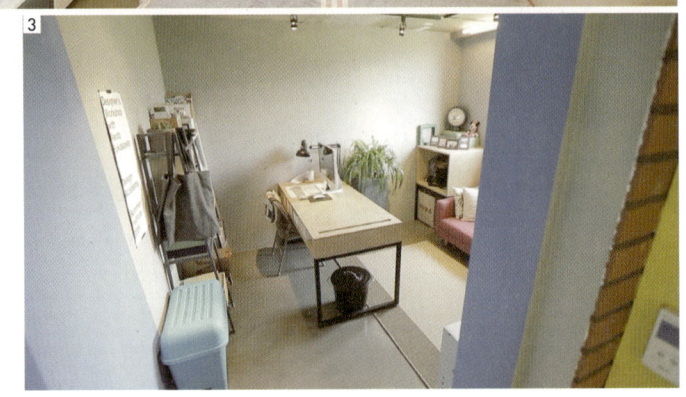

1 부부의 휴식공간이자 게스트룸으로 활용되는 방. OSB합판으로 툇마루를 제작하고 안쪽으로 푹신한 쿠션을 배치해 편하게 기대 창밖을 바라볼 수 있도록 했다. 2 바람이 잘 부는 위치에 풍경을 달아 운치를 더했다. 3 천장은 별다른 마감 없이 그대로 노출하고, 벽면은 회색 페인트를 시공한 작업실.

을 확장하고 창문 주위로 단을 높여 툇마루 같은 공간을 만들었다. 창밖으로 펼쳐지는 북한산의 풍경을 여유롭게 감상하고 싶었기 때문이다.

"이 아파트를 구입한 이유 중 하나는 주변이 산으로 둘러싸여 있다는 점이었어요. 그래서 이 산을 바라볼 수 있는 공간을 꼭 만들고 싶었습니다."

장영은 씨의 아파트 리모델링에 대한 조언

도면 공부하기
도면으로 전체적인 공간을 볼 줄 알아야 한다. 그래야 공사 시 리모델링에 대한 아이디어가 떠오르면 도면을 보면서 아이디어를 구체화시킬 수 있다.

자신이 원하는 인테리어 스타일 찾기
현재 유행하는 인테리어에 휩쓸리지 말고 자신이 원하는 스타일을 정확히 알아야 한다. 그래야 두고두고 만족감 높은 집을 완성할 수 있다.

하우스 정보

대지 위치: 서울시 도봉구 방학동
건물 종류: 아파트
분양 면적: 115.70㎡(35평)
전용면적: 84.98㎡(25.71평)
설계 및 시공: 미우가디자인
사진 제공: 미우가디자인

- 비용

리모델링비	4천 8백만 원
건축비	2억 6천만 원
바닥 마감재	구정마루 프라하 헤링본 오크, 3.3㎡(1평)당 12만 원
페인트	삼화페인트
소파	건축주 소장품
레일조명	을지로 대광조명
	등기구 –1만 1천원, 할로겐–4천 원, LED–확산형 1만 4천 원
실링라이트	쉐이크 바리솔 라이트, 38만 원
창호	동양샷시 블랙목 무늬 시트랩핑, 5백만 원대 중반
콘플로아	노블콘, 바닥–㎡당 4만 5천 원, 벽–㎡당 3만 5천 원
식탁 펜던트조명	대광조명, 톰딕슨 LED등 포함 7만 원
벽돌	나노벽돌
	나노 레드 타일 240, ㎡ 기준 1만 7천 원(매지, 시공비 제외)
주방 타일	을지로 대일도기, 300mm×300mm 각 ㎡당 3만 5천 원
주방 가구	인토스, 우레탄 도장마감 및 인조대리석 솔리드화이트
	3백 5십만 원
욕실 타일	을지로 대일도기
	100각, 비둘기색 매지 ㎡ 기준 3만 5천 원
헥사곤 타일	을지로 대일도기
	비둘기색 매지 ㎡ 기준 4만 5천 원
욕실 벽면	노블콘, 컬러 희석 ㎡ 기준 4만 5천 원(코팅 추가)
OSB합판	장당 2만 2천 원~8천 원

26평 평창동의 The Diagonal Line 빌라

심플한 취향을 담은 24년 빌라의 변신

하우스 스토리

빌라는 아파트와 주택의 중간지점이다

결혼 후 줄곧 아파트에 살던 이주영(39) 씨는 첫아이 지오(4)가 태어나며 주택생활을 꿈꾸게 되었다. 그러나 육아휴직으로 잠시 쉬고 있을 뿐, 곧 다시 일을 해야 하는 맞벌이부부에게 손이 많이 가는 주택은 현실적으로 어려운 선택이었다.

"이전에 살던 대단지 아파트는 확실히 편리하긴 하지만 공간 자체가 상품화돼 있고 공간의 질 또한 규격화되어 있다고 생각해요. 저는 획일적인 아파트보다는 조금 더 저희 가족에게 맞춘 공간에서 살고 싶었습니다."

아파트처럼 복잡하지 않으면서 주택처럼 한적한, 무엇보다 가족의 라이프스타일에 맞춰 구조변경이 가능한 곳을 찾던 주영 씨는 1992년에 지어진 빌라와 만나게 됐다. 세대 수가 많지 않아 고즈넉하고, 24년의 세월을 느낄 수 있는 적벽돌의 외관은 새 건물에서는 느낄 수 없는 아날로그적 멋과 감성을 가지고 있었다. 무엇보다 연식이 오래돼 내부의 리모델링이 자유롭다는 장점이 있었다. 주택만큼은 아니지만 어느 정도 가족이 원하는 공간을 구현할 수 있는 조건이 갖춰져 있었던 셈이다.

평창동 빌라의 외관.

하우스 구조와 특징

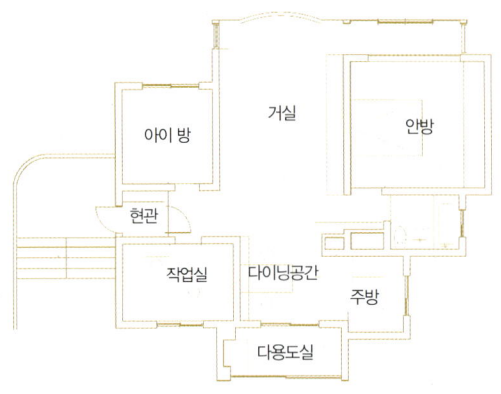

취향을 담은 현관과 거실

현관은 집의 첫인상이다. 때문에 주영 씨는 방문하는 이들이 현관에서부터 좋은 인상을 받기를 바랐다. 그래서 현관에 두 가지의 콘셉트로 포인트를 주었는데 첫째는 밝은 컬러를 활용해 화사한 느낌 연출하기, 두 번째는 1.75㎡(0.53평)의 협소한 면적을 넓어 보이게 만든 것이다.

현관을 지나 드러나는 거실은 최대한 깔끔하고 단정한 바탕을 만들기 위해 노력했다. 우선 천장과 벽은 다른 색을 일체 배제하고 화이트로 통일했다. 벽의 몰딩과 걸레받이를 없애고, 오래돼 고르지 못했던 벽 위로 합판을 덧대 벽면을 매끄럽게 정리했다. 이렇듯 하얀 캔버스 같은 집이지만 마냥 단조롭기만 한 것은 아니다. 색을 최소화한 만큼 여러 장치를 더해 개성 가득한 화이트 인테

하.우.스 인테리어 레시피

평창동 빌라에서 배우는 현관 연출법

① 컬러 활용하기
현관은 창이 없는 경우가 일반적이기 때문에 어두운 느낌을 상쇄시킬 수 있는 밝은 컬러를 사용하는 것이 좋다. 특히 부드러운 파스텔 컬러를 활용하면 편안하면서도 친근한 느낌을 줄 수 있다. 평창동 빌라는 현관문을 마주하는 중문을 화사한 민트색으로 선택하고, 문 한가운데에 망입유리를 시공해 세련된 멋을 더했다.

② 협소한 현관이 넓어 보이는 마법!
가장 손쉬운 방법은 신발장을 거울장 형태로 만드는 것이다. 신발장 한쪽 혹은 양쪽에 거울을 붙이는 것인데, 공간이 확장돼 보이는 착시효과를 주는 것은 물론 외출 전 거울을 보며 매무새를 점검할 수도 있다. 또한 신발장 밑을 일정 높이로 띄우는 방법도 효과적이다. 이때 띄운 공간 안쪽으로 간접조명을 시공하면, 조명 빛이 바닥 쪽을 비춰 공간이 훨씬 입체감 있어 보인다.

신발장 밑을 띄우고 간접조명을 시공했다.

민트색 중문으로 화사하게 꾸민 현관. 중문에 가로 58cm x 세로 115cm 크기의 망입유리를 더했다.

1 화이트 인테리어로 꾸민 거실. 2 천장의 모양을 입체적으로 디자인해 공간감을 불어넣었다. 한쪽으로 드러난 흰색 벽돌 또한 멋스럽다. 천장을 트며 드러난 조적벽돌에 그대로 페인트만 칠했다. 3 한쪽 벽면을 수납공간으로 만들어 책이나 소품 등을 보관한다.

리어를 연출했기 때문이다.

개성이 가장 두드러지는 곳은 천장이다. 먼저 답답하게 막혀 있던 천장을 터 2.8m의 천장고를 확보했는데, 탁 트인 개방감은 얻었지만 아늑한 느낌이 부족한 것이 문제였다. 주영 씨는 천장은 평평해야 한다는 편견을 깨보기로 했다. 마침 확장한 발코니 쪽으로 건물의 하중을 지탱하는 보가 지나고 있어 이 보와 높아진 천장을 연결해 비스듬히 경사면을 만들 수 있었다. 그리고 직선형 조명을 나란히 설치해 달라진 천장의 형태를 한 번 더 강조했다. 창가 쪽으로 갈수록 꺾어지는 사선면을 만들어 천장에 서로 다른 깊이감을 부여한 것이다.

또한 천장을 높이면서 드러난 조적벽돌을 그대로 남겨 빈티지함을 더했다.

TV와 소파를 최소화한 거실과 발코니를 리모델링한 놀이공간

거실 한쪽 벽면에는 애쉬 집성목으로 제작한 큰 책장을 두었는데 아이의 책부터 장난감, 부부의 책과 물건 등을 정리하는 멀티 수납장으로 활용된다. 가족이 거실에서 대부분의 시간을 보내기 때문에 최대한 많은 물건을 보관할 수 있도록 한 것이다. 또 아이가 책을 손쉽게 접하는 분위기를 만들고자 하는 의도도 숨어 있다. 보이는 곳에 책을 많이 둬 자연스레 독서를 하는 분위기를 조성한 것이다.

책장 맞은편에는 앙증맞은 벤치가 있다. 앉았을 때 안쪽으로 다리가 들어갈 수 있도록 기본 박스를 만들고 그 위에 물푸레나무 집성목 판을 올려 형태를 완성한 것으로, 기존 소파보다 간소하지만 앉았을 때 충분히 편안함을 느낄 수 있도록 사이즈를 꼼꼼히 측정해 만들었다.

거실 한켠에는 지오만의 작은 아지트가 있다. 다락방처럼 좁지만 그렇기에 더욱 비밀스러운, 아이

1

2

3

하.우.스 인테리어 레시피
50cm 벤치에 숨어 있는 아내의 비밀(?)

휴일이면 늘 가죽소파에 누워 TV를 보던 남편 주영 씨는 잔소리 대신 인테리어를 통해 남편의 습관을 고쳐보기로 했다. 일반적으로 벤치를 제작할 때 성인이 편히 앉기 위해서는 50cm 이상의 폭이 필요하다. 만약 편하게 누울 수 있는 벤치를 만들고 싶다면 최소 60cm 이상의 폭을 확보해야 한다.
아내의 선택은? 당연히 50cm! 주영 씨는 벤치의 폭을 50cm로 맞춰 앉기에는 편하지만 눕기에는 어정쩡한 사이즈의 벤치를 만들었다. 자연스럽게 소파만 보면 눕던 남편의 습관도 고쳐졌단다.
이때 벤치의 높이는 신장을 고려해 높이를 정하는 것이 좋으나, 일반적으로 의자 높이인 40~50cm 로 맞추면 무난하게 사용할 수 있다. 벤치 밑을 수납장이나 선반 형태로 만들면 물건을 수납할 수 있어 더욱 실용적이다.

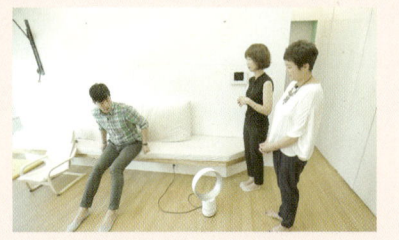

1 벤치의 폭을 최소화해 거실을 넓게 활용한다. 2 아이가 지나다니면서 날카로운 모서리에 부딪히지 않도록 벤치의 한쪽 모서리를 사선으로 처리했다. 3 발코니를 리모델링해서 다락방처럼 만들었다.

의 상상력을 자극하는 재미있는 공간이다. 이곳은 원래 빨래 건조대와 수도시설이 있던 발코니로 다용도실처럼 사용되던 곳이었지만 성인 한 명이 겨우 지나다닐 정도로 폭이 좁아 활용도가 낮았다. 주영 씨는 이곳을 리모델링해 아이에게 특별한 공간을 선물하기로 했다.

아주 큰 공사가 진행된 건 아니었다. 스프러스 소재의 데크를 깔아 거실 바닥과 높이를 맞추고, 천장에 컬러풀한 페인트를 칠한 게 전부다. 아이의 눈높이에서 아주 작은 변화를 주었을 뿐인데 전혀 다른 분위기로 바뀌었다. 어른에게는 불편했던 곳이 이리저리 숨기 좋아하는 개구쟁이 아들의 놀이터가 된 것이다.

면적 대비 최다의 수납공간을 지닌 집

주영 씨가 리모델링을 계획하며 세운 목표는 크게 2가지다. 17.76㎡(5.38평) 거실의 개방감을 확보하는 것과 수납공간을 최대한 많이 만드는 것이다. 이를 위해 거실을 천천히 둘러보자 애매하게 튀어나온 벽 하나가 눈에 띄었다. 보일러배

Before

After

관, 수도배관, 전기배관 등이 지나는 샤프트(shaft)였다. 지하 보일러실까지 연결돼 있어서 구조상 없앨 수 없는 벽이었다. 그러나 천덕꾸러기처럼 꽤 많은 자리를 차지하고 있었기에 주영 씨는 이곳을 한껏 넉넉한 수납공간으로 활용해보기로 했다.

모든 수납장을 하얀색으로 통일하고 손잡이를 없애 벽처럼 보이도록 디자인했다.

1 2.3m로 천장을 낮춰 아늑한 분위기를 연출한 식탁. 수납장과 연결된 식탁 안쪽으로 간접조명을 시공했다. **2** 상부장과 하부장을 알차게 갖춘 주방. 주방과 다이닝 공간의 벽은 화이트 타일로 통일했다. 거실의 조적벽돌과 흡사한 디자인을 선택한 것이다. **3** 세 식구가 함께 자는 14.04㎡(4.25평)의 안방. **4** 안방의 창문 아래로 3.2m 길이의 긴 수납장을 배치했다. 수납은 물론 벤치처럼 앉을 수 있고, 침대 옆 사이드 테이블로도 사용할 수 있다.

우선 표면이 고르지 못한 벽 위로 옷을 입히듯 수납장을 짜 넣었다. 양쪽 벽은 물론 옆 부분까지 알차게 붙박이장을 만들자 꽤 많은 수납이 가능해졌다. 벽 하나가 통째로 커다란 수납장이 된 것이다. 이뿐만이 아니다. 이곳을 시작으로 다이닝 공간부터 안쪽 주방까지 수납장들이 쭉 이어진다. 식탁 쪽으로도 키 큰 붙박이장을 만들었고, 'ㄷ'자 구조의 주방에는 상부장과 하부장을 빈틈없이 제작했다. 최근 상부장 대신 오픈선반을 두는 것이 트렌드지만, 주방이 안쪽 깊숙이 들어와 있어 잘 보이지 않기 때문에 실용성을 선택했다.

기존의 것들을 획기적으로 리폼한 집

리모델링 비용을 절감하고 싶다면 기존의 것들을 재활용하는 것도 방법이다. 어떻게 리폼하느냐에 따라 새것처럼 환골탈태할 수 있다.

얇은 창살을 붙여 고풍스러운 침실 창문으로 변신!

기존의 밋밋한 창문에 세로 창살을 덧붙여 유니크한 디자인으로 바꾸었다. 합판을 자른 뒤 페인트를 칠해 얇은 창살을 만든 뒤 기존 창틀과 연결해 붙이는 것으로, 동일한 사이즈의 창살 두 개를 유리 앞뒷면에 겹치듯 붙이면 된다. 합판조각과 페인트만 있으면 되기에 비용은 거의 들지 않았다.

여닫이문을 슬라이딩도어로 교체

기존의 문을 재사용하면 리모델링 비용 절감에 큰 도움이 된다. 한 집당 최소 네다섯 개의 문이 있는데 이를 모두 교체할 경우 만만치 않은 금액이 들기 때문이다. 주영 씨는 기존의 여닫이문을 미닫이 형태의 슬라이딩도어로 바꾸었다. 복잡한 문양의 문 위로 얇은 합판을 덧대고 페인트를 칠한 뒤, 문틀 안쪽에 레일을 설치하고 리폼한 문을 단 것이다.

중문을 제외한 모든 방문을 슬라이딩도어로 바꾸었다.

붙박이장 재활용하기

평창동 빌라는 기존의 붙박이장을 재활용했다. 페인트나 시트지를 활용해 컬러를 바꾸고 손잡이만 교체해주면 손쉽게 리폼이 가능하다(붙박이장은 어떤 손잡이를 사용하느냐에 따라 분위기가 천차만별이다. 모던한 철제 손잡이, 앤티크한 빈티지 손잡이, 키치한 플라스틱 손잡이 등 취향에 따라 손잡이를 교체해보자). 또한 쓰지 않는 붙박이장은 필요한 장소로 옮겨 재사용할 수도 있다. 평창동 빌라의 작업실에 있는 붙박이장도 다른 방에 있던 것을 이전시킨 것이다. 이전 비용으로는 1자당 2~3만 원이 들었다.

아이 방_ 아이의 감성을 살리는 손쉬운 스티커 인테리어

네 살 지오의 방은 귀여운 도트무늬 벽으로 포인트를 주었다. 언뜻 보기에 벽지처럼 보이지만 실은 흰색 벽 위로 색색의 스티커를 붙여 연출한 것이다.
"화려한 패턴은 쉽게 질릴 것 같아 심플하면서도 아이 방다운 패턴을 고민했어요. 그때 떠오른 것이 도트 문양의 스티커였죠. 벽에 붙이기만 하면 되어서 간단하고, 도트 간격을 마음대로 조절할 수 있어서 재미있는 작업이었어요. 도트무늬가 식상해지면 떼어내고 다른 스티커를 붙여 색다르게 꾸밀 수도 있답니다."

이처럼 인테리어 스티커를 활용하면 가격 부담 없이 간편한 방법으로 공간에 포인트를 줄 수 있다. 특히 요즘에는 스티커보다 활용도가 높은 마스킹 테이프(masking tape)가 인기다. 마스킹 테이프란 페인트를 칠할 때 벽을 깨끗하게 마감하기 위해 활용되던 것으로, 최근에는 물건의 포장 및 벽, 가구, 소품을 리폼하는 데 쓰이는 등 다방면에서 각광받고 있다. 어디든 잘 붙고 잘 떨어지기 때문에 초보자도 다루기 쉽고 컬러, 패턴, 디자인 또한 다양하다.

> **하.우.스 인테리어 레시피**
> Q.벽에 붙인 스티커를 깨끗하게 떼어낼 수 있는 방법이 있을까요?
> 시중에서 판매하는 3M의 스프레이형 스티커 제거제를 뿌려놓고 잠시 기다린 뒤 칼로 긁어내거나 안 쓰는 천으로 살살 문지르면 흔적 없이 잘 떼어진다.

1,2 알록달록한 스티커를 붙인 아이 방. 일부러 스티커를 불규칙적으로 붙여 위트를 더했다. 3 붙박이장을 이전한 작업실. 4 붙박이장은 책상과 연결된 아랫부분을 잘라서 프린터 등의 사무용품을 보관하는 용도로 활용한다.

이주영 씨의 인테리어 비용 절감에 대한 조언

재활용할 수 있는 요소 찾기
공사 전에 미리 리폼해 사용할 수 있는 것들을 점검해보자. 방문, 창문, 바닥재, 붙박이장 등 의외로 조금만 손보면 다시 활용할 수 있는 것들이 많다.

집의 특징을 살릴 수 있는 포인트 요소 찾기
리모델링 전에 기존의 집이 가진 특징들을 어떻게 살릴 수 있을지 고민해보자. 그 집만의 특징을 디자인 요소로 연장시키면 세상에 하나뿐인 인테리어가 가능하다. 평창동 빌라의 경우 거실 상부의 벽과 발코니 놀이방의 오래된 벽돌을 노출해 빈티지한 멋을 더했다. 또한 높은 천장고를 활용해 사선 모양의 독특한 천장을 만들어냈다.

하우스 정보

대지 위치 : 서울시 종로구 평창동
건물 종류 : 빌라
분양면적 : 85.8㎡(25.95평)
설계 및 시공 : 지오아키텍처
사진 제공 : tqtq studio

• 비용	
리모델링비	3천만 원
중문	기존의 문을 재활용해 현장제작, 망입유리 7만 5천 원
	던에드워드 친환경페인트
거실조명	모던라이팅 슬림 직부, 개당 15만 원
벽등	모던라이팅 윈도우, 38만 원
인디언텐트	꿈비, 25만 원
거실 벤치	자체제작
	애쉬 집성목, 장당 10만 5천 원(부가세 별도)
	벤치 바닥 및 쿠션 제작, 동대문 원단가게 8만 원
식탁 조명	모던라이팅 슬림 직부, 12만 원
주방 타일	윤현상재 white glossy, 박스당 2만 5천 원
침실 벽등	모던라이팅 클래식, 25만 원
방문 손잡이	개당 2천 원
스티커	루밍 mini dots wallstickers, 2만 9천 원
옷걸이	행잇올, 42만 원

15평 역삼동의 바비케이스 하우스

오피스를 겸용하는
로프트 하우스

하우스 스토리

집의 가치를 높이는 리모델링의 힘

역삼동 골목길, 비슷비슷한 다세대주택 사이에 홀로 새하얗게 서 있는 빌라가 있다. 1992년에 완공돼 올해로 24년이나 된 곳이지만, 새로 공사한 듯 깔끔한 외관은 오승규(38), 진승희(37) 씨 부부의 솜씨다.

"리모델링을 하면서 구조변경을 많이 하다 보니 철거만 일주일이 걸렸어요. 이웃 분들께서 고충이 많으셨죠. 작은 답례 삼아 빌라 외관을 페인트칠했는데 들기로는 그 이후에 빌라 값이 올랐다고 하더라고요.(웃음)"

인테리어 디자이너인 부부는 자신들의 집과 사무실을 겸할 수 있는 장소로 빌라의 맨 꼭대기 층을 선택했다. 이곳 빌라를 지은 건축주의 집이었는데, 유독 거래가 되지 않아 가장 인기가 없던 호수였다.

"저희 집은 다른 호수보다 서비스 면적이 많아서 가격이 더 비싸요. 하지만 이전에는 공간들이 비효율적으로 위치해 있어 전혀 활용되지 못했죠. 그래서 쓸데없이 면적만 넓고 비싸다고 인식됐었나 봐요. 덕분에 오랫동안 매매되지 않아 저렴하게 구입할 수 있었죠."

부부에게 이 집은 그동안 해보고 싶었던 것들을 마음껏 실현할 수 있는 좋은 기회였다. 때문에 처음부터 대대적인 구조변경을 염

역삼동 빌라 외관. 낡고 붉은 벽돌에 흰색 옷을 입히니 숨어 있던 건물의 표정이 살아났다.

두에 두고 조적구조인 집을 찾았다. 조적구조인 곳은 콘크리트 건물과 달리 내부구조의 변경이 비교적 용이하기 때문이다. 아파트가 아닌 오래된 빌라를 선택한 것도 같은 이유에서다.

그렇게 부부의 야무진 손끝에서 완성된 집은 감탄을 자아낼 정도로 이국적인 로프트 하우스를 연상케 한다. 더욱 놀라운 점은 리모델링 후, 집에 대한 평가 또한 확연히 달라졌다는 것이다.

"5천만 원을 들여 철거를 하고 리모델링을 했어요. 그런데 최근 부동산 감정을 다시 받아보니 저희가 투자한 금액을 상쇄하고 남을 정도로 높게 책정해주더라고요. 리모델링만으로 집의 가치가 달라진 거죠."

하우스 구조와 특징

Before

After

과감한 구조변경을 시도하다

오래된 빌라가 으레 그렇듯 역삼동 빌라 또한 불필요할 정도로 공간이 나뉘어 있어서 더욱 좁아보였다. 부부는 대대적인 구조변경을 감행했는데, 가장 큰 목적은 50㎡(15.13평)의 면적이 최대한 넓어 보이도록 만드는 것이었다. 구석에 있던 주방의 위치를 옮겨 대면형 구조로 바꾸고, 거실의 방을 터 넓게 확장했다. 특히 홈 오피스로도 활용되는 거실은 개방감을 극대화하기 위해 다락의 일부를 철거하는 과감한 시도를 했다. 덕분에 주택에서나 가능할 법한 4.6m의 높은 천장고를 얻을 수 있었다.

1 청량한 파란색 페인트를 칠해 다른 집과 차별화를 준 현관문. **2** 현관 입구 벽에 아라우코 합판 루버와 조각거울을 이어 붙였다. 조각거울을 저렴하게 구입해서 세로로 일렬 배치한 것이다. 신발장은 그레이 컬러의 무광도장 도어를 시공했다. 원하는 색상의 페인트를 제시하면 가구회사에서 제작해준다.
3, 4 하부에 파이프 행거를 설치해 자주 신는 구두를 걸어두거나, 고리로 우산 등을 걸어둔다. 부피를 차지하지 않으면서도 실용적으로 사용할 수 있다.
5 현관과 실내바닥 마감을 통일해 현관이 넓어 보이게 했다. 대신 현관임을 구분해주기 위해 단차를 두었다.

이렇게 방을 없애 거실로 만들 수 있었던 이유는 계단의 위치를 바꿔 다락을 침실로 활용했기 때문이다. 리모델링 전에는 계단의 너비가 60cm에 불과해 위층으로 부피 있는 가구들을 옮길 수 없었다. 그래서 다락이 그저 잡동사니를 보관하는 창고로 전락할 수밖에 없었는데, 부부는 이를 해결하고자 기존의 계단을 없애고, 거실 쪽으로 넓은 계단을 재설치했다. 다락의 위는 사적인 공간으로, 아래는 홈 오피스를 겸한 공용공간으로 계획해 일과 생활을 효과적으로 분리한 것이다.

거실에서 가장 흥미로운 공간은 기존의 베란다가 있던 곳이다. 원래 성인 한 명이 겨우 지나다닐 수 있을 정도로 좁은 베란다였는데, 부부는 이를 확장하지 않고 툇마루를 설치해 좌식공간을 연출했다. 베란다 확장 시 진행되는 난방공사 등을 따로 하지 않아 오히려 비용을 절감할

주방은 부부의 클라이언트가 자주 찾아오는 편이라 카페 콘셉트로 연출했다. 거실을 마주하는 바 형태는 주방가구 쪽으로 아라우코 합판을 길게 붙이고 아래에 간접조명을 시공했다.

1 상부장을 생략한 대신 'ㄱ'자 하부장을 서랍 형태로 만들어 수납 효율을 높였다. 2, 3 주방의 위치를 옮기며 수도시설에 맞게 개수대 위치를 재배치했다. 개수대 위 선반은 공사 중 남은 자재를 활용해 제작했다.

수 있었다고. 툇마루는 계단 밑까지 이어지는데 소파 대신 편안히 앉거나 누울 수 있는 휴식공간으로 완성됐다.

하.우.스 인테리어 레시피

바비케이스 하우스에서 배우는 창고 문 리폼법

주방 한쪽에 위치한 창고 문은 칠판 형태로 리폼했다. 기존 문 위로 MDF합판을 붙인 뒤, 칠판 페인트를 칠한 것. 3만 원 안팎의 비용으로 카페 콘셉트의 인테리어가 가능하며, 창고에 쌓여 있는 물건 리스트를 적을 수도 있어 실용적이다.

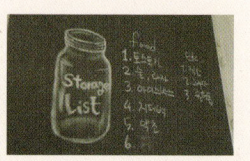

1 거실은 천장의 일부를 잘라 복층으로 만들었다. 천장을 뚫고 남은 거친 흔적들이 독특한 매력을 풍긴다. 2 테이블 옆에 서 있는 벽은 별다른 마감 없이 페인트만 칠해 빈티지한 멋을 살렸다. 독특한 디자인의 잡지꽂이를 활용해 자주 보는 인테리어 잡지들을 감각적으로 진열했다. 3 일본산 적삼목(스기) 통원목을 사용해 식사 및 미팅용으로 사용할 수 있는 테이블을 마련했다. 목공소에서 원목 상판만 구입한 뒤, 직접 철제다리를 붙여 시중가보다 1/4가량 저렴하게 제작했다.

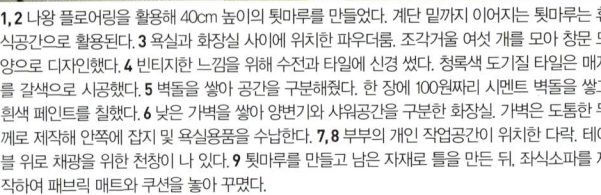

1,2 나왕 플로어링을 활용해 40cm 높이의 툇마루를 만들었다. 계단 밑까지 이어지는 툇마루는 휴식공간으로 활용된다. **3** 욕실과 화장실 사이에 위치한 파우더룸. 조각거울 여섯 개를 모아 창문 모양으로 디자인했다. **4** 빈티지한 느낌을 위해 수전과 타일에 신경 썼다. 청록색 도기질 타일은 메지를 갈색으로 시공했다. **5** 벽돌을 쌓아 공간을 구분해줬다. 한 장에 100원짜리 시멘트 벽돌을 쌓고 흰색 페인트를 칠했다. **6** 낮은 가벽을 쌓아 양변기와 샤워공간을 구분한 화장실. 가벽은 도톰한 두께로 제작해 안쪽에 잡지 및 욕실용품을 수납했다. **7,8** 부부의 개인 작업공간이 위치한 다락. 테이블 위로 채광을 위한 천창이 나 있다. **9** 툇마루를 만들고 남은 자재로 틀을 만든 뒤, 좌식소파를 제작하여 패브릭 매트와 쿠션을 놓아 꾸몄다.

하.우.스 인테리어 레시피

우드패턴 타일

바비케이스가 화장실 바닥에 시공한 우드패턴 타일은 나무의 내추럴한 느낌을 연출할 수 있으며, 관리가 쉬워 화장실이나 베란다처럼 물을 많이 쓰는 곳이나 상업공간처럼 바닥이 쉽게 더러워지는 곳에 사용하면 좋다. 나무 외에도 대리석, 돌 등 다른 자연 소재를 프린팅한 타일도 있다.

로맨틱한 무드로 인테리어한 욕실.

1 한쪽 벽면에 청회색 페인트를 칠해 포인트를 준 침실. 청회색은 네이비 컬러보다 진하고 차분한 느낌을 주기 때문에 침실에 연출하면 좋다. 2 현관과 파우더룸에 사용하고 남은 조각거울을 비대칭으로 붙였다. 3 공사 후 남은 벽돌과 목재를 쌓아 미니 테이블을 만들었다. 4 온라인몰에서 파이프를 구입해 조립한 뒤 페인트를 칠해 만든 침실 조명. 5 침대 옆의 조명은 와인병에 조명갓을 꽂아 만들었다. 빈병에 꽂아 사용할 수 있도록 나온 제품이다.

실용적이고 감각적인 침실 스타일링

침실은 늘 바쁜 부부의 휴식과 재충전을 위한 공간이다. '쉼'의 장소로서 안락한 분위기를 연출하였고, 집에서 좋아하는 영화를 마음껏 볼 수 있도록 스크린을 설치했다. 침대 헤드보드를 없앤 대신 푹신한 쿠션을 여러 개 두어 편하게 기대 영화를 감상한다. 층계 위의 공간을 침실로, 옆집 지붕 밑의 공간을 드레스룸 겸 창고로 활용 중이다.

서비스 면적으로 만든 드레스룸 겸 창고

바비케이스의 다락은 일반 빌라에서는 상상할 수 없는 놀라운 서비스 면적을 가지고 있다. 바로 층계와 옆집의 윗 공간이다. 즉, 빌라 한 채의 지붕 밑을 전부 사용하는 것으로 면적이 무려 100㎡(30.25평)나 된다.

"이전 건축주가 층계 위와 옆집 다락을 'ㄱ'자로 연결해 모두 사용할 수 있도록 만들어 놓았더라고요. 이 집을 구입하게 된 결정적 이유가 바로 다락방의 이 넓은 면적이 마음에 들어서입니다."

1 빨간색 부분이 부부의 집이다. 빌라 다락 전체를 활용한다. 2 옆집의 위쪽으로 약 42.8㎡(12.95평)의 공간이 펼쳐진다. 추후 다른 용도로 변경 가능하도록 인테리어를 최소화했다. 3 이동 및 철거가 쉬운 행거에 옷을 정리했다.

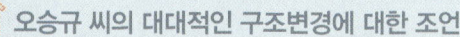
오승규 씨의 대대적인 구조변경에 대한 조언

건축물대장에서 건축물의 주 구조 확인하기
대대적인 구조변경을 계획 중이라면 철근콘크리트 구조보다 조적구조가 변경이 용이하다.

구조변경 시 수도와 배관을 유지하며 설계하기
빌라나 아파트를 리모델링할 경우 수도와 배관을 옮기는 작업이 어렵고 비용이 많이 들 수 있기 때문에 이를 최대한 유지하며 공간을 배치하는 것이 좋다. 바비케이스는 보일러실 겸 세탁실로 사용되는 공간에 수도배관이 있어서 주방의 위치를 옮길 수 있었다.

하우스 정보

대지 위치 : 서울시 강남구 역삼동
건물 종류 : 빌라
전용면적 : 아래층 50㎡(15.13평), 다락 100㎡(30.25평)
설계 및 시공 : 바비케이스
사진 제공 : 바비케이스

• 비용

리모델링비	5천만 원
파이프 행거	파이프 750, 개당 1만 5천 원
아라우코 빈티지 합판	장당 4만 원
주방 후드	약 80만 원
칠판 문	제작비 약 3만 원, mdf 합판을 붙인 뒤 칠판페인트 시공
수전	정운타일, 10만 원
조명	대한조명, 3만 원
파우더룸 타일	정운타일, 수입타일 헤베당 약 5만 원
우드타일	정운타일, 수입타일 헤베당 약 5만 원
욕조	70만 원대, 수전 40만 원대
콘플로아 시공	평당 10~15만 원
거실 테이블	약 150만 원(시공비 별도)
거실 펜던트조명	대한조명, 60만 원대
벽난로	40만 원대
침실 페인트	벤자민무어
파이프 조명	파이프 750, 10만 원대
거울	이케아, 4개에 9천 9백 원

16평 방배동 은우네 빌라

인테리어 디자이너 부부의 신혼집

하우스 스토리

24년 된 빌라의 유쾌한 변신기

인테리어 디자인 회사를 운영하는 서주영(39), 박수정(36) 씨 부부는 자신들의 신혼집으로 방배동의 오래된 빌라를 선택했다. 1922년에 지어져 올해로 24년이나 된 빌라는 준공 후 큰 공사가 한 번도 없었고 구조 또한 비효율적이라 오랫동안 팔리지 않던 곳이었다고 한다. 주거공간부터 상업시설까지 수많은 곳을 스타일링해온 부부가 이 빌라를 자신들의 보금자리로 선택한 이유는 무엇일까?

"신혼집으로 아파트를 알아봤는데 저희 예산에 맞추려면 서울에서는 어렵겠더라고요. 차라리 그 가격에 살 수 있는 빌라를 알아보자는 생각이 들었어요. 그렇게 우연히 저렴하게 나온 이곳을 찾아냈고, 손댈 곳은 많았지만 아파트보다 쉽게 구조를 바꾸고 수리할 수 있어 더 매력적으로 생각됐죠. 아파트 전셋값 대비 이 집을 구매하는 데 든 차액이 저희 집의 총 공사비용입니다."

으레 인테리어 디자이너의 집이라면 부담스러울 정도로 넓고 화려한 공간을 떠올리게 된다. 그러나 부부의 51.30㎡(15.52평) 빌라는 소담스러우면서도 사람 사는 내음이 가득한 집이다.

"언젠가 태어날 아이를 위해 곳곳에 원목을 사용하고 따스한 조명계획을 했습니다."

설렘 가득한 표정으로 이 집에서 일어날 미래계획까지 이야기하는 부부의 모습에서 이 집이 누군가에게 보이기 위한 곳이 아니라 '가족이 함께 살아갈 보금자리'라는 집의 명제를 충실히 이행한 공간임을 깨닫게 된다. 그럼에도 역시 전문가의 솜씨는 남다른 것인지 평범하고 오래된 빌라를 자신들의 스타일에 맞춰 모던하고 실용적으로 바꾸었다. 뿐만 아니라 집을 고치고 꾸미는 것에

24년 연식의 방배동 빌라의 외관.

익숙한 주인들이 야무진 손끝으로 곳곳을 채운 아이디어들은 인테리어에 관심 있는 이들이라면 한번쯤 참고해볼 만큼 흥미로운 것들이 많다.

부부는 집을 꾸미는 내내 '여기서 무엇을 어떻게 즐기고 살까?' 고민했다고 한다. 큰 창을 통해 들어오는 햇살을 받으며 책을 읽기 위해 제작한 'book bar', 작은 방을 화이트보드로 둘러싸인 작업실로 만든 것 모두 이런 부부의 소망을 반영한 결과다.

하우스 구조와 특징

1 1.2㎡(0.36평)의 현관에 가로 0.63m x 세로 2.35m 크기의 파티션을 세웠다. 현관이 좁아 중문 대신 파티션으로 현관과 거실의 경계만 구분해준 것이다.
2 미니 신발장으로 제작한 파티션 하부. 거실 쪽으로 35cm가량 튀어나간 윗부분은 화분 받침대로 활용한다. 3 신발장 위에는 밝은 톤으로 꾸며진 실내와 잘 어울리는 수종인 벵골고무나무를 두었다.

16㎡(4.84평)의 거실. 박공지붕 천장은 최상층 빌라이기에 얻을 수 있었던 혜택이다.

1 스프러스 루버를 붙인 벽 위로 스포트라이트 조명을 설치해 벽면을 비추도록 연출했다. 2 시멘트 벽돌은 백색의 반광 페인트로 마감했다. 반광 페인트는 얼룩에 강하고 생활오염 시 물걸레 청소가 용이하다는 장점이 있다.

다양한 마감재로 꾸민 집

은우네 빌라에서 가장 눈에 띄는 곳은 3.1m 높이의 박공지붕 천장이다. 최상층만이 가질 수 있는 혜택으로, 기존의 천장을 제거하고 지붕면을 그대로 살려 작은 집의 훌륭한 포인트로 탈바꿈시켰다.

"기존에는 평평한 2.4m 높이의 천장이었어요. 하지만 공사를 진행하며 뜯어보니 최상층이라 지붕이 보이더라고요. 단열 부분이 염려되었지만 멋스러운 지붕면을 살리기로 했습니다."

3.1m의 높이의 박공지붕 천장은 개방감을 줌과 동시에 볼륨감 있는 디자인으로 아늑한 공간감을 연출한다. 다만 단열이 문제였는데 이를 보완하기 위해 건물 외벽에 많이 사용되는 드라이비트를 시공했다. 물론 이미 지붕 면에 단열재가 한 차례 시공돼 있었다. 하지만 기존 단열재의 연결 면이 고르지 않아 스티로폼 단열재를 추가로 시공한 뒤, 석고몰탈로 평활작업을 하고 드라이비트를 도포해 완료했다. 이런 기법은 단열효과가 좋을 뿐 아니라 별도의 구조체를 설치할 필요가 없어 천장을 최대한 높게 쓸 수 있다는 장점이 있다.

매끈한 천장과 달리 벽면은 서로 다른 소재와 컬러가 어우러져 매치를 이룬다. 거실 일부에는 스프러스 루버를 붙이고 그 위로 그레이 계열의 페인트를 칠했다. 덕분에 원목의 자연스러움과 차분한 컬러의 합이 모던하면서도 편안한 분위기를 연출한다. 반면 맞은편 벽면에는 거친 질감의 시멘트 벽돌을 시공했다. 구조변경을 하며 새로 쌓은 벽체 위에 화이트 계열의 페인트만 칠한 것으로, 거실에 중량감을 주는 동시에 독특한 개성을 불어넣는다.

라이프스타일에 맞춰 구조변경을 한 두 개의 방과 거실, 주방

24년 전에 지어진 빌라의 평면이 오늘날의 생활 패턴과 맞지 않음은 어찌 보면 당연한 얘기다. 기존의 빌라는 커다란 안방을 포함해 총 세 개의 방이 있었고, 거실은 턱없이 좁은 구조였다. 부부는 이를 대대적으로 변경해 자신들에게 꼭 맞는 쓰임새 좋은 공간들로 만들어냈다.

우선 불필요하게 컸던 안방의 크기를 줄이고 방을 하나 없애 거실의 면적을 넓혔다. 또한 폭이 좁

하.우.스 인테리어 레시피

거실을 두 가지 컬러로 페인트칠한 이유

"집이 좁으면 무조건 화이트로 전체를 통일해야 넓어 보인다고 생각하는 분들이 많은데요. 오히려 밝은 색과 대비되는 짙은 컬러를 마주보게 배치하면 컬러 간의 거리감이 생겨 공간이 확장돼 보이는 효과가 있습니다. 그래서 저희 집도 벽면을 화이트와 그레이로 나누어 마주보도록 연출했죠."(건축주)

만약 그레이 컬러의 벽이 자칫 차가워 보일까 염려된다면 따뜻한 느낌이 더해진 웜그레이를 선택하거나, 은은한 조도의 조명을 설치하는 것도 방법이다.

2 1 안방 벽체를 40cm 뒤로 밀어 거실 면적을 확보했다. H빔으로 구조를 보강한 뒤 기존의 벽체를 철거하고 시멘트 벽돌을 쌓아 조적벽을 만든 것이다. 2, 3 리모델링 전의 발코니. 65cm 폭의 발코니를 확장해 'book bar'로 만들고, 바 측면과 하부에 수납공간을 마련했다.

거실과 마주한 9.5㎡(2.87평) 주방. 두 사람이 동시에 조리할 수 있도록 넓은 'ㄷ'자 형태로 만들었다. 또 기존의 발코니 창이 있던 자리를 넓혀 냉장고를 매입했다.

자기질 타일을 벽돌 쌓기로 시공한 주방 벽면. 거실에 쓰인 시멘트 벽돌과 색, 모양을 맞춰 통일감을 주었다.

하.우.스 인테리어 레시피

Q. 발코니를 어떻게 바 형태로 만들 수 있는지 궁금합니다. 또 공사를 할 때 특별히 주의할 점이 있을까요?

은우네 빌라는 다음의 시공 과정에 따라 발코니를 바 형태로 바꿀 수 있었다.

철거공사 → 철거 후 바닥 단열재공사(열반사 단열재 10mm 시공) → 거실 바닥과 수평을 맞추기 위한 미장공사 → 샤시 시공 → 벽체와 천장 단열공사(열반사 단열재 10mm 시공) → 벽체 및 가구제작 → 페인트 마감

이렇게 만든 book bar는 가정에서 아이의 놀이공간이나 PC공간, 간단한 DIY를 위한 작업대 등 다양한 용도로 활용할 수 있다. 다만 사용 용도를 미리 생각한 후 이에 맞춰 공간을 계획해야 한다. 예를 들어 콘센트의 위치나 선반의 높이 등을 따져본 뒤 제작에 들어가야 추후 시행착오가 없다. 또한 미리 전선이나 인터넷선의 처리방법 등까지 세밀하게 고민하지 않으면 제작 후 각종 선들 때문에 지저분해 보일 수 있다.

아 활용도가 낮았던 발코니를 '바(Bar)' 형태로 제작했는데 부부가 집에서 가장 좋아하는 공간으로, 커다란 남향 창이 있어 햇살과 바람을 느끼며 책을 읽거나 작업할 수 있다. 바 하부와 측면에는 수납장을 제작해 달았다. 작은 집의 수납문제를 해결해줄 뿐 아니라 발코니 확장 후 생길 수 있는 웃풍을 수납장의 폭만큼 한 번 더 차단할 수 있어 단열에 효과적이다. 부부가 주방에서 가장 신경 쓴 점은 컬러 선택이다. 상부장은 벽과 조화롭도록 화이트 컬러를, 하부장은 콜로니얼 블루(colonial blue)를 선택했다.

"아내와 가장 오랫동안 상의했던 것이 색채 계획이었어요. 집이 주로 하얀색, 회색의 무채색 계열이다 보니 포인트가 들어가면 좋겠더라고요. 그래서 하부장을 콜로니얼 블루로 선택했죠."

주방의 또 다른 고민은 부피가 큰 냉장고 자리를 마련하는 것이었다. 부부는 고민 끝에 냉장고를 주방 뒤쪽에 있는 긴 일자형의 발코니로 매입했다. 그 결과 냉장고를 기준으로 발코니가 두 개의 공간으로 나뉘게 되었다. 한 곳은 식자재를 보관하는 팬트리로, 반대쪽은 세탁실 겸 다용도실로 활용된다.

거실의 시멘트 벽돌 뒤쪽이 신혼부부의 안방이다. 안방은 거실과 마찬가지로 벽돌을 노출시켜 포인트 월로 사용하는데, 집의 다른 공간들과 분위기를 통일하면서 일반적인 침실과는 다른 개성

1 하부장은 끝 쪽까지 꼼꼼히 수납공간을 제작했다. 2 냉장고를 기준으로 나뉜 발코니는 각각 팬트리와 세탁실 겸 다용도실로 사용한다.

1 서재 한쪽 벽에 자석 기능이 있는 화이트보드를 붙인 후 찬넬선반을 설치했다. 책상을 이동식으로 제작해 필요할 때마다 벽 쪽으로 밀어 방을 넓게 활용하고 있다. 2 맞은편에는 각파이프로 제작한 책장이 있다. 용도에 따라 선반의 수량을 결정해 높이를 가변적으로 정할 수 있다. 3 책상 또한 화이트보드로 제작했는데 메모를 하거나 자유롭게 사진 등을 붙일 수 있어 실용적이다. 4 시멘트 벽돌을 노출한 침실. 브래킷 조명, 우드 소재의 침대가 어우러져 이국적인 분위기를 연출한다. 5 복도 벽면에 높이 2.1m의 전신거울을 설치했다. 금속 프레임을 제작, 도장한 뒤 거울을 붙인 것으로 미니 선반이 있어 향수나 립스틱, 핸드크림 등을 올려놓는 간이 화장대로 사용한다. 바쁜 출근시간에 간단히 옷 매무새를 점검할 수 있어 편리하다. 6 붙박이장 문에 브론즈 거울을 붙이고 안쪽으로 화장대를 제작했다.

을 표현한 것이다. 또한 침대 맞은편 붙박이장에는 브론즈 거울을 붙였다. 일반적인 거울과 달리 은은한 갈색 빛이 감도는 브론즈 거울은 공간에 색다른 느낌을 연출할 수 있는 아이템이다.

안방 외에 남는 방 하나는 서재 겸 작업실로 활용 중이다. 침대 하나 놓기도 비좁았던 작은 방을 주방 쪽으로 넓혀 8.4㎡(2.54평)의 면적을 확보했다. 현재는 서재 겸 작업실이지만 추후 아이가 태어나면 아이 방으로 사용할 계획이다.

서주영, 박수정 씨 부부의 빌라 발코니를 bar로 만드는 작업에 대한 조언

바닥 난방을 할 수 없는 경우에는 카펫이나 러그를 활용하기
빌라나 주택의 발코니는 흔히 바닥 난방이 설치돼 있지 않아 겨울철 냉기를 극복할 수 있는 방법을 고민해야 한다. 바닥 난방을 새로 하는 것이 가장 좋지만 여의치 않은 경우에는 냉기를 차단할 수 있는 카펫이나 러그를 깔면 된다.

창의 위치 고려하기
발코니 쪽으로 바를 만들면 창을 일부 가릴 수밖에 없다. 시공 전에 창이 가려진 상태를 시뮬레이션해보고 생활에 불편함이 없는지 꼼꼼히 확인해야 한다.

하우스 정보

대지 위치 : 서울시 서초구 방배동
건물 종류 : 빌라
전용 면적 : 51.30㎡(15.52평)
설계 및 시공 : 커먼그라운드(COMMONGROUN)디자인의 서주영 실장
　　　　　　　그 외에 아내 박수정, 이준혁 대리
사진 제공 : 커먼그라운드디자인

• 비용

리모델링비	4천 3백만 원
철제 파티션	자체제작 40만 원
벽 마감	(하부 신발장 20만원, 유리 5만 원, 시공비 15만 원)
	켈리무어(백색 반광), 전체 40만 원
가문비나무	벤자민무어(나이팅게일 색상), 전체 18만 원
	2.4m 개당, 3천 5백 원
펜던트조명	비비나라이팅, 12만 원
LED 레일조명	을지로 이노조명, 개당 2만 5천 원
주방 가구	대건가구
타일	을지로 성문타일
철제 책장	소프시스, 13만 원
화이트보드	칠판닷컴, 40만 원(시공비 별도)
찬넬선반	을지로 유신철물, 20만 원(시공비 별도)
화이트보드 책상	진우ST 프레임 제작 15만 원, 화이트보드 5만 원
철제 캐비닛	마켓비, 개당 7만 5천 원
거울	미러미터, 약 30만 원(시공비 별도)
관절조명	을지로 이노조명, 19만 원

17평 성산동 인서네 집

17평 면적을 쪼개
13개의 공간을 만들다

하우스 스토리

가장 작은 마을 같은 집

황윤익(48), 전이미경(45) 씨 부부는 딸 인서와 함께 9년째 같은 집에 살고 있다. 그 긴 시간 동안 젊었던 부부는 중년의 나이에 접어들었고, 마냥 어렸던 외동딸은 10대의 사춘기를 보내고 있다. 이런 세 식구를 9년째 품어온 55.49㎡(16.79평)의 작은 빌라. 가족은 이곳에서 수많은 추억을 쌓아왔지만 세월 탓인지 이제는 집과 집주인들이 조금씩 맞지 않고 삐걱거리게 되었다. 9년 전과 달리 지금은 가족도, 집도 많이 달라졌기 때문이다.

처음에는 이사를 생각했다. 하지만 아무래도 집에 정이 든 건지, 막상 떠나려고 보니 섭섭한 마음이 가득했다. 게다가 이미 아이의 학교를 비롯한 생활반경도 동네에 맞춰져 있어서 그대로 머무르는 것도 좋지 않을까 하는 생각이 들었다. 대신 현재에 맞게 '변화'가 필요하다는 데 세 식구 모두 공감했다.

설계 전, 남편 윤익 씨는 가족 구성원의 성격, 취향, 바람들을 이메일로 빼곡히 적어 건축가에게 보냈다. 이메일에 적힌 가족의 소망은 분명했다.

"우리는 한 가족이면서 개인입니다. 함께하되 각자가 존중받을 수 있는 개인공간들이 충분했으면 좋겠습니다."

이를 고민하던 건축가는 가족에게 '공간을 쪼갤 것'을 제안했다. 어차피 크지 않은 집, 넓어 보이는 시각적 효과에 대한 욕심을 버리고 공간을 잘게 나누어 작지만 다양한 기능과 감각을 가진 집으로 만들어보자는 것이다.

넓어 보이는 집을 택할 것인가, 아니면 작은 개인공간들이 많은 집을 택할 것인가? 아마 대부분은 넓고 쾌적해 보이는 집에 관심을 보일 것이다. 하지만 가족은 한 치의 망설임 없이 17평도 안 되는 면적을 더 작게 쪼개는 것을 선택했다. 공사가 끝난 뒤 가족은 지인들에게 짧은 기원문을 부탁했고, 이를 모아 나무패를 만들어 현관 앞에 붙였다. 이중 유독 한 문구가 눈에 띈다.

'서로 다른 세 사람이 사는 가장 작은 마을.'

이것이 가족이 두 번째 답을 선택한 이유다. 지금부터 이 알쏭달쏭한 의미를 함께 풀어가 보자.

하우스 구조와 특징

인서네 집은 55.49㎡(16.78평)의 면적을 용도에 따라 총 '13개'의 공간으로 나누었다.

가벽으로 공간을 효율적으로 나눈 현관, 거실, 다이닝룸

한국 주거에서 전형적인 거실의 풍경은 한쪽 벽에 소파가 있고 맞은편에 TV가 있는 모습일 것이다. 인서네 집도 마찬가지였다. 어느 날 가족은 불현듯 집에서 가장 넓고 쾌적한 공간이 단지 TV를 보는 곳으로 전락한 것이 아까운 생각이 들었다고 한다.

"집이 좁아 누구 한 명이 소파에 앉아 TV를 보면 나머지 공간은 죽은 곳이 돼 버리더라고요."

그래서 19.50㎡(5.9평)의 거실을 가능한 여러 활용도를 지닌 멀티공간으로 바꾸고 싶었다. 그러기 위해서는 면적을 나눌 필요가 있었는데, 건축가는 영리하게도 바퀴가 달린 이동식 벽으로 그 문제를 해결했다. 하나의 공간에 이동식 벽을 세움으로써 용도가 다른 두 개의 공간으로 나눈 것이다. 이런 방식의 장점은 공간이 필요에 의해 수시로 변한다는 것이다. 살다 보면 종종 넓은 공간

3.1㎡(0.94평) 현관. 신발장 중간에 창문을 만들었다. 창문 너머 주방과 소통할 수 있도록 한 것으로, 딸이 외출할 때 주방의 엄마와 인사를 나눌 수 있다.

1 이동식 벽을 기준으로 다이닝룸과 휴식공간으로 나뉜다. **2** 이동식 벽은 그 자체로 책꽂이 겸 수납장이 된다. 아래쪽에 바퀴를 달아 공간 이동이 가능하고, 양쪽에서 사용할 수 있어 실용적이다. **3** 거실의 일부는 천장을 나왕합판으로 제작했다. 다른 곳보다 높이가 낮아 한결 아늑하다. 소파 대신 캠핑용 의자를 나란히 두었다.

이 필요할 때가 있는데(예를 들어 명절이나 단체손님이 방문할 경우), 그때는 이동식 벽을 다른 곳으로 옮기면 순식간에 탁 트인 넓은 거실이 만들어진다. 거실 앞쪽에는 큰 테이블을 두었는데 식탁 겸 가족이 함께 모이는 공동장소로 활용된다.

창가 쪽에는 캠핑용 의자와 TV장을 두었다. TV를 보거나 책을 읽는 공간. 그러다 잠시 멈춰 창문 너머 풍경을 감상하는 휴식공간이다.

가족 간의 소통을 고려한 주방

주방은 평소 아내의 불만이 가장 컸던 곳이다. 면적이 협소해 여유 공간이 없는 것은 물론, 다른 공간들과 단절된 구석자리에 위치하고 있어 늘 뒤돌아 혼자 일해야 했다. 이른바 '왕

하.우.스 인테리어 레시피

E0 합판이란?

인서네 집의 모든 가구는 'E0 나왕합판'을 이용해 제작했다. '합판'이란 원목을 얇게 켜서 일정한 규격으로 절단한 뒤 접합해 두껍게 만든 것을 말한다. 이렇게 나무판을 붙여 합판으로 만들면 가벼우면서도 구조적으로 튼튼해질 뿐 아니라, 저렴한 비용으로 큰 판재를 대량생산할 수 있게 된다. 또한 수종에 따라 다양한 무늬를 연출할 수 있어, 용도 및 취향에 따라 선별적으로 활용할 수 있다는 장점이 있다.

단, 이런 합판류의 단점은 목재를 붙일 때 쓰는 접착제에서 포름알데히드 같은 유해 물질이 나올 수 있다는 것. 그래서 검출량에 따라 E0, E1, E2 등급을 매기는데, E 다음에 붙는 숫자가 작을수록 검출량이 적은 것을 의미한다. (E0 < E1 < E2)

1 주방가구를 모두 나왕합판으로 제작했다. 다만 물을 자주 사용하는 공간이기에 폴리우레탄 수성 바니시를 여러 번 칠해 목재를 코팅했다. 2 남는 벽면에는 선반을 만들어 자주 쓰는 물건을 수납했다. 3 하얀색의 흔한 정사각형 타일(100cm x 100cm)을 다이아몬드 패턴으로 배치하고, 줄눈을 짙은 회색으로 선택해 색다른 느낌을 연출했다.

욕실에는 주방과 동일한 타일을 정방향으로 시공했다. 같은 재료지만 주방의 느낌과는 또 다르게 깔끔하고 안정적이다.

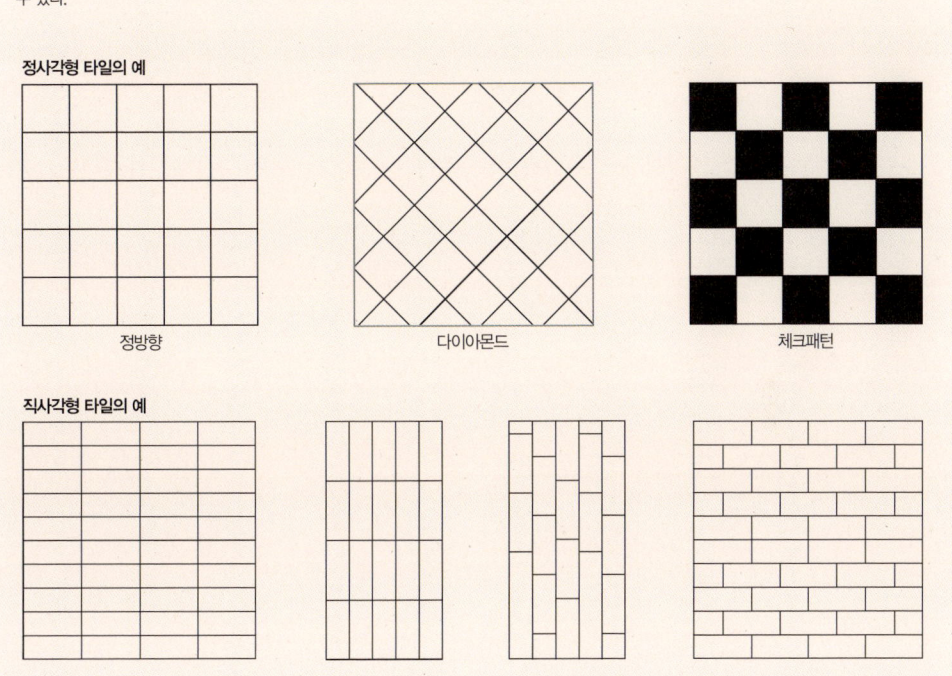

하.우.스 인테리어 레시피
Q. 정사각형 타일을 다양한 패턴으로 연출할 수 있는 방법이 있을까요?
최근 선택이 어려울 정도로 수많은 컬러와 문양, 모양의 타일이 나오고 있다. 그럼에도 아직까지 대중적인 타일은 단색의 정사각형, 직사각형 타일일 것이다. 만약 이런 타일을 사용할 때 밋밋함이 고민이라면 패턴을 달리해 붙여보자. 전체가 아닌 벽의 일부만 달리해도 공간에 포인트를 줄 수 있다.

정사각형 타일의 예 — 정방향 / 다이아몬드 / 체크패턴

직사각형 타일의 예

따' 공간이었던 셈이다. 그렇다고 주방의 위치를 전격적으로 옮기기에는 너무 큰 공사가 되기 때문에 같은 위치, 같은 면적(7.30㎡, 2.2평) 안에서 변화를 줄 방법을 모색해야 했다. 고민 끝에 찾아낸 해법은 현관 쪽으로 긴 벽을 설치하는 것이었다. 신발장을 겸한 가벽을 따라 싱크대의 위치를 옮겨 주방을 넓게 계획하고, 테이블을 둔 다이닝룸과 마주할 수 있도록 만들었다.

안방과 아이 방을 쪼개 만든 오로지 나를 위한 아지트

인서네 집에는 크게 보면 총 세 개의 방(안방, 인서 방, 드레스룸)이 존재한다. 하지만 그 어느 곳도 텅 빈 정육면체 같은 방이 아니다. 다시 그 내부에서 두 가지 이상의 용도로 나뉘기 때문이다. 작은 방들이 이렇게 나뉘는 이유는 방마다 일정 면적을 할애해 가족의 개인 아지트 같은 곳을 만들었기 때문이다. 다른 식구들과는 공유하지 않는 남편만의, 아내만의, 인서만의 공간이다.

안방 한쪽에는 아내만을 위한 독서공간을 만들었다. 커다란 침대 덕에 땅을 파고 들어가 앉은 듯 아늑함을 느낄 수 있다.

1 안방에 60% 정도의 면적을 할애해 큼직한 평상형 침대를 제작했다. 60cm 높이로 제작했는데 침대에 앉아 창틀에 팔을 걸치고, 바깥 풍경을 감상하기 좋은 높이를 계산한 것이다. 2 침대 하부는 넉넉한 수납공간이다. 부피가 큰 이불수납도 문제없다. 3 평소 화장대를 갖고 싶어 했던 딸을 위해 자투리공간에 미니 화장대를 만들었다. 화장대 옆의 침대와 연결된 옷장이다. 4 원목 책상은 1년 전, 부부가 직접 만들어 딸에게 선물한 것이다. '사랑하는 인서에게, 2005. 1. 16 엄마아빠가'라는 다정스런 글귀가 적혀 있다. 5 나왕합판과 아연도금 각파이프를 사용해 이층침대를 제작했다. 위층은 다락방 같은 침실이, 벙커 스타일의 아래층은 인서만의 아지트가 된다.

버려져 있던 공간의 재탄생, 발코니 화장실

인서 방은 집에서 가장 넓은 크기(10㎡, 3.03평)다. 원래는 안방이었으나 리모델링을 하며 딸의 방으로 바꾸었다. 방에서 가장 오래 활동하는 딸을 위한 배려다. 인서 방의 발코니에는 생뚱맞게도 변기 하나와 미니 샤워기가 놓여 있다.

"입주 후 얼마 동안은 당연히 발코니에 있는 샤워기를 사용했어요. 그런데 아래층에서 물이 샌다고 항의가 들어오더라고요. 알고 보니 방수공사조차 안 돼 있었던 거죠."

부부는 리모델링을 하며 무용지물이었던 이곳을 활용해보기로 했다. 바닥은 방수작업을 하고, 커다란 창이 있

던 벽면은 습기에 강한 편백나무 합판을 덧댔다. 창의 크기를 줄여 외부에서 집 안이 들여다보이지 않도록 한 것이다. 여기에 마지막으로 문까지 설치하니 멋진 발코니 화장실이 완성됐다.

옷장으로 공간을 분할해 만든 드레스룸과 남편의 작은 아지트

드레스룸은 방 한가운데에 두 개의 옷장을 'ㄱ'자 모양으로 배치했다. 덕분에 마치 골목길을 걷는 듯 방 안에 작은 길이 만들어졌다. 골목을 지나 안쪽으로 들어가면 드레스룸과 구분되는 1.40㎡(0.42평)의 공간이 나온다. 자신만의 조용한 공간을 원했던 남편의 작업실이자 작은 서재다.

"대개 남편들이 집에서 자기만의 공간을 갖기가 쉽지 않잖아요. 협소하지만 제 공간이 있다는 사실만으로도 즐겁습니다."

1 옷장 안쪽에 위치한 남편의 공간. 책상과 작은 선반을 배치했다. **2** 옷장 위에 긴 조명을 달았다. 방의 간접조명 역할도 하면서 장롱 깊숙이 있는 물건을 찾기 쉽도록 도와준다. **3** 드레스룸 한가운데에 위치한 옷장. 옷장을 기준으로 드레스룸과 남편의 서재로 나뉜다. **4** 드레스룸은 환기를 위해 문을 없앴다. 추후 문이 필요해질 경우 커튼을 설치할 예정이다.

황윤익, 전이미경 씨 부부의 작은 집 공간 분할법에 대한 조언

공간에 대한 고정관념 벗어나기

'집은 이래야 한다'는 고정관념에서 벗어나면 새로운 공간을 발견할 수 있다. 인서네 집의 경우 좁은 집에 여러 공간을 효율적으로 만들기 위해 하나의 공간을 가로세로로 자유롭게 나누어 활용했다.

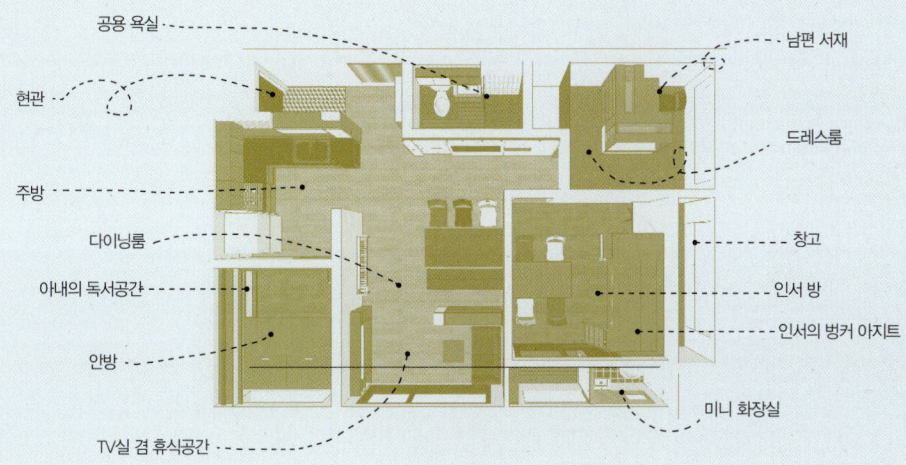

〈총 13개의 공간〉

하우스 정보

대지 위치 : 서울시 마포구 성산동
건물 종류 : 빌라
분양면적 : 55.49㎡(16.79평)
설계 및 시공 : 공간제작소 미용실

• 비용

리모델링비	3천 3백만 원
현관 타일	을지로 구입, ㎡당 3만 원(시공비 별도)
익스텐션 테이블	이케아, 29만 원
E0 나왕합판	4cm X 8cm 18T 기준 장당 4만 원(시공비 별도)
주방가구	현장제작, 제작비 약 120만 원
주방타일	100cm x 100cm 백색무광타일, ㎡당 1만 7천 원(시공비 별도)
침대 조명	이케아, 2만 5천 원
미니 세면대	쿠세라, 5만 원
편백나무 합판	3m x 6m 12T 기준 장당 4만 2천 원(시공비 별도)

Part 05

특별한 테마 하우스 Ⅰ

INTRO

60~70대 부모님을 위한 맞춤 하우스

자녀들을 위해 평생을 열심히 살아온 세대가 있다. 바로 인생의 황혼기를 맞은 우리네 부모님들이다. 지금부터 소개할 세 곳은 이런 60~70대 부모님들이 멋진 노후를 보내고 있는 집들이다. 신혼부부나 아이들을 위한 집과는 또 다른, 노년을 위한 빛나는 아이디어가 가득한 하우스들을 만나보자.

평창동의 듀플렉스 하우스

도심 속 진정한 힐링

하우스 스토리

하나의 집처럼 보이는 두 채의 집

건축가 조성중(76) 씨와 패션디자이너 이영우(74) 씨는 약 10년 전 오랜 외국생활을 마치고 한국으로 돌아왔다. 당시 60을 훌쩍 넘었던 이들은 노후를 위한 보금자리로 평창동의 한 주택가를 선택했다. 북한산 기슭에 위치해 한적하면서도 자연을 느낄 수 있는 동네였다. 평창동 주택은 겉으로는 하나의 집처럼 보이지만 실은 '샴쌍둥이'처럼 똑같은 크기와 구조의 집이 나란히 붙어 있는 형태다. 일명 듀플렉스 하우스(Duplex-house)다. 당시 집이 필요했던 조카부부와 함께 땅을 구입하고 건축비를 공동 부담해 지었다. 그래서 부부의 살림집은 겉으로 드러난 건물의 딱 절반인, 56㎡(약 17평)의 면적을 네 개 층으로 쌓은 작은 집이 됐다.

"앞으로 점점 더 나이가 들어갈 텐데 집이 부담이 되면 안 된다고 생각했어요. 그래서 조그맣게 저희가 관리 가능할 정도의 규모로 지었죠."

1 평창동 주택의 외관. 두 집 중 오른쪽이 부부의 집이다. **2** 가파른 경사지에 지어져 집의 반이 땅에 묻혀 있다. 법적으로 지하 2층과 지상 2층으로 이루어져 있다.

하우스 구조와 특징

낯선 이에게 쉼터가 되는 집

현관을 지나 본격적인 집이 시작되는 지하 1층에는 각종 원단들이 가득하다. 노년에도 여전히 열정적인 그녀, 패션디자이너 영우 씨의 작업공간이다.

영우 씨의 작업실 및 게스트룸이 위치한 지하 1층.

1 채광을 위해 창을 높게 배치하고 그 아래로 수납장을 두어 원단을 보관한다. 창 너머, 현관 위에 만든 미니 정원이 보인다. **2** 슬라이딩도어를 열면 게스트룸이 등장한다. 옆으로 욕실과 세탁실이 갖추어져 있다. **3** 한쪽 벽면에 좋아하는 작가들의 작품을 걸어두었다.

    또한 이곳은 한국을 찾은 손님들을 위한 게스트룸으로도 활용된다. 때로는 부부의 지인들이, 때로는 에어비앤비(Airbnb)로 인연이 된 여행객들이 방문한다. 에어비앤비란 현지에 있는 자신의 집을 외국 여행자들과 공유하는 프로젝트로, 과거 오랜 외국생활 중 경험한 비슷한 시스템에 좋은 추억을 가지고 있던 부부가 한국이 낯선 이들을 위해 집 한켠을 선뜻 내어주고 있는 것! 그래서 부부의 집은 한국을 방문하는 여행객들이나, 공부를 위해 잠시 머무는 학생들에게 한국의 정을 느낄 수 있는 더없이 편안한 휴식처가 되고 있다.

집에서 자연의 풍경을 즐기다

    평창동 주택의 자랑은 멋진 경치다. 정면으로 평창동 일대가 한눈에 내려다보이고 뒤로는 울창한 숲의 풍경이 펼쳐진다.

    "남편에게 창을 크게 내서 마치 밖에 앉아 있는 듯한 느낌이 들게 만들어달라고 했어요. 이렇게 시내에서 멀지 않으면서, 공기 좋고 자연풍경을 즐길 수 있는 곳이 노년을 지내기에 이상적인 것 같아요."

    집에서 가장 절경이 펼쳐지는 곳은 2층과 연결된 테라스다. 뒷마당과 북한산 국립공원이 맞닿아 있어서 커다란 나무들이 마치 숲 속 산장을 찾은 듯 상쾌한 기분이 든다. 하루 종일 햇살이 가득하고 도심과 자연이 적절히 공존한다. 여기에 주인과 오랜 세월을 함께해온 고가구들이 어우러

1 1층의 다이닝 공간 겸 거실. 수십 년간 함께해온 가구들과 앤티크 소품들로 고풍스럽게 꾸몄다. 두 개의 커다란 창문 너머로 보이는 경치가 시원하다.
2 10월 말부터 4월 초까지는 난방에 도움이 되는 벽난로를 사용한다. 벽난로 앞에 놓여 있는 풀무(불을 피울 때 바람을 일으키는 기구)가 정겹다.

1 2층은 여전히 현역으로 활동 중인 건축가 남편의 서재다. 일하다 잠시 쉴 수 있는 휴식공간으로 틈틈이 건강을 챙길 수 있는 운동시설까지 갖췄다. **2** 산쪽을 향하고 있는 안방에서는 숲 속 경치를 즐길 수 있다. **3** 부부에게 숲 속 휴식처가 되어주는 테라스 **4** 테라스는 옆집과 공유하는 구조로 만들었다. 각자의 문을 통해 테라스로 나올 수 있다. **5** 2층으로 향하는 계단은 경사를 완만하게 제작해 오르내리기 쉽도록 만들었다. 추후에 소형 엘리베이터를 설치할 계획이다.

저 아늑하고 편안한 분위기를 연출한다. 값비싼 자재를 절제하며 작고 담백하게 지었지만, 주변의 웅장한 저택들보다 품격이 느껴지는 집이다.

 이영우씨의 노후를 위한 집짓기에 대한 조언

이동거리 최소화하기

노후를 위한 집은 집 안에서의 이동거리를 최소화하는 것이 좋다. 예를 들어 자주 사용하는 공간을 1층이나 2층 입구에 배치해 계단을 최대한 덜 오르내리도록 하고, 평창동 주택처럼 주방과 거실, 침실과 작업실 등 비슷한 시간대에 사용하는 공간을 같은 층에 배치하는 것도 방법이다. 추후 거동이 불편해질 때를 대비해 설계 시 소형 엘리베이터를 설치할 수 있는 공간을 미리 계획하는 것도 좋다.

하우스 정보

대지 위치 : 서울시 종로구 평창동
건물 규모 : 지상 2층(지하 2층 별도)
대지 면적 : 198.35㎡(60평)
건축 면적 : 71.19㎡(21.53평)
건축비 : 3억 5천만 원(한 집당)
설계 및 시공 : 일건 건축사

동교동의 UFO 하우스

툇마루와 빨래터가 있는 집

 ## 스토리

부모님을 위해 비정형 땅에 지은 집

UFO(Urban Floating Object) 하우스는 딸 해화 씨가 부모님 하상돈(73), 최이자(68) 씨 부부를 위해 지은 집이다. 무려 26년간 거주했던 옛집을 허물고 지은 것으로, 비정형인 땅 모양에 맞춰 독특한 생김새로 디자인됐다. UFO하우스는 은퇴한 부부의 노후를 든든히 책임지는 상가주택이다. 4층 거주공간을 제외하고 지하부터 3층까지는 상업공간으로, 5층과 6층은 주거공간으로 임대를 주어 수익을 얻을 수 있도록 계획했다. 부모님이 건물의 중간인 4층에 거주하게 된 데에도 딸 해화씨의 속 깊은 마음이 숨어 있다.

"건축주가 건물의 맨 위층에 거주하는 것이 일반적이잖아요. 하지만 저는 꼭대기 층에 두 분만 계시면 고립이 될 수도 있다고 생각했어요. 그래서 중간인 4층에 거주하시면서 위아래 층의 젊은 세대들과 소통하고 교류하며 지내시기를 바랐습니다."

아래는 좁고 가운데는 불룩한 외관의 UFO 하우스. 4층에 부모님의 거주공간이 위치한다.

구조와 특징

주방 살림이 많은 어머니를 위한 넉넉한 수납이 있는 주방

주방의 중심에는 커다란 무늬목 식탁이 있다. 이 식탁은 싱크대와 일체화된 형태로 한쪽에 후드와 전기 인덕션을 설치해 보조 조리대로 사용할 수 있도록 했다.

"저희 아버지가 8남매의 장남이시기 때문에 어머니가 제사음식을 마련하셔야 해요. 제사음식을 할 때는 재료를 이리저리 늘어놓게 되거든요. 그래서 조리공간을 식탁까지 연결해 넓게 활용할 수 있도록 했습니다."

이런 구조의 또 다른 장점은 뒷벽 전체를 수납공간으로 만들 수 있다는 점이다. 해화 씨는 주방 살림이 많은 어머니를 위해 벽을 붙박이장으로 제작하고, 싱크대와 식탁 하부를 모두 수납장으로 제작했다.

1 거실과 연결된 주방. 2 아버지의 책상이 위치한 거실. 뒤쪽으로 커다란 창을 두어 채광과 환기에 신경 썼다. 이 창 너머로 마포구의 와우산이 조망된다. 3, 4 가로 3.1m x 세로 0.8m 크기의 큼직한 식탁. 싱크대와 연결해 식탁의 중앙에 쿡탑을 설치했다. 5 2.4m의 천장 끝까지 붙박이장을 만들어 넉넉한 수납이 가능하게 했다.

발코니 창 쪽으로 이페(IPE)를 사용해 툇마루 같은 공간을 연출했다.

시골정취가 물씬 나는 툇마루와 빨래터가 있는 집

거실 한쪽에는 좌식 생활을 즐길 수 있는 툇마루가 있다. 이 툇마루는 외부 발코니까지 이어지는데, 발코니는 마당 생활을 하고 싶어 했던 부모님을 위해 계획한 공간이다.

"어르신들이 단독주택을 좋아하시는 가장 큰 이유는 마당 때문이라고 생각해요. 그래서 4층이지만 부모님이 마당 있는 삶을 누리실 수 있도록 발코니를 계획했습니다."

이 발코니에는 어머니가 집에서 가장 좋아하는 장소가 있다. 일명 '빨래터'라 불리는 곳이다. 단독주택의 수돗가에서 아이디어를 얻은 것으로, 손빨래를 하거나 김치를 담그는 등 다목적으로 활용된다. 시원한 툇마루와 화단, 넓은 마당과 빨래터까지 시골 풍경을 고스란히 재현해낸 집이다. 부모님은 이곳에서 좋아하는 화초를 키우고, 이를 벗 삼아 향긋한 차 한 잔의 여유를 즐기기도 한다.

"정말 시골 맛이 그대로 납니다. 느지막이 전원생활을 하는 기분이 들어요."(아버지)

하.우.스 인테리어 레시피

Q. 발코니에 빨래터를 어떻게 만들 수 있나요?

빨래터는 물을 사용할 수 있도록 만들어진 발코니라면 어디서든 만들 수 있다. 바닥 및 물이 튈 수 있는 벽면에 방수처리를 한 뒤, 수전 주위로 빨래터 모양을 만들고 모자이크 타일을 붙이면 완성이다.

1 14.40㎡(4.36평)의 발코니. 천장에는 자작나무 합판을, 바닥에는 방부목을 써서 자연친화적으로 꾸몄다. 2, 3 발코니의 백미인 1.70㎡(0.51평)의 빨래터. 바닥에는 푸른색 모자이크 타일을 시공해 포인트를 주었다. 4 침대를 불편해 하시는 부모님을 위해 좌식생활이 가능하도록 만든 안방. 5 파우더룸에는 어머니가 특별히 아끼시는 조명을 옮겨 달았다. 딸의 세심한 마음이 느껴진다.

해화 씨의 '부모님을 위한 집짓기'에 대한 조언

부모님의 정서 고려하기
해화 씨는 부모님의 집을 UFO주택의 맨 꼭대기 층이 아닌 중간층에 배치했다. 이동 시 자연스럽게 위아래 층의 사람들과 교류하고 소통할 수 있도록 한 것. 또한 부모님의 취향을 반영해 툇마루나 수돗가 빨래터 등 옛 정취를 느낄 수 있는 인테리어를 시도했다. 덕분에 부모님이 더욱 만족스러워 하는 집을 완성할 수 있었다.

하우스 정보
대지 위치 : 서울시 마포구 동교동
건물 규모 : 지상 6층(지하 별도)
대지 면적 : 235.1㎡(71.12평)
건축 면적 : 128.7㎡(38.93평)
4층 주거 면적 : 79㎡(23.90평)
건축비 : 3억 원
설계 및 시공 : 설계-리슈건축

서촌의 누하동 한옥

100년 한옥과 양옥의 공존

하우스 스토리

한옥과 양옥이 공존하는 집

경복궁 서쪽에 위치해 서촌이라 불리는 동네. 이곳에 양예영(68), 황규선(65) 씨 부부의 집이 있다. 부부의 집은 독특하게도 100년이 넘은 한옥과 모던한 양옥이 하나의 마당을 공유한 채 붙어 있다. 옛 서울과 현대의 서울이 공존하는 서촌 특유의 매력을 고스란히 축소해놓은 집이다. 이 집은 건축가인 아들 양지우 씨의 주도 하에 대대적인 공사를 거쳐 완공됐다. 한옥에는 평소 고즈넉한 한옥살이를 꿈꿔왔던 부모님의 살림집이, 현대식 건물에는 아들의 건축 사무실이 위치한다.

하우스 구조와 특징

편리함을 더한 도심 속 한옥

한옥은 아파트, 주택과는 또 다른 전통의 아름다움을 지닌 집이다. 하지만 단열에 취약하고 현대인의 생활패턴을 반영하기 어렵다는 단점도 존재한다. 이에 양지우 건축가는 '한옥과 양옥의 합'이라는 새로운 방식을 통해 한옥에 현대의 실용성과 편리함을 더하는 방식을 선택했다. 한옥이 불편할 것이라는 편견을 깬 도시형 한옥을 디자인한 것이다.

우선 대들보와 서까래를 그대로 살려 한옥의 멋을 유지하는 대신 벽은 화이트 도장으로, 바닥은 타일로 마감했다. 내부구조도 전면적으로 바꾸었다. 거실, 다이닝룸, 주방을 하나로 잇는 일자

1 기존 한옥 천장의 대들보와 서까래를 그대로 살렸으며, 대패질 및 샌딩 후 투명코팅으로 도장했다.
2 이국적인 패턴의 카펫을 깔고 아쿠아마린 컬러의 빈티지소파를 배치한 거실.

누하동 한옥의 외관. 대문을 열면 집으로 들어가는 좁은 통로가 등장한다.
인조잔디를 둥그렇게 잘라 징검다리처럼 연출한 점이 위트 있다.

'ㄱ'자 모양의 한옥과 양옥이 공존하는 집.

1,2 소파 뒤쪽 벽에는 전통 창을 모티브로 한 책장이 있는데 미리 공간을 확보한 뒤, 별도의 틀을 제작해 매립했다. 책을 수납하는 공간이기도 하다. **3,4 ,5** 다이닝룸에는 고재 테이블과 플라스틱 소재의 의자를 배치하고 천장에 샹들리에를 설치했다. 고재 테이블은 폭이 좁아 활용도가 애매했던 느티나무 자재를 연결해 만든 것이다. **6** 거실의 폴딩도어를 활짝 열면 실내와 마당을 연계해 활용할 수 있다. **7** 가벽을 세워 11자형 구조를 만들고 양쪽으로 수납공간을 만든 주방.

구조를 통해 동선을 단순화시키고 면적을 넓어 보이도록 만든 것이다.

이외에도 주방에 가벽을 붙박이장처럼 짜 넣어 많은 수납이 가능하게 했다. 한옥 특유의 특성상 수납가구를 통일된 분위기로 매치하기가 어렵다. 그래서 곳곳에 붙박이장을 설치하고 침대 밑을 서랍으로 만드는 등 겉으로 드러나는 수납요소들을 최소화했다. 내부 인테리어 또한 단아함과 화려함이 감각적으로 공존한다. 빈티지한 고가구들과 함께 파격적인 컬러의 소파, 샹들리에, 플라스

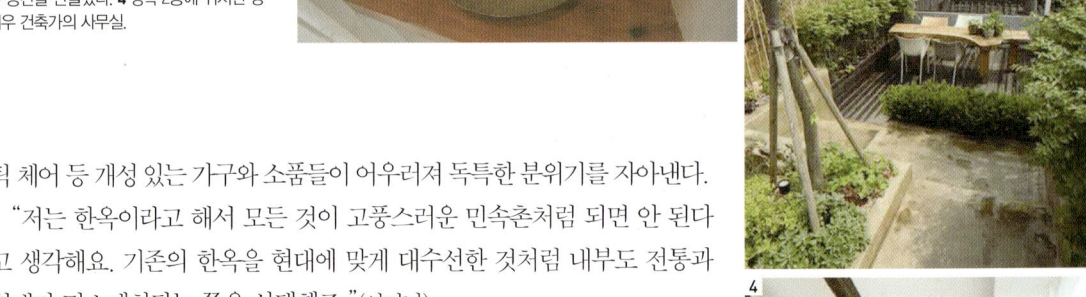

1 편백나무로 평상형 침대를 만든 안방. 하부는 서랍형태로 수납에 활용한다. **2** 지우 씨 어머니가 친정어머니에게 물려받은 놋쇠 세숫대야로 세면대를 만들었다. 세숫대야의 가운데를 뚫은 후 그에 어울리는 빈티지 수전을 구입해 설치했다. **3** 옥상에는 테이블과 의자를 두어, 서촌의 풍경을 감상하며 쉴 수 있는 공간을 만들었다. **4** 양옥 2층에 위치한 양지우 건축가의 사무실.

틱 체어 등 개성 있는 가구와 소품들이 어우러져 독특한 분위기를 자아낸다. "저는 한옥이라고 해서 모든 것이 고풍스러운 민속촌처럼 되면 안 된다고 생각해요. 기존의 한옥을 현대에 맞게 대수선한 것처럼 내부도 전통과 현대가 믹스매치되는 쪽을 선택했죠."(어머니)

아들의 사무실과 옥상정원이 위치한 양옥

한옥과 이어지는 양옥의 1층에는 수납공간에 신경 쓴 여동생의 방이 있는데 마당과 연결돼 가족이 소통할 수 있도록 계획했다. 이외에도 2층에는 양지우 건축가의 사무실이, 위로는 서촌의 풍경을 마음껏 누릴 수 있는 멋진 전망의 옥상이 위치한다. 양옥은 고풍스러운 한옥과는 상반되는 매력을 가지고 있다. 유리벽 위로 얇은 막대 형태의 메탈소재를 마감해 모던하면서도 세련된 디자인을 완성했기 때문이다.

양예영, 황규선 씨 부부의 한옥 수납에 대한 조언

숨기는 수납하기

한옥은 특유의 분위기상 인테리어와 어울리는 대형 수납가구를 매칭하기 어렵다. 이때는 누하동 한옥처럼 숨기는 수납을 해보자. 벽처럼 위장한 붙박이장이나 침대 밑 서랍장 등은 한옥의 인테리어를 해치지 않으면서 많은 수납을 할 수 있어 실용적이다.

하우스 정보

대지 위치 : 서울시 종로구 누하동
건물 규모 : 한옥, 양옥
대지 면적 : 약 198.35㎡(60평)
건축 면적 : 약 115.70㎡(35평)
건축비 : 1억 9천만 원
설계 및 시공 : UM Architects / 움건축

INTRO

지하에 특별한 공간을 만든 집

흔히 지하는 어두컴컴하고 습한 곳이라는 인식이 높다. 그래서 주택의 지하는 보통 짐을 보관하는 창고로 활용되거나 방치되는 경우가 대부분이다. 하지만 조금만 생각을 바꾸면 지하는 면적이 부족한 작은 집에서 유용한 알파공간이 될 수 있다. 지하를 자신들만의 특별한 공간으로 재탄생시킨 하우스들을 만나보자.

언덕배기 작은 집
부암동 주택

지하에 만든 가족 전용
레스토랑

하우스 스토리

1 외관은 스타코플렉스, 현무암 판석 등 합리적인 외장재를 활용해 비용을 절감했다. 창문에는 금속으로 만든 사각 틀을 덧씌워 포인트를 주고 외부 조명을 달았다. **2** 건물 하부에 사용한 적삼목은 1년에 한 번씩 오일스테인을 발라주는 등 꾸준한 관리가 필요해 1층에만 시공했다.

부암동 언덕배기의 작은 집. 가족은 이곳에서 30년을 살아왔다. 가족의 역사라고도 볼 수 있는 옛집은 추억이 가득한 소중한 장소였지만 워낙 오래된 탓에 점점 집의 기능을 잃어가고 있었다. 제대로 단열이 되지 않아 겨울이면 난방비 폭탄을 맞기 일쑤였고, 25평 단층집에 3대가 모여 살다 보니 가족이 함께할 공용공간도, 사적인 개인공간도 턱없이 부족했다. 게다가 가족은 새 식구를 맞이하게 되면서 더더욱 옛집의 리모델링이 절실해졌다. 바로 장남인 황규현(32) 씨가 결혼을 하게 되었기 때문이다. 독립을 하지 않고 가족과 함께하기로 한 규현 씨는 지금까지 고생하신 할머님과 부모님 그리고 앞으로 태어날 아이를 위해 새로운 보금자리를 마련하기로 결심했다.

하우스 구조와 특징

개발제한구역 끝자락에 자리한 집

부암동 주택이 위치한 대지는 보물 같은 경관을 자랑하는 곳이다. '인왕산 끝단에 걸터앉아 무

1 개발제한구역이 있는 남쪽은 다른 집들이 위치하지 않아 사생활 노출을 신경 쓰지 않고 과감하게 창을 만들 수 있었다. 대신 이웃과의 불편함을 최소화하기 위해 옆집 방향으로는 창을 내지 않았다. 2 1층 테라스에서 바라본 부암동 풍경.

릉도원을 바라본다'는 표현이 있을 정도로 절경인 인왕산, 북악산 등 삼면이 빽빽한 산으로 둘러싸여 있고 남쪽으로는 개발제한구역(그린벨트)이 위치해 자연 그대로의 풍경이 펼쳐진다. 사진으로만 이 집을 접한 사람들은 서울 한복판이 아닌 서울 외곽의 전원주택으로 오해할 정도다.

하지만 천혜의 환경에 둘러싸인 지형에 살면서도 옛집에서는 이런 경치를 보고 즐길 수 있는 장소가 없었다. 이를 무엇보다 아쉬워하던 가족은 건축가와 상의해 경치를 최대한 누릴 수 있도록 집을 설계했다. 방마다 큰 창을 만들고 자연을 조망할 수 있는 테라스를 만든 것이다. 그 결과 가족은 매일 안개 낀 서울성곽과 북악산을 바라보며 아침을 맞이하고, 저녁에는 아름다운 야경을 즐기는 등 시시각각 바뀌는 황홀한 경관을 집에서 오롯이 감상할 수 있게 됐다.

1층_ 할머니 방 그리고 따로 또 같이 생활하는 거실, 주방

아무리 가족이라 해도 각자 시간을 보낼 수 있는 사적인 공간이 필요한 법이다. 더군다나 4대가 함께 사는 부암동 주택의 경우에 이는 선택이 아닌 필수였다. 그래서 부암동 가족은 지하와 1층, 2층까지 총 세 개의 층을 세대별로 나눠 4대가 따로 또 같이 생활할 수 있도록 계획했다.

지하 82.64㎡(25평)
황규현 씨 부부의 딸 정윤이의 공간

1층 82.64㎡(25평)
공용 공간 및 할머니방

2층 66.11㎡(20평)
부모님과 동생의 공간

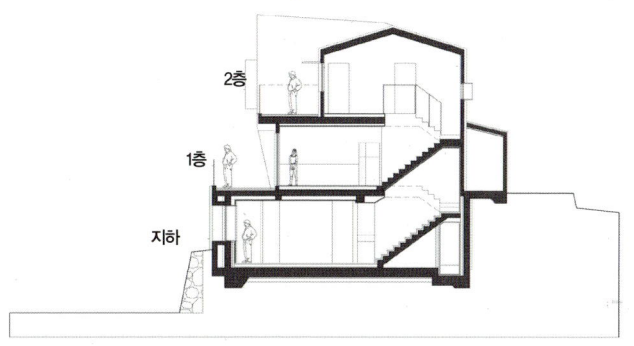

거실은 그레이 계열의 친환경 페인트로 도장하고, 아트월은 간접조명을 설치해 은은한 분위기를 연출했다. 거실의 큰 창은 외부 테라스로 연결된다.

'ㄷ'자 모양의 주방은 개수대를 거실 방향으로 제작해 가족과 소통할 수 있도록 만들었다.

1 천장까지 닿는 블랙 도장도어를 시공해 포인트를 준 할머니 방. 문고리는 없지만 안에서 잠글 수 있는 방식이다. 2 따뜻하고 전망 좋은 방을 원하셨던 할머니를 위해 침대 눈높이에 맞춰 창을 만들었다.

1층에는 공용공간과 할머니의 방이 위치한다. 가족은 늘 일곱 식구가 다 함께 모일 있는 넉넉한 공간을 원했기에 거실을 크게 계획했다. 그리고 대면형 구조로 거실과 주방이 마주할 수 있도록 설계했다. 거실 바로 옆은 할머니 방이다. 아흔에 가까우신 할머니가 계단을 최대한 덜 사용하면서 공용공간에 있는 가족의 도움을 쉽게 받을 수 있도록 배려한 것이다.

> **하.우.스 인테리어 레시피**
> 눈길 닿는 곳에 창문 만들기
> 부암동 주택은 시선이 닿는 곳마다 창문을 만들었다. 덕분에 시야가 창 너머로까지 확장돼 시각적으로 집이 넓고 시원해 보인다.

2층_ 부모님 방

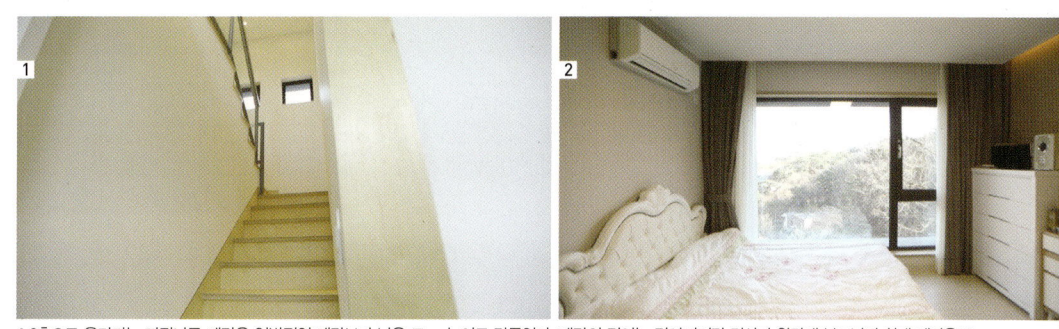

1 2층으로 올라가는 자작나무 계단은 일반적인 계단보다 낮은 17cm 높이로 만들었다. 계단의 길이는 길어지지만 경사가 완만해 부모님이 쉽게 계단을 오르내리실 수 있도록 했다. 2 한쪽 벽 전체를 통창으로 만들어 채광과 전망을 확보한 2층 부모님 방.

지하_ 가족의 전용 레스토랑 겸 쉐프의 주방

부암동 대지는 법규상 지을 수 있는 건물의 총 면적이 50평 남짓이다. 70m²(21.18평)의 건축 면적으로 계산해보면 2층 집을 지을 수 있는 규모인 셈이다. 가족은 여기에 특별한 공간을 하나 더 추가하기로 했다. 급경사인 지형을 활용해 지하공간을 만든 것이다. 지하는 용적률에 포함되지 않아 부족한 면적을 효율적으로 상쇄할 수 있는 아이디어다.

이렇게 만들어진 지하에는 부암동 주택의 자랑인 '쉐프의 주방'이 있다. 가족의 전용 레스토랑

1 지하에 만든 작업실 겸 레스토랑. 원목으로 된 에어컨 장은 덮개를 펴면 파티션처럼 사용할 수 있다. 2, 3 레스토랑 안쪽에 위치한 주방. 4 벽처럼 위장하고 있는 슬라이딩도어를 열면 침실이 등장한다. 5 지하 1층과 연결되는 테라스. 테라스 옆으로 계단이 있어 별도로 외부 출입이 가능하다. 6 타공판 소재로 계단을 만들고 바닥에 조명을 설치했다. 밤이 되면 구멍 사이로 은은한 빛이 나와 로맨틱하다.

이면서 일식 쉐프인 규현 씨가 개인적으로 요리를 연구하고 공부하는 장소다. 상업공간이 아님에도 테이블 인테리어나 내부 주방 등 모든 것을 전문적인 규모로 갖추었다. 자신의 자부심인 요리로 사랑하는 사람들과 즐거운 시간을 보내고 싶은 건축주인 규현 씨의 쉐프로서의 열정이 담긴 공간이다.

주방 맞은편에는 슬라이딩도어가 카멜레온의 보호색처럼 위장하고 있다. 벽과 똑같은 디자인으로 문을 제작해 개인공간인 침실이 숨어 있는 구조로 연출한 것이다. 덕분에 처음 이곳을 방문한 사람들은 주방 벽 너머에 침실이 있다는 것을 인식하지 못한다. 이외에도 공용현관을 통과하지 않고 바로 지하로 내려올 수 있는 독립된 출입구를 만드는 등 가족과 함께하는 집이지만 신혼부부만의 프라이버시를 확보할 수 있도록 설계했다.

🏠 **황규현 씨의 작은집 짓기에 대한 조언**

작은 집을 커보이게 하는 창문 연출법
한정된 건축면적의 집에 대식구가 거주할 경우 공간이 답답해 보이지 않도록 하는 것이 중요하다. 이에 부암동 주택은 시선이 닿는 위치마다 창문을 만들었다. 집안 어디서든 시야가 막히지 않고 창 너머로 확장될 수 있도록 한 것이다. 이때는 큰 창이 아니더라도 괜찮다. 시야가 닿는 곳에 작은 창이 있는 것만으로도 개방감을 줄 수 있다.

하우스 정보

대지 위치 : 서울시 종로구 부암동
건물 규모 : 지상 2층(지하 별도)
대지 면적 : 165㎡(49.91평)
건축 면적 : 70㎡(21.18평)
연면적 : 190.73㎡(57.70평)
리모델링비 : 비공개
설계 및 시공 : ㈜GIP 에코셀홈

증산동의 방공호 하우스

신혼을 위한 로맨틱한 지하 침실

 스토리

35년 주택의 재해석, 방공호 하우스

'방공호 하우스'라는 애칭으로 불리는 이곳은 박지훈(33), 이은지(31) 씨 부부의 신혼집이다. 방공호란 안전을 위해 땅 속에 파놓은 굴이나 구덩이를 뜻하는데, 달콤한 신혼집과는 다소 어울리는 이름은 아니지만 이 집에 은밀하고 특별한 지하공간이 자리함을 암시한다.

부부가 선택한 곳은 자신들보다 나이가 많은 노후주택이다. 무려 35년의 세월을 버텨온 탓에 낡고 오래됐지만, 아담한 안마당이 있어 정겨운 느낌이 물씬 풍기는 집이다.

 구조와 특징

모던한 거실과 주방

처음 마주한 집은 바닥에 우중충한 장판이 깔려 있고 벽의 일부는 제대로 공사가 되지 않아 심하게 휘어져 있었다. 한마디로 총체적 난국이었다. 하지만 부부는 이에 실망하지 않고 자신들의 스타일에 맞게 하나둘 정리해나갔다. 먼저 울퉁불퉁한 벽에 석고보드를 덧대고 위로 벽지를 붙여 깔끔히 정리한 뒤, 바닥에는 대리석 느낌을 낼 수 있는 폴리싱 타일을 시공했다. 이후 모던한 화이트와 그레이 콘셉트로 전체적인 스타일링을 하고, 부부가 직접 발품을 팔아가며 구입한 각종 가구와 소품들을 배치했다. 특히 소파 앞의 철제 테이블은 마음에 드는 기성품을 찾지 못했던 아내가 손수 디자인해 공장에 맡겨 제작한 것이다.

외관은 크게 손대지 않고 화이트, 그레이 컬러의 페인트를 칠해 깔끔하게 새 옷을 입혔다.

Before

After

1 2
3 4

1 중문이나 파티션을 생략한 현관. 거실 바닥에는 폴리싱 타일을 시공했다. **2** 모던하고 깔끔하게 꾸민 거실. 창틀을 활용해 2m 40cm의 물푸레나무 선반을 제작했다. 소파에 앉아 책을 읽거나 차를 마실 때 물건을 올려놓을 수 있어 편리하다. 소파 앞에는 이국적인 패턴의 카펫을 깔아 포인트를 주었다. **3** 주방 및 다이닝룸으로 들어가는 두 개의 입구. **4** 'ㄷ'자 구조의 주방. 개방감을 위해 상부장을 두지 않았다. 하부장 중 일부는 여닫이문으로, 일부는 서랍 형태로 제작해 다양한 크기의 주방용품을 효과적으로 수납할 수 있다.

하.우.스 인테리어 레시피
줄눈의 컬러를 달리해 포인트를 준 바닥

방공호 하우스는 대부분의 바닥을 매끄러운 폴리싱 타일로 시공했는데, 타일을 통일하는 대신 줄눈의 컬러를 달리해 각 공간마다의 특성을 살렸다. 공용공간은 화이트 줄눈으로 한결 넓고 깨끗해 보이도록 했고, 드레스룸은 보석마냥 반짝임이 있는 실버 펄로 화려하게 연출했다.

기둥 벽의 너비에 맞춰 아카시아 목재로 6인용 식탁을 제작했다. 식탁 위에 펜던트조명을 나란히 설치해 포인트를 주었다.

거실 맞은편에 위치한 주방은 독특하게도 들어가는 입구가 두 곳이다.
"원래 주방이 2평 남짓으로 너무 협소했어요. 그래서 옆에 있던 작은 방을 터서 하나로 크게 만들었죠."
주방 쪽 두 개의 출입구는 각각 주방과 방의 입구였던 곳의 뼈대를 그대로 남겨두었다. 두 입구 사이에 애매하게 자리한 벽은 집의 하중을 지탱하는 기둥 벽이라 어차피 없앨 수 없기에 부부는 이를 지혜롭게 활용하기로 했다. 마치 일부러 가벽을 세운 듯 벽의 뒤쪽으로 식탁을 제작해 다이닝룸을 숨긴 것이다. 덕분에 어질러지기 쉬운 식탁 위가 거실에서는 잘 드러나지 않는다.

지하의 단점을 보완해 만든 로맨틱한 방공호 침실

부부의 침실을 가려면 밖으로 나와 계단 밑에 자리한 반지하로 내려가야 한다. 23㎡(6.96평)의 지하에는 침실과 작은 거실, 욕실 등 다양한 공간이 자리한다. 이 집이 '방공호 하우스'라는 별명을 가지게 된 이유다.
"원래는 버려진 지하 창고였어요. 처음 이곳을 봤을 때 너무 어두컴컴하고 습해 귀신의 집에 온 줄 알았죠. 하지만 천천히 둘러보니 창고로만 쓰기에는 아까운 곳이더라고요. 여기를 고쳐 저희 부부만의 휴식공간으로 바꿔보면 어떨까 싶었습니다."

1, 2 주 생활공간인 1층에는 두 개의 방이 있다. 한 곳은 부모님이 오셨을 때 머무는 게스트룸이고, 또 하나의 방은 부부의 옷을 정리해둔 드레스룸이다. 3 방공호로 들어가는 입구. 4 위층으로 올라가지 않아도 간단히 씻을 수 있도록 지하에 샤워공간을 마련했다. 5 방공호에 들어서자마자 보이는 미니 거실. 왼편에는 침실이, 정면에는 창고와 욕실이 위치한다. 6 벽과 천장을 깨끗이 마감하고, 펜던트조명과 벽등을 활용해 아늑한 분위기를 연출한 침실. 침대 맞은편에 창을 만들어 채광과 환기에 신경 썼다.

반지하를 활용하기 위해 가장 중요했던 부분은 지하 특유의 어둠과 습기를 잡는 것이었다. 그래서 부부는 남쪽으로 창을 만들어 빛이 방 안 깊숙이 들어오도록 했고, 결로가 심하던 벽 위로 공간을 띄워 새 벽체를 쌓았다. 습기가 밑으로 떨어져 물길을 만들며 외부로 빠져나가게끔 만든 것이다. 여기에 여러 종류의 펜던트조명과 벽등을 설치해 아늑한 분위기를 연출했다. 반지하의 단점을 보완해 세상에 단 하나뿐인 특별한 침실을 완성한 것이다.

하.우.스 인테리어 레시피

지하의 결로현상을 방지하기 위한 공간벽 띄우기

방공호 하우스는 결로현상을 해결하기 위해 공간벽 띄우기 시공을 했다. 지하 대지와 맞닿아 있는 벽은 지하수 또는 온도차에 의한 결로현상으로 습기가 발생하기 쉬운데 이를 방지하기 위해 옹벽으로부터 일정거리 이상을 띄워 벽체를 쌓고 방수처리를 함께 진행하는 시공을 진행한 것 옹벽과 공간벽 사이에 배수로를 만들어 발생한 물을 모아 이동시킨다.

박지훈 이은지 씨 부부의 작은집 짓기에 대한 조언

지하층에 나만의 아지트 만들기
방치돼 있는 지하공간을 잘 활용하면 흥미로운 아지트를 계획할 수 있다. 만약 지하를 지극히 개인적인 공간으로 활용하려면 1층을 통과해 내려가지 않아도 되는 독립된 출입구를 만들면 된다.

하우스 정보

대지 위치 : 서울시 은평구 증산동
건물 규모 : 1층 단독주택(지하 별도)
대지 면적 : 약 133.88㎡(40.5평)
건축 면적 : 약 82.64㎡(25평)
연면적 : 약 82.64㎡(25평)
리모델링비 : 5천 5백만 원
설계 및 시공 : 까사벨라

Part 06
특별한 테마 하우스 Ⅱ

28평 운서동의 pd 하우스

상상력 가득한
커브 모양의 집

하우스 스토리

상상력을 키워주는 집

아인슈타인은 '지식보다 상상력이 중요하다'라고 이야기했다. 상상력이야말로 무에서 유를 창조하는 가장 큰 힘이 될 수 있기 때문이다. 김윤태(45), 지상희(44) 씨 부부는 pd 하우스를 지으며 집이 상상력과 흥미를 자극할 수 있는 공간이 되었으면 했다. 세계 창의력 대회에서 수상할 정도로 창의력이 남다른 큰딸 영서(17)와 미래의 디자이너를 꿈꾸는 귀염둥이 둘째 영인(11)이를 위해서다.

부부의 이러한 바람을 담은 pd 하우스는 〈하.우.스〉 사상 단연코 가장 개성 있는 형태를 자랑한다. 유연한 곡선으로 휘어지는 디자인과 짙은 계열의 징크소재로 둘러싸인 집은 마치 커다란 우주선을 보는 듯하다. 여기에 뫼비우스의 띠처럼 중간이 살짝 꼬여 좌우가 반전된 모습도 흥미롭다. 덕분에 집의 양끝이 각각 알파벳 'p'와 'd'를 닮아 집의 이름도 pd 하우스가 됐다.

pd 하우스를 처음 본 사람들은 어떻게 집을 이런 형태로 지을 수 있는지 놀라워한다. 하지만 가족은 성공적인 주택 라이프를 꿈꾸며 예행연습까지 꼼꼼히 마친 준비된 건축주들이었다. 주택생활을 미리 체험해보기 위해 아파트를 떠나 2년간 전세로 전원주택생활을 한 것이다. 2년 동안 주택생활의 장점과 단점을 충분히 경험한 가족은 추후 자신들이 주택을 지을 때 어떤 요소들을 반영할 것인지 꼼꼼히 체크해나갔다. pd 하우스는 단순히 흥미에서 비롯된 집이 아니라 체계적인 준비를 통해 디자인과 실용성을 동시에 잡은 가족의 야심작인 셈이다. 그런 만큼 pd 하우스에 대한 가족의 만족감은 더할 나위 없이 크다.

"과연 이 집을 아이들이 언제까지 재미있어 할지 걱정했던 것

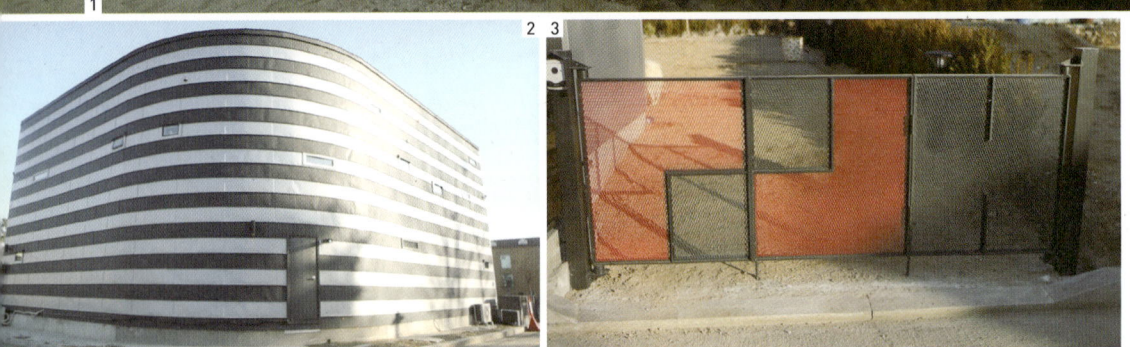

1 얇은 커브형 디자인의 pd 하우스 외관. 액자 프레임처럼 연출한 창문들을 불규칙적으로 배치해 외관에 리듬감을 더했다. **2** 연한 회색과 짙은 컬러의 징크를 반복적으로 쌓듯 배치한 집의 뒷면. 다소 차가워 보이는 외부 마감재를 선택함으로써, 겉은 단단하고 차갑지만 내부는 따뜻한 반전 매력을 의도했다. **3** 대문도 집의 이름을 본 따 p, d, H(house) 모양으로 디자인했다.

도 사실이에요. 하지만 살아보니 마흔을 훌쩍 넘긴 저희 부부에게도 흥미로운 집이더라고요. 아마 아이들이 커서 나중에 손자를 데리고 왔을 때도 이 집을 재미있다고 느끼지 않을까요?"

하우스 구조와 특징

집을 완성하는 취향 가득한 정원

아내 지상희 씨는 오래전부터 홈 가드닝에 관심이 많았다. 정원을 가꾸고 싶어 일부러 테라스가 있는 아파트에도 살아봤다는 그녀. 때문에 언젠가는 너른 마당에서 자신만의 정원을 가꾸고 싶다는 꿈을 품어왔고, pd 하우스에서 그런 그녀의 꿈이 실현된 것이다. 하지만 아쉽게도 〈하.우.스〉를 촬영할 당시가 겨울이라 정원의 모습이 잘 담기지 않았다. 건축주와 제작진 모두 아쉬운 부분이다.

"집의 완성은 정원이라고 생각해요. pd 하우스가 커브 모양으로 된 것도 마당을 최대한 넓게 만들고 싶었기 때문이죠."

pd 하우스는 대지 맨 끝자락에 길게 휘어져 자리하고 있다. 집을 가장자리에 위치시킴으로써 중심을 정원으로 계획할 수 있기 때문이다. 정원에는 감, 대추, 앵두, 블루베리 같은 과실수와 양귀비, 샤스타데이지, 국화, 금낭화, 채송화, 작약, 할미꽃, 해바라기 등의 다채로운 꽃과 나무들이 자리한다. 이 모든 것들이 조화롭게 어우러지며 계절에 따라 시시각각 변하는 풍경은 무채색의 외관에 생동감을 부여한다. 특히 매년 6월이 되면 그 아름다움이 절정에 달한다. 정원이 pd 하우스를 완성하는 마침표인 셈이다.

하.우.스 인테리어 레시피
건축주 지상희 씨가 알려주는 홈 가드닝

pd 하우스 정원은 상희 씨가 6년간 여러 곳에서 정원을 가꾸며 얻은 노하우들이 집약돼 있는 공간이다. 홈 가드닝에 대한 그녀의 노하우를 배워보자.

1. 위치에 따라 심는 식물을 달리하기
사람마다 좋아하는 것이 제각각이듯이 식물들도 좋아하는 환경이 다르다. 일조량이 풍부한 남쪽에는 햇빛을 좋아하는 식물을, 북쪽에는 빛과 온도에 예민하지 않은 식물을 배치하는 것이 좋다. 또한 화단의 앞쪽에는 키가 작은 식물을, 뒤쪽에는 키가 큰 식물을 심어야 햇빛을 고루 받을 수 있어 좋다. 꽃이 피는 시기도 제각각이므로 이를 잘 조율하면 1년 내내 예쁜 꽃이 핀 정원을 만들 수 있다.

〈건물 후면의 외부 화단〉
*남쪽에는 양지를 좋아하는 식물: 양귀비, 수레국화, 샤스타데이지, 채송화, 안개꽃 등
*북쪽에는 바람을 좋아하거나 음지에서도 잘 자라는 식물: 금낭화, 루피너스, 돈나물 등

〈건물 정면의 내부 화단〉
'pd 하우스' 정원에는 매년 꽃을 심지 않아도 되는 야생화 위주로, 나무는 블루베리, 대추, 감, 앵두, 자두, 살구나무 등 열매를 잘 맺고 병충해에 강한 과실수 위주로 심었다.

*앞쪽에는 키가 작고 양지를 좋아하는 식물: 작약, 할미꽃, 꽃잔디, 딸기, 라넌큘러스 등
*뒤쪽에는 키가 큰 식물: 목단, 나리, 수국, 글라디올러스, 매발톱꽃, 해바라기 등
*언덕 위에는 키가 크거나 아래로 처지는 식물: 라벤더, 설유화, 꽃도라지, 낙산홍, 바늘꽃, 오레가노 등

2. 잔디 관리법
잔디는 초기 2, 3년 동안에는 짧게 깎아주되, 4~5월쯤에 모래를 뿌려주는 복토작업(배토)을 해야 한다. 복토작업을 하면 울퉁불퉁한 땅이 평평하게 맞춰지고 무엇보다 생장점이 보호돼, 잔디가 촘촘히 자라 잡초가 잘 생기지 않는다.

pd하우스의 정원.

1층_ 일렬로 공간을 배치한 거실과 주방 그리고 게스트룸

'pd 하우스'는 긴 매스가 부드러운 곡선으로 휘어지다 보니 내부 또한 외관 디자인에 영향을 받았다. 그래서 각 공간들이 일렬로 길게 배치돼 있는 것이다.

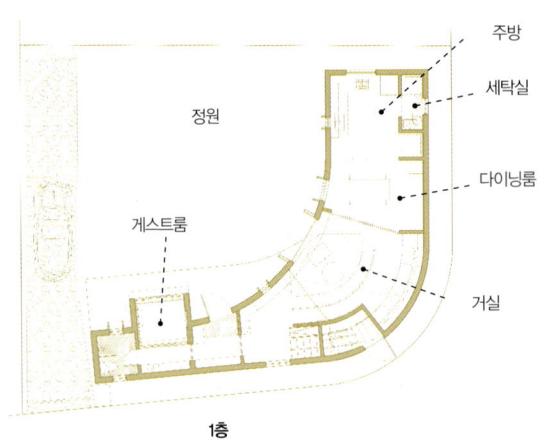

1층

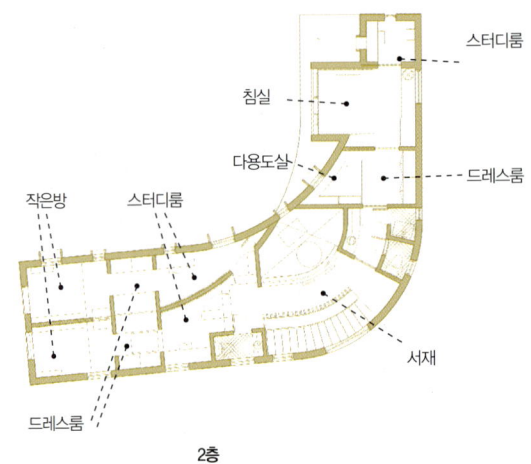

2층

1층의 중심에 위치한 거실은 휘어진 집 모양을 따라 라운드형 책장과 소파를 제작했고, 정원 쪽으로 큰 창을 두었다. 또한 양옆의 공간과 구분하기 위해 바닥을 살짝 낮춰 독립되게 연출했다.

거실을 지나면 다이닝룸과 주방이 나란히 위치한다. 주방은 주부 상희 씨의 취향이 반영된 곳으로 특히 수납공간 마련에 심혈을 기울였다. 다이닝룸과 주방 모두 천장 높이까지 붙박이장을 제작해 네 식구의 살림을 말끔히 정리했을 뿐 아니라, TV 등의 생활가전도 깔끔하게 수납한 것이다.

1 커다란 창문이 위치하는 소파 맞은편 풍경. 정남향이라 햇빛이 잘 든다. 창문 앞에 암막 롤스크린을 설치해 필요할 때마다 내려 영화를 볼 수 있게 했다. **2** 'ㄷ'자 구조의 주방은 크림색 컬러를 선택해 목재와 함께 따뜻한 분위기를 연출했다. 주방가구는 적삼목으로 제작했는데, 적삼목은 물에 강하고 인위적인 방부처리를 하지 않고도 사용할 수 있어 주방에 적합한 소재. 특유의 향긋한 향이 기분을 전환시킨다. **3, 4** 곡선으로 휘어진 내부. **5** 1층에 위치한 거실. 집 모양에 맞춰 목재로 라운드형 책장과 소파를 제작했다. **6** 거실과 나란히 위치한 다이닝룸. **7** 식탁 앞에 수납장을 제작했다. 수납장 가운데는 문을 달아 TV를 수납한다.

1 현관 좌측에 위치한 게스트룸. 좌측에는 휴식공간이, 정면에는 미니 욕실이 위치한다. 2 한쪽 벽면에 폴딩도어를 설치했다. 폴딩도어 앞에 데크가 있어 툇마루처럼 걸터앉아 정원을 바라볼 수 있다. 3 게스트룸에는 TV와 빈백을 두었으며, 낮에도 숙면을 취할 수 있도록 빛을 가릴 수 있는 암막커튼을 설치했다.

두 개의 슬라이딩도어를 달아 독립된 별채로 만든 게스트룸

게스트룸은 현관을 기준으로 좌측에 홀로 위치한다. 한 집이지만 독립된 별채처럼 느껴지도록 의도했다. 방 안으로 들어서기까지 두 개의 슬라이딩도어를 제작해 소음을 차단했고, 세면공간과 욕실 또한 별도로 마련해 사용할 수 있도록 했다. 이렇게 게스트룸에 정성을 기울인 이유는 남편 윤태 씨를 위해서다. 파일럿으로 출퇴근 시간이 불규칙한 남편이 편하게 쉴 수 있도록 장소를 마련한 것이다.

"신랑이 직업의 특성상 이른 새벽에 출퇴근을 하는 경우가 잦아요. 그럴 때는 낮에 충분한 휴식을 취해야 하는데 아무래도 아이들 때문에 어렵죠. 그래서 집 안의 다른 공간들과 분리해 조용히 쉴 수 있는 장소를 만들었습니다."

2층_ 상상이 실현된 자매의 공간

2층 한쪽에 자리한 거대한 책장에는 숨겨진 비밀이 하나 있다. 바로 이곳이 아이들 방으로 들어가는 문이라는 사실이다. 부부는 두 딸의 공간을 상상력과 흥미를 자극할 수 있는 특별한 장소로 만들고 싶어 했는데 그 매개체를 아이들이 좋아하는 책으로 선택했다.

"숨바꼭질을 하는 것처럼 방을 찾지 못하게 하고 싶었어요. 그래서 책장 위로 방문을 숨겼죠."
아이들 방에는 또 다른 재미있는 문이 하나 더 있다. 바로 영서, 영인이의 방을 연결하는 쪽문이다. 자매가 직접 아이디어를 낸 것으로, 이 문을 통해 서로의 방을 자유롭게 오가며 소통한다.
막내 영인이는 자신만의 특별한 공간도 갖게 됐다. 올해로 열한 살, 비밀스러운 장소를 좋아하는 아이를 위해 상희 씨 부부가 방 위로 작은 다락을 만들어준 것이다. 사다리를 타고 올라가 좋아하는 책을 읽거나 장난감을 가지고 놀 수 있는 아이만의 아지트다.

1, 2 책장을 열면 아이들 방이 등장한다. 3 2층 계단의 난간 폭을 깊이 있게 제작해 아이들이 앉아서 책을 읽을 수 있도록 만들었다. 난간 겸 선반과 책상으로도 사용한다. 4 곡선의 우아함이 돋보이는 계단. 천장 둘레로 간접조명을 시공해 화이트 벽으로 빛이 쏟아져 내리는 모습을 연출했다. 5 침실은 아이들이 직접 선택한 컬러로 포인트를 주었다. 6 벽에는 박스 모양의 선반을 배치해 위트 있는 수납공간을 연출했다.

1

2

3

4

5

6

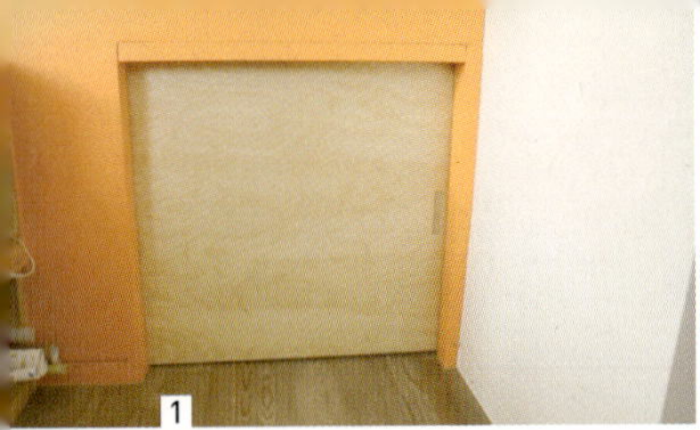

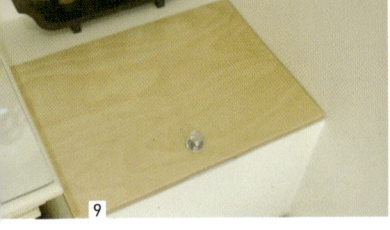

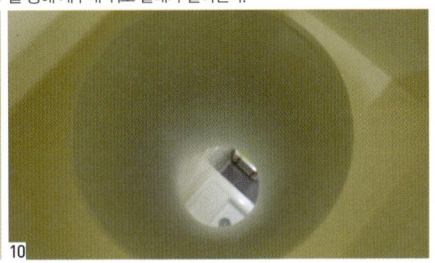

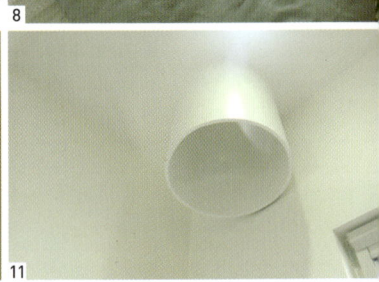

1 자매의 침실을 연결하는 비밀통로. 작은 슬라이딩도어 형태로 제작했다. 2, 3 둘째의 침실은 아이가 좋아하는 노란색으로 포인트를 주고, 벽에 박스 형태의 선반을 설치했다. 4 천장에서 내려오는 접이식 사다리를 통해 다락으로 이동할 수 있다. 5 책과 장난감이 가득한 다락방. 채광을 위해 비스듬한 지붕을 따라 천창을 만들었다. 6 파우더룸 및 욕실, 드레스룸, 안방이 일렬로 연결된 부부의 공간. 7 남은 자투리 공간에 선반을 제작해 옷을 보관한다. 8 부부의 프라이버시를 위해 가장 안쪽에 위치한 침실. 침대와 옷장, 서랍장만을 놓을 수 있도록 작게 만들었다. 9, 10 안방에 있는 빨래통. 문을 열면 구멍이 나타난다. 11 1층의 다용도실 천장. 2층의 침실에서 빨래통 구멍에 세탁물을 넣으면 이곳을 통해 개수대 위로 빨래가 떨어진다.

7

8

9

10

11

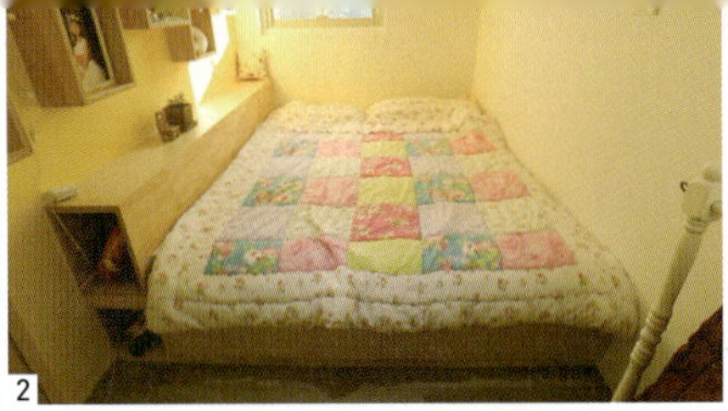

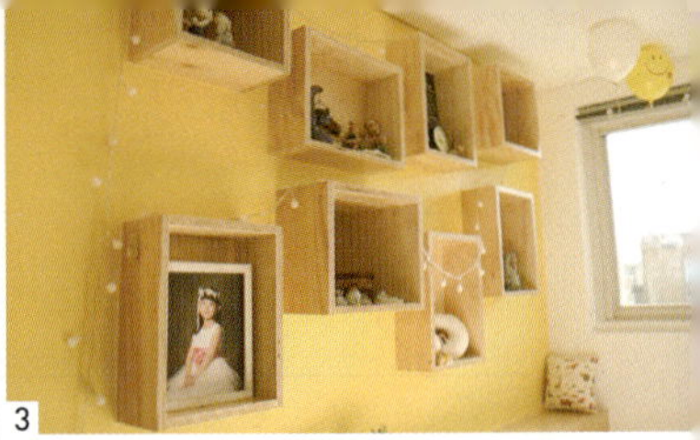

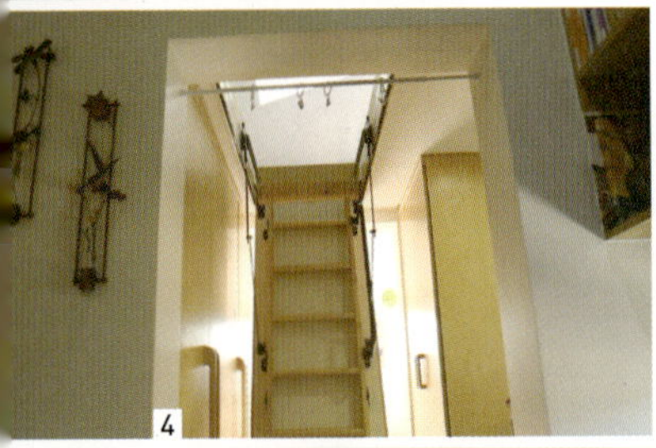

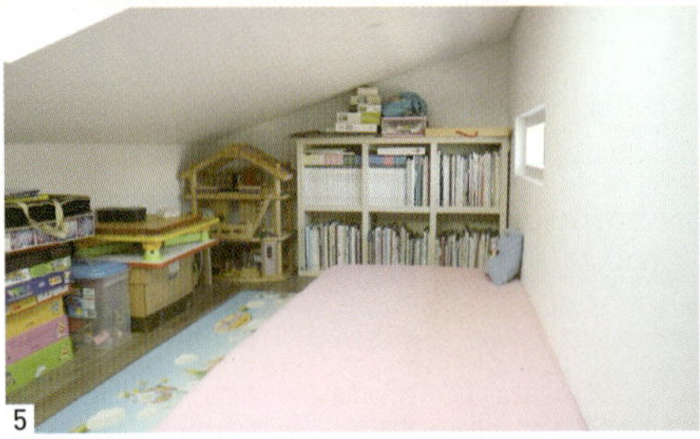

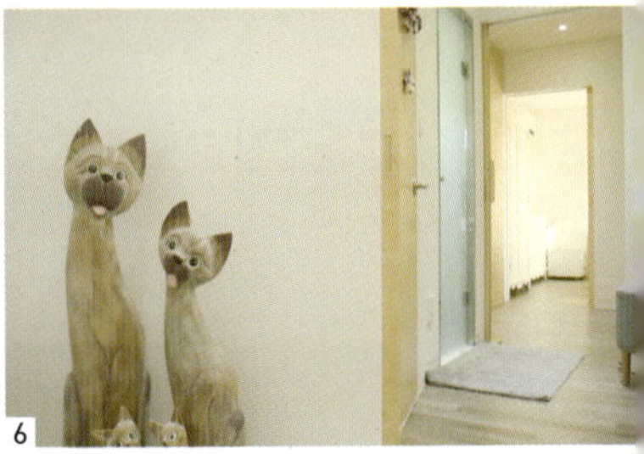

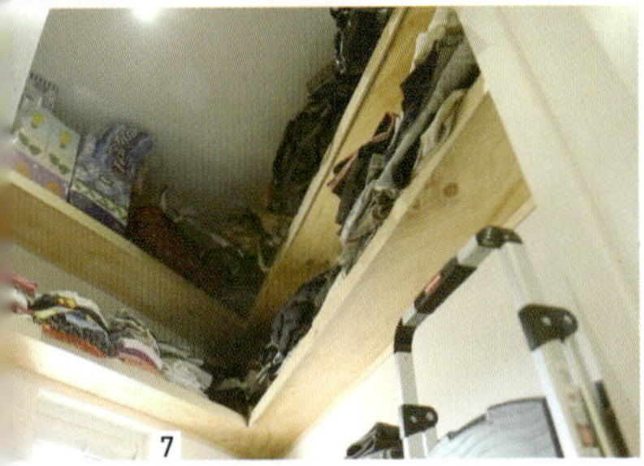

2층에서 1층으로 빨래 슛!

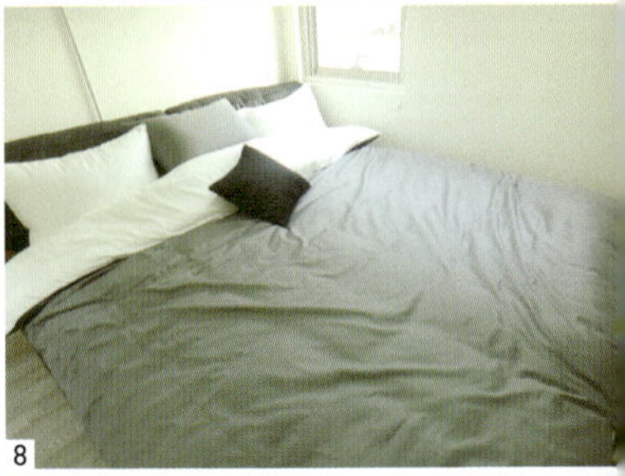

부부의 침실에는 세탁물을 넣는 빨래통이 있다. 그런데 이 빨래통 또한 참으로 기발하다. 빨래통 문을 열면 정체불명의 구멍이 등장하는데, 이곳으로 일명 '빨래 슛'을 던질 수 있다.

"빨래통에 빨래를 넣으면 아래층 세탁실로 바로 골인이 돼요. 아이들이 너무 재미있어 할 뿐 아니라 실제로도 정말 편리하죠."

복도 형태로 지어진 집의 특성상, 2층 가장 안쪽에 위치한 침실에서 1층 끝에 있는 세탁실로 이동하려면 동선이 한없이 길어진다. 때문에 매번 돌아갈 필요 없이 안방에서 세탁실로 바로 빨래를 보낼 수 있도록 과감히 구멍을 뚫은 것이다. pd 하우스에서의 생활이 즐거워지는 또 하나의 유쾌한 상상력이다.

김윤태, 지상희 씨 부부의 주택생활에 대한 조언

주택생활에 앞서 예행연습 해보기

주택이 모든 사람에게 적합한 주거방식이 아닐 수도 있다. 그렇기 때문에 주택을 선택하기 전, 먼저 전세 형식으로 경험을 해보는 것도 좋다. 이런 과정은 실제 가족이 주택생활을 할 수 있을지 판단하는 데 도움이 될 뿐 아니라, 추후 집을 지을 때 어떤 점이 좋고 부족한지 경험을 살려 설계에 반영할 수 있다. 가족에게 보다 딱 맞는 집을 지을 수 있는 것이다.

하우스 정보

대지 위치 : 인천시 중구 운서동
건물 규모 : 지상 2층(다락 별도)
대지 면적 : 270.5㎡(81.83평)
건축 면적 : 92.29㎡(27.92평)
연면적 : 156.37㎡(47.30평)
건폐율 : 34.1%
용적율 : 57.8%
설계 및 시공 : 설계-문훈발전소, 시공-하우스팩토리(Haus Factory)

• 비용

대지구입비 및 건축비	4억 8천만 원

25평 양평의 오솔집

아이들이 길 따라
마음껏 뛰어노는 집

 하우스 스토리

폐축사를 허물고 세 아이를 위한 집을 짓다

서울에서 공부를 하고 결혼을 한 이은종(43) 씨는 몇십 년 만에 고향인 양평으로 귀향했다. 이유는 단 하나! '세 아이가 마음껏 뛰어놀 수 있는 집'을 짓기 위해서다.

"도시의 아파트에서 살 때 층간소음으로 고생이 많았어요. 집을 뛰어다니는 아이들을 매번 큰소리로 혼내며 조용히 시켜야 했죠. 한창 뛰어다닐 나이에 혼이 나서 잔뜩 주눅이 든 아이들을 보며 이건 아니다 싶었어요. 그때부터 집을 짓기 위한 땅을 찾아 다녔습니다."

마땅한 대지를 알아보던 중 부모님이 운영하셨던 축사를 떠올렸다. 지금은 쓰임을 다해 버려진 곳이지만 오래전 부모님이 손수 나무를 베어 지은 곳으로, 한때는 소 세 마리로 가업을 시작했던 가족의 터전이었다. '가족에게 의미 있는 장소에 아이들을 위한 집을 짓자. 아빠가 신나게 뛰어다니며 자랐던 어린 시절의 추억을 내 아이들에게도 만들어 주자.' 부부는 그렇게 다짐을 했다고 한다.

그런데 건축가에게 부부로부터 뜻밖의 요청이 들어왔다. 대지 안에 있던 오솔길을 마을 사람들이 계속 쓸 수 있도록 해달라는 것이었다. 폐축사가 있는 대지 한쪽에 길이 하나 나 있었는데, 폭이 아주 좁고 제대로 닦여 있는 길도 아니지만 마을 사람들이 오래전부터 애용하던 지름길이었다.

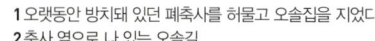
1 오랫동안 방치돼 있던 폐축사를 허물고 오솔집을 지었다.
2 축사 옆으로 나 있는 오솔길.

보통은 자신의 땅에 이런 길이 있다면 길을 없애고 조금이라도 넓게 집을 지으려고 할 터였다. 그러나 은종 씨 부부는 이웃들을 위해 이 길을 그대로 유지하기로 했다. 한 마을에서 4대째 살아오며 형성된 끈끈한 유대감이 있어 가능한 결정이었다.

이 결정은 이웃에게도, 은종 씨 가족에게도 만족스러운 결과를 낳았다. 이웃들은 예전처럼 그대로 매번 먼 길을 돌아가지 않아도 되었고, 가족 또한 오솔길에 영감을 얻어 집 밖의 길이 집 안까지 이어지는 흥미로운 콘셉트로 집을 지을 수 있었다. 거기에 길을 오가며 만나는 마을 사람들과 늘 인사하고 이야기를 나누며 관계도 한결 돈독해졌다. 길 한쪽을 양보했을 뿐인데 얻은 것이 훨씬 많다는 가족이다.

하우스 구조와 특징

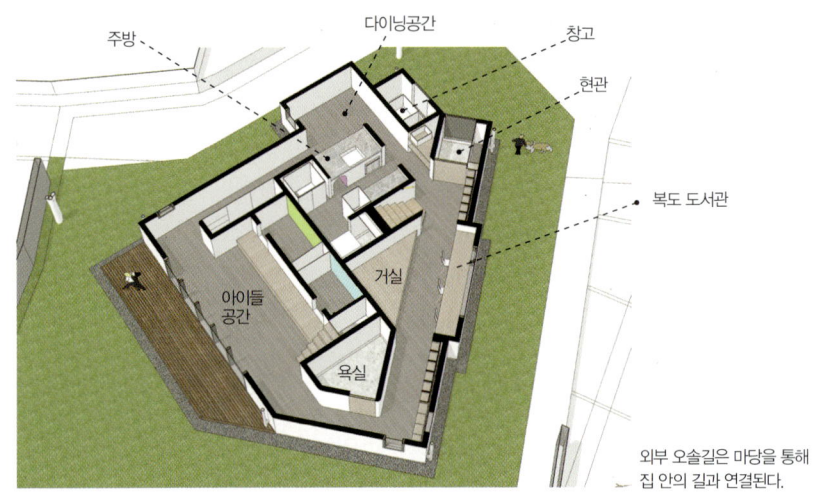

외부 오솔길은 마당을 통해 집 안의 길과 연결된다.

1 오솔집의 외관. 오각형 모양의 화이트 하우스가 단연 눈에 띈다. **2** 대지 끝을 가로지르는 오솔길. 이 길이 없어지면 사람들은 먼 길을 돌아가야 한다.

오솔집 안으로 들어서면 복도식의 길이 펼쳐진다.

집 안에 길을 만들다

현관으로 들어서면 무려 세 갈래 '길'을 만나게 된다. 마치 삼거리 같은 이곳은 어느 지점에서 출발하든 다시 처음 장소로 되돌아오게 된다. 즉, 집의 내부를 하나로 연결한 길인 셈이다. 사실 이런 구조는 복도 형태의 길들이 벽 쪽으로 둘러져 있어, 길의 너비만큼 생활 면적이 좁아질 수밖에 없다. 그래서 처음에 설계안이 나왔을 때 주변에서 걱정이 많았다고 한다. 하지만 부부는 과감히 집 안에 '길'을 만들어보기로 했다. 그 어떤 현실적인 이유보다 사랑하는 아이들이 눈치 보지 않고 자유롭게 뛰어다닐 수 있는 집을 짓고 싶었기 때문이다.

"이 집에 입주하던 날을 잊을 수가 없어요. 집에 아이들이 처음 온 날이었는데, 현관에 들어서자마자 세 아이 모두 이리저리 뛰기 시작하는 거예요. 그 웃음소리를 들으며 집을 짓기 정말 잘했다고 생각했습니다."

1 정주(9), 영주(6), 평주(4)는 매일 집 안에서도 길을 따라 이리저리 뛰어다닌다. 세 남매에게 집은 세상에서 가장 재미있는 놀이터다. **2** 아이들 방 앞에 외부 마당과 연결되는 커다란 창이 있다. 집 안에서 밖으로, 밖에서 안으로 언제든 자유롭게 이동하며 놀 수 있도록 설계했다.

1 2

1층_ 걷다 보면 공간이 하나씩 드러나는 오솔길 구조의 집

오솔집은 집의 바깥쪽에 복도식의 길이 있고, 안쪽으로 생활공간이 모여 있는 독특한 구조다. 그래서 집 안의 '길'을 걷다 보면 공간이 하나씩 드러난다.

복도 도서관

복도식 길을 따라 약 10m의 커다란 책장을 만들었다. 아이들의 책, 앨범, 소품 등을 정리하는 멀티수납장으로, 이 책장 하나면 별도의 가구가 필요 없다. 복도식 구조다 보니 기성가구를 두면 답답해 보일 수 있어서 부부가 고심 끝에 생각해낸 아이디어다. 재미있는 것은 이 책장이 140개의 수납박스를 조립해 만들어졌다는 사실이다. 이만한 크기의 책장을 맞춤제작하려면 인건비와 재료비가 많이 들기 때문에 저렴한 박스들을 낱개로 구입해 조립하는 방식을 선택했다. 게다가 공간이 부족하면 그때그때 박스를 구입해 추가하면 되니 실용적이다.

소파 대신 대청마루가 있는 거실

거실에는 소파 대신 미니 대청마루를 제작했다. 삼각형 면적이라 기성소파를 놓는 게 비효율적이었기 때문이다. 대청마루는 벽체의 마감선보다 살짝 안쪽으로 들여 넣어 지나다닐 때 부딪히는 것을 방지했다. 또한 이 대청마루 맞은편에 스크린을 설치해 다섯 식구가 옹기종기 앉아 영화를 볼 수 있는 미디어공간으로 활용하기도 한다.

"가능하면 거실에 TV를 두지 말자 생각했어요. TV보다는 책을 읽는 분위기가 되길 원했거든요. 대신 아이들에게 다른 걸 해주자 싶어 영화를 볼 수 있도록 계획했죠."

1 2

1,2 현관 앞에서부터 시작되는 책장.

책장 한가운데에 책상과 창을 만들었다. 아이들이 언제든 책을 꺼내 앉아 읽을 수 있도록 의도한 것으로, 시선이 닿는 곳에 창문이 있어 밖의 풍경을 감상하며 책을 읽을 수 있다.

복층구조로 만든 오솔집의 키즈카페, 아이들의 방

아이들 방만큼은 특별하게 만들어주고 싶었던 부부는 2.6m 높이의 공간을 두 개로 나눠서 복층구조의 놀이공간을 만들었다. 위층은 장난감을 갖고 놀 수 있는 미니 놀이방, 아래층은 상상력을 자극하는 벙커 형태의 아지트다. 아이들이 아직 어린 지금은 즐거운 놀이공간이지만 학교에 들어가고 각자의 방이 필요한 나이가 되면 두 개의 방으로 나눌 예정이다. 가벽으로 이루어진 복층을 없애고 공간을 세로로 나누어 각각 문을 달면 두 개의 방을 만들 수 있다. 이미 바닥 및 보일러 공사도 이에 맞춰 진행돼 있다.

하.우.스 인테리어 레시피

Q. 수납박스로 어떻게 이렇게 거대한 책장을 만들 수 있죠?
하나에 약 8,000원 정도 하는 수납박스를 140개를 구입해 벽 쪽으로 쌓아올려 책장을 만들었다. 수납박스를 일일이 조립한 후 목공용 본드로 1차 고정했다. 그리고 타카를 사용해 최종 고정하면 완성!

Q. 집 안에 여러 갈래의 '길'이 있어도 답답해 보이지 않는 비결이 뭐죠?
오솔집의 1층은 내부에 길이 있어 다른 집들처럼 탁 트인 공간이 많지 않다. 혹여 이런 구조가 답답해 보이지는 않을까? 우선 길이 있는 곳은 천장을 2층까지 터서 개방감을 줬다. 가장 높은 곳이 무려 6m에 달하는데, 이는 일반 아파트 천장고(약 2.3m)보다 두 배가 훨씬 넘는 높이다. 또한 길이 꺾어지는 모퉁이마다 창문을 만들었다. 채광 및 환기의 역할도 하지만 무엇보다 시야가 창문 너머로 확장돼 탁 트인 느낌을 준다.

2층까지 높다랗게 트인 천장. 천장 곳곳에 드러나 있는 것은 공학용 목재인 패럴램(PSL, Parallel Strand Lumber)으로, 1층 바깥벽이 외부를 향해 나가지 않도록 잡아주는 역할을 하는 구조재이다.

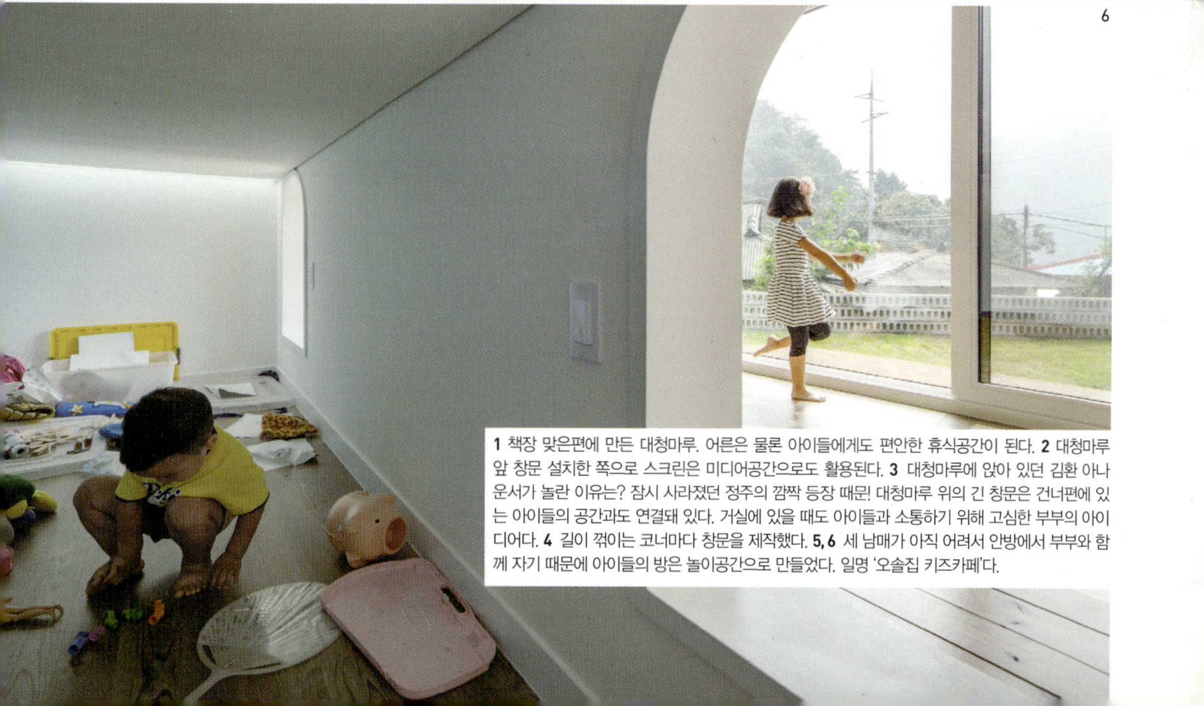

1 책장 맞은편에 만든 대청마루. 어른은 물론 아이들에게도 편안한 휴식공간이 된다. **2** 대청마루 앞 창문 설치한 쪽으로 스크린은 미디어공간으로도 활용된다. **3** 대청마루에 앉아 있던 김환 아나운서가 놀란 이유는? 잠시 사라졌던 정주의 깜짝 등장 때문! 대청마루 위의 긴 창문은 건너편에 있는 아이들의 공간과도 연결돼 있다. 거실에 있을 때도 아이들과 소통하기 위해 고심한 부부의 아이디어다. **4** 길이 꺾이는 코너마다 창문을 제작했다. **5,6** 세 남매가 아직 어려서 안방에서 부부와 함께 자기 때문에 아이들의 방은 놀이공간으로 만들었다. 일명 '오솔집 키즈카페'다.

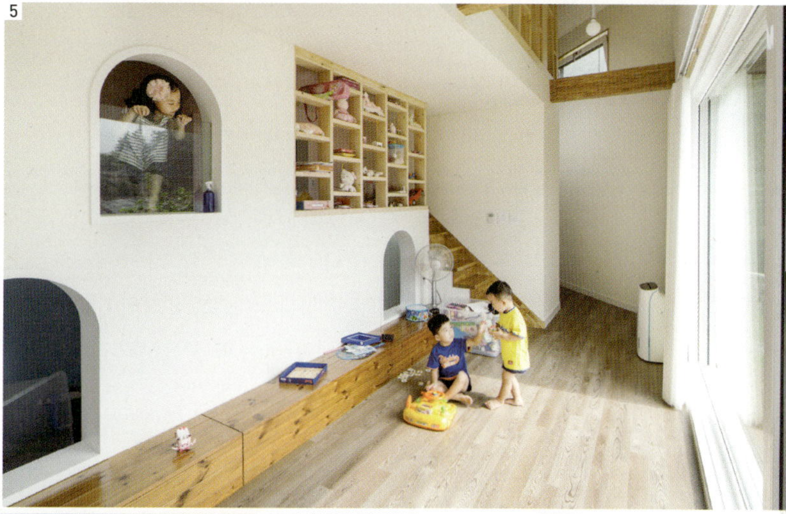

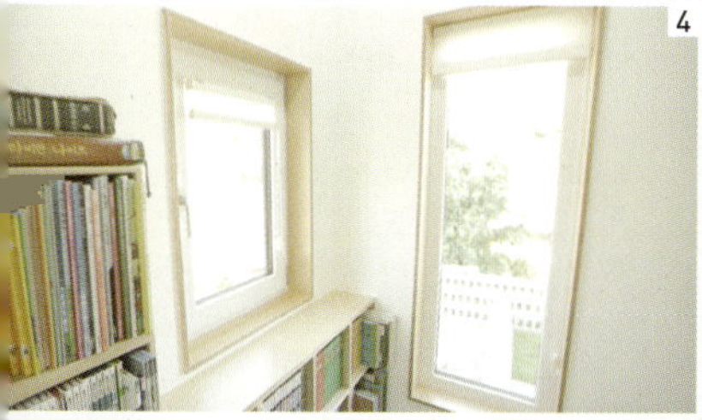

1 오솔집의 주방. 주방 옆의 아치형 통로를 이용하면 전기 인덕션을 피해 아이들이 안전하게 안쪽으로 들어갈 수 있다. **2, 3** 11자형 주방 양쪽에 수납공간을 만들고, 맞은편 빈 벽에 선반들을 배치해 주방가전을 두었다. 한정된 면적에서 효율적인 수납이 가능하도록 가전제품이나 물건들의 사이즈를 측정해 맞춤제작한 것이다.

아이들의 안전을 고려해 아치형 통로를 낸 주방

주방에는 세 남매를 위한 엄마의 따뜻한 배려가 숨어 있다. 서진희(43) 씨가 주방에 있을 때 아이들은 엄마를 찾아 주방으로 다가온다. 하지만 주방은 잘못하면 큰 사고가 날 수도 있는 위험한 장소! 그래서 음식을 하는 동안 아이들이 쿡탑 근처를 지나지 않도록 작은 통로를 만들었다. 아이들에게는 재미있는 놀이 개념이면서 안전까지 지킬 수 있는 아이디어다.

"보통 주방에는 통로 대신 수납장을 두는 게 더 실용적이에요. 물론 주부로서 저도 수납공간이 줄어드는 건 아쉽지만, 그보다 아이들의 안전이 더 중요하다고 생각했습니다."

과거와 현재를 잇는 좌식테이블

가족은 평소 식탁보다 좌식 테이블에 둘러앉아 밥을 먹는 것을 좋아한다. 그런 가족에게 건축가는 오솔집의 평면을 꼭 빼닮은 밥상을 제작해주었다. 필요에 따라 가운데를 분리해 따로 활용할 수도 있는 제품이다. 이 테이블이 특별한 이유는 안쪽에 있는 작은 테이블의 상판을 축사에서 나온 고재로 만들었기 때문이다. 즉, 새로 지은 오솔집의 축소판인 테이블에 할아버지의 축사에 대

하.우.스 인테리어 레시피

주방 통로 외에 아이들을 위한 오솔집의 안전장치들

아이들이 늘 뛰어다니는 집이기 때문에 자칫하면 모서리 벽에 부딪힐 수도 있다. 그래서 부부는 이를 염려해 모서리 쪽 벽면을 둥그스름한 곡선으로 처리해 부딪혀도 큰 상처가 나지 않도록 설계했다. 보통 모서리 부분은 충격 파손을 방지하기 위해 mdf합판으로 마감하고 위로 페인트 도장 전 퍼티작업을 하는데, 부부는 mdf 합판의 끝부분을 다듬고 퍼티작업 시 한 번 더 매끄럽게 처리했다. 또한 계단에는 아이들이 잡고 올라갈 수 있는 손잡이를 만들었다. 세 남매의 키를 고려해 위치는 낮게 설치했다.

축사의 고재가 작은 테이블로 새로 태어났다.

한 기억을 고스란히 담아내고, 그 기억 위로 아들과 손자가 식사를 하는 의미 있는 풍경이 펼쳐지는 것이다.

"이 프로젝트에서 오솔길과 함께 영감을 줬던 것이 축사였습니다. 처음에는 축사에 쓰였던 구조재를 집의 노출 보로 재사용하려 했지만 구조적 문제로 실현하는 데 어려움이 있었어요. 그래서 만든 것이 이 테이블입니다."(건축가)

2층_ 가족실과 안방

2층에 올라가면 플레이월드에 온 것 같은 풍경이 펼쳐진다. 벽면 전체에 목재들이 지그재그로 얽혀 있고, 그 위로 그물이 덧씌워져 있기 때문다. 마치 벽에 놀이그물을 설치한 듯한 모습은 2층

1 벽을 만드는 대신 안전그물을 설치한 2층. 2, 3 붙박이장만 둔 안방. 밖의 커다란 나무를 볼 수 있도록 창을 냈다. 4 안방 화장실은 화이트와 그레이 컬러의 타일을 반씩 시공했다. 세면대, 양변기 등이 모두 하얀색이라 무게감을 주기 위해 위쪽은 짙은 컬러의 타일을 선택했다.

을 지지하는 구조재를 활용해 만들었다. 세로로 서 있는 구조재에 동일한 목재를 가로로 엇갈리게 연결한 뒤 그 위에 안전그물을 단단히 고정했다. 1층(82.25㎡, 24.88평)보다 좁은 2층(50.19㎡, 15.18평)의 개방감을 확보하는 동시에 아이들이 흥미를 느낄 수 있도록 목재를 불규칙적으로 디자인해 위트를 주고, 1층과 2층을 오픈공간으로 만들어 위아래층으로 소통이 이루어지도록 했다.

화려한 아이들의 공간과 비교하면 안방은 참 소박하다. 15.62㎡(4.73평)의 면적에 가구라고는 이불과 옷을 정리하는 장롱 하나뿐. 안방에 쓰일 비용을 절약해 세 남매의 공간에 투자했기 때문이다. 아이들을 위한 부모의 마음이 느껴지는 부분이다.

하.우.스 인테리어 레시피

레인샤워기 끝에 손잡이가 달려 있다?

시중에서 판매하는 레인샤워기 중 위쪽에 작은 손잡이가 달린 제품이 있는데 사용하고 남은 물이 안으로 고여서 수압이 약해지거나 물때가 끼는 것을 방지하기 위함이다. 물을 다 쓰고 난 후에 레인샤워기의 손잡이를 당겨 샤워기 호스 안에 있는 물을 빼낼 수 있도록 만들어져서 한결 청결하게 사용할 수 있다.

🏠 이은종, 서진희 씨 부부의 아이들을 위한 집짓기에 대한 조언

아이들의 성장을 고려해 공간 계획하기

아이들은 성장한다. 언젠가 어린 시절 좋아하던 놀이시설에 흥미를 잃고, 부모로부터 독립된 방을 필요로 하는 때가 올 것이다. 때문에 아이들의 성장을 고려해 추후 구조를 변형할 수 있도록 계획을 세워두면, 부모와 아이 모두 오랫동안 만족할 수 있는 집을 지을 수 있다.

아이들 공간은 추후 가벽을 활용해 두 개의 방으로 바꿀 수 있도록 설계했다.

하우스 정보

- **대지 위치** : 경기도 양평군 강상면
- **건물 규모** : 지상 2층
- **대지 면적** : 377㎡(114.04평)
- **건축 면적** : 82.25㎡(24.88평)
- **연면적** : 132.44㎡(40.06평)
- **용적률** : 35.13%
- **건폐율** : 21.81%
- **설계사** : 설계-B.U.S Architecture / 시공-하우스팩토리
- **사진 제공** : 노경(kyung Roh)

• 비용

건축비	2억 1천 6백만 원
구조재	벽- 외벽 2×6 구조목 / 내벽 2×6 구조목 지붕- 2×10 구조목, 이중지붕(WARM ROOF)
지붕 마감재	컬러강판
외벽 마감재	스타코플렉스
창호재	이건창호, 72mm PVC 삼중창호
내벽 마감재	던에드워드, 친환경 페인팅
바닥재	이건, 강마루
타일	미래시스타일, 자기질 타일.
수전 등 욕실기기	INUS, 아메리칸 스탠다드
주방가구	리빙아울렛 제작, 상판 인조대리석
계단재	애쉬오크
현관문	단열 강화도어
붙박이장	리빙아울렛 제작
데크재	방부목
책장 공간박스	카멜레온가구, 삼나무 원목 공간박스, 8천 원대
조명	조명나라, 메가브라이트 30332, 8만 원대/스톤펜던트 중형, 11만 원대
좌탁	디자인 B.U.S Architecture, 제작 b_structure, 80만 원대(시공비 제외)

31평 파주의 용감한 주택

용기로 완성된 대가족의 집

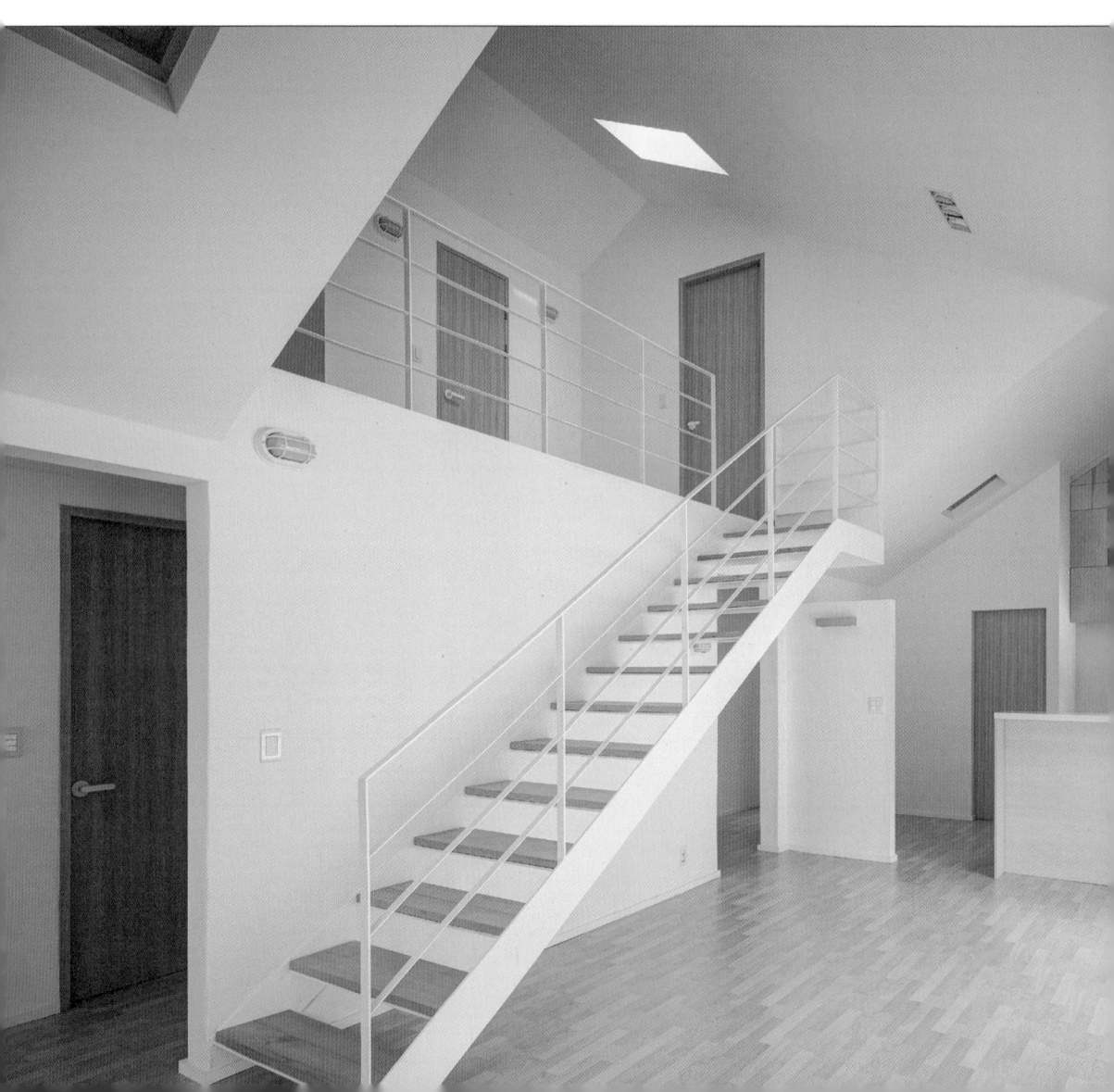

하우스 스토리

여덟 식구의 용감한 주택 짓기

한 지붕 아래 무려 여덟 식구가 산다. 부모님, 형네 부부, 형의 장모님, 동생네 부부, 여기에 당시 뱃속에 있던 아이까지! 요즘 세상에 부모님과 함께 사는 것도 쉽지 않은데 사돈끼리 함께 살고, 젊은 형제부부는 자녀계획도 있다. 파주에 지은 '용감한 주택' 이야기다.

"저희 형제가 결혼해 분가를 했을 당시 부모님은 대전에 계셨어요. 그런데 아버지의 건강이 점점 안 좋아지셨어요. 집짓기 바로 전에는 위험한 상태까지 가셨죠. 그러다 보니 자식으로서 이대로는 안 되겠더라고요. 저희 형제가 아버지를 모시면서 챙겨드려야겠다는 마음이 컸습니다."

집이 완성된 지금이야 '꿈속에 살고 있다'는 가족이지만 완공된 집을 마주하기 전까지는 너무 고생스러워서 이대로 '꿈'으로 끝나버릴 수도 있겠구나 생각하기도 했다고 한다.

가장 큰 문제는 자금이었다. 가진 돈은 전월세 보증금에 가지고 있던 현금까지 약 1억 원 초반대. 형제가 고민 끝에 마지막으로 생각해낸 방안이 이 돈으로 땅을 사고 대출을 받아 집을 짓자는 것이었다.

그렇게 3억 원을 마련한 형제는 그중 절반을 땅을 구입하는 데 사용했다. 그리고 남은 돈으로 설계비, 건축비, 각종 경비에 세금

용감한 주택의 용감한 가족들.

까지 모두 해결해야 했는데 밤잠을 못 이루며 걱정하던 이들을 본 지인이 되든 안 되든 일단 상담이나 한번 받아보라며 건축가 한 명을 소개했다.

뜻이 있는 곳에 길이 있다고 했던가. 놀랍게도 건축가와 시공사의 마음이 움직였다. 자금이 넉넉지 않았지만 소박하고 작아도 가족을 위한 집을 짓고 싶다는 진심이 전달된 것이다. 건축가와 시공사 모두 자신의 일처럼 선뜻 나서주었고, 그렇게 모두의 마음을 담은 '용감한 주택'이 완공되었다.

집이 완성된 후, 아버지의 건강은 놀라울 정도로 빠르게 회복되고 있다. 게다가 형 주환 씨 부부의 임신으로 가족은 반가운 새 식구도 맞이하게 됐다. 무모하게만 보였던 형제의 용기가 '용감한 주택'이라는 기적으로, 희망이라는 결실을 맺은 것이다.

하우스 구조와 특징

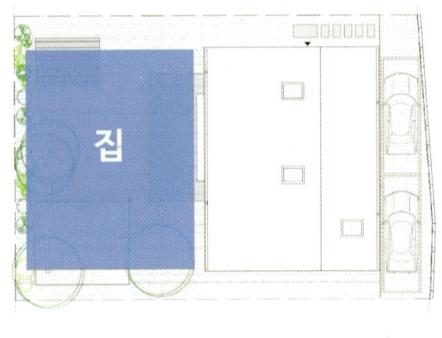

Before

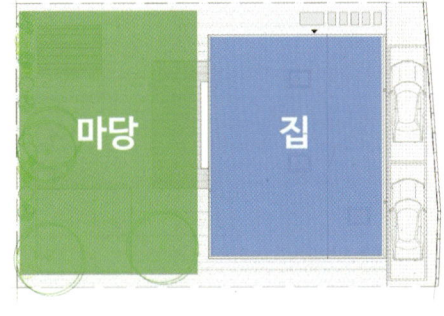

After

집의 위치를 바꾸자 안마당이 생겼다

몇 달간 전국으로 집터를 찾아다니던 가족은 파주의 한 전원주택 단지에서 지금의 땅을 만나게 됐다. 매물로 나온 지 꽤 됐지만 실거래가 잘 이루어지지 않던 땅이다. 하지만 여러 단점에도 불구하고 토지공사에서 택지로 개발했던 곳이라 전기, 수도, 도시가스 등이 잘 마련돼 있다는 장점이 있었다.

그러나 이 대지의 가장 큰 단점은 북향이라는 점이었다. 도로 쪽으로 마당이 있고 그 뒤로 집이 위치하도록 계획돼 있어서 집의 주요 공간들이 북쪽을 향하게 됐던 것이다. 또한 도로 방향으로 집이 오픈되어 있다 보니 심각한 프라이버시 침해도 있을 수 있었다.

이를 해결하기 위해 '용감한 주택'은 집의 방향을 옮겼다. 도로를 등지도록 집의 위치를 이동시

1 다른 집들과 달리 도로를 등지고 있는 용감한 주택. **2** 거실 창을 통해 안마당으로 이동할 수 있다. 가족이 손수 꾸민 마당에는 부모님의 텃밭이 있다.

켜 남쪽으로 큰 창과 안마당이 있는 집을 지은 것이다. 덕분에 가족만의 오붓한 안마당이 생겼고, 남쪽의 큰 창으로 들어온 햇살이 집 안을 구석구석 비추게 됐을 뿐 아니라 도로를 등지게 돼 프라이버시도 지킬 수 있게 되었다.

1층_ 계산된 단순함으로 완성한 아름다움

'용감한 주택'의 외관은 굉장히 심플하다. 단층에 박공지붕을 올린 디자인이 그렇고, 지붕과 외벽에 별도의 마감을 하지 않은 채 콘크리트 노출에 견출로 마무리한 점도 그렇다. 다양한 외장재를 사용한 집들에 비해 화려함은 부족할지 몰라도, 동네에서 홀로 하얗게 빛나는 것이 가공되지 않은 원석의 단아함을 보는 듯하다.

이렇게 심플한 외관을 갖추게 된 데는 현실적인 이유가 있다. 한정된 예산으로 공사를 진행하다 보니 우선순위를 정하는 것이 중요했

주변 집들과 달리 외장재를 최소화한 집.

다. 처음부터 외관과 내부를 한꺼번에 공사해 집의 퀄리티를 전체적으로 낮추기보다, 먼저 할 것과 나중에 할 것을 구분하기로 한 것이다. 그래서 가족이 생활하는 내부공간은 예산이 허용하는 가장 좋은 퀄리티로 만들고, 외부는 현실이 허용하는 한에서 최소한의 공사만 진행했다. 외관은 추후 여유가 생길 때 추가공사를 하기로 했다. 대신 외벽 단열재를 규정치보다 두껍게 시공하고, 31mm 삼중 로이유리에 PVC 시스템 창호를 사용하는 등 단열에 특별히 신경 썼다.

외관처럼 내부도 단순하지만 영리하다. '용감한 주택'은 크게 가족이 함께하는 공용공간과 각자의 개인공간으로 나뉘는데, 내부에 세운 벽체를 기준으로 공용공간과 개인공간을 크게 구획했다.

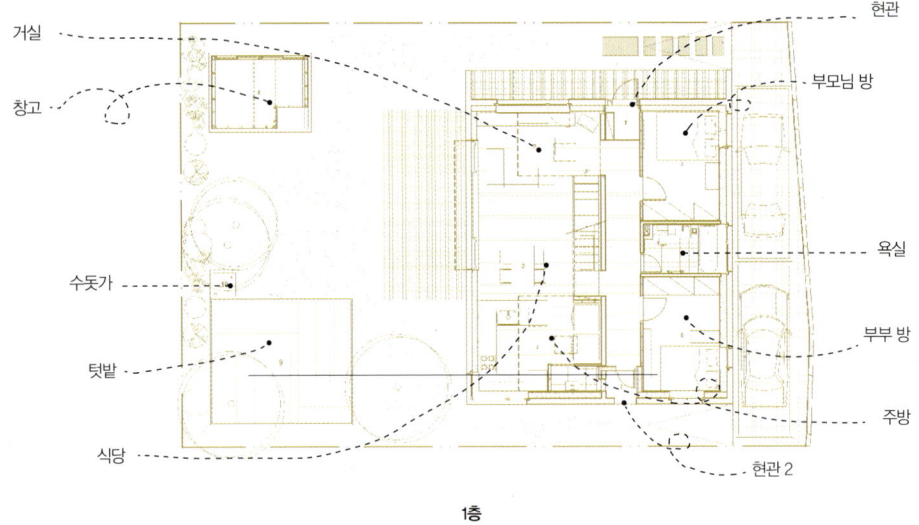

1층

수납공간을 최대화시키고 공용공간과 개인공간을 분리하는 복도

대가족이 함께 살다 보니 많으면 많을수록 좋은 것이 수납공간이다. 그래서 집 안 곳곳에 수납할 수 있는 장치들을 최대한 마련했는데, 복도 또한 단순히 통행용도에 그치지 않고 작은 물건들을 보관할 수 있도록 복도장을 계획했다. 처음부터 긴 수납장을 둘 것을 고려해 복도의 너비는 1.2m로 넉넉하게 정했다. 이 복도는 공용공간과 개인공간을 분리하는 역할도 한다. 방들 앞으로 큰 벽을 세워 공용공간에서 안쪽이 보이지 않도록 가렸기 때문이다. 개인공간을 벽 뒤로 숨겨 서로의 프라이버시를 지킬 수 있도록 배려한 것이다.

개방감과 아늑함을 동시에 살린 공용공간

'용감한 주택'은 오랫동안 뿔뿔이 흩어져 살던 가족이 다시 한자리에 모이게 된 집이다. 그동안 서로를 그리워했던 가족들은 '늘 함께할 수 있는 집'을 짓고 싶어 했다. 건축가는 이를 위해 방들의 크기를 줄이는 대신 거실과 다이닝룸, 주방을 하나로 연결하는 넓고 높은 공용공간을 제안했다. 대식구가 한자리에 모여도 답답하지 않을 뿐 아니라, 단순한 내부구조로 공정을 최소화해 건축비 절감효과까지 얻을 수 있는 묘안이었다.

"구조의 효율성은 외관의 최소화와 함께 공사비 절감을 위해 가장 처음부터 고려되었던 부분입니다. 사

하.우.스 인테리어 레시피

용감한 주택의 스포트라이트 조명 연출법

용감한 주택은 천장고가 높아 일반적인 가정용 조명기구로는 한계가 있었다. 때문에 전시장에서 주로 사용되는 스포트라이트 조명을 사용했다. 스포트라이트 조명은 전구의 각도를 조절해 비출 수 있는 조명으로, 한 곳에 조도를 집중할 수 있다는 장점이 있지만 조명이 집중되는 곳은 눈이 부실 수 있다는 단점도 가지고 있다. 용감한 주택은 이를 상쇄시키기 위해 확산형 LED램프를 사용하고, 조명이 흰 벽면을 비추게 함으로써 은은한 간접조명처럼 사용될 수 있도록 했다.

1 거실에서 방이 보이지 않도록 긴 벽을 세웠다. 2 벽 뒤에 만들어진 길다란 복도. 수납장 위에 그림을 올려놓고 벽등을 설치해 갤러리처럼 연출했다. 3 거실, 다이닝룸, 주방을 하나로 연결해 39.70㎡(12.01평)의 공간을 만들었다. 4 1층과 2층 모두 박공지붕 모양으로 천장을 연출한 뒤, 스포트라이트 조명과 펜던트 조명을 시공했다.

실 이 집에서 철근 콘크리트로 된 벽면은 외벽뿐인데 내부는 11.4m x 9.6m, 최고 높이 6m의 공간이 아무런 기둥이나 내력벽이 필요 없도록 만들어졌습니다. 내벽은 경량벽, 조적벽, 콘크리트벽 등 무엇이건 예산에 맞추어 변경이 가능합니다.(건축가)"

이렇게 완성된 넓고 높은 공용공간에는 감각적인 디자인이 더해졌다. 천장의 일부를 막아 박공지붕 형태로 제작한 것이다.

용감한 주택의 주방. 상부장은 수납공간 겸 디자인적 요소로 활용된다.

주방에 있을 때 TV를 보거나 가족과 소통할 수 있도록 개수대를 거실 방향으로 배치했다. 개수대 앞에는 파티션을 세워 주방을 적절히 가릴 수 있도록 했다.

디자인과 실용성을 겸비한 대형 상부장

'용감한 주택'에는 주부경력 30년 이상의 베테랑 어머님이 두 분이나 계시다. 집 하나에 무려 네 집의 주방살림이 합쳐지다 보니 그 양이 어마어마했다. 가족은 이를 해결하기 위해 높은 천장고를 활용해 거대한 상부장을 만들었다. 이는 〈하.우.스〉 사상 가장 큰 상부장이다. 이거 하나면 대용량의 수납은 기본이다. 거기다 박공지붕 라인을 따라 자작나무 합판으로 디자인된 모습이 참으로 멋스럽기까지 하다. 단순한 수납용도가 아닌 공용공간의 확실한 포인트가 된다.

이 상부장에는 재미있는 트릭이 하나 숨어 있다.

하.우.스 인테리어 레시피

오픈 주방에서 개수대 위를 가리고 싶다면 파티션이 제격!

최근 거실과 연결된 오픈 주방이 대중화되고 있다. 이때 자칫 어수선해지기 쉬운 개수대 앞에 파티션을 세우기도 하는데 이는 안을 적당히 가리면서도 시야를 확보할 수 있게끔 만들어준다.

파티션을 설치할 때 가장 신경 써야 할 점은 높이다. 높이가 너무 높으면 공간이 답답해지고, 너무 낮으면 내부가 잘 가려지지 않아 제 역할을 못할 수 있기 때문이다. 그러므로 파티션의 높이는 가리고 싶은 주방가구의 상판보다 약 12~20cm 높게 제작하는 것이 좋다. 만약 더욱 개방감을 주고 싶다면 파티션 중간 혹은 상부에 불투명한 패턴유리를 더하면 된다.

겉으로는 칸마다 문이 있는 것처럼 보여도, 실은 두세 칸씩 하나로 묶어 문을 만들었다는 점이다. 편의를 위해 문의 개수를 최소화하면서도, 칸칸마다 열리는 것처럼 착시효과를 주고 싶어 무늬를 새겨 넣었다. 가족들 또한 가끔 어디가 열리는지 헷갈릴 때도 있다고.

하.우.스 인테리어 레시피

Q. 대가족이 사용하기에는 식탁이 조금 작지 않나요?

용감한 주택의 다이닝 공간에는 4인용 식탁이 놓여 있다. 동생 영진 씨 부부의 신혼가구인데, 아직 새것이라 그대로 활용하기로 한 것이다. 다만 대가족이 다 같이 쓰기에는 사이즈가 작아 뒤쪽에 있는 2인용 테이블을 연결해 필요에 따라 넓게 활용한다. 이 미니 테이블은 놀랍게도 형 주환 씨의 솜씨다. 손재주가 좋은 그는 집을 지으며 직접 가구들을 제작했는데, 값비싼 원목가구의 구입비도 절감하면서 가족에게 하나뿐인 특별한 가구를 선물하고 싶었기 때문이다. 처음에는 아무것도 몰랐던 실력이 일취월장해 지금은 집 안 곳곳이 그의 가구들로 채워져 있다.

그밖에 금손 주환 씨가 직접 제작한 가구들

- 3인용 소파(애쉬, 제작비 약 70만 원)
- 거실 책장 4개(자작나무 집성목, 제작비 약 30만 원)
- 복도 수납장 6개(자작나무 집성목, 제작비 약 100만 원)
- 2인용 테이블(애쉬, 제작비 약 20만 원)

프라이버시를 지키는 개인 방 배정법

아무리 사이좋은 가족이어도 독립성을 필요로 하는 각자의 공간은 필수다. 용감한 주택에는 총

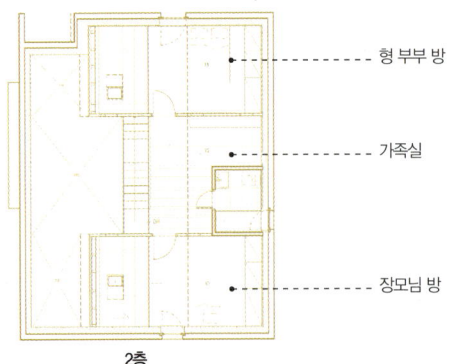

- 형 부부 방
- 가족실
- 장모님 방

2층

1 영진 씨 부부의 방.
2 현관 옆에 위치한 부모님 방.

4개의 방이 있는데, 서로의 프라이버시를 위해 방과 방 사이에 각기 다른 공간을 배치했다. 방이 붙어 있다 보면 아무래도 소리가 전달될 수 있어 방을 떨어뜨려 놓아 사생활을 지킬 수 있도록 한 것이다. 즉, 1층 부모님 방과 영진 씨 부부의 방 사이에는 화장실을 두었고, 2층 장모님 방과 주환 씨 부부의 방 사이에는 작업공간과 화장실을 두어 개인공간을 분리했다.

유쾌하게 소통하는 집

2층에 위치한 두 개의 방은 '집 속에 위치한 작은 집'이다. 1층 천장을 박공지붕 형태로 만들기 위해 기울어진 곳을 그대로

> **하.우.스 인테리어 레시피**
>
> **층간소음을 방지하기 위한 층간 단열재**
>
> 용감한 주택은 단열은 물론 층간소음을 방지하기 위해 규정치보다 두꺼운(50mm) 단열재를 층간에 시공했다. 바닥에 비드법 단열재 1종 1호 35~50mm를 시공했는데, 비드법 단열재란 쉽게 말해 스티로폼이다. 1종은 흰색, 2종은 회색을 의미한다. 1호는 가장 단열성능이 좋으며 단단하고 무겁다.

1 2층의 경사벽은 아이의 놀이공간이기도 하다. 구조부터 튼튼히 제작해 성인이 올라가도 될 정도로 안전하다. **2** 2층의 사선 천장과 바닥이 연결되도록 각도를 정한 뒤 경량철 골구조로 틀을 만들었다. 바닥은 합판과 강화마루로, 천장은 석고보드로 마감했다. 45cm x 60cm 크기의 창을 통해 주환 씨 부부의 방은 거실과, 장모님 방은 주방과 연결된다. 창은 아이가 태어나면 위험할 수도 있어서, 추후 유리를 대거나 창살을 덧댈 계획이다. **3, 4** 외부에서 출입할 수 있는 현관문을 두 개 만들었다. 두 문은 복도 양 끝에 서로 마주한다.

방들과 연결했는데, '용감한 주택'의 외관이 옆으로 누워 있는 모습을 고스란히 닮았다. 이 때문에 2층의 '작은 집'들은 바닥과 천장을 사선으로 잇는 독특한 벽을 갖게 되었다. 그 덕에 1층과 비슷한 크기임에도 훨씬 개방감 있어 보인다. 건축가의 위트와 창의성을 느낄 수 있는 공간으로, 아이가 태어나면 미끄럼틀을 타고 놀 수도 있고 필요에 따라 계단식 선반을 설치해 물건을 수납할 수도 있다.

경사벽의 또 하나 흥미로운 점은 중앙에 미니 창문을 만들었다는 것이다. '2층에 있을 때도 1층에 있는 가족들과 소통하면 어떨까?'라는 의문에서 시작된 것으로, 창문을 열고 닫음으로써 1층과 선택적 소통이 가능하다. 각자의 공간에 있어도 함께 하고 싶은 가족의 바람이 반영된 장치다.

용감한 가족의 대식구가 사는 집짓기에 대한 조언

공사의 우선순위 정하기
공사비가 넉넉하지 않을 때는 집을 단번에 완료하기보다 우선순위를 정해 차근차근 진행해보자. 결과적으로 훨씬 퀄리티 높은 집이 완성된다.

아무리 가족이라도 서로의 프라이버시 존중은 기본!
가족이라 해도 각자의 독립공간은 확실히 보장돼야 한다. 특히 면적이 작은 집이라면 더욱 신중해야 할 부분이다. '용감한 주택'의 경우 방과 방 사이에 여유를 두어 두 방을 떼어놓거나, 사돈지간인 부모님과 장모님이 각각 출입할 수 있는 현관문을 별도로 마련했다.

배려와 소통의 인테리어
대식구가 함께 하는 집에서 공간의 효율만큼 중요한 것이 배려와 소통이다. 곳곳에 재미있는 장치를 만들어 가족이 원활히 소통할 수 있는 방법을 찾아보자. 이것들이 모여서 더욱 행복한 집이 완성될 것이다.

하우스 정보

대지 위치: 경기도 파주시 탄현면
건물 규모: 지상 2층
대지 면적: 313.60㎡(94.86평)
건축 면적: 104.09㎡(31.49평)
연면적: 154.67㎡(46.79평)
건폐율: 33.19%
용적률: 49.32%
설계사: june architects 김현석
구조설계: 김앤이 구조컨설턴트 이희원
시공사: 이디포 성기일
사진 제공: 심윤석

• 비용

건축비	1억 3천만 원(지붕공사 생략, 가구 및 공사 일부 자체제작으로 비용 감축)
전기, 기계설계	승진설비
창호	KCC 예광테크
가구 제작	인테리어 골드라인
싱크 제작	유니크씽크
도기, 수전	흥산도기타일
조명기구	조명나라
내벽 마감	KCC친환경페인트
바닥 마감	이건 강화마루
거실 펜던트	조명조명나라, LED전구 포함 22만 원(시공비 별도)
스포트라이트 조명	멀티 PAR30 회전 매입, 개당 약 8만 원(3구 매입 기준, 시공비 별도)
타일	흥산도기타일, ㎡당 약 2만 4천 원(시공비 별도, 운반비 포함)
주방 가구	하부장 유니크씽크, 상부장 인테리어 골드라인 제작, 도장 제외 약 2백 십만 원 붙박이장 자작나무합판, 인테리어 골드라인 제작, 약 50~60만 원(도장 별도, 현장제작)

38평 운서동의 무한궤도 하우스

소방관 아빠의 드림 하우스

하우스 스토리

네버랜드를 꿈꾸는 집

여기 단연코 세상에서 가장 '아이답게' 살 수 있는 집이 있다. 이수석(41), 최정원(40) 씨 부부의 '무한궤도 하우스'다. 무한궤도 하우스는 집 전체가 마치 커다란 플레이하우스 같다. 2층에서부터 미끄러져 내려올 수 있는 일명 '출동 봉'을 시작으로 초대형 미끄럼틀, 놀이그물, 다락 등 집 안 곳곳에 아이들이 열광할 만한 요소들이 가득하다. 이 집에 오는 아이들은 누구나 신나게 뛰어다니고 미끄럼틀을 타며 출동 봉의 존재에 신나라 한다. 아이들뿐만이 아니다. 모든 시설은 어른들도 사용할 수 있게끔 큼지막하게 제작돼 이 집에서만큼은 어른들도 동심으로 돌아간다.

사실 '무한궤도 하우스'는 평범한 소방관 아빠가 두 아이 채윤(8)이와 호정(6)이를 위해 오랫동안 공부하고 계획해 지은 집이다. 그 시작은 채윤이의 그림 한 장에서 비롯됐다.

"학교에서 딸에게 집을 그려오라는 숙제가 있었어요. 그런데 기다란 네모를 그리더니 그 안에 또 작은 네모들을 그리더라고요. 알고 보니 아파트를 그린 거였죠."

그 그림을 오랫동안 쳐다보며 부모는 '아이들이 어린 시절을 아파트에 갇혀 보내게 하지 말아야겠다'고 다짐했다. 그리고 그 결심이 지금의 '무한궤도 하우스'를 완성시킨 것이다.

이수석, 최정원 씨 부부의 딸 채윤이가 최근에 그린 무한궤도 하우스.

그렇다면 결과는 어떨까? 얼마 전, 채윤이는 다시 집에 대한 그림을 그렸다. 그런데 이번에는 확연히 그 모습이 예전과 달랐다. 성처럼 생긴 집에 미끄럼틀도 있고, 봉도 있고, 심지어 지붕 밑 다락도 있다. 집 안에 있는 사람들도 다 같이 웃고 있다. 이 그림 한 장이 모든 걸 말해주고 있지 않을까? 집이 아이의 미래를 바꾸고 있다.

하우스 구조와 특징

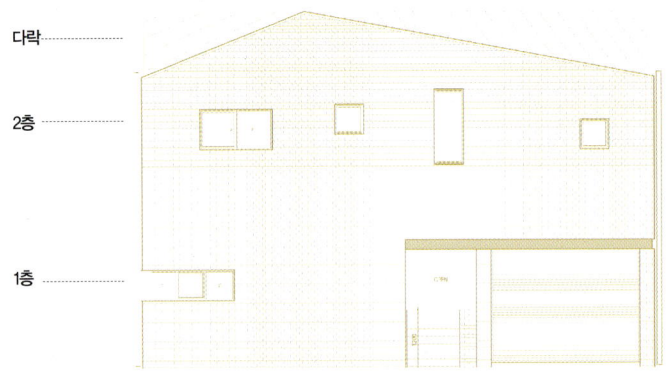

1층_ 출동 봉과 초대형 미끄럼틀이 있는 집

'무한궤도 하우스'에 들어서면 가장 먼저 보이는 것이 바로 출동 봉과 초대형 미끄럼틀이다. 먼저 출동 봉은 총 7.8m의 길이로, 1층에서부터 지붕까지 연결돼 집 한가운데를 관통하도록 만들었다. 수석 씨는 소방관인 자신의 직업을 아이들에게 보여줄 수 있는 콘셉트를 생각하다 출동 봉을 떠올렸다. 집 안에 봉을 만들면 위에서 타고 내려올 수 있어 재미도 있을 것 같았다. 그리고 봉 옆으로 초대형 미끄럼틀을 만들었다. 미끄럼틀 역시 6.5m의 길이로 집의 맨 꼭대기인 다

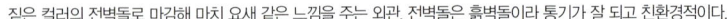

짙은 컬러의 전벽돌로 마감해 마치 요새 같은 느낌을 주는 외관. 전벽돌은 흙벽돌이라 통기가 잘 되고 친환경적이다.

락에서부터 이어진다.

"집이 아이들에게 활동적인 놀이터가 되길 바랐어요. 출동 봉과 미끄럼틀은 일부러 1층의 다이닝 공간과 가깝게 배치했는데, 식사시간 때마다 밥 먹으라고 하면 한 명은 출동 봉으로, 한 명은 미끄럼틀을 타고 등장하죠."

하.우.스 애청자의 Q&A

Q. 아이들용으로 만든 미끄럼틀인데 너무 큰 거 아닌가요?

맞다. 아이용으로만 만들 거라면 조금 더 작아도 되고, 출동 봉 또한 조금 짧거나 얇아도 된다. 이렇게 성인남자가 타도 끄떡없을 정도로 크고 튼튼하게 만든 이유는 간단하다. 어른인 부부도 함께 즐기기 위해서다. "어떤 분들은 아이들이 크면 이런 놀이시설은 쓸모없어지는 것 아니냐 물어보세요. 저희도 그런 고민을 안 해본 건 아니지만, 아이들이 자라도 저희가 계속 타고 놀 거라는 생각으로 만들었습니다."
실제로 부부는 놀이동산에 가서도 스릴 넘치는 놀이기구만 골라 탈 정도로 재미있는 것을 좋아하는 취향이다.

1 어두운 외관과 달리 밝은 느낌의 현관. **2** 아이들이 편하게 앉아 신발을 신을 수 있도록 현관 앞에 작은 벤치를 만들었다. 벤치 밑은 수납으로 활용된다. **3, 4** 2층에서 타고 내려갈 수 있는 출동 봉. 기존의 스테인리스 봉을 이어 7.8m로 제작한 것으로, 봉의 두께는 지름 65mm를 선택했다. 만약 아이용으로만 만들고자 할 경우 30mm 정도면 충분하다. **5** 다락에서부터 내려오는 초대형 미끄럼틀. 일반 금속으로 제작하기에는 비용이 많이 들어 경량목 구조를 선택했다. 하부 틀을 짠 다음 자작나무 합판으로 마감했다(길이 6.5m, 폭 1.2m, 경사 34°).

1 1층의 중심에 위치한 다이닝룸. 손님이 자주 방문하기 때문에 큰 테이블을 두었다. 컬러풀한 펜던트조명 두 개는 엄마와 딸이 좋아하는 컬러를 각각 고른 것이다. **2** 11자형으로 만든 주방. 각각의 개수대와 가스레인지, 전기레인지를 설치한 점이 독특하다. 부부가 동시에 조리할 경우가 많아서 동선이 겹치지 않도록 개수대와 쿡탑을 대각선으로 배치했다.

공중에 떠 있는 1.5층의 이색 놀이공간

층을 반 층씩 높이는 스킵플로어 구조가 적용된 무한궤도 하우스는 집 안 곳곳이 다양한 경로로 연결돼 있다. 즉, 출동 봉과 미끄럼틀이 있는 65.53㎡(19.82평)의 1층, 거실과 욕실이 있는 25.74㎡(7.79평)의 1.5층, 'ㄷ'자 구조로 연결된 92.72㎡(28.05평)의 2층, 거실과 아이 방 위로 각각 다락이 있는 구조다. 이때 거실 다락은 11.44㎡(3.46평), 아이 방 다락은 8.84㎡(2.67평)다.

거실 위로 3m x 3m 크기의 놀이그물을 설치했다. 놀이그물은 두 겹을 겹쳐 제작해서 최대 300kg까지 무게를 견딜 수 있을 정도로 튼튼하다.

1.5층의 아담한 거실은 무한궤도 가족들이 집에서 가장 좋아하는 공간이다. 이유는 소파에 앉아 천장을 올려다보면 단번에 알 수 있다. 세상에, 공중에 놀이그물이 떠 있는 거실이라니!

구조상 1.5층의 거실은 천장고가 최대 5.5m까지 높아졌는데, 그 높이를 활용해 중간에 철제로 견고하게 틀을 만들고 나일론 그물을 설치한 것이다. 그물을 두 겹으로 겹쳐 튼튼히 제작했기에 최대 300kg까지 무게를 견딜 수 있다.

거실 위에 설치된 놀이그물은 위로는 다락과,
계단 밑으로는 놀이방과 연계된다.

1 TV 쪽에 스크린을 설치했다. 소파 뒤쪽인 2층 바닥에 옹기종기 모여앉아 영화를 볼 수 있다. 2 놀이방은 연동도어를 설치해 문을 활짝 열면 하나의 공간처럼 보이도록 만들었다. 손님이 오면 게스트룸으로 활용되기도 한다. 추후 아이들이 자라면 다른 용도의 방으로 바꿔줄 계획이다. 3 놀이그물과 연결된 다락. 책을 읽거나 장난감을 가지고 놀 수 있는 공간이다.

"1층의 다이닝공간이 식당 겸 응접실로 활용된다면, 거실은 가족끼리 편하게 TV를 보고 휴식을 즐기는 장소예요. 저희 부부가 집에서 가장 많은 시간을 보내는 곳이기도 하죠. 그러다 보니 아이들도 함께했으면 좋겠더라고요. 그래서 거실 주변으로 재미있는 놀이공간들을 집약시켰어요. 아이들이 자기도 모르게 거실로 향하도록 유도하는 전략이랄까요?"

놀이그물은 위로는 다락과, 아래로는 장난감이 가득한 놀이방과 연결된다. 즉, 다락부터 놀이그물, 놀이방, 거실이 하나로 연결된 커다란 놀이공간이 완성된 것이다. 놀이그물 위로는 천창을 제작해 아이들이 놀이그물 위에서 하늘을 바라볼 수 있도록 했다. 천창에서 들어오는 빛이 거실까지 이어져 공간이 한결 밝고 생기 있어 보이는 효과도 있다.

퍼즐처럼 맞물린 아이들의 2층 방

무한궤도 하우스는 가족만의 프라이빗한 안마당을 만들고, 집 안 곳곳 채광을 골고루 받기 위해 중정이 있는 구조를 선택했다. 그러다 보니 내부는 자연스레 중정을 감싼 'ㅁ'자 구조가 되어 2층에 긴 복도가 생기게 되었다. 복도를 따라서 개인공간들이 이어지는데, 그 시작은 마치 퍼즐조각처럼 맞물려 있는 아이들의 방이다.

채윤이의 방은 계단식 복층구조로 이루어져 있다. 바닥부터 시작해 2층은 매트리스만 둔 침실

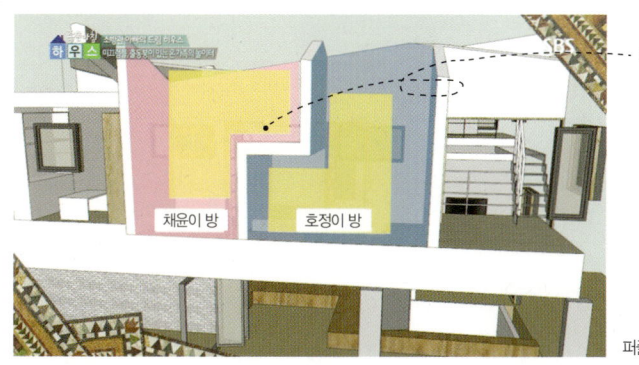

퍼즐조각을 맞추듯 맞물려 있는 두 아이의 방.

중정으로 인해 'ㅁ'자 모양이 된 무한궤도 하우스

1 계단식 구조로 이루어진 첫째 방. 1층에서 2층까지 1.6m, 2층에서 다락까지 1m 높이로 제작했다. **2** 맨 위층에는 8.84㎡(2.67평)의 다락이 있는데 역시 천창을 만들었다. 다락 바닥에는 동생 방과 이어지는 문이 있다. **3** 누나의 침실 때문에 1.4m로 낮추진 곳에는 침대를 배치했다. 두 개의 방을 네모반듯하게 나누었을 때보다 이렇게 포개 잠자는 면적을 공유하면, 각각 0.5평씩 방을 더 넓게 사용할 수 있다.

로, 그 위는 아이들만의 놀이공간인 미니 다락으로 이어진다. 채윤이의 다락이 아닌 '아이들'의 다락이라고 표현한 이유가 있다. 바로 다락 바닥에 있는 조그만 문을 통해 옆의 호정이 방과 연결되기 때문이다.

즉, 아이들의 방을 포개지게 배치해 누나 방에는 미니 다락을 만들고, 동생 방에는 다락으로 향하는 사다리를 놓음으로써 남매끼리 공유할 수 있는 비밀 아지트를 만들어준 것이다. 아이들은 다락에 모여 자기들만의 시간을 보낼 수도 있고, 다락의 문을 열어두고 각자의 방에서 대화를 나눌 수도 있다.

"이 집에서 무조건 많이, 활발히 움직이라고 이런 시설들을 만들었어요. 그리고 앞으로 아이들이 서로를 더 의지했으면 좋겠더라고요. 기쁜 일도, 슬픈 일도 모두 함께 나누고 소통하며 자라기를 바라봅니다."

실내정원이 한눈에 보이는 욕실과 남성용 소변기를 둔 화장실

무한궤도 하우스는 총 두 곳에 욕실과 화장실이 있다. 하나는 거실 옆 1.5층으로 올라오는 입구에 위치하고, 또 하나는 개인공간들이 모여 있는 2층에 있다. 그런데 이 공간들 역시 범상치 않다. 1.5층에 위치한 욕실은 일명 '욕실정원'이라 불리는 곳이다. 아이들보다는 어른들을 위한 공간으로, 80cm x 170cm 크기의 욕조를 바닥보다 60cm 낮게 설치했다. 이렇게 욕조를 매립한 이유는

1 욕조를 바닥으로 매립하고 앤티크한 수전을 설치한 욕실. **2** 개운죽 화분이 놓인 욕실정원. 뒤에 전벽돌을 쌓아 디자인을 고려하면서 동시에 사생활 보호에 신경 썼다.

1 좌변기와 남성용 소변기를 함께 둔 화장실. 2 화장실 옆, 2층 끝에 자리한 안방. 아내의 취향에 맞춰 클래식한 콘셉트로 꾸몄다. 가구는 이전부터 사용하던 것들로, 설계 시부터 가구 크기에 맞춰 방의 크기를 정했다. 3 다락 앞에 책상을 두어 아내만을 위한 공간을 만들었다. 다락에서 노는 아이들을 볼 수 있고, 출동 봉을 타고 1층 주방으로 빠르게 이동할 수도 있다. 4 다락으로 가는 계단과 벽을 활용해 아이들을 위한 도서관을 만들었다. 놀이그물을 거치지 않고 다락으로 갈 수 있는 또 다른 방법이다.

반신욕을 하며 앞쪽에 있는 실내정원을 보기 위해서다.

반신욕을 즐겨 하는 부부는 욕실이 심신에 여유를 주는 힐링 공간이 되길 원했다. 그래서 일본의 욕실을 모티브로 욕조 앞에 미니 정원을 만들었다. 말이 거창하게 '실내정원'이지 여유공간만 있다면 누구나 손쉽게 만들 수 있다. 바닥에 흰색 자갈을 깔고 그 위로 여러 화분들을 올려놓기만 하면 끝이다. 정원에 둘 식물은 개운죽을 선택했다(추후 다른 식물들도 도전해볼 예정이다). 개운죽은 누구나 실내에서 손쉽게 키울 수 있을 뿐 아니라, 잘만 관리하면 2m 가까이 곧게 자라 청량한 숲의 느낌을 연출할 수 있다.

2층에는 씻고, 옷을 갈아입고, 세탁까지 한꺼번에 해결할 수 있는 공간이 자리한다. 드레스룸, 세탁실, 세면공간, 샤워실, 화장실로 이어지는 곳이다. 아침시간만 되면 네 명이 왁자지껄 모여 전쟁터를 방불케 하는 곳이다. 그래서 각자 다른 공간을 사용할 수 있도록 세면대, 샤워실, 화장실을 분리했다. 이 공간들 중 부부의 야심작은 단연 화장실이다. 평범한 좌변기 옆으로 일반 가정집에서는 상상도 할 수 없는 '물건'(김환MC의 표현을 빌리자면) 남성용 소변기가 있기 때문이다.

"공중화장실의 소변기를 연상케 하는지 지저분해져서 집에 어떻게 두냐고 하시는 분들도 계세요. 하지만 좌변기와 구분해 사용할 수 있어서 훨씬 위생적입니다."

이렇게 안방을 끝으로 방들이 모여 있는 복도를 지나면 1층에서 봤던 출동 봉의 시작점과 거실에서 만났던 다락을 다시 조우하게 된다. 드디어 '무한궤도 하우스'를 한 바퀴 다 돌아본 셈이다.

이수석, 최정원 씨 부부의 재미있는 집짓기에 대한 조언

자신의 의견을 실현시켜줄 건축가와 시공사를 찾고 함께 충분히 대화하기

부부는 건축가를 찾는 과정에서 이들의 이전 작업을 면밀히 관찰했다(건축사 홈페이지에 들어가면 포트폴리오를 자세히 볼 수 있다). 건축가들도 각자 선호하는 스타일이 다르기 때문에 자신들의 생각과 흡사하게 작업을 했던 건축가를 찾은 것이다.

또한 설계 및 시공과정에서 끊임없이 건축가, 시공사와 아이디어를 공유했다. 비전문가인 건축주가 막연하게 떠올리는 부분들을 건축가와 시공사는 구체화시켜 주기 때문에 최대한 자신의 생각과 의견을 표현하는 것이 중요하다. 이렇게 '무한궤도 하우스'는 꼼꼼한 논의와 설계 끝에 가족의 꿈을 완벽히 실현시켜줄 집으로 완성될 수 있었다.

하우스 정보

대지 위치 : 인천시 중구 운서동
건물 규모 : 지상 2층(다락 별도)
대지 면적 : 248.50㎡(75.17평)
건축 면적 : 123.54㎡(37.37평)
연면적 : 183.99㎡(55.66평)
건폐율 : 49.71%
용적률 : 74.04%
설계 및 시공 : 설계-(주)유타건축사사무소 / 시공-브랜드하우징
사진 제공 : 진효숙

• 비용

건축비	4억 원
내벽 마감재	페인트
바닥재	강마루 구정
욕실 및 주방 타일	바스디포
수전 등 욕실기기	아메리칸 스탠다드
주방 가구	공간주방
조명	램프랜드
계단재	자작나무 합판
현관문	ykk 도어
데크재	이페

15평 운서동의 북하우스

건축상 우수상을 수상한 집

하우스 스토리

가족의 이야기를 담은 집

'2015 인천시 건축상 우수상'을 수상해 여타의 공동건물들과 어깨를 나란히 견준 주택이 있다. 수상을 했다고 하면 보통 크고 호화로운 저택이나 예술적으로 디자인된 집을 떠올리기 마련이다. 하지만 홍금표(36), 김소연(36) 씨 부부의 '북하우스'는 평범한 회사원인 이들이 가족을 위해 지은 작고 소박한 보금자리다.

건축에 문외한인 일반인이 많은 비용과 시간을 들여 집을 짓는다는 것은 큰 용기가 필요한 일이다. 결혼 후 줄곧 서울의 아파트에서 살아온 부부에게도 마찬가지였다. 하지만 이들은 우연한 계기를 디딤돌 삼아 가족이 보다 행복해질 수 있는 방법을 선택해보기로 결심했다.

"우연찮게 아내가 인천으로 직장을 옮기게 되면서 인근의 시세를 알아보게 됐어요. 그런데 뜻밖에도 저희가 시도해볼 수 있는 수준인 거예요. 땅값이 서울에서 20평대 아파트를 살 수 있을 정도 혹은 30평대 아파트 전세금 정도였죠. 이후로는 고민할 필요가 없었습니다."

북하우스는 그 이름처럼 외관도 내부도 모두 책과 연관된 집이다. 애서가인 가족이 건축가에게 책으로 가득한 집, 또 책을 통해 이웃과 소통할 수 있는 집을 부탁했기 때문이다. 그 결과 책 한 권을 그대로 빼어 닮은 파격적인 외관 그리고 커다란 책장과 테이블

북하우스 외관.

을 갖춘 북 카페 콘셉트의 집이 완성됐다. 또한 마당에는 담을 없애 이웃들이 편하게 왕래할 수 있도록 문턱을 낮췄다. 아파트에서 이웃과 소원하게 지냈던 날들이 아쉬웠기 때문이다.

주말이면 성우(7)와 세린이(4)의 친구들로 집이 북적북적하다. 벌써 새로운 보금자리에서 여러 친구들을 사귄 아이들은 옹기종기 모여 책을 읽기도 하고, 마당에서 공놀이를 하기도 한다. 어른들도 북카페에 앉아 담소를 나누거나, 마당과 연결된 테라스에 모여 바비큐 파티를 여는 것이 일상이다. 어른도 아이도 모두 신나는 집인 셈이다.

"전에는 주말마다 아이들을 데리고 어디론가 놀러 다녀야 했어요. 하지만 요즘에는 집에만 있어도 할 일이 많고 즐거워요."

북하우스를 짓고 나서야 진정 사람 사는 맛을 알게 됐다는 가족이다.

하우스 구조와 특징

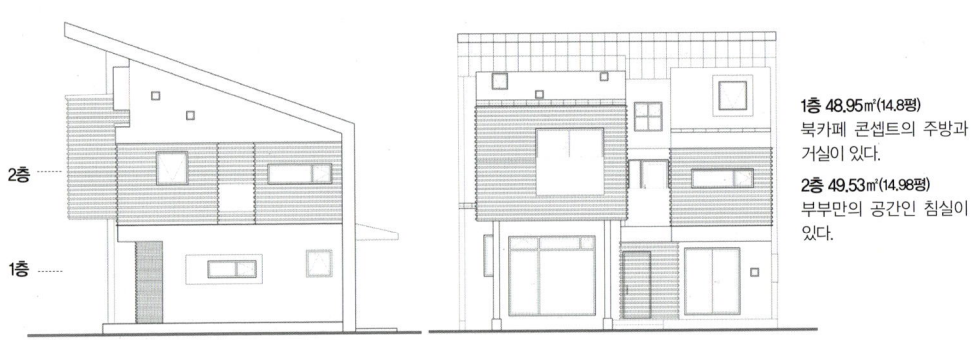

1층 48.95㎡(14.8평)
북카페 콘셉트의 주방과 거실이 있다.

2층 49.53㎡(14.98평)
부부만의 공간인 침실이 있다.

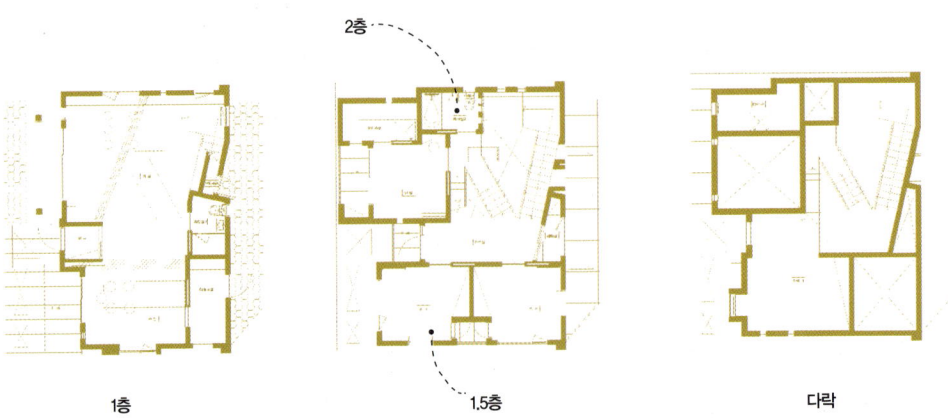

1층   1.5층   다락

1, 2 책을 닮은 북하우스 외관. 집을 대지 끝 쪽으로 배치해 앞마당을 넓게 활용한다. **3** 창문이나 내부에 실들이 위치한 곳을 입체적으로 디자인했다. 다만 현관문은 두드러지지 않게 하고 싶어 단열도어 위로 외관에 사용한 일본산 삼나무를 붙였다.

책을 닮은 집

"건축가가 집을 책 모양으로 지으면 어떻겠냐고 제안했어요. 듣자마자 참 재미있겠다 싶었죠!"
북하우스의 독특한 외관은 책을 재해석해 디자인한 것이다. 지붕부터 집의 뒷면을 검은색 컬러강판으로 감싸 하드커버를 표현하고, 안쪽으로는 일본산 삼나무를 겹겹이 붙여 책장을 표현했다. 재미있는 점은 앞쪽으로 올록볼록하게 나온 공간들이다. 마치 책을 열면 그림이 튀어나오는 팝업

1 북카페 콘셉트의 거실. 책장은 비용 절감을 위해 구조재인 캐나다산 SPF로 현장제작해 만들었다. 'SPF'란 가문비나무(Spurs), 소나무(Pine), 전나무(Fir)의 약자로 이들과 비슷한 수종군의 나무를 말한다. 넓은 벽면에 구조적 안정성을 더하는 이중 수직벽의 역할도 한다. **2** 책장은 칸의 크기를 다양화하고 28.5cm의 깊이감을 주어 수납공간의 역할도 겸할 수 있도록 했다. **3** 책장 한쪽에 화이트보드를 설치해 아이들이 낙서를 하고 놀 수 있다. **4** 주방 입구에 자작나무 합판으로 커다란 3연동도어를 제작했다. 아직 어린 아이들이 주방의 위험요소에 노출되지 않도록 문을 닫을 수 있도록 한 것이다. **5** 문을 열면 주방과 거실이 하나로 연결된다. 개수대와 쿡탑이 있는 아일랜드테이블을 거실 방향으로 배치했다.

북처럼, 가족의 이야기가 담긴 공간들이 책 속에서 튀어나오려는 역동적인 느낌을 반영했다.

"옆에서 봤을 때 튀어나온 부분이 거실, 아이 방, 안방, 다락으로 이어져요. 우리 가족의 공간들이 한데 어우러져 한 권의 책을 만든다는 스토리로 외관을 설계한 거죠."(건축주)

"가족의 기호와 바람에 따라 각각 공간화시키고, 그 공간들을 건축적 구조인 책의 커버 형태에 담았습니다. 책이 이야기를 담고 있듯 집이 사용자의 이야기를 담고 있는 것입니다."(건축가)

1층_ 책으로 소통하는 거실과 주방

주방과 거실이 위치한 1층은 북하우스 가족들에게 가장 소중한 공간이다. 부부는 가족이 각자의 공간으로 흩어지지 않고 한 장소에 머물며 소통하는 집을 꿈꿔왔고, 그 매개체가 책이 되기를 바랐다. 그래서 집의 중심이 되는 거실을 북카페 콘셉트의 서재로 계획했다. 한쪽 벽면을 활용해 8.5m 높이의 책장을 두고, 그 앞으로

> **하.우.스 tip**
>
> **대면형 주방에는 전기레인지를 추천!**
>
> 거실을 마주하는 대면형 주방의 경우에는 가스레인지보다 전기레인지를 추천한다. 가스를 켜고 오래 요리를 하다 보면 이산화탄소가 발생할 수 있는데, 환기를 아무리 잘 해도 거실로 새나갈 수 있기 때문이다.

1 스킵플로어로 계획된 내부. 집의 중심을 가로지르는 다리는 1.5층과 2층을 연결한다. **2, 3** 강화유리로 제작한 계단 난간. 구조적으로 안전성을 확인한 뒤 유리 위로 안전필름을 붙인 것이다. 유리 난간은 미적으로 예쁠 뿐 아니라 개방감이 있어서 부부가 아래층에 있는 아이들을 쉽게 확인할 수 있다.

구조용 목재를 실내에 노출해 인테리어 요소로 활용한다. 2층 안방을 지탱하는 5.55m의 패럴램(PSL, 목재를 모아 압착해 만든 공학용 목재) 하단에 LED조명을 넣어 거실의 메인 등으로 사용한다.

원목테이블을 놓아 가족이 둘러앉을 수 있는 공간을 마련했다. 이런 거실은 남편 금표 씨의 아이디어에서 비롯됐다. 대학시절 와타나베 쇼이치의 『지적생활의 방법』이라는 책을 감명 깊게 읽은 그는 오랫동안 가족을 위한 서재를 꿈꿔왔고 북하우스를 통해 이를 실현한 것이다.

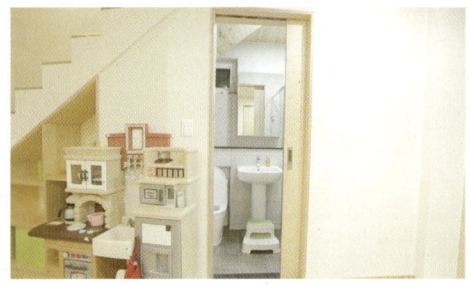

계단 밑은 미니 화장실과 책장으로 활용한다.

"보통 부모 자신은 TV를 보면서 아이들에게는 방으로 들어가 공부하라고 이야기하잖아요. 저희는 그러지 않고 함께 책을 읽고 대화를 나누는 부모가 되고 싶었어요."

이 거실은 밖으로는 마당, 안으로는 주방 등 집 안 곳곳과 이어져 있다. 특히 같은 층에 위치하는 주방은 거실에 있는 가족과 마주할 수 있도록 대면형 구조로 계획했다.

집에 역동적인 공간감을 부여하다

부부는 북카페 콘셉트 외에 15평 남짓의 좁은 면적을 어떻게 하면 단조롭지 않게 구성할 수 있을지 고민했다. 이에 건축가는 높은 천장고를 활용한 공간의 역동성을 제안했다. 그 결과 안방을 앞으로 밀고 허공을 가로지르는 계단을 만들거나, 스킵플로어 구조를 적용해 2층 집을 총 네 개의 층으로 나누는 등 창의적인 구조가 완성됐다.

1.5층_ 아이들을 위한 비밀의 공간

1.5층에는 성우와 세린이의 방이 나란히 위치한다. 이곳에는 부부가 아이들을 위해 꼭 만들어주고 싶었다던 비밀의 공간이 있다. 바로 남매의 방 사이에 위치한 미니 발코니다.

"아이들이 조금 더 성장하게 되면 혼자 바람을 쐬거나 사색에 잠길 수 있는 공간이 필요할 거라 생각했어요. 여유가 있다면 각자 독립적인 공간을 마련해주고 싶었지만 면적이 좁다 보니 공동의 공간으로 할 수밖에 없었죠."

1 3개의 문이 있는 1.5층. 정면은 세탁실이고 나머지는 아이들의 방이다. **2** 자투리공간을 활용해 세탁실을 만들었다. 세탁기의 크기에 맞춰 공간을 할애한 것으로, 같은 층에 발코니가 있어 세탁 후 바로 건조할 수 있다. **3** 아이들의 방은 각각 침대와 책상, 붙박이장만 놓을 수 있을 정도로 작게 만들었다. **4** 방 사이에 위치한 1.26㎡(0.38평)의 발코니. 이 발코니를 통해 남매의 방이 이어진다.

2층_ 집 속의 작은 집, 침실

부부의 안방.

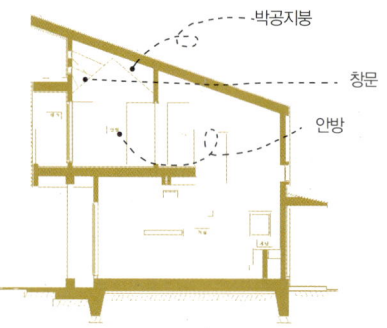

부부의 공간인 안방은 마치 집 속에 위치한 작은 집 같다. 사선으로 높아지는 천장을 일부 막아 박공지붕 형태를 만들었기 때문이다. 9.44㎡(2.86평)의 좁은 방이기에 개방감을 위해 천장을 높이면서도, 숙면을 취하는 침실이기에 아늑한 분위기를 연출할 수 있도록 절충해 디자인한 것이다.

침실은 심플하지만 은근히 다이내믹한 공간이다. 박공지붕 모양의 천장이 그렇고, 한쪽 벽면을 선명한 보라색으로 페인트를 칠한 것이 그렇다. 또한 천장을 만들며 생긴 깊이를 활용해 작은 창을 만들었는데, 투명유리 대신 유리블록과 컬러 아크릴판을 조합해 시공했다. 덕분에 햇살이 비추는 낮에는 노랑, 빨강 등 색색의 빛이 방을 아름답게 수놓는다.

침실 옆으로는 작은 방이 있다. 안방과 달리 3.6m의 천장고를 둘로 나눠 밑은 드레스룸으로, 위는 창고용 다락으로 활용한다. 물건을 보관하는 창고는 욕실 윗부분까지 최대한 면적을 넓혀 수납력을 높였다.

1 침실의 한쪽 벽면을 보라색으로 페인트칠했다. 박공지붕 모양의 천장이 흥미롭다. 2, 3 창을 통해 컬러풀한 빛이 방을 비춘다. 4, 5 욕실 천장엔 편백나무를 시공했다. 일부 툭 튀어나온 부분이 안방의 다락 공간이다.

홍금표, 김소연 씨 부부의 작은 집 설계에 대한 조언

가구, 조명, 콘센트 등의 위치를 미리 생각하기

설계 단계부터 가구나 조명, 콘센트 등의 자리를 미리 정해야 한다. 한번 공사가 시작되면 중간에 변경이 어렵거나 아예 불가능하기 때문이다. 설계 시부터 디테일한 부분까지 꼼꼼히 챙기지 않으면 불편한 집에서 살게 될 수도 있다.

가족의 생활면적 계산하기

욕심을 내다 보면 집이 한없이 커지거나 복잡해져 그만큼 공사비도 늘어나게 된다. 이를 조율하기 위해서 설계 전에 실질적인 생활면적을 계산해보는 것이 좋다. 집에서 어떤 공간을 주로 사용할지 생각해본 뒤, 이 공간들을 중심으로 크기를 정하면 동선이 간결해지고 불필요한 면적의 낭비를 줄일 수 있다.

하우스 정보

대지 위치: 인천시 중구 운서동
건물 규모: 지상 2층(다락 별도)
대지 면적: 248.4㎡(75.14평)
건축 면적: 81.49㎡(24.65평)
바닥면적: 1층 48.95㎡(14.81평) / 2층 49.53㎡(14.98평)
연면적: 98.48㎡(29.79평)
건폐율: 32.81%
용적률: 39.11%
설계 및 시공: 설계-건축사사무소 케이디디에이치(KDDH건축), 건축가 김동희/시공-101 ROOF
사진 제공: 송정근 작가

• 비용

대지 구입비, 건축비	4억 9천만 원
거실 책장	캐나다산 SPF로 현장제작
	3백만 원(시공비 포함, 샌딩 / 투명 페인트 코팅 포함)
구조재 조명	패럴램+구조목+패럴램에 T5 LED조명 시공
주방 가구	한샘
욕실 타일	국산 삼현타일 샌드스톤G(도기질)
	㎡당 2만 2천 원(시공비 별도)
바닥 타일	국산 삼현타일 8219(자기질)
	㎡당 1만 7천 원(시공비 별도)
안방 색유리	유리블록과 컬러 아크릴판의 조합
	(개당 약 1만 5천 원짜리를 2개 조합함, 세트당 3만 원)
벽 마감재	벤자민무어 친환경페인트
	MAIN: dove wing OC-18, 안방: Plum perfect 1371
	아이 방: Aberden green 631, 아이 방 2: Breath of fresh Air 806

세 가족이 모여 사는 행고재

행복을 고하는 집

하우스 스토리

한 지붕 세 가족

〈하.우.스〉의 모든 건축주들은 집에 대한 남다른 관점을 가지고 새로운 도전을 한 용기 있는 사람들이다. 하지만 그중에서도 단연 남들과 다른 선택을 한 가족을 꼽으라면 '행고재(幸告齋, 행복을 고하는 집)'를 지은 서인이네, 은기네, 꼬망네가 떠오른다. 행고재는 한 지붕 아래 세 가구가 모여 사는 집이다. 3대 혹은 4대가 사는 다른 '하우스'들과 무엇이 다르냐 묻는다면, 이들은 혈연관계가 아닌 철저히 타인이라는 점이다. 심지어 나이도, 취향도, 성격도 제각각인 세 가족이다. 이들은 도대체 왜 함께 모여 집을 짓게 된 걸까? 이들의 남다른 스토리를 들어보자.

여럿이 함께 집을 짓는 코하우징

'코하우징(Co-Housing)'이란 여럿이 모여 함께 집을 짓는 것을 말하는데, 자신들의 개인공간으로 사생활을 누리면서 동시에 공용공간을 통해 삶의 일부를 공유하는 협동주거 형태를 말한다. 쉽게 말해 뜻이 맞는 사람들이 모여 집 한 채를 짓고, 그 안에 각자 쓰는 주거공간과 함께 쓰는 공용공간을 만드는 것이다. 그래서 공용공간을 통해 일정부분 공동체적인 삶을 사는 것이다. 행고재 또한 코하우징의 일환이다. 먼저 이해를 돕기 위해 행고재의 가족들부터 소개하겠다.

행고재 가족 profile

- **꼬망네**
-장다나(37, 영화 전공 프리랜서), 박준형 (39, 회사원)
-알콩달콩 신혼부부. 반려묘 두 마리와 동거 중.

- **은기네**
-고승범(36, 회사원), 김애현(38, 수학선생님), 고은기(4)
-어린 아들을 둔 바쁜 맞벌이 부부.

- **서인이네**
-박준용(47, 공연예술 강사이자 직장인), 장영(47, 가정주부), 박서인(14), 박이린(8)
-두 자녀를 둔 한국의 FM 가족.

세 가족, 전세금으로 디자인하우스를 짓다

행고재의 시작

행고재는 서인이네 가장인 박준용 씨로부터 시작됐다(준용 씨는 현재 행고재 식구들에게 코하우징 대표, 즉 '코대'라 불린다). 결혼 후 줄곧 아파트 생활을 했던 준용 씨는 두 아들을 키우며 틈틈이 아파트 탈출을 계획해왔다. 그의 꿈은 작아도 마당이 있는 주택에서 아이들을 키우는 것이었는데, 행동력 좋기로 소문난 그가 오랫동안 계획만 세워온 데는 역시 금전적인 이유가 컸다. 평범한 40대 중산층인 그가 가지고 있는 자산은 아파트 한 채가 전부였다. 전 재산을 팔아 땅을 사고 집을 짓는다는 것은 서울에서는 불가능한 일처럼 보였다.

너는 내 운명! 땅을 만나다

그러던 중 어느 날 '땅'이 찾아왔다! 강서구 쪽에 221.10㎡(66.88평)의 택지가 평당 800만 원 선에 나온 것이다. 그 주변 땅은 평당 최소 1,200만 원 선이었는데 이전 소유주의 사정에 의해 시세보다 훨씬 저렴하게 나온 땅이었다. 게다가 자신이 살던 동네에서 불과 30분 거리였다. 교통도 편하고, 주변으에 자연을 즐길 수 있는 야트막한 산도 있었다. 게다가 단독주택 전용지로 분

양했던 곳이라 주위로 단독주택 몇 채만 있어서 조용하고 여유로운 분위기였다. 준용 씨로서는 절대 놓칠 수 없는 땅이었다.

"단독주택만 지을 수 있게 단독주택 전용지로 분양한 땅이었어요. 그래서 투자 목적으로는 가치가 없는 곳이었죠. 그런 땅에는 3층 이상, 3세대 이상의 건물은 들어올 수 없거든요. 빌라나 수익형 부동산을 만들 수 없는 땅이라 저희 같은 실거주자에게는 오히려 좋은 땅입니다."

꼬망네, 은기네와 의기투합하다

마음에 쏙 드는 땅은 찾았지만 여전히 비용적으로 혼자서 감당이 되지 않기는 마찬가지였다. 그래서 그는 함께 집을 지을 동지를 찾아 나섰다. 몇 번의 만남과 헤어짐이 생기고, 점점 실망감만 커져가던 찰나 뜻밖의 장소에서 인연을 만났다. 정기적으로 참여하던 커뮤니티의 가족들이 코하우징을 긍정적으로 받아들인 것이다. 이들은 모두 팍팍한 전세살이에 지친 가족들이었는데 아파트 전세금으로 삶의 터전인 서울을 벗어나지 않으면서, 마당이 있는 '집다운 집'을 지을 수 있다는 사실에 관심을 보였다.

"각 집이 차이 나게 비용을 감당하긴 했지만 세대별로 나눠 계산해보면 서울 30평대 초반 아파트, 세 가구의 전세금을 모아 집을 지었다고 해도 과언이 아니에요. 세 세대가 모여 약 10억을 만들고, 7~8천만 원 정도 추가로 들어간 비용은 저희가 공동대출을 통해 함께 이자를 부담하고 있습니다. 덕분에 서울 아파트 전세비용 정도로 이렇게 만족스러운 디자인 하우스에서 살 수 있는 거죠."

그렇게 최종적으로 모인 세 가족이 지금의 행고재 식구들인 서인이네, 은기네, 꼬망네다. 그리고 드디어 이들의 집짓기가 시작됐다.

하우스 구조와 특징

한 지붕 아래 세 가지 스타일

행고재는 크게 다 같이 사용하는 공용공간들과 층별로 위치한 세 가족의 집으로 나뉜다. 먼저 각자의 공간들부터 만나보자.

꼬망네
- 천장이 높은 복층을 원해요.
- 구조는 실험적이어도 OK!
- 글쓰는 작업실이 꼭 필요해요.
- 아기자기하게 꾸미는 걸 좋아해요.
- 고양이를 위한 공간도 있었으면 해요.

은기네
- 단순한 실 구성과 넓은 거실을 가진 단층이 었으면 해요.
- 평소에 요리는 많이 안 해요.
- 아이와 함께 노는 공간을 만들어주세요.
- 안방에선 아이와 셋이 잡니다.

서인이네
- 다락방.
- 그림자가 예쁜 집, 자연 채광.
- 밤하늘을 볼 수 있는 천문대.
- 프라이빗한 드레스룸.
- 심플하고 모던한 디자인.
- 아이와 함께 영화를 보는 공간.

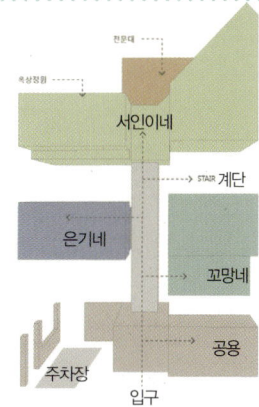

위의 내용은 설계를 맡은 건축가에게 가족들이 건넨 각자의 위시리스트를 발췌한 것이다. 딱 봐도 감이 오지 않는가? 이들, 정말 원하는 집이 너무도 다르다! 먼저 기본적인 구조부터 제각각이다. 자유분방한 신혼부부 꼬망네는 높은 천장고를 가진 복층구조를, 아파트처럼 안정적인 평면구조의 주거문화가 익숙한 은기네는 단층을, 서인이네는 두 가족에게 우선권을 주고 남는 공간을 자유롭게 설계하되 다락이 꼭 있어야 했다.

이외에도 모두의 요구를 한 집에 조율해가는 것이 보통 일이 아니었다. '코대'인 준용 씨가 농담처럼 '행복을 고하는 집'이 아닌 '행고재(幸苦齋)', 즉 '행복과 고통을 함께하는 집'으로 잠시 개칭했을 정도로 행복과 고생이 공존했던 시간이었다. 하지만 세 가족은 건축가와 함께 현명하게 하나씩

일을 처리해 나갔고, 그렇게 가족들만의 개성을 살린 세 가지 스타일의 공간들이 완성됐다.

　최종적으로 결정된 구조는 위의 그림과 같다. 각각의 집들은 층마다 위치하는데 프라이버시를 중시해 세대를 층별로 철저히 분리한 것이다. 그리고 내부구조는 최대한 가족들의 요구를 반영했다. 꼬망네는 원하는 대로 1층과 2층을 연결한 복층구조를, 은기네는 평면에서 중간에 단차를 둔 스킵플로어 구조로 변형하는 대신 거실을 넓게 만들었다. 한창 뛰어다닐 은기를 위해 주차장 위에 거실을 배치하는 것도 잊지 않았다. 층간소음 걱정 없이 마음껏 뛰어다닐 수 있게 만든 것이다. 3층인 서인이네는 다른 집들의 영향으로 중간에 단차가 큰 스킵플로어 구조가 생겼지만 이를 아이디어로 지혜롭게 극복했다. 또한 위로 무려 두 개의 다락을 만들어 신나게 활용하는 중이다.

1층_ 꼬망네

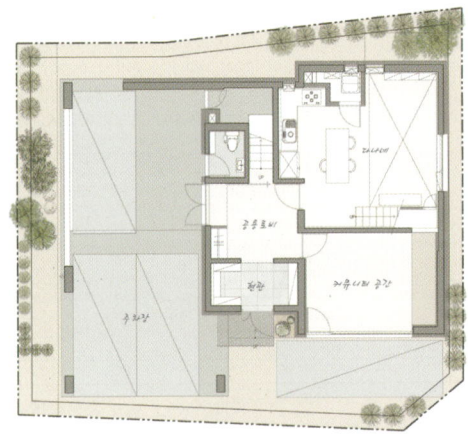

꼬망네가 사는 1층.

1 주방과 거실이 위치한 1층 꼬망이네. 주방은 '행고재의 공식 요리사'라 칭할 정도로 요리를 좋아하는 다나 씨가 손수 꾸몄다. 커다란 원목테이블 하부는 알찬 수납공간으로 활용한다. **2** 거실은 책장을 두어 북카페 콘셉트로 디자인했다.

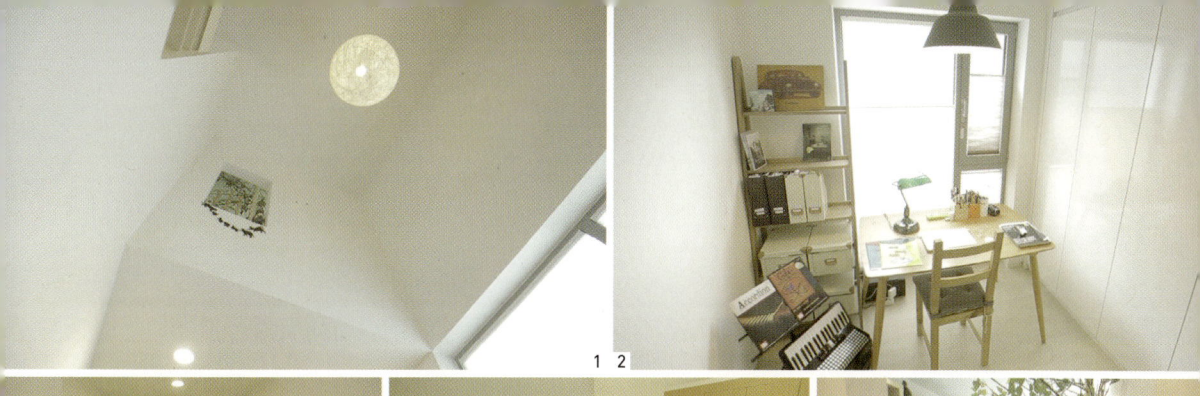

1 복층구조로 6.2m의 높은 천장고를 가진 꼬망네. 1층 거실에서 올려다보면 600mm x 1000mm 크기의 창문이 보이는데 1층과 2층을 연결하는 소통의 창구다. **2** 글쓰기를 좋아하는 꼬망네 다나 씨의 작업실. 벽에는 3350mm x 600mm 크기의 붙박이장을 제작해 멀티 수납공간으로 활용한다. 손잡이를 없애 깔끔한 벽처럼 보인다. **3** 옆집 은기네로 인해 벽의 일부가 950mm 정도 안쪽으로 쑥 들어갔다. 그 자리에 선반과 책장을 제작해 남편의 서재로 사용한다. **4** 신혼부부인 꼬망네 침실. 베이비블루 컬러로 헤드보드가 없는 침대 벽에 포인트를 주었고, 붙박이장은 오크 느낌의 필름지를 붙여 완성했다. **5** 침실과 연결된 오붓한 아지트 공간. 부부가 함께 차를 마시거나 취미생활을 즐기는 장소로 활용한다. 창을 크게 만들어 좁은 공간에 개방감을 주었다.

2층_ 은기네

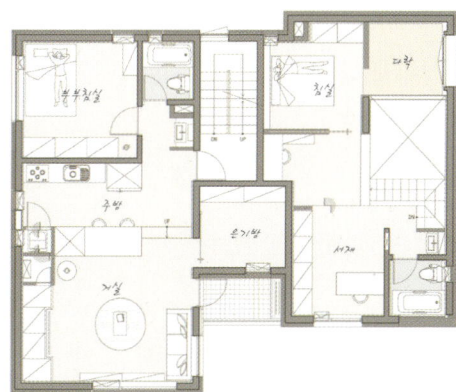

꼬망네와 은기네가 사는 2층.

거실이 커다란 무대처럼 펼쳐지는 은기네. 아이가 마음껏 뛰어놀 수 있도록 거실을 넓게 만들었다.

1 거실 쪽으로 식탁 및 조리대로 사용하는 테이블을 두어 엄마가 주방에 있을 때 아이와 소통할 수 있도록 했다. **2** 자작나무로 제작한 TV 아트월. 양쪽 문을 열면 안쪽을 수납공간으로 쓸 수 있다. 거실을 넓게 사용하기 위해 가구를 최소화하고 벽을 활용해 수납공간을 만들었다. **3** 거실의 개방감을 위해 큰 창을 제작하고, 실내를 야외 테라스와 연결했다.

3층_ 서인이네

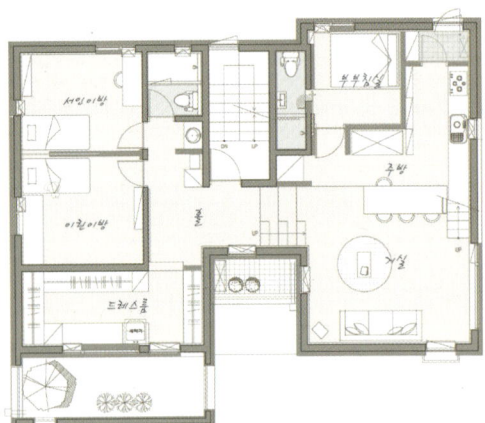

서인이네가 사는 3층.

1 최고 높이 6.6m로 천장이 높은 서인이네. 2 동선을 고려해 테라스 앞으로 세탁기, 다림질 공간, 드레스룸을 배치했다. 빨래 후 볕에 잘 말린 빨래를 바로 드레스룸에 정리할 수 있어 편리하다. 3 서인이와 이린이의 침대 사이에 문을 만들어 형제가 소통할 수 있도록 했다. 벽체 사이로 문이 들어갈 수 있도록 틀을 제작한 뒤 포켓 슬라이딩도어를 설치한 것이다. 4 남편의 서재 겸 행고재 아이들의 어린이 도서관이 되는 다락. 5 도서관과 이어지는 미니 다락에 해먹을 설치하고 천체망원경을 두었다. 낮에는 해먹을 타고 노는 공간. 캄캄한 밤에는 천체망원경으로 별을 보는 천문대가 된다. 6 스킵플로어 구조 때문에 만들게 된 계단은 영화를 볼 수 있는 극장이 된다. 계단은 영화관 의자로, 맞은편 하얀색 벽은 스크린으로 활용한다.

행고재의 공용공간들

코하우징의 독특한 점은 전 세대가 함께 사용하는 공용공간이 있다는 것이다. 이런 공용공간들은 개인공간들의 부족한 점을 보충해 더욱 풍요로운 삶을 가능하게 한다. 행고재의 경우에는 공용현관과 홀을 비롯해 1층 카페와 'MOIM(모임)' 방, 옥상정원이 있다. 이런 공용공간의 일부(1층의 카페 등)를 마을 사람들과도 공유함으로서 이웃과도 함께 어울려 살아가고자 노력하고 있다.

영화감상, 독서 모임, 주말 브런치 카페 등으로 다양하게 활용되는 1층 카페.

공용 옥상. 세 가족이 모여 바비큐 파티를 즐기는 장소다.

세 가족이 한 집에 살 경우 소유권 문제

코하우징에서 단연 궁금한 점은 소유권 문제다. 여러 세대가 함께 대지를 구입하고 건물을 지었으니 당연히 지분에 따라 분할로 이루어진다고 생각할 것이다. 하지만 행고재의 경우는 조금 다르다.

"통상적으로 코하우징 콘셉트의 집들은 세대별로 지분을 따로 가지고 개별 등기를 하는 구조더라고요. 저희도 그 방법을 고민했지만 너무 복잡할 뿐 아니라 추후 갈등이 일어날 소지도 많아 보였습니다."

그래서 행고재 가족들이 생각해낸 방법이 전세다. 즉, 한 가족이 대표로 행고재의 소유주가 되고, 나머지 두 가족이 전세로 들어오는 형태를 계획한 것('코대'인 서인이네가 소유주가 됐다). 하지만 이 방법도 다소 위험한 부분이 있는데 전세로 들어온 세입자가 나가면서 전세금을 돌려달라고 하면 자칫 소유세대만 엄청난 빚을 질 수도 있다.

이를 해결하기 위해 행고재는 '출자금 제도'를 도입했다. 서인이네가 3천만 원, 나머지 세대가 2천만 원씩 비용을 냈는데 사정상 전세세대가 집을 옮겨야 할 경우, 자신의 출자금은 남은 세대가 새로운 가족을 좋은 조건으로 맞을 수 있도록 놓고 나가기로 한 것이다.

이처럼 행고재 가족들은 성공적인 코하우징 라이프를 위해 〈행고재 입주세대 코하우징 합의문〉을 작성했다. 수차례 토론하고 고민한 끝에 정리된 것으로, 전세기간을 10년 장기전세로 하되 그동안 전세 보증금의 인상은 없도록 한다는 등 자세한 조건들이 명시돼 있다. 행고재 가족들의 동의를 받아 아래 몇 가지 내용을 공개한다. 코하우징에 관심이 있는 사람이라면 아주 유익한 정보가 될 것이다.

🏠 행고재 가족들의 집짓기에 대한 조언

자신에게 맞는 공간의 크기 찾기

집이란 여러 공간들이 모여 있는 집합체와 같다. 때문에 집을 지을 때는 자신에게 맞는 공간 크기가 얼마큼인지 고민하는 자세가 필요하다. 이때 거실은 넓어야 한다, 다용도실은 작아야 한다 등 편견을 갖지 말고 필요한 공간의 크기를 찾아야 하는데, 인테리어나 외부마감은 나중에 바꿀 수 있지만 공간 크기는 바꾸기 어려우므로 신중하는 것이 좋다. 특히 여러 세대가 함께하는 코하우징은 각자 자신이 원하는 공간의 크기와 모양이 천편일률적일 수 있다. 같이 살 가족들, 설계를 맡은 건축가 등과 함께 충분한 의논을 거쳐 공간의 크기를 결정하자.

행고재 입주세대 코하우징 합의문

서인네, 은기네, 꼬망네는 행복한 코하우징을 위해 다음의 내용에 합의한다.

1. 코하우징의 법적인 소유 및 관리상의 편의를 위해 외형상 임대와 임차의 형식을 취하지만, 실제 그 내용은 각 세대가 각호의 실질적인 소유주로서 전체 코하우징에 대한 책임과 권리 그리고 의무를 공평하게 나누어 짐을 원칙으로 한다.
2. 이에 따라 세대 중 한 세대가 임대인으로, 나머지 세대가 임차인으로 계약 관계를 수립하도록 한다. 전세 계약은 각호 출자금 2천만 원을 제외한 나머지 금액으로 작성한다. 각 가구의 부득이한 사정으로 코하우징을 지속할 수 없을 때에는 최소 6개월 전에 퇴거 의사를 밝혀야 하며, 임대인은 기 작성된 전세 계약서에 따른 '출자금'을 제외한 임대 보증금을 반환하도록 한다.
3. 임차 세대는 '주택 우선 매수권'을 가진다. 임대 세대가 부득이한 사정으로 코하우징을 지속할 수 없을 때에는 상기 두 세대에게 우선 매수를 요청해야 한다. 단, 매도 비용은 최초 주택 건축을 위해 분담한 비용 총액에서 출자금을 제외한 나머지 비용으로 한정한다.
4. 코하우징의 형식상 소유주인 임대인은 임차 세대에 임의로 전세 보증금 인상을 할 수 없음은 물론, 일방적인 퇴거 또한 요구할 수 없다.
5. 코하우징의 기간은 잠정적으로 10년으로 정하며, 참여 가구의 합의에 의해 동일 조건으로 연장이나 단축이 가능하다. 기한 전, 후의 주택의 매각은 전체 참여 가구의 합의에 의해서만 가능하다.
6. 세 가구의 합의에 의한 주택 매각 시점에 시세 하락으로 인해 손실이 생겼을 때에는 각 세대는 각 호의 토지 및 건물 소유분의 비율에 따라 그 손실을 감당하기로 한다. 여기에는 주택 매각과 관련된 각종 제세 공과금이 포함된다. 각 호의 비율은 A세대 40%, B세대 30%, C세대 30%이다.
7. 주택 매각 시, 시세의 상승으로 인해 차익이 있을 때에는 양도소득세를 비롯한 각종 제세 공과금과 대출금 청산금 등을 제외한 순수한 시세차익 전액을 각 호의 비율에 따라 공정히 배분한다.
8. 각 세대는 주택 소유와 관련해 부과되는 각종 제세금을 상기 6항의 비율에 따라 부담하도록 한다.
9. 본 합의에 참여한 세대의 유고 시 법적 상속인은 상기 1항~7항까지의 합의문을 계승하도록 한다.
10. 건물 및 공유 공간 관리를 위해 각 가구는 일정액의 관리비와 건물의 유지, 보수를 위한 대손 충당금을 균등하게 부담하도록 한다. 이에 대한 적정 수준은 코하우징 정례 모임을 통해 합의해 정하도록 한다.
11. 코하우징과 관련한 공동생활 및 운영에 대한 시행 세칙은 코하우징 정례 모임을 통해 각 세대가 합의해 정하도록 한다.

하우스 정보

대지 위치 : 서울시 강서구 내발산동
건물규모 : 지상 3층
대지면적 : 221.10㎡(66.88평)
건축면적 : 132.22㎡(39.99평)
연면적 : 325.46㎡(98.45평)
용적률 : 121.63%
건폐율 : 59.80%
설계 및 시공 : 설계-건축사사무소 스무숲 / 시공-살림건축
사진 제공 : 변종석

이케아 디자이너 안톤의 집

북유럽 스타일 인테리어

이케아 인테리어 디자이너 안톤의 집을 방문하다

이케아 광명점의 쇼룸 총괄 디자이너 안톤 허크비스트.

〈하.우.스〉를 촬영하다 보면 가장 많이 만나게 되는 브랜드가 이케아다. 이케아는 스웨덴에서 출발한 세계적인 라이프 스타일 기업으로, 한국에는 2014년 12월 경기도 광명에 첫 매장을 오픈했다.

이케아는 고객들이 인테리어에 참고할 수 있도록 매장 안에 실제 집을 형상화한 쇼룸을 설치하는데, 현재 이케아 광명점의 60여 개의 쇼룸 디자인을 총괄하는 인테리어 디자이너가 바로 '안톤 허크비스트(Anton Hogkvist, 46)' 씨다. 1994년 이케아에 입사해 일본, 중국 등 10년 이상을 아시아 지역과 인연을 맺어온 그는 북유럽풍의 인테리어와 아시아의 정서를 감각적으로 매치시키는 것으로 유명하다. 이쯤 되면 인테리어 고수인 그의 '하우스'가 궁금해지는 건 당연지사다. 〈하.우.스〉는 크리스마스이브 특집으로 안톤 씨의 초대를 받아 그의 자택을 방문했다.

구조변경 없이 홈드레싱으로만 꾸민 집

안톤 씨의 '진짜' 집은 고국인 스웨덴에 있다. 때문에 지금 거주하는 빌라는 한국에 머무는 동안 생활하는 '임대주택'인 셈이다. 그래서 보통의 전세, 월세 집처럼 구조를 변경하거나 대대적으로 인테리어를 할 수 없음은 당연하다. 이에 안톤 씨는 소품, 패브릭, 액자 등을 활용해 홈드레싱을 했다. 아주 간단한 규칙만 알면 저렴한 재료, 손쉬운 방법으로 누구나 멋지게 집을 꾸밀 수 있단다.

포인트 벽지와 페인트 대신 패브릭으로 완성한 현관 복도.

〈하.우.스〉를 촬영하며 방문한 수많은 집들 중, 안톤 씨네는 단연 개성 있는 집으로 기억에 남는다. 그의 집을 둘러보며 들었던 생각은 참으로 기발하다는 것이다. 우선 한국에서 최근 유행하는 인테리어 트렌드와는 참으로 다르다. 조금은 생소하지만 그래서 더 매력적인 집이다. 지금부터 현관, 공용공간, 침실, 서재, 게스트룸 등 한 군데씩 돌아보며 그가 알려주는 홈드레싱의 노하우를 배워보자.

현관

안톤 씨 집의 가장 큰 특징은 패브릭이다. 임대주택이기에 마음대로 벽지를 바꾸거나 페인트를 칠할 수 없었던 그는 평소 좋아하는 패브릭을 활용해 벽을 디자인했다. 방법은 쉽다. 벽 위로 다양한 패턴의 패브릭을 겹치듯 걸어 자신만의 벽지를 연출하는 것이다.

"패브릭의 장점은 자주 교환이 가능하다는 거예요. 어느 날 불현듯 색다른 기분을 내고 싶다면 다른 컬러나 패턴으로 바꿔주기만 하면 되죠. 패브릭을 고정할 때는 작은 핀이나 테이프를 사용하세요. 쉽게 붙이거나 떼어낼 수 있고, 벽에도 아무런 자국이 남지 않는답니다."

1 좌측 벽은 화려하게, 우측 벽은 심플하게 꾸며 균형을 맞춘 현관 복도. 2 심플하게 연출한 벽은 안톤 씨가 좋아하는 그림을 테이프로 붙이고 미니 전구를 더했다. 3, 4 패브릭만 가득 모아둔 수납공간.

Point! 페인트와 포인트 벽지 대신 패브릭으로 꾸민 벽

∨ 패브릭만큼 손쉬운 액자 연출법

패브릭만으로 벽이 밋밋해 보인다면 남는 공간에 무심한 듯 시크하게 액자를 걸어보자. 액자 속 그림도 고가의 것을 구입할 필요가 없다. 잡지에서 오려낸 사진, 영화 포스터, 크로키, 멀티숍에서 파는 값싼 그림 등을 다양하게 활용하는 것이 오히려 더 감각적이고 재미있다. 대신 일정기간마다 그림을 교체해 색다른 분위기를 연출해볼 것을 추천한다. 액자 또한 원하는 컬러의 페인트로 틀만 칠해줘도 전혀 다른 느낌을 낼 수 있다.

패브릭을 겹쳐서 활용한 공간.

주방, 다이닝룸, 거실이 한데 모여 있는 공용공간.

∨ 패브릭 인테리어에서 가장 주의해야 할 점은 강약조절!

과유불급이란 말이 있듯이 패브릭만으로 벽을 가득 채우면 오히려 피로해 보일 수 있다. 반드시 벽의 일정 부분에 여백을 주는 것이 좋다. 안톤 씨의 경우 현관 복도 한쪽은 화려하게, 반대쪽은 심플하게 꾸며 균형을 맞췄다.

현관에서부터 느꼈겠지만 안톤 씨는 집 안 곳곳을 패브릭을 활용해 꾸몄다. 그의 집은 패브릭 인테리어의 정수라 할 수 있을 정도다. 얼마나 패브릭을 좋아하는지 집에 패브릭만 가득 모아둔 수납공간이 별도로 있을 정도. 전 세계를 다니며 수집한 패브릭들은 금은보화보다 더 소중한 그의 보물이란다.

"저는 패브릭을 너무너무 좋아해요. 완전 패브릭 마니아죠. 패브릭은 연출이 자유롭고 그때그때 분위기를 바꾸기도 쉬워요. 또 예쁜 패브릭은 보는 것만으로도 아름답잖아요?"

다이닝 공간

• Point! 굳이 비싼 식탁을 살 필요 없다

식탁 또한 다양한 패턴의 식탁보와 패브릭을 겹쳐 연출했다. 흥미로운 점은 화려하게만 보이는 식탁의 속살이 실은 평범한 화이트 식탁이라는 것!

"한국 사람들은 소파, 식탁 등 가구에 투자를 많이 하는 것 같아요. 큰 사이즈를 고르고 값비싼 대리석, 원목테이블을 구입하는 경향이 있어요. 하지만 저는 신혼부부나 추후 이사를 염두에 두고

  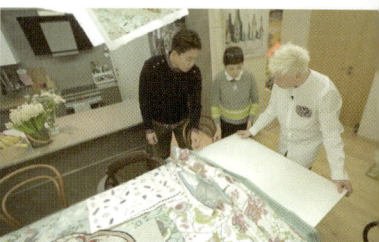

패브릭 하나로 카멜레온처럼 변신하는 식탁. 상황에 따라 손쉽게 다양한 분위기로 연출할 수 있다.

있는 가족이라면 합리적 가격의 심플하고 실용적인 테이블도 좋을 것 같아요. 대신 패브릭이나 소품을 활용해 데커레이션하는 거죠."

∨ 아이가 있는 집이라면 작은 패브릭 활용하기

어린아이가 있는 집에서 식탁에 패브릭을 사용하면 엄청난 빨랫감으로 귀결될 것이다. 안톤 씨는 이런 경우 아이들 식기가 놓이는 쪽에 작은 사이즈의 패브릭을 배치할 것을 제안한다. 아이가 음식물을 흘렸을 경우, 식탁보 전체를 세탁할 필요 없이 작은 패브릭 하나만 가볍게 빨면 되기 때문이다.

"밥 먹기 전에 아이한테 '오늘은 어떤 천으로 할까? 직접 골라봐' 이렇게 제안해보세요. 아이들도 인테리어에 참여할 수 있는 특별한 순간이 될 거예요."

• Point! 화려한 포장지로 조명 꾸미기

조명은 공간의 분위기를 좌우하는 훌륭한 인테리어 아이템이다. 하지만 안톤 씨의 경우처럼 처음부터 집에 조명이 설치돼 있다면(심지어 그 디자인이 심히 마음에 들지 않는다면), 조명을 예쁜 포장지로 감싸보자. 독특한 조명 갓 덕분에 다이닝공간의 확실한 포인트가 될 것이다. 특히 연말 홈 파티 때 활용하면 간단한 방법으로 있어 보이는(?) 분위기를 연출할 수 있다.

선물을 포장하듯 예쁜 포장지로 조명을 감싸고 테이프로 붙이면 된다. 한 장은 심심할 수 있으니 두세 장 겹쳐 연출하는 것이 포인트!

1 둥그렇게 모여 앉을 수 있는 거실. 다양한 디자인의 쿠션을 두고 커다란 스탠드조명을 매치했다. 조명은 갓을 덮고 있던 천을 벗겨내고 나무 뼈대만 내추럴하게 활용했다. 가운데 무채색의 미니 테이블을 여러 개 매치했다. 작고 가벼워 이동이 쉽다. 2, 3 소파 뒤쪽에 배치한 테이블. 팽과리를 화분으로 활용한 점이 독특하다.

거실

• Point! 사람을 향한 소파

"한국 사람들은 대부분 TV를 보기 위해 소파를 벽 쪽으로 붙이는 경향이 있어요. 그런데 그렇게 하면 소파 앞으로 아까운 빈 공간들이 생기게 됩니다."

안톤 씨는 거실을 TV를 보는 공간으로 한정 짓지 않고 사람들이 모여 대화를 나누는 '만남의 장소'가 되기를 바랐다. 그래서 여러 명이 옹기종기 앉아 상대방을 마주할 수 있도록 소파의 위치를 정했다.

1 다양한 패브릭을 활용한 침실. 2,3 사각 프레임에 미니 전구를 장착해 독특한 분위기를 연출했다.

"요즘 부모 자식 사이에 대화가 부족하다고들 하잖아요. 소파를 이런 식으로 배치해 서로의 얼굴을 마주할 수 있도록 유도하는 것도 좋은 아이디어인 것 같아요."

∨ 소파를 파티션처럼 사용하기

안톤 씨는 소파를 다이닝룸에 뒤돌려 배치함으로써 거실과 식사 공간의 영역을 자연스럽게 구획했다. 소파를 파티션이나 가벽처럼 활용한 것이다. 소파 뒤로 테이블을 두어 소품을 올려놓는 장식장 및 거실에 부족한 수납을 해결하는 용도로 사용한다.

• Point! 따로 또 같이! 미니 테이블 연출법

"저는 육중한 소파 테이블 대신 작은 크기의 테이블을 여러 개 두는 걸 선호해요. 왜냐면 정말 편하거든요. 필요할 때마다 내 앞으로 쉽게 끌어올 수 있고, 여러 명이 각자 쓸 수도 있죠."

이렇게 한 장소에 다수의 미니 테이블을 매치할 경우, 몇 가지 알아두어야 할 점이 있다. 잘못 연출하면 오히려 산만하고 복잡해 보일 수 있기 때문이다. 먼저 미니 테이블은 지름 40~60cm의 사이즈가 적당하며, 비슷한 디자인 및 컬러의 제품을 매치해야 한다. 만약 조금 심심하게 느껴진다면 테이블의 높이를 다르게 해보자. 안톤 씨의 경우 뒤로 갈수록 조금씩 높이가 높아지도록 해 공간에 위트를 더했다.

침실

• Point! 사각 프레임 침대를 활용한 코지(Cosy) 인테리어

"침실은 집에서 가장 편안한 공간이 되어야 해요. 안락하고 따뜻하고 내가 보호받는 느낌을 줄 수 있어야 하죠."

안톤 씨는 침실을 아늑하게 연출하기 위해 사각 프레임을 활용했다. 천장이 2.4m로 살짝 높아

캄캄한 밤에 더욱 로맨틱해지는 침실.

이를 낮추기 위해 2.1m 높이의 침대 프레임을 활용한 것이다. 프레임에는 얇은 소재의 패브릭을 커튼처럼 내추럴하게 걸었다. 이때 주의할 점은 패브릭은 차분한 컬러를 선택하고, 프레임을 가득 채우지 않고 군데군데 빈 부분이 보이도록 걸어야 한다는 것이다. 그래야 창문으로부터 빛이 전달되고 개방감도 느낄 수 있다.

또 한 가지 안톤 씨의 비밀병기는 미니 전구다. 침대 프레임에 늘어뜨리듯 걸쳐두기만 해도 스타일리시하다. 침대에 누워 미니 전구가 발하는 은은한 빛을 바라보고 있노라면 그렇게 로맨틱할 수 없단다.

• Point! 바닥에 카펫 깔기

안톤 씨는 침실은 물론, 현관부터 거실에 이르기까지 모든 공간의 바닥에 카펫을 깔았다. 카펫은 바닥의 냉기를 차단하고 집 안의 온기를 따뜻하게 유지시키는 아이템이라 자연스레 난방비가 절약되는 효과도 있다.

∨ 작은 사이즈, 채도가 낮은 카펫 활용하기

청소가 고민이라면 커다란 카펫보다는 작은 사이즈의 카펫을 여러 장 겹쳐 연출해보자. 커다란 카펫은 청소기를 돌려야 하지만, 작은 건 밖에서 툭툭 털기만 해도 충분하다. 또한 카펫을 고를 때는 베이스 컬러의 채도가 낮은 것을 선택하자. 그래야 여러 장을 한꺼번에 활용해도 공간이 어지러워 보이지 않는다. 안톤 씨의 침실처럼 한 장소에 사용된 컬러를 모티브로 카펫 색을 정하는 것도 좋은 방법이다. 안톤 씨의 경우에는 패브릭 및 침구에 사용된 와인 빛과 흡사한 카펫을 골랐다.

1 긴 복도에 작은 카펫을 디딤돌처럼 연출했다. **2** 카펫을 일부러 삐딱하게 깔면 한결 재미있는 공간을 연출할 수 있다.

안락한 스파 느낌의 욕실

자신만의 안락한 스파를 연출하고 싶다면 욕조 주위에 향초 및 화분, 자연소재의 소품을 장식해볼 것. 꽃은 조화를 섞어 활용하면 관리가 편하다.

하.우.스 애청자의 Q&A

Q. 공간마다 컬러풀하고 화려한 패브릭, 액자, 소품들을 믹스매치했는데도 공간이 복잡하거나 지저분해 보이지 않는 것이 신기합니다. 특별한 매칭 노하우가 있는 건가요?

마인드 맵을 그린다고 생각해보자. 단 하나의 단어나 문장에서 시작돼 마치 나무가 가지를 뻗어나가듯 확장된다. 그러다 보면 다른 듯 닮은 단어들이 커다란 종이를 가득 메우게 된다. 안톤 씨는 인테리어도 마찬가지라고 조언한다.
"포인트는 연관성이에요. 때로는 컬러를, 때로는 소재를, 때로는 콘텐츠를 유사하게 선택하는 거죠. 너무 어렵게 생각지 말고 서로 관련 있어 보이는 아이템들을 자유롭게 매치하면 된답니다."
안톤 씨가 서재와 게스트룸을 연출한 방식을 살펴보자.

서재
서재 벽은 패브릭과 액자, 소품, 그림, 심지어 가면까지 한데 어우러져 있는 공간이다. 하지만 이 벽의 시작은 '꼭두각시 인형'에서 비롯됐다. 이 꼭두각시 인형은 전통복장을 입은 듯한 아프리카 사람 형상을 한 인형이다. 그래서 인형 뒤에 아프리카를 연상케 하는 이국적인 패턴의 패브릭을 붙였고, 옆으로는 꼭두각시 인형처럼 보이는 그림 액자와 흑인이 그려진 그림과 사진을 매치했다. 하나의 소품을 모티브로 잡고 이와 어울리는 아이템들을 뻗어나가 하나의 큰 스토리보드를 만든 것이다.

게스트룸
게스트룸은 '숲 속'이라는 콘텐츠로 꾸며진 방이다. 숲을 주제로 자신이라면 어떤 아이템을 활용할지 자유롭게 인테리어 맵을 그려보자.

※ 숲에 대한 안톤 씨의 생각

'숲'
- 울창한 나무와 식물
  - 나무나 꽃 패턴의 패브릭
  - 식물, 화분 등 다양하게 연출하기
  - 나무 소재의 의자나 소가구, 소품
- 녹색
  - 숲 하면 GREEN!
  - 곳곳에 다양한 톤의 그린계열 사용하기
- 동물
  - 동물이 그려진 쿠션은 어떨까?
  - 아끼는 사슴 컬렉션
- 캠핑
  - 캠핑의 필수품 텐트!

위와 같은 안톤 씨의 생각이 실현된 아기자기하고 예쁜 게스트룸. 나뭇잎이 그려진 녹색 패브릭과 화려한 꽃 패턴의 패브릭을 매치하고 인디언텐트를 두었다. 마치 편안한 숲 속에 들어와 있는 것 같다.

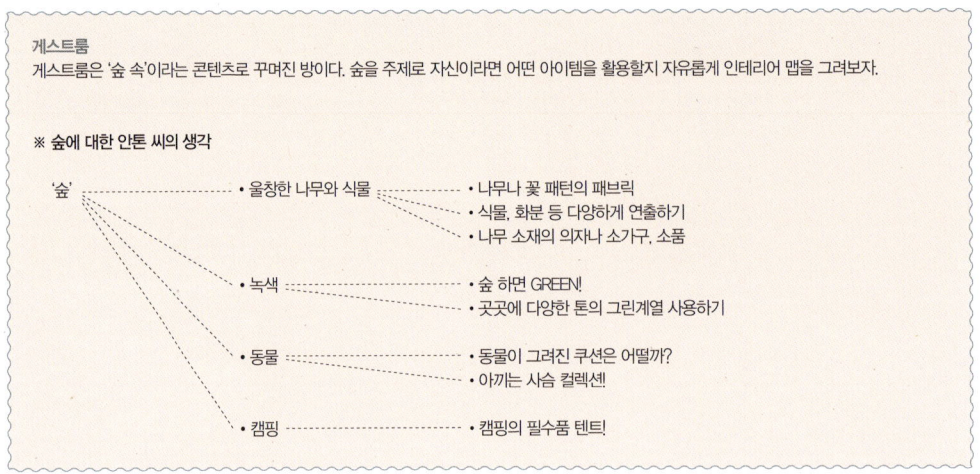

1 소파 위에 사슴, 부엉이 등 동물들이 그려진 쿠션과 인형들을 모아놓았다. **2** 옷걸이용 파이프에 화분을 걸어 연출했다. 최근 화분을 공중에 매다는 것이 트렌드인데, 이렇게 하면 공간을 많이 차지하지 않으면서도 많은 화분을 개성 있게 연출할 수 있다. **3** 안톤 씨가 특별히 아끼는 대형 사슴장식. **4,5** 대형 사슴을 시작으로 틈틈이 모은 사슴 컬렉션. 수납장 하나를 전부 사슴 소품으로 채웠다.

 홈드레싱 초보자를 위한 안톤 씨의 조언

작은 것에서부터 시작하기
"한국 사람들은 인테리어에 대한 두려움이 있는 것 같아요. 너무 거창하게 생각하지 말고 작은 것부터 시작해보세요. 방의 코너 부분이나 한쪽 벽면을 패브릭으로 꾸며보는 거죠. 작은 것들이 모여 하나의 멋진 공간이 연출된답니다."

불규칙함 즐기기
"패브릭이든 카펫이든 액자든 꼭 반듯하게 두어야 한다는 편견을 버리세요. 자로 잰 듯 선을 딱 맞추는 것보다 때로는 살짝 어긋난 것이, 무심하게 툭툭 놓아두는 것이 더 멋스럽고 편안한 느낌을 주기도 합니다."

〈하.우.스〉 MC들이 뽑은 가장 기억에 남는 집

김환 아나운서
- 〈하.우.스〉 메인 MC
- SBS 최고(?) 훈남 아나운서. 틈틈이 부동산 탐방 시전 중. 신혼이라 집에 대한 관심이 많음.

SBS 〈좋은 아침〉과 〈하.우.스〉의 든든한 기둥 김환 아나운서! 달콤한 신혼을 보내고 있는 그는 '언젠가 내 집을!'이라는 꿈으로 매주 〈하.우.스〉 촬영에 열정을 보인다(해당 지역 부동산 스캔도 잊지 않는다는 소문!). 더불어 훈훈한 외모와 꽃 미소로 '하우스' 안주인들을 심쿵 무장해제시켜 촬영장 분위기를 좋게 만들어 제작진들에게는 최고의 MC다.

김환 아나운서의 역할은 〈하.우.스〉의 시청자와 같은 눈높이와 시선으로 집을 바라보는 것이다. 그래서 그는 매주 현장에서 많은 질문을 던지고 이에 대한 답을 구한다. 그런 그가 개인적으로 가장 기억에 남는 하우스를 꼽았다.

제작진 지금까지 촬영한 집들 중 가장 기억에 남는 집이 있나요?

김환 아…(잠시 침묵) 너무 많은데요?(웃음) 30대 직장인인 제게 〈하.우.스〉의 집들은 크게 두 종류로 나뉘어요. 저에게 현실적인 집과 제 기준에서 아직 조금은 이상적인 집. 이 기준에서 고르자면 기디 맨션과 무한궤도 하우스가 가장 인상 깊게 기억에 남아요.

제작진 어떤 이유에서인가요?

김환 제가 무한궤도 하우스를 처음 봤을 때 작가에게 이렇게 말했어요. '이 집 대박이야!' 마치 집 전체가 거대한 놀이동산 같다는 느낌을 받았거든요. 출동 봉이며 초대형 미끄럼틀, 놀이그물, 다락 등 셀 수 없이 많은 재미요소들이 집에 가득했어요. 누가 그런 걸 상상이나 할 수 있겠어요? 아이와 놀고 싶다면 시간을 내 놀이동산에 갈 생각을 하지, 집을 놀이동산처럼 만들어 매일 그곳에서 놀 생각은 못하잖아요? 그 자체만으로도 정형화되고 획일적인 틀을 과감히 깨는 용기라고 생각해요. 그리고 무엇보다 놀라운 점은 그 모든 걸 평범한 직장인 부부가 이뤄냈다는 거예요.

〈하.우.스〉를 통해 집이 단순히 주거의 용도만은 아니라는 사실을 깨닫게 되었어요. 기디 맨션처럼 때로는 일터로, 무한궤도 하우스처럼 때로는 놀이요소로 바뀔 수 있는 거죠. 사람마다 고유의 성격이 다르듯 집들도 저마다 개성을 갖고 있다는 사실이 놀랍지 않나요?

아, 그리고 한 집 더 떠오르네요. 방학동 아파트예요. 대부분의 건축주들이 북유럽풍의 화이트나 원목 인테리어를 선호해요. 그런데 이 집은 컬러풀한 물감을 풀어놓은 팔레트처럼 컬러와 소재를 자유롭게 사용했죠. 이렇게 개성적인 집을, 주택이 아닌 아파트에서 구현했다는 점이 놀라웠어요. 저도 〈하.우.스〉 MC가 된 후로 집에 이것저것 시도해보고 있는데 아무래도 아파트라 한계가 많거든요. 그런데 게스트룸을 평상처럼 꾸민 방학동 아파트는 건축주의 자유로운 발상과 아이디어가 특히 놀라웠던 집이었어요.

제작진 오호, 집에서 이것저것 도전해보고 있나 봐요? 예를 들면 어떤 걸 해봤어요?

김환 실패한 것도 많아서….(웃음) 예전에 방배동 은우네 빌라를 방문했을 때였어요. 다용도실 바닥에 인조잔디를 깔아두었더라고요. 그때가 마침 저희 집 다용도실 때문에 고민이 많은 시기였어요. 세탁기와 휴지 등 잡다한 짐들이 쌓여 있는데 삭막하고 지저분해 보여서 어떻게 해야 하나 고민 중이었거든요. 그런데 은우네를 보고 한번 따라해 보고 싶더라고요. 그래서 고속터미널에 있는 꽃가게에서 인조잔디를 구입해 다용도실 바닥에 깔고 작은 테이블과 의자, 화분 등을 두어 카페 콘셉트로 꾸몄어요. 방송 차 '하우스'들을 다니다 보면 베란다나 옥상을 카페처럼 꾸미는 게 참 좋더라고요. 한결 따뜻하고 생기 있는 느낌이 들어서 저로서는 대성공이라고 생각해요.

노진선 전문가
- 〈하.우.스〉의 전문가이자 경력 28년의 베테랑 인테리어 디자이너.
- 인테리어에 대한 무한 열정을 지닌 〈하.우.스〉 제작진의 든든한 조력자.

〈하.우.스〉에서 다루고 있는 건축과 인테리어는 전문적인 지식이 필요한 분야다. 더군다나 평소 이런 주제에 관심이 없는 이라면, 사용되는 단어 하나조차 외국인 양 낯설 수밖에 없다. 이럴 때 〈하.우.스〉 제작진들이 'Help!'를 외치는 사람이 바로 노진선 전문가다. 아무리 어려운 내용도 알기 쉽게 설명해주는, 〈하.우.스〉 제작진들에게는 족집게 과외선생님 같은 그녀다. 뛰어난 인테리어 감각, 생기발랄하고 천진난만한 웃음, 타고난 체력(매주 감탄 중)으로 〈하.우.스〉 촬영장을 종횡무진 누벼온 그녀가 손가락에 꼽은 '하우스'들은 어떤 곳일까?

제작진 지금까지 촬영한 집들 중에서 특별히 기억에 남는 곳이 있나요?

노진선 평창동 노부부의 작은 듀플렉스 하우스요! 조카 부부와 비용을 분담해 지은 집이었는데, 10년 전에 듀플렉스 하우스같이 열린 사고를 할 수 있는 집을 지었다는 점이 놀라웠어요. 또 집 자체가 굉장히 치밀해서 인상 깊게 기억하고 있어요. 추후 계단이 불편해질 것에 대비해 엘리베이터 놓을 자리를 마련해두었고, 사생활 침해에서 자유로울 수 있도록 높은 위치에 창을 크게 내어 주변 경관을 즐길 수 있게 만들었죠.  그리고 산과 맞닿은 2층 테라스에는 눈부실 정도로 푸른 산림이 펼쳐졌고요. 개인적으로 노년에 서울에서 그런 자연의 넉넉함을 누리며 산다는 점이 가장 부러웠죠.

제작진 건축주가 일흔이 넘은 나이셨는데 참 멋진 분이었죠!

노진선 집이란 앞으로 어떻게 살아가고 싶은지에 대한 건축주의 의지가 담긴 공간이잖아요? 개인적으로 이 집에 녹아 있는 부부의 생각이 참 좋았어요. 기억나요? 층별로 각자의 작업실이 있고, 빈 방은 한국을 찾는 외국인들을 위한 쉐어 룸으로 내어주고 있었잖아요. 부부의 일에 대한 열정 그리고 공존과 나눔의 삶을 엿볼 수 있는 집이었죠. 이런 가치들이 그 집을 더욱 매력적이게 만들었던 것 같아요. 단순히 인테리어만 멋진 집과는 다른 아름다움이죠.

제작진 노진선 씨는 경력 28년의 베테랑 디자이너잖아요. 그동안 수없이 많은 집을 보고 인테리어를 해왔을 텐데 〈하.우.스〉를 진행하며 어떤 생각이 들었는지 궁금해요.

노진선 28년이라…. 벌써 시간이 그렇게 지났네요!(웃음) 과거에는 건축주들이 건축가나 인테리어 디자이너에게 모든 것을 일임하는 경우가 많았어요. 자신이 살 집을 짓는데 건축주가 가장 소극적이었던 거죠. 하지만 지금은 달라요. 원하는 바를 적극적으로 말하고, 심지어 전문적인 분야에 직접 도전하는 용기를 내기도 해요. 더 이상 사람들이 집짓기나 인테리어를 두려워하지 않는 거예요. 그 결과 예전보다 개성 있는 집들이 많아졌어요. 열 명의 건축주가 있다면 열 채의 집이 각기 다른 모습, 전혀 다른 분위기인 거죠. 〈하.우.스〉에서 소개했던 협소주택들을 떠올려보세요. 10평도 안 되는 좁은 면적을 얼마나 재미있고 흥미롭게 구성하는지를요. 그걸 지켜보는 게 인테리어 디자이너로서 행복하고 즐거워요.

제작진 특히 〈하.우.스〉의 건축주들은 그런 도전정신이 강한 분들인 것 같아요.

노진선 그러고 보니 바비케이스 하우스의 젊은 부부도 굉장히 인상적이었어요. 오래된 빌라를 구입해 거실 천장을 과감히 뻥 뚫었었죠. 그 누가 빌라의 천장을 뚫을 생각을 하겠어요? 덕분에 이들은 기존에 창고로만 사용됐던 다락을 멋진 개인 작업실이자 침실, 드레스룸으로 만들 수 있었죠. 또 효율성이 떨어졌던 베란다에 툇마루를 설치해 좌식공간으로 만든 점도 놀라워요. 한 장에 천 원 남짓 하는 값싼 벽돌, 자투리 목재, 조각거울을 활용해 경제적인 인테리어를 한 것도 인상 깊었죠.

이 집뿐 아니라 〈하.우.스〉의 모든 집들이 참으로 놀랍고 흥미로워요. 매번 미지의 대륙을 탐험하는 느낌이랄까요? 그때마다 이토록 놀라운 공간을 완성한 건축주의 용기와 열정에 감탄하게 되죠. 개인적으로 이쪽 분야에서 일하는 사람으로서 많은 자극이 되기도 하고요. 앞으로도 〈하.우.스〉를 통해 멋진 집들이 많이 소개됐으면 좋겠어요.

**전셋값으로
도심 속 내 집 짓기**

1판 1쇄 발행 2016년 9월 30일
1판 5쇄 발행 2020년 7월 23일

지은이 SBS 〈좋은아침 '하우스'〉 제작팀
펴낸이 고병욱

책임편집 이새봄   **기획편집** 이미현 한지희
마케팅 이일권 김윤성 김재욱 이애주 오정민
디자인 공희 진미나 백은주   **외서기획** 이슬
제작 김기창   **관리** 주동은 조재언   **총무** 문준기 노재경 송민진

글 김진경

펴낸곳 청림출판(주)
등록 제1989-000026호

본사 06048 서울시 강남구 도산대로 38길 11 청림출판 (논현동 63)
제2사옥 10881 경기도 파주시 회동길 173 청림아트스페이스 (문발동 518-6)
전화 02-546-4341   **팩스** 02-546-8053
홈페이지 www.chungrim.com   **이메일** life@chungrim.com
블로그 blog.naver.com/chungrimlife   **페이스북** www.facebook.com/chungrimlife

SBS 〈좋은아침 '하우스'-하나뿐인 우리 집 스토리〉
Copyright ⓒ SBS

ISBN 978-89-97195-90-9(13610)

- 이 프로그램의 단행본 저작권은 마더커뮤니케이션을 통해 저작권을 구입한 청림출판(주)에게 있습니다.
- 이 책은 저작권법에 따라 보호를 받는 저작물이므로 무단 전재와 무단 복제를 금합니다.
- 책값은 뒤표지에 있습니다. 잘못된 책은 구입하신 서점에서 바꾸어 드립니다.
- 청림Life는 청림출판(주)의 논픽션·실용도서 전문 브랜드입니다.
- 이 도서의 국립중앙도서관 출판예정도서목록(CIP)은 서지정보유통지원시스템 홈페이지(http://seoji.nl.go.kr)와
  국가자료공동목록시스템(http://www.nl.go.kr/kolisnet)에서 이용하실 수 있습니다. (CIP제어번호: CIP2016020656)